教育部人文社会科学项目"中国特色社会主义人文关怀的理论与实践问题研究"（11YJA710019）最终成果

郑州大学重点学科（马克思主义理论一级学科博士点）振兴行动计划资助

郑州大学基础与新兴学科方向（中国精神与文化哲学）建设资助

郑州大学马克思主义
理论研究丛书

人文关怀论

RENWEN GUANHUAI LUN

寇东亮　张永超　张晓芳　著

中国社会科学出版社

图书在版编目(CIP)数据

人文关怀论/寇东亮，张永超，张晓芳著.—北京：中国社会科学出版社，2015.5

（郑州大学马克思主义理论研究丛书）

ISBN 978 - 7 - 5161 - 6052 - 7

Ⅰ.①人 … Ⅱ.①寇…②张…③张… Ⅲ.①人文科学—研究—中国

Ⅳ.①C12

中国版本图书馆 CIP 数据核字(2015)第 085631 号

出 版 人	赵剑英	
选题策划	刘 艳	
责任编辑	刘 艳	
特约编辑	丁玉灵	
责任校对	陈 晨	
责任印制	戴 宽	

出 版	中国社会科学出版社	
社 址	北京鼓楼西大街甲 158 号	
邮 编	100720	
网 址	http://www.csspw.cn	
发 行 部	010 - 84083685	
门 市 部	010 - 84029450	
经 销	新华书店及其他书店	

印 刷	北京市大兴区新魏印刷厂	
装 订	廊坊市广阳区广增装订厂	
版 次	2015 年 5 月第 1 版	
印 次	2015 年 5 月第 1 次印刷	

开 本	710×1000 1/16	
印 张	23	
插 页	2	
字 数	401 千字	
定 价	76.00 元	

总　序

马克思主义作为我国的主流意识形态，在我国经济社会发展和哲学社会科学体系中具有重要地位，无论是对于我国经济社会的发展，还是对于我国哲学社会科学的繁荣，都具有非常重要的意义。

十八届三中全会以来，我国进入了全面深化改革的新时期，经济社会发展呈现出新的特征，哲学社会科学面临难得的发展机遇。国际国内所出现的新变化，迫切需要哲学社会科学为推动新型智库建设提供有力支持。深化马克思主义理论体系研究，进一步推进马克思主义中国化、时代化、大众化，是新时期哲学社会科学研究和新型智库建设的重要任务。当前我国经济社会沿着科学发展的轨道稳步前行，意识形态领域继续保持积极健康向上的良好态势，但世界范围内各种思想文化交流交融交锋日益频繁，国内社会思想多元多样多变特征更加明显，迫切需要哲学社会科学积极探索培育和践行社会主义核心价值以及用社会主义核心价值体系引领社会思潮的有效路径，不断巩固和壮大社会主义主流意识形态。对马克思主义理论展开深入持久的研究，是时代赋予每一位马克思主义理论工作者义不容辞的责任。

2005 年，国家学位办设立了马克思主义理论一级学科，这是马克思主义中国化的显著标志，也是中国化马克思主义发展的重要成果。设立马克思主义理论学科，既是由马克思主义作为我们党的指导思想和作为国家主流意识形态建设的需要所决定，又与马克思主义理论自身的科学性和当代发展的新要求紧密相关。近年来，党和国家高度重视高校马克思主义学院设置，加之中央马克思主义理论研究和建设工程的实施，为马克思主义理论学科的发展提供了广阔天地，搭建了良好的发展平台。从学科建设视阈理解马克思主义理论研究和人才培养，应当把提高学术影响力放在首要位置，既要按照学科建设的普遍要求，使之具有明确的学科内涵、确定的学科规范和完善的学科体系，还要从多个方面展开对马克思主义理论的深入研究，同时要结合各个地区、各个学校的学科资源进行必要的整合与创新。

在全国高校马克思主义理论学科快速发展的过程中，郑州大学依托马克思主义学院，汇聚全校之力，在马克思主义理论学科建设方面也取得了初步的成绩。2010 年，我们成功获得了马克思主义理论一级学科博士学位授权点。2012 年，我们又获批设立马克思主义理论一级学科博士后流动站。2013 年，我校马克思主义理论一级学科被批准为河南省级重点学科。我们合理调配研究力量，不断凝练学科方向和学科队伍，保持特色，发挥优势，形成了马克思主义意识形态理论研究、思想政治教育学（公民教育）、近现代政党与中国现代化研究和中国特色社会主义理论体系研究等较为稳定的学科研究方向。近年来，在校党委的领导下，我们结合学校重点学科振兴计划的实施，抓住"中西部高校综合实力提升计划"落实的机遇，面向中原经济区建设和国家重大战略需求，充分发挥国际合作和国内马克思主义学院的联动作用，在创新人才培养、学术团队建设、优势学科建设及跨学科融合与协同创新等方面实现了一些新的突破，稳步提升了我校马克思主义理论学科的建设水平。在发展过程中，我们充分认识到，"设点建站"是重要抓手，而强化学术内涵更是强基固本的重中之重。因此，大力推动学术研究是学科建设最根本的支撑。没有高质量的学术研究，没有对于马克思主义理论和马克思主义中国化的深入探索和积极贡献，不可能实现学科建设水平的真正提升。

基于如上理解，我们决定出版《郑州大学马克思主义理论研究丛书》，组织本学科研究人员，基于以往的研究基础和优势，围绕当前马克思主义理论中的一些重要问题，展开深入细致的研讨，陆续推出一批集理论性和实践性、学术性和思想性为一体的具有原创性的研究成果。同时，也为我校马克思主义理论学科建设培养一批能力强、学风正、富有发展潜力的学科带头人和学术骨干，为新时期我国哲学社会科学的繁荣与发展，尽绵薄之力。

我们衷心希望，在学界同仁的大力支持和热情帮助下，《郑州大学马克思主义理论研究丛书》能够取得预期成果。

郑永扣

目　　录

绪言　人道主义、人文精神、人文关怀:当代中国"人文三部曲"………… (1)

一　从"人道主义"到"人文精神"……………………………… (1)

二　"人文关怀"的凸显　…………………………………… (7)

三　人文关怀的一般内涵　………………………………… (12)

四　人文关怀的中国语义　………………………………… (17)

第一章　冷:人文关怀的时代呼唤　………………………… (22)

一　"物的依赖关系"中的冷淡　…………………………… (22)

（一）交换—经济理性　………………………………… (24)

（二）契约—政治理性　………………………………… (29)

（三）科学—技术理性　………………………………… (34)

二　陌生化境遇中的冷漠　………………………………… (37)

三　怨恨心态中的冷酷　…………………………………… (43)

第二章　道:人文关怀的思想渊源　………………………… (49)

一　人之"道"与神之"道"　………………………………… (50)

（一）"朝闻道":《论语》之"道"的含义　………………… (50)

（二）"太初有道":《圣经》中"道"的含义　……………… (63)

（三）两种"道"观的比较　……………………………… (68)

二　两种"道"论塑造下的"仁义"与"公义"　……………… (69)

（一）公平、正义、公义、公正等译名问题　……………… (70)

（二）仁爱与仁义、"公"　……………………………… (72)

（三）圣爱与"公义"　…………………………………… (74)

第三章　人：人文关怀的主体定位 ·················· （77）

一　抽象的人与现实的人：从"理论的人道主义"到"实践的
人道主义" ·· （77）

（一）抽象的人与"理论的人道主义" ·············· （77）

（二）现实的人与"实践的人道主义" ·············· （85）

二　每一个人与一切人：共产主义人道主义 ············ （92）

三　人民与无产者：社会主义人道主义 ················ （98）

四　公民与陌生人：公民人道主义 ·················· （108）

第四章　情：人文关怀的本体要素 ·················· （118）

一　情感在人文关怀中的地位和意义 ················ （118）

（一）情感是人复杂情绪的综合体现 ·············· （119）

（二）情感是人审美情趣的逻辑起点 ·············· （123）

（三）情感是人道德观念的重要源泉 ·············· （127）

二　现代社会的情感危机及其根源 ·················· （130）

（一）情感危机的具体表现 ······················ （131）

（二）情感危机的根源 ·························· （142）

三　人文关怀中情感的维系与塑造 ·················· （162）

（一）培育健全情感意识 ························ （164）

（二）塑造健康情感文化 ························ （168）

（三）给予全面情感关怀 ························ （172）

（四）排解负面消极情绪 ························ （175）

第五章　爱：人文关怀的价值指向 ·················· （179）

一　儒家仁爱观以"孝悌"之爱为中心 ················ （179）

（一）以爱释仁作为儒学思想主流 ·············· （179）

（二）仁爱向"孝悌"观的演进："立爱自亲始" ······ （182）

二　先秦"孝悌"观的形成及其理论困境 ·············· （185）

（一）《论语》中的"孝悌"观："孝者仁之本欤" ······ （188）

（二）《大学》《中庸》之孝悌观：修齐治平模式之确立 ·· （190）

（三）《孟子》之"孝悌"观：仁政即为大孝 ·········· （193）

（四）"四书"中的"孝悌"观及其理论困境 ··········· （196）

三 儒家与基督教"孝爱"观之比较 …………………………… (198)

（一）问题缘起:敬爱天主还是孝敬父母? …………………… (198)

（二）上帝之爱与孝悌伦理——《马太福音》对"孝悌"

的界定 …………………………………………………… (199)

（三）人情之爱与孝悌伦理——郭店竹简中对"孝悌"的界定 … (203)

（四）爱天主与爱父母——基于"孝悌"观念之比较 ………… (208)

（五）儒家孝爱观与社会共同体的理论相悖性 ……………… (210)

四 爱与同感的现象体验 ……………………………………… (214)

（一）同感现象学 ……………………………………………… (214)

（二）爱的现象学 ……………………………………………… (219)

（三）爱的再探讨 ……………………………………………… (223)

（四）一个结论 ………………………………………………… (227)

第六章 柔:人文关怀的实践形式（上）…………………………… (230)

一 人文关怀的柔性特质 ……………………………………… (230)

（一）作为感性与感性活动的人文关怀 ……………………… (230)

（二）作为主体间性的人文关怀 ……………………………… (235)

二 柔性价值观 ………………………………………………… (238)

三 柔性管理 …………………………………………………… (244)

第七章 柔:人文关怀的实践形式（中）…………………………… (251)

一 体面劳动、劳动失体与劳动伦理 ………………………… (251)

（一）体面劳动:缘起、内涵与意义 …………………………… (252)

（二）劳动失体:五个主要表现 ……………………………… (259)

（三）劳动伦理:本体、职业与原则 …………………………… (264)

二 消费、消费主义与合理的消费价值观 …………………… (277)

（一）从消费到消费主义 ……………………………………… (278)

（二）消费主义的负面效应 …………………………………… (283)

（三）合理的消费价值观 ……………………………………… (292)

第八章 柔:人文关怀的实践形式（下）…………………………… (300)

一 身体生态、身体异化与身体关怀 ………………………… (300)

（一）"身体生态"释义 …………………………………………………（300）

（二）"身体生态"问题的凸显 …………………………………（303）

（三）"身体生态"危机 …………………………………………（311）

（四）身体关怀 …………………………………………………………（317）

二　心灵鸡汤、心性自由与精神家园 ……………………………（322）

（一）心灵鸡汤、精神空虚与犬儒心态 …………………………（322）

（二）心性自由的传统意蕴及其缺憾 ……………………………（330）

（三）精神家园与定在中的精神自由 ……………………………（342）

参考文献 ………………………………………………………………………（352）

后记 ……………………………………………………………………………（358）

绪言　人道主义、人文精神、人文关怀：
当代中国"人文三部曲"

马克思说："关于人的科学本身是人在实践上的自我实现的产物。"①
20 世纪 70 年代末以来的 30 多年，在我国相继出现的人道主义、人文精神、人文关怀思潮，正是当代中国改革开放和现代化建设进程中中国人自我解放、自我发展和自我实现的实践的产物。

一　从"人道主义"到"人文精神"

20 世纪 70 年代末到 80 年代，在我国出现了一场关于人性、异化和人道主义的讨论，这是新中国成立以来首次在社会各界广泛开展的有关人和人道主义的讨论。② 关于人性、异化和人道主义的讨论，直接缘起于对"文化大革命"时期阶级斗争扩大化的错误以及由此导致的非人道的历史悲剧的反思和批判。"文化大革命"时期，人道主义被视为马克思主义的对立面，被定性为资产阶级思想的理论基础。在关于人性、异化和人道主义的讨论中，许多人认为，不能像"文化大革命"时期那样把任何形式的人道主义都看作资产阶级意识形态，而应对人性、人道主义等问题进行具体的历史的分析。

有关人性、异化和人道主义的讨论，主要围绕"人性、阶级性和共

---

① 《马克思恩格斯文集》第 1 卷，人民出版社 2009 年版，第 242 页。
② 20 世纪 50 年代中期至 60 年代中期，在我国也曾出现了一场关于人性、人道主义等问题的讨论，但这场讨论主要囿于文艺界，讨论的议题主要限于人道主义在社会主义社会的合法性及其地位问题。这场讨论一定程度上源于苏共"二十大"后苏联和东欧人道主义思潮的影响。斯大林逝世后，赫鲁晓夫提出"一切为了人，一切为了人的利益"的口号，强调全人类利益高于一切。由此，苏联和东欧理论界掀起了一股强大的人道主义思潮。参见商务印书馆编辑部《人道主义、人性论研究资料》第 1—5 辑，商务印书馆 1963—1965 年版。

同人性"、"社会主义和异化"、"马克思主义和人道主义的关系"等问题
而展开，其主旨是反对"文革"时期阶级斗争扩大化错误，认为人在阶
级性之外还存在着普遍的人性，主张人和人之间应该建立超阶级的关怀关
系并在这种关系中促进个体实现自己的价值。1977年始，文学艺术界首
先出现人道主义思潮。"伤痕文学"、"反思文学"、"忏悔文学"、"朦胧
诗"等，通过诉说和描述"文化大革命"对人性的践踏和对人的精神世
界的伤害与扭曲，赞扬、呼唤和弘扬人道主义。这一倾向引发了人们更深
层次的理论反思和研究。1978年年初，著名美学家朱光潜在《社会科学
战线》发表《文艺复兴至19世纪西方资产阶级文学家艺术家有关人道主
义、人性论的言论概述》，次年他又在《文艺研究》发表《关于人性、人
道主义、人情味和共同美》的文章，引发文艺界对人性、人道主义问题
的探讨。1978年8月，汝信在《哲学研究》发表《青年黑格尔关于劳动
和异化的思想——关于异化问题的探索之一》；1979年1月，王若水在
《外国哲学史研究集刊》发表《关于"异化"的概念》一文；1979年3
月，邢贲思出版《欧洲哲学史上的人道主义》一书。这些都有力地促成
了有关异化以及人性、人道主义问题的更深层次、更大范围的讨论。1981
年前，讨论主要围绕人性和人的本质问题展开。1981—1983年，讨论则
围绕人道主义、人在马克思主义中的地位及异化问题展开。这场讨论在
1983年纪念马克思逝世100周年的活动中达到高潮。1983年3月，周扬
在纪念马克思逝世100周年的学术报告中提出应"探讨马克思主义与人
道主义的关系"，他说："我不赞成把马克思主义纳入人道主义的体系之
中，不赞成马克思主义全部归结为人道主义；但是，我们应该承认，马克
思主义是包含着人道主义的。当然，这是马克思主义的人道主义。"①
1984年1月3日，胡乔木在中央党校作了题为《关于人道主义和异化问
题》的理论报告，后经进一步修改公开发表于1984年1月27日《人民日
报》。这篇文章对人性、异化和人道主义大讨论进行了全面系统的总结和
评论，使讨论逐步转向对资产阶级人道主义和异化现象的批判，以及对马
克思主义关于人和异化问题的研究。

　　与此同时，针对后"文化大革命"时代中国面临的国际国内形势和
迫切任务，邓小平认为，尽快使国家发展和强大起来，使人民生活富裕起

---

① 周扬：《关于马克思主义的几个理论问题的探讨》，《人民日报》1983年3月16日。

来，这是最大的人道主义。1983 年 9 月 7 日，邓小平在与邓力群、龚育之等人的谈话中谈到人道主义问题时说：

> 我访问美国前，一批议员跟我说，卡特要同我讨论人道主义问题。我说我不跟他讨论。要讨论我的话多得很。我的意思很明白，你美帝国主义侵略中国，帮蒋介石打仗，杀了多少人，是什么人道主义？人道主义各有各的含义。社会主义是最人道的，共产主义是最人道的，保护绝大多数人。①

1983 年 10 月，邓小平在中共十二届二中全会上的讲话中指出：

> 人道主义作为一个理论问题和道德问题，当然是可以和需要研究讨论的。但是人道主义有各式各样，我们应当进行马克思主义的分析，宣传和实行社会主义的人道主义（在革命年代我们叫革命人道主义）。②

接着邓小平谈到了当时有关人道主义讨论存在的主要问题：

> 我们党内有些同志也抽象地宣传起人道主义、人的价值等等来了。他们不了解，不但在资本主义社会，就是在社会主义社会，也不能抽象地讲人的价值和人道主义……离开了这些具体情况和具体任务而谈人，这就不是谈现实的人而是谈抽象的人，就不是马克思主义的态度，就会把青年引入歧途。③

1984 年 1 月，胡乔木发表《关于人道主义和异化问题》一文，把人道主义划分为世界观（历史观）与伦理观（道德观）两个层次，认为，作为世界观与历史观的人道主义，同马克思主义的历史唯物主义是根本对立的，是历史唯心主义，它不能对人类社会历史做出科学的解释，它是资

---

① 《邓小平年谱 1975—1997》（下），中央文献出版社 2004 年版，第 929 页。
② 《邓小平文选》第三卷，人民出版社 1993 年版，第 41 页。
③ 同上。

产阶级意识形态。马克思、恩格斯创立历史唯物主义以后，就抛弃了"作为世界观和历史观的人道主义"，只保留了"作为伦理原则和道德规范"的人道主义。文章指出："社会主义的人道主义，是作为伦理原则和道德规范的人道主义，它立足在社会主义的经济基础之上，同社会主义的政治制度相适应，属于社会主义的伦理道德这种意识形态；作为一项伦理原则，它是以马克思主义世界观和历史观为基础的。""社会主义的人道主义，从伦理方面体现出社会主义国家、社会主义社会对绝大多数人民的权利、利益、人格的尊重和关心，体现出绝大多数人民对共同利益的共同关心以及人民之间的相互尊重和关心。""我们宣传和实行社会主义人道主义，不是把它当作我们的世界观和历史观，而是把它当作社会主义社会生活中对待人的一项伦理原则。"① 对人道主义的这种理解和定位，成为一种主流意识形态和主导倾向。1986 年 9 月，中共十二届六中全会通过的《中共中央关于社会主义精神文明建设指导方针的决议》指出，在社会公共生活中，要大力发扬社会主义人道主义精神，尊重人，关心人。1996 年 10 月，中共十四届六中全会通过的《中共中央关于加强社会主义精神文明建设若干重要问题的决议》强调：要在全体人民中提倡为人民服务和集体主义的精神，提倡尊重人、关心人，热爱集体，热心公益，扶贫帮困，为人民为社会多做好事，在全社会形成团结互助、平等友爱、共同前进的人际关系。1997 年 9 月，中共十五大报告强调，要发扬社会主义的人道主义精神。

　　20 世纪 80 年代中期以后，人性、异化和人道主义讨论逐步转向对人的现代化、人的主体性、人的价值、人权等问题的探讨。1985 年开始探讨人的现代化问题，1987 年前后开始探讨人的主体性问题，1988 年有学者提出"人学"问题，开启了国内持续提升的人学研究。20 世纪 80 年代末 90 年代初，人权成为人道主义争论的焦点问题之一。西方主流意识形态认为，社会主义是人道主义的天然敌人，力图以"人道主义"为旗号，以"人权外交"为幌子，打击、制伏、"和平演变"社会主义国家。苏联东欧社会主义国家领导人，尤其是戈尔巴乔夫等，对抽象人道主义的过度崇拜，是导致苏东剧变的最重要根源之一。1985 年 6 月，针对国际敌对势力的攻击和诬蔑，邓小平指出：

---

① 胡乔木：《关于人道主义和异化问题》，人民出版社 1984 年版，第 37、43、49 页。

> 什么是人权？首先一条，是多少人的人权？是少数人的人权，还是多数人的人权，全国人民的人权？西方世界的所谓"人权"和我们讲的人权，本质上是两回事，观点不同。①

这是改革开放以来中国主要领导人在公开场合第一次鲜明地谈人权问题。1991 年 11 月，国务院新闻办公室发表《中国的人权状况》白皮书，这是中国向世界公布的第一份全面阐述中国人权建设状况的政府文件。由此，人权问题被社会各界广泛关注和深入研究，并成为我国经济社会发展的重要议题。1997 年，中共十五大首次将"尊重和保护人权"写入党的代表大会政治报告；2002 年，中共十六大报告将"尊重和保护人权"确立为新世纪党和国家的重要目标；2004 年宪法修正案明确规定："国家尊重和保护人权。"

20 世纪 90 年代中后期，随着社会主义市场经济体制改革目标的确立和逐步推进，唯利是图、利润至上、拜金主义等各种拜物教现象滋生蔓延，并日趋严重，人的价值和尊严遭遇挑战，价值真空、道德失范、信仰危机、人格分裂、精神失落等日趋严峻，于是出现了关于"人文精神"的讨论。1993 年第 6 期《上海文学》杂志登载王晓明等人有关文学与人文精神危机的对话，《读书》《东方》《文汇报》《光明日报》《文艺报》《中华读书报》等相继跟进和持续关注，开辟专栏展开讨论，在全国掀起人文精神大讨论。这场讨论反对把人变为物的奴隶，要求把人置于经济社会发展的首位，不要使人沉沦于各种物欲的追逐。讨论涉及的重要问题有，什么是人文精神、中西传统人文精神及其差异、社会主义市场经济与人文精神的关系、当代中国社会是否存在人文精神的失落或危机、人文精神与传统文化的关系、人文精神与科学精神及其关系、当代中国需要什么样的人文精神以及如何建构这种人文精神，等等。

人文精神辩论涉及的论题，主要集中于有关中国"市场化"所造成的种种后果，辩论各方的焦点集中在对中国社会转型期文化发展现状及其未来走向的估量和评判上。学者们认为，市场经济体制的推行，刺激了人们的物质欲望，不少人更加倾注于现实的物质利益和感官刺激，满足于生

---

① 《邓小平文选》第三卷，人民出版社 1993 年版，第 125 页。

活的物质享受,人的精神追求愈益肤浅和低层化,人生渐渐失去了其庄严性和崇高性。市场化的推进使人文精神失落了,我们需要重建人文精神。人文精神讨论的主旨是反对拜物教,认为人是生产的中心和目的,而不是生产的手段,提倡人有高于物的价值和尊严,反对使人成为物的奴隶,要求把对人的关怀放在首位。所以,人文精神讨论本质上是20世纪80年代异化和人道主义讨论的承接、转换和拓展,要求关注精神及其提升,追求理想、崇高,张扬对人的终极关怀,建构与市场经济相适应的"新人文精神"。这场讨论引发了有关新理想主义、道德理想主义、新启蒙主义、现代人格精神等议题,使人们认识到市场经济对于人的精神世界和精神生活的负面效应,警醒了初涉市场经济的中国人的人文意识和人文情怀,凸显了市场经济条件下文化建设的重要性和迫切性。

正是在这一时期,江泽民把"代表先进文化"作为"三个代表"重要思想的主体内容之一,确立文化建设的战略地位和重要意义。他反复强调,要用高尚的精神塑造人,不断推进人的全面发展。江泽民提出,要坚持"以科学的理论武装人、以正确的舆论引导人、以高尚的精神塑造人、以优秀的作品鼓舞人"。1996年10月,中共十四届六中全会通过的《中共中央关于加强社会主义精神文明建设若干重要问题的决议》指出:"在发展社会主义市场经济条件下,更要在全体人民中提倡为人民服务和集体主义的精神,提倡尊重人、关心人。"1997年1月,江泽民指出:"物质贫乏不是社会主义,精神空虚也不是社会主义。"同年5月,他指出:

> 道德的力量是巨大的。经济的繁荣、社会的进步、人类的文明,需要道德的发展和完善。作为人,要讲人道;作为社会的一员,要有集体意识和团结意识;作为公民,要热爱自己的祖国。[1]

1998年9月,江泽民强调:"一个民族,一个国家,如果没有自己的精神支柱,就等于没有灵魂,就会失去凝聚力和生命力。"[2] 2001年7月,在庆祝中国共产党成立80周年大会上的讲话中,江泽民着力凸显"人的全面发展"问题,他指出:

---

[1] 《江泽民文选》第一卷,人民出版社2006年版,第647页。
[2] 《江泽民文选》第二卷,人民出版社2006年版,第230—231页。

　　我们建设有中国特色社会主义的各项事业,我们进行的一切工作,既要着眼于人民现实的物质文化生活需要,同时又要着眼于促进人民素质的提高,也就是要努力促进人的全面发展。这是马克思主义关于建设社会主义新社会的本质要求。我们要在发展社会主义社会物质文明和精神文明的基础上,不断推进人的全面发展。①

　　2002 年,中共十六大把"促进人的全面发展"首次写进党的代表大会政治报告。

二 "人文关怀"的凸显

　　马克思指出:"共产主义作为私有财产的扬弃就是要求归还真正人的生命即人的财产,就是实践的人道主义。"② 这种"实践的人道主义"的实践性,集中体现为社会主义人文关怀。进入 21 世纪以来,"人文关怀"一词频频出现于党和国家领导人的讲话及一些正式文件,为理论界所关注和探讨,并日益为社会公众所认同和期待。

　　2003 年 7 月,在全国防治"非典"工作会议上的讲话中,胡锦涛指出:"在促进发展的进程中,我们不仅要关注经济指标,而且要关注人文指标。"③ 2006 年 10 月,中共十六届六中全会通过的《中共中央关于构建社会主义和谐社会若干重大问题的决定》明确指出:

　　　　注重促进人的心理和谐,加强人文关怀和心理疏导,引导人们正确对待自己、他人和社会,正确对待困难、挫折和荣誉。④

　　2007 年 10 月,中共十七大报告强调,注重人文关怀和心理疏导,用正确方式处理人际关系,形成男女平等、尊老爱幼、互助互爱、见义勇为的社会风尚。2010 年 10 月,"人文关怀"被写入《中共中央关于制定国

---

　　① 《江泽民文选》第三卷,人民出版社 2006 年版,第 294 页。
　　② 《马克思恩格斯文集》第 1 卷,人民出版社 2009 年版,第 216 页。
　　③ 《十六大以来重要文献选编》(上),中央文献出版社 2005 年版,第 397 页。
　　④ 《十六大以来重要文献选编》(下),中央文献出版社 2008 年版,第 662 页。

民经济和社会发展第十二个五年规划的建议》，充分体现了人文关怀的重要地位和意义。2011 年 2 月，胡锦涛在省部级主要领导干部社会管理及其创新专题研讨班上的讲话中谈到思想文化领域存在的问题时指出："由于对群众的思想教育、人文关怀、心理疏导等工作跟不上，一些人心理失衡、道德失范，引发了一些社会矛盾和问题。"① 2011 年 2 月，习近平在省部级主要领导干部社会管理及其创新专题研讨班结业式上的讲话中也指出：

> 伴随社会活力增强、竞争压力加大，一些人焦躁心态上升，对群众尤其是特定人群进行人文关怀和心理疏导等任务加重。②

2011 年 10 月，中共十七届六中全会通过的《中共中央关于深化文化体制改革推动社会主义文化大发展大繁荣若干重大问题的决定》强调，加强人文关怀和心理疏导，培育自尊自信、理性平和、积极向上的社会心态。2012 年 11 月，中共十八大报告重申，注重人文关怀和心理疏导，培育自尊自信、理性平和、积极向上的社会心态。2013 年 11 月，中共十八届三中全会通过的《中共中央关于全面深化改革若干重大问题的决定》提出了诸多富于人文关怀的实践理念和政策举措，如"三个让"的改革根本目标：让一切劳动、知识、技术、管理、资本的活力竞相迸发，让一切创造社会财富的源泉充分涌流，让发展成果更多更公平惠及全体人民；推进以人为核心的城镇化，推进农业转移人口市民化，让广大农民平等参与现代化进程、共同分享现代化成果；逐步减少适用死刑罪名，废除劳动教养制度，等等。

　　与此同时，人文关怀问题也成为学术理论界持续关注和反复讨论的话题。据"中国知网"相关数据显示，1993—2013 年，以"人文关怀"为题的论文达 9300 余篇，其中 90 年代有 47 篇，其余均为 21 世纪以来产出的，且逐年快速递增，2009 年以来年均 1000 余篇。其中，马克思主义、社会主义与人文关怀及其关系问题，为学者们所关注和热议。学者们一致

---

① 《十七大以来重要文献选编》（下），中央文献出版社 2013 年版，第 147 页。
② 同上书，第 178 页。

认为,① 人文关怀构成马克思哲学的一个根本性的维度。马克思主义始终贯穿和体现着一种人文关怀和人文精神,这种人文精神与它作为科学理性所具有的科学精神是相互联结、紧密结合在一起的。曾经一个时期,我们用科学主义态度片面理解人的实践,把社会实践看成是物质运动过程,这种对实践概念解释的"人学缺位"导致马克思哲学中人文关怀维度被遮蔽。事实上,马克思的"实践论"作为科学指导和人文关怀相统一的哲学思想,实现了对人文关怀维度的真正敞开,把人文关怀和人文精神推向了一个全新的历史高度。马克思、恩格斯在科学实践观的基础上,创立了一个以自然与人、自然与社会、自然与历史、社会存在与社会意识、思维与存在、生产力与生产关系、经济基础与上层建筑,以及生产方式、社会形态、意识形态等为基本框架的新唯物主义即历史唯物主义,它的出发点是人,它的理论旨趣是人的解放和人的发展。与西方传统思想中的人文关怀思潮不同,马克思主义人文关怀不是一种哲学的玄想,而是一种现实的运动。从社会历史与人的发展来看,马克思主义人文关怀是一种具有伟大历史感的具有现实意义的深刻的人文关怀。我们应该探讨并阐发这个维度,恢复马克思哲学的本真精神,用以指导我们的实际生活。我们有责任对现阶段各种现实问题进行研究,使马克思主义所具有的人文精神和人文关怀思想进一步发扬光大。

在关于社会主义与人文关怀及其关系问题上,学者们也提出了一些新看法和新观点。② 学者们在梳理和反思人文关怀历史变迁及其经验的基础上,强调人文关怀是社会主义的本质特征之一。苏联东欧传统社会主义模式失败的一个重要根源在于,没有将社会主义固有的人文关怀理念和优势

---

① 参见贾高健《马克思主义与人文关怀》,载《理论前沿》2000年第4期;俞吾金《人文关怀:马克思哲学的另一个维度》,《光明日报》2001年2月6日;杨学功《也谈马克思哲学的人文关怀》,载《哲学研究》2002年第6期;孙辉《人文关怀与实践概念》,《光明日报》2002年12月26日;徐长福《从马克思实践概念的价值维度看"人文关怀"问题》,载《哲学研究》2003年第3期;陆剑杰《论马克思哲学中人文关怀维度和科学范导维度的统一》,载《天津社会科学》2003年第3期;张传开《历史唯物主义及其人文关怀》,载《哲学研究》2008年第10期,等等。

② 参见蓝明伦《社会主义人文关怀的崭新阶段》,载《西南民族大学学报》2003年第4期;高泽湘《一种充满马克思主义人文关怀的社会发展理念》,《光明日报》2004年5月25日;崔志胜《注重人文关怀,建设社会主义核心价值体系》,《光明日报》2008年10月7日;寇东亮《论人文关怀与社会主义核心价值体系学习教育》,载《中国井冈山干部学院学报》2010年第5期;周薇《社会主义现代化进程中的人文关怀》,载《广东社会科学》2012年第4期,等等。

贯彻始终，渗透于经济、政治、文化发展的各个环节，背离了马克思主义人文关怀的科学理论，而缺乏人文关怀的社会主义必然不能代表广大人民群众的根本利益，从而失去民心，丧失党的执政基础，从而导致丧权亡党的悲惨结局。社会主义人文关怀始终把广大劳动人民置于人文关怀的中心地位，是人类社会发展过程中最公平的人文关怀，是谋求"人的全面发展"的人文关怀，当代中国人文关怀必须凸显其社会主义性质。从毛泽东"全心全意为人民服务"，到邓小平以"人民满意不满意、人民答应不答应"作为衡量执政党一切工作的根本标准；从"三个代表"重要思想到以人为本科学发展观，都是社会主义人文关怀理念和实践的具体形式。社会主义核心价值体系与人文关怀二者之间有密切关联性，社会主义核心价值体系内含丰富的人文知识、人文思想、人文方法和人文精神；精神成人、坚定理想信念、建设精神家园，是社会主义核心价值体系学习教育的人文目标；有效开展社会主义核心价值体系学习教育，必须加强人文关怀，坚持以人为本、加强民生建设、实现体面劳动、提升公民意识、保障尊严生活、注重心理疏导等。

20 世纪中晚期以来，人文关怀日益成为一种国际社会思潮，产生了人本主义"关怀心理学"、女性主义"关怀伦理学"等。20 世纪 50 年代末至 60 年代初，人本主义心理学家马斯洛和罗杰斯提出自我实现理论，从阐述人的需要、动机出发，进行需要层次分析，提出人类有机体最基本的动机是需要的满足。罗杰斯把人本主义心理学推广到医学教育和临床应用领域，提出"以患者为中心"的医学关怀模式，要求医护人员不仅要关心病人，更应关心全人类的健康。罗杰斯又把人本心理学理论运用于教育实验，确立"情意教学论"和"以学生为中心的教学模式"，强调教学要发展学生个性，充分调动学生学习的内在积极性，使学生学会学习，促进学生的自我实现。同时人本主义理论融入企业管理，也促使企业核心价值观发生变化，对员工的认识由"机器人"、"经济人"转变为"社会人"，实现了人性的超越，人本管理模式的构建推动了企业文化发展。

兴起于 20 世纪 70 年代末 80 年代初的女性主义，建构了一种"关怀伦理学"。女性主义从女性的角度探讨伦理问题，强调教养、关怀、同情、关系、多样性、差异性等在伦理学中的核心地位，认为传统伦理学是一种男性伦理学，它基于男性的偏见，局限于男性的视野探讨伦理问题，把男性的体验规范化和普遍化，把男性在市场竞争中所获得的体验当成整个人类的体验，使伦理学充斥着男性化的概念，如个体性、自主性、公正、平等，忽视了伦理的另一面精神即"关怀"精神（关怀伦理学是女性伦理学的典型形态）。契约论和功利论是男性伦理学的典型理论形态。男性伦理学注重原则或规范，其主要任务是澄清个人的义务，把这些人看作是平等的、独立的、理性的和自主的，男性伦理学是一种"规范伦理学"。女性伦理学注目于关系或情境，强调人是关系的产物，应该在关系背景中考虑道德问题，现实中的人际关系并不是平等的，而是由各种有着权利、社会地位、种族以及性别等差异的人们组成的复杂的、相互依赖的关系，女性伦理学是一种"关怀伦理学"。女性伦理学主要针对道德认知主义。柯尔伯格认为，道德发展实际上是道德判断能力的发展，道德判断能力的发展过程就是根据公正道德原则对具体事件进行道德推理能力的发展过程，它体现了个体道德认知结构的发展。柯尔伯格的这一观点遭到了哈佛大学教育学院教授卡罗尔·吉利根的质疑，吉利根以现象学方法研究男女两性在道德情境中的差异，她认为，柯尔伯格的道德发展理论建立在男性心理基础上，忽视了女性心理及其独特性，因而他所描述的仅仅是男性的而不是人类的道德发展。吉利根在 1982 年出版的《不同声音——心理学理论与妇女发展》一书中，描述了道德发展的"关怀"维度。她指出，男性把道德视为对个人权利的排列，奉行一种强调权利的公正伦理；女性则把道德视为对他人的责任，奉行一种强调关系和责任的关怀伦理。成熟的道德应当包括公正与关怀两个维度。美国斯坦福大学教育学院教授内尔·诺丁斯从伦理学角度分析"关怀"及其教育问题，她于 1984 年和 1992 年分别出版《关怀：伦理学与道德教育的女性路径》和《学校里的关怀挑战》两本著作，提出"关怀"的道德教育理论。吉利根、诺丁斯等认为，与男性不同，女性不愿把道德作为抽象争论的知识问题，而更倾向于联系具体情境来讨论道德问题；女性不是基于原则、推理、判断、证明来解决道德问题，而是更倾向于基于关怀，从情感、感觉以及他人的需要出发解决道德问题。关怀是人类共有的一种道德情感。关怀是一种独特的道德认知，体现了一种关系思维①和联系观点，凸显对他者的关注，这种关注引发对他者情感状态的体验、关心和认同。"关爱主题提出的意义

---

① 有学者提出，关怀思维是继创造性思维和批判性思维之后的第三种思维方式。参见杨韶刚《西方道德心理学的新发展》，上海教育出版社 2007 年版，第 311 页。

在于，使情感成为道德心理学的关注。"①　教育必须围绕着关怀这一理念来组织，对自我的关怀、对有亲密关系的他人的关怀、对同事和相识者的关怀、对不相识者的关怀、对动物、植物和物质环境的关怀等，都应成为道德教育的内容。女性主义"关怀伦理学"最初源于有关道德发展的性别差异的探讨，但引发了一种超越性别的"关怀"浪潮，尤其在医学护理学、生态学等领域产生很大影响。

20 世纪晚期以来，以人为中心的内源发展、兼顾当代人与后代人需求及其发展能力的可持续发展、注重人文指数和人的多元发展的人文发展等新型发展观，凸显了人的发展在整个发展中的核心地位，把人的发展视为一切发展的根本目的，为人类发展实践注入了强大的人文关怀。1990年，联合国开发计划署发表第一份《人类发展报告》，正式提出"人文发展"概念，强调社会发展应从以物为中心转向以人为中心。现在，人的尊严、体面劳动、幸福指数、幸福感、人的发展等，已经成为现代发展观的一些核心理念。同时，人文关怀实践在学校教育、道德教化、社会救助、企业管理、日常生活等领域日益拓展。

三　人文关怀的一般内涵

"人文"由"人"与"文"组合而成。"人"即人本身、人自身，"文"意指玉之纹理，引申为文化、文明。"人文"即人之纹理，即人之为人的根据所在和本质所在，蕴含的是一种理想的人性，标志着人性的指向及其理想境界。

在中国语境中，"人文"一词初见于《周易》：

> 刚柔交错，天文也。文明以止，人文也。观乎天文，以察时变。观乎人文，以化成天下。

魏人王弼注解道：

---

① ［美］吉利根：《不同的声音：心理学理论与妇女发展》，肖巍译，中央编译出版社 1999年版，前言。

　　刚柔交错而成文焉，天之文也川卜物不以威武而以文明，人之文也。观天之文，则时变可知也；观人之文，则化成可为也。①

唐人孔颖达疏解曰:

　　"观乎人文以化成天下"者，言圣人观察人文，则诗、书、礼、乐之谓，当法此教而"化成天下"也。②

可见，在古代中国，"人文"指"人之文"、"人之道"，包含"重视人"、"重视文"等含义。

　　在西方，古罗马思想家西塞罗较早使用"人文"一词。在西塞罗那里，人文既指称具有伦理色彩的"泛爱人类"，又指称古希腊所说的"全面教育"。古罗马人普遍认为，人区别于动物的地方在于说话的能力，这种能力不仅仅是把话说得动听，而且包括能够抓住和提出论点或者批驳论点的思维能力，这就需要对人进行全面的教育。这种全面教育，希腊文叫"enkyklia paedeia"。西塞罗在拉丁文中找到了一个对等的词"humanitas"，他所根据的是希腊人的如下观点，即"全面教育"是发扬那些纯粹属于人和人性的品质的途径。③ 后来，西方人便根据拉丁文"humanitas"的意思，在英语中衍生出"humanism"、"humanist"、"humanities"、"humanity"等词，指认西方历史中的人文主义传统，被译为"人道主义"、"人本主义"、"人文主义"，等等。

　　可见，"人文"是一个与"人"和人性有关的文化概念，指与人以及人性相关而且能够彰显人的本质力量的一切文化现象，涉及人的生存、人的本质、人的地位、人的尊严、人的个性、人的价值、人的生活及其意义、人的理想和人的命运，以及人的利益、需要、创造和发展，等等。"人"与"文"昭示了人的价值、道德、品格、人性等。

---

　　① 李学勤主编:《十三经注疏·周易正义》，北京大学出版社1999年版，第105页。
　　② 同上。
　　③ ［英］阿伦·布洛克:《西方人文主义传统》，董乐山译，生活·读书·新知三联书店1997年版，第5页。

　　"文"就其本然而应然的理智而言，原是形之于物或见之于伦常、制度、法典、科学、艺术、宗教、哲学等的人的精神，物化或外化了的精神须得人的内在的、虚灵的精神去激发才可见其活力而为本性自由的人所主宰。[①]

　　人们从"文"中发现"人"的精神变迁，生成人文知识，培育人文精神，提升人文素养，同时也促进"文"的不断充实和丰盈。在实践中，通过"人"与"文"的良性互动，推进对"人"的肯定与尊重，对"文"的传承与创新，实现"人"与"文"的有机统一。所以，"人文"既表现为一种人文知识，亦即关于人自身文化的一种学问，主要包括艺术、文学、历史、哲学等；也表现为一种人文精神，亦即人们对文化内在价值和意义的自觉；更表现为一种人文关怀，亦即通过行动体现出来的对人的关注、关心和关爱。人文知识、人文精神、人文关怀是人文素养的基本元素，其中，人文知识是前提和基础，人文精神是核心和灵魂，人文关怀是目的和归宿。

　　任何人都有被关怀的愿望，都希望得到关怀，关怀是人类生活中的一个基本要素。关怀源于人是一种关系性的存在，关怀是人在关系中的存在状态，是人的精神的一种"全身心投入"状态，即在精神上有所承担和有某种责任感，对人自身的牵挂和关心，使人成长并幸福。关怀可以是自然性的，即源于自然情感、无须做出道德努力的关怀，这种关怀基于人类的移情本能，如孟子所说："恻隐之心，仁之端也；羞恶之心，义之端也；辞让之心，礼之端也；是非之心，智之端也。"（《孟子·公孙丑上》）但真正的关怀是社会的和伦理的，是通过道德努力而表现出来的关怀，它基于自然关怀，但又超越自然关怀。

　　一般地说，所谓人文关怀，就是人对人本身的自我关怀。作为一种理念，人文关怀是人文知识、人文思想、人文方法与人文精神的统一。它集中表现为，对人的生命和人的存在的关爱，对人的合理需求和生活质量的关心，对人的人格尊严和社会地位的关切，对人的理想追求和自我完善的关照，对人的发展前途和终极命运的关注。通过这种关爱、关心、关切、

关照和关注，给多样的人的存在以统一之价值承诺，给有限的个体生命以
无限之意义赋予，给异化的现实人生以情感之本真还原，给碎片化的人格
以全面之有机整合，进而唤醒人的主体意识，建构人的意义世界，提升人
的理想境界。在人类社会历史进程中，针对各种各样的"非人"现象，
出现了持续不断的人文主义思潮和人文关怀运动。这种人文关怀运动，或
针对宗教的"神本位"、封建的"权本位"和市场的"物本位"，或针对
以私有制为基础的旧式分工所导致的人的发展的片面化、畸形化，或针对
理性主义和技术主义所规制的"单向度的人"，凸显了对人的全面发展的
热切期待，提出了对人的全面发展的各种理想建构。文艺复兴时期人文主
义者所向往的身心和谐、多才多艺的"完人"，启蒙运动时期人道主义者
所预设的身心、理智与经验协调发展的"自然人"，费尔巴哈"人本学"
所建构的理性、意志与心三位一体的"类"人，现代人本主义者所演绎
的"自我实现的人"，等等，都是对全面发展的人的不同勾画。20世纪晚
期以来，这种人文关怀理念及其内蕴的对于人的全面发展的吁求，在人本
主义心理学所构想的"自我实现"的人及其需要的结构性、欧美共同体主
义"德性论"所倡导的人的德性及其完整性、女性主义"关怀伦理"
所推崇的人的关系及其整体性、后现代主义"身体哲学"所张扬的人的
身体及其有机性、生态主义"深层伦理"所宣示的"生态自我"及其一
体化等思潮中，在当代中国关于人性、异化、人道主义、人文精神、人的
全面发展、以人为本等问题的争论中，都越来越鲜明地呈现出来，并为社
会大众所普遍认同和期待。

　　人文关怀不仅仅是一种伦理美德，更是一种实践能力；不仅仅是一种
思想观念，更是一种实践行动。在汉语语境中，关怀是一个动作性、价值
指向性很强的词，指的是一种全身心投入的行动状态。用马克思的话来
说，人文关怀是一种"实践的人道主义"，它可以使人类"改变世界"的
过程"在最无愧于和最适合于他们的人类本性的条件下进行"[1]，成为
"通过人并且为了人而对人的本质的真正占有"[2]的过程。从这个意义上
说，人文关怀既是现实的、形而下的，是对人的物质的、世俗的衣食住行
的现实关怀，更是理想的、形而上的，是对人的精神的、神圣的"意义

---

①《马克思恩格斯文集》第7卷，人民出版社2009年版，第928—929页。
②《马克思恩格斯文集》第1卷，人民出版社2009年版，第185页。

域"的终极关怀。人文关怀于本能中激活精神、于物质中张扬意义、于当下生活中追寻永恒，提升和丰富了人类对自己的目的性、可能性及潜在能力的关切、理解和追求。现实关怀是终极关怀的起点，终极关怀是现实关怀的拓展。

人文关怀是现实关怀与终极关怀的统一。终极关怀中的"终极"有两层含义：一是作为动词的"终极"，即不断超越、持续绵延、永无止境的指向性过程；二是作为名词的"终极"，即人生最为根本和最为重要的价值或目的。相应的，所谓终极关怀，一方面是指对人本身现存状态的永无止境的不断超越，亦即对人本身的无限关怀；另一方面是指人对人本身的本质存在和理想状态的关注，亦即对人的最理想存在状态的关怀。这两方面是内在一致的。人因有自己的"终极"状态而产生了终极性的关怀，人因终极性的关怀而不断孕育他的终极状态。

人文关怀的目的在于，使人不断消解和剔除"人本身"存在的负价值部分，弘扬和充实"人本身"中具有正价值的东西。生命至上、合理需要、人格尊严、精神崇高、个性自由、自我实现等，都是人之为人的正价值要素。在这些正价值中，具有统领意义和最高价值的，是人的全面发展。人的全面发展具体体现为，人的需要的全面满足和人对自己本质的全面占有。人文关怀根本上是一种否定"神化"、扬弃"物化"、消除"异化"，追求人的自我解放，谋求人的全面发展的价值实践活动。人文关怀能够为处于特定历史境遇中的现实的人指明方向和规制目标，对现实的人的既定状态中的各种非人的或物化的现象保持批判性张力，激励人追求和实现自己的全面发展。

马克思指出：

> 人不是在某一种规定性上再生产自己，而是生产出他的全面性；不是力求停留在某种已经变成的东西上，而是处在变易的绝对运动之中。①

人是不断生成的。人的生成过程是人的本质力量不断丰富的过程，是人由片面不断走向全面的过程。人的全面发展，是人的生成过程的终点。

---

① 《马克思恩格斯文集》第 8 卷，人民出版社 2009 年版，第 137 页。

但这并不是人之生成的历史意义上的终点，而只是一个逻辑意义上的终点，是从人的现实生成过程中所得出的一个逻辑结论。就其现实性而言，人的全面发展或全面发展的人，是永恒趋近却永远无法完全达致的终极目标。作为一个终极意义的否定，这个逻辑终点判定着现实的人的非全面性。人文关怀正是这个终极意义否定的环节之一。从这个意义上说，作为终极关怀的人文关怀，并不意味着对时间和空间上的最终极限的关怀，也不是对可望而不可即的彼岸世界的关怀，而是对人的存在意义和人生最重要价值的一种向往、一种追求、一种超越。可见，终极性人文关怀体现的是人的一种理想，是人立足现实对人的存在的"真善美"理想状态的永恒追求与向往。这种终极性的人文关怀，孕育和建构了人类的核心价值观念、根本价值目标和最高价值标准。作为一种理想，人文关怀不可能为人的发展提供现成的价值规范体系，但它是人的现实的价值规范体系得以生成的原点和支撑点。因为，作为一种理想的人文关怀，能够为处于特定历史境遇中的现实的人指明方向和规制目标，对现实的人的既定状态中的各种非人的或物化的现象保持批判性张力，激励人追求和实现自己的全面发展，提升人的精神境界。借用恩格斯的话，作为一种理想的人文关怀，可以不断使人"自己成为衡量一切生活关系的尺度，按照自己的本质去评价这些关系，根据人的本性的要求，真正依照人的方式来安排世界"①。

四　人文关怀的中国语义

当代中国所说的人文关怀，已不仅仅限于传统的人文道德教化层面，而是更为强调对人的主体地位的肯定和尊重，对符合人的合理需求、生存状态、生活条件的关注和保障。同时，把"人文关怀"与思想政治教育工作联系起来，延伸到正确处理人际关系。这些都使"人文关怀"的内涵得到深化，外延得到扩展，具有更为鲜明的时代指向。这种人文关怀是"以人为本"理念的具体体现，本质上是一种价值关怀，显现的是人对于自身价值实践活动的理性反思与批判。人文关怀旨在批判和克服各种"物本"现象和"无情"倾向，强调在经济社会发展进程中，把"人本身"作为出发点和归宿点，始终关注和呵护人本身及其精神、情感、心

---

① 《马克思恩格斯全集》第 3 卷，人民出版社 2002 年版，第 518 页。

理等的价值和意义，使经济社会发展过程，成为不断满足人的需要、维护人的尊严、实现人的价值、促进人的全面发展的过程，在全社会形成尊重人、理解人、关心人、爱护人的风尚。尊重人、理解人、关心人、爱护人，是当代中国人文关怀的基本要求和集中表现。尊重人是人文关怀的前提，理解人是人文关怀的基础，关心人是人文关怀的关键，爱护人是人文关怀的归宿。

以人为本、民生、情为民所系、和谐等理念，都彰显了当代中国人文关怀的时代内涵和实践意蕴。2001 年 9 月，《公民道德建设实施纲要》首次提出"以人为本"命题。《纲要》提出公民道德建设的指导思想是："重在建设，以人为本。"2003 年 10 月，中共十六届三中全会公报谈到科学发展观时，第一句话就是"坚持以人为本"，这是中共正式文献中第二次提到"以人为本"命题。2007 年 10 月，中共十七大报告强调，"以人为本"是科学发展观的核心。胡锦涛指出：

> 以人为本，体现了马克思主义历史唯物论的基本原理，体现了我们党全心全意为人民服务的根本宗旨和我们推动经济社会发展的根本目的。[1]

"以人为本"确认了人在社会发展中的根本地位，将人的发展确定为社会发展的最高价值目标，因而，这一原则体现了一种根本性的人文关怀。

民生即国民的生计与生活。在经济社会发展过程中，既要实现好、维护好、发展好最广大人民的根本利益，又要关心和解决人民群众最关心、最直接、最现实的利益。人民群众最关心、最直接、最现实的利益问题构成民生的重点。中共十七大报告首次把"民生"问题作为单独章节，全面阐述了"以改善民生为重点的社会建设"问题。让人们幸福生活，是民生的根本价值指向。近年来，"幸福指数"成为一个被党政领导、政府部门和广大民众所频繁提及的话题。"幸福指数"是衡量人的美好生活和人的幸福感的具体程度的指标数，它既可以反映经济社会发展态势，又可以反映人们的生活满意度。什么是幸福？总体来看，自新中国成立以来，国人对幸福的理解经历了一个从强调物质性要素到不断逼近"人的尊严"

---

① 《十七大以来重要文献选编》（上），中央文献出版社 2009 年版，第 107 页。

的过程。20 世纪 50 年代，幸福就是"楼上楼下，电灯电话"；20 世纪六七十年代，幸福就是"三转一响"（三转是自行车、缝纫机、电风扇，一响是收音机），就是进国营工厂或穿上军装；20 世纪 80 年代，幸福就是"万元户"；20 世纪 90 年代，幸福就是有房有车；进入 21 世纪，人们广泛言谈"幸福感"，把幸福感作为幸福的内核。幸福感是人们对自身所具备的生存与发展条件的一种积极的体验，幸福感源于人的一切合理需要的全面满足。

中共十七大报告把"学有所教、劳有所得、病有所医、老有所养、住有所居"作为以民生为重点的社会建设的重中之重，要求"从各个层次、各个领域扩大公民有序政治参与，最广泛地动员和组织人民依法管理国家事务和社会事务、管理经济和文化事业"，"使人民基本文化权益得到更好保障，使社会文化生活更加丰富多彩，使人民精神风貌更加昂扬向上"，"让人民共享文化发展成果"，"努力形成全体人民各尽其能、各得其所而又和谐相处的局面"，"谱写人民美好生活新篇章"。"各尽其能"就是人们潜能的充分发挥，"各得其所"就是人们各种合理需要的充分满足。在这里，人的物质经济需要、政治参与需要、文化精神需要、自我个性发展需要等都得到了全面的反映，这是一种面向人的一切合理需要和人的全面发展的深切人文关怀。

人文关怀蕴含着丰富的情感色彩，它是一种对人本身所怀有的浓厚的热爱之情、深沉的关怀之情和高尚的道德之情。马克思指出："激情、热情是人强烈追求自己的对象的本质力量。"[①] 列宁也指出："没有'人的情感'，就从来没有，也不可能有人对真理的追求。"[②] 在当代中国，作为一种情感的人文关怀，体现为中国共产党人反复强调的"情为民所系"。2004 年 1 月 12 日，胡锦涛在中纪委第三次全体会议上的讲话中，列举了干部队伍中存在的 10 个亟待解决的突出问题。其中第十条是："高高在上、脱离群众，对群众的安危冷暖漠不关心，工作方法简单粗暴，甚至肆意欺压群众。"[③] 2008 年 9 月 19 日，胡锦涛在全党深入学习实践科学发展观活动动员大会暨省部级主要领导干部专题研讨班上的讲话中，谈到当年

---

① 《马克思恩格斯文集》第 1 卷，人民出版社 2009 年版，第 211 页。
② 《列宁全集》第 20 卷，人民出版社 1958 年版，第 255 页。
③ 《十六大以来重要文献选编》（上），中央文献出版社 2005 年版，第 727 页。

山西临汾市襄汾县尾矿库特别重大溃坝事故、三鹿牌婴幼儿奶粉事件等时指出："从这些事件中反映出，一些干部缺乏宗旨意识、大局意识、忧患意识、责任意识，作风漂浮、管理松弛、工作不扎实，有的甚至对群众呼声和疾苦置若罔闻，对关系群众生命安全这样的重大问题麻木不仁。"①2009年1月13日，胡锦涛在十七届中央纪委三次全会上的讲话中，在谈到上述类似事件时又一次指出，这些事故和事件突出反映出一些领导干部作风不正问题相当严重，他们"宗旨意识不强，不能坚持立党为公、执政为民，不能坚持以人为本，甚至对群众疾苦漠不关心，对群众利益麻木不仁，置群众生命安全于不顾"②。正是针对这些现象，胡锦涛告诫领导干部，要"倾听群众呼声，关心群众疾苦，时刻把人民群众的安危冷暖挂在心上"③，要"带着深厚的感情做群众工作，千方百计把群众工作做深、做细、做实"④。2012年11月15日，习近平在十八届中共中央政治局常委同中外记者见面时的讲话中动情地说：

　　　　我们的人民热爱生活，期盼有更好的教育、更稳定的工作、更满意的收入、更可靠的社会保障、更高水平的医疗卫生服务、更舒适的居住条件、更优美的环境，期盼孩子们能成长得更好、工作得更好、生活得更好。人民对美好生活的向往，就是我们的奋斗目标。

　　2012年12月，习近平在河北省阜平县考察扶贫开发工作时的讲话中说："对各类困难群众，我们要格外关注、格外关爱、格外关心，时刻把他们的安危冷暖放在心上，关心他们的疾苦，千方百计帮助他们排忧解难。郑板桥有一首诗写道：'衙斋卧听萧萧竹，疑是民间疾苦声。些小吾曹州县吏，一枝一叶总关情。'我们共产党人对人民群众的疾苦更要有这样的情怀，要有仁爱之心、关爱之心。"

　　和谐是中国特色社会主义的本质要求，同时，又是人们一种普遍的心理需求。进入21世纪以来，我们反复强调，要建构和谐社会，建设和谐文化，倡导和谐理念，培育和谐精神。"民主法治、公平正义、诚信友

---

① 《十七大以来重要文献选编》（上），中央文献出版社2009年版，第571页。
② 同上书，第849页。
③ 《十六大以来重要文献选编》（上），中央文献出版社2005年版，第84页。
④ 《十六大以来重要文献选编》（中），中央文献出版社2006年版，第717页。

爱、充满活力、安定有序、人与自然和谐相处"是社会主义和谐社会的基本特征。"诚信友爱"是社会主义和谐社会的基本特征之一。胡锦涛指出：

> 诚信友爱，就是全社会互帮互助、诚实守信，全体人民平等友爱、融洽相处。[①]

这也是社会主义人文关怀的基本规定。建构和谐社会，需要建设和谐文化。和谐文化体现了人们对和谐的感受、认知和认同，对和谐目标的向往、推崇和追求，蕴含着互助、合作、团结、宽容、稳定、有序等价值理念，这些价值理念被贯彻到经济、政治、社会以及人的发展等各个环节和各个领域，贯彻到人们的日常生活之中，成为全社会的一种自觉的行为准则和道德规范，升华为人们的一种精神境界和精神力量。和谐文化包括以和为贵的价值观念、和而不同的思维方式、宽厚包容的处世态度、通融和解的行为方式、平和理性的社会心理、天人合一的自然观念、身心一体的健全心态等基本内容，和谐文化揭示了人与人的依赖关系、人与社会的依存关系、人与自然的友好关系、人与自我的一体关系，并致力于这些关系的协调一致和良性互动。从总体上看，我国当前社会中的矛盾，绝大多数属于非对抗性的人民内部矛盾。因而，在化解这些矛盾时，主要应以"和谐"为指导原则，通过协调、平衡、统筹等方式进行解决。和谐文化的本质在于，用和谐思维方式来思考问题，建立以和谐为核心的价值体系，将和谐作为整个社会精神文化的思想内核，在全社会形成崇尚和谐的价值取向。和谐文化要求人们在生活交往中弘扬仁爱宽容精神，提倡相互尊重、彼此信任、坦诚相待，努力营造一种自由民主、尊重差异、包容多样的社会风尚。

---

① 《十六大以来重要文献选编》（中），中央文献出版社 2006 年版，第 706 页。

第一章 冷:人文关怀的时代呼唤

马克思说,问题"是公开的、无所顾忌的、支配一切个人的时代之声。问题是时代的格言,是表现时代自己内心状态的最实际的呼声"①。人文关怀在当代人类社会和当代中国的凸显,折射出当代人类发展和当代中国经济社会发展以及人们日常生活所遭遇的人性危机和精神危机。

一 "物的依赖关系"中的冷淡

人对物的依赖关系是市场经济的本质特征之一。在市场经济日益勃兴的社会,人与人的关系总体上呈现为"物的依赖关系"。所谓物的依赖关系,就是以商品交换形式表现出来的普遍的社会关系,亦即人与人的社会关系颠倒地表现为物与物的关系。这里所说的"物",从狭义上说就是马克思所说的经济学意义上的"物",如商品、货币、资本等;广义地说,"物"则指称一切有可能与人的本真相对立的东西,如政治学意义上的权力、组织、官僚制等,文化学意义上的精神产品、文字、语言、科技等,生物学意义上的身体、肉体、物欲等。

在人对物的依赖关系中,人的价值、地位等不再表现为血统、出身等自然禀赋,而是表现为商品货币的物化形式。在金钱(物)面前,每个人都是独立、平等的,不容许任何超经济的特权关系存在。由"人的依赖"转变为"物的依赖",从物质经济关系上促成了具有独立人格的个人的生成,使得从事经济活动的个人成为具有主体地位的个人,而不再成为他人任意支配之物。"物的依赖"使商品、货币成了真正的"天生的平等派",社会个体因此获得了自主参与市场交换和市场竞争的权利,并通过

---

① 《马克思恩格斯全集》第 1 卷,人民出版社 1995 年版,第 203 页。

创造交换价值实现其自身价值。马克思把市场经济中人对物的依赖关系这一本质特征概括为："以物的依赖性为基础的人的独立性。"在"以物的依赖性为基础的人的独立性"阶段，形成普遍的社会物质变换、全面的关系、多方面的需求以及全面的能力体系，从而为"建立在个人全面发展和他们共同的、社会的生产能力成为从属于他们的社会财富这一基础上的自由个性"的阶段创造了条件。① 所以，"物的依赖关系"相对于封建的人身依附关系来说，是一个巨大的历史进步。

但是，这种"物的依赖关系"对于人与人之间的关系以及人的发展所带来的问题也是明显的。一切为了交换价值而进行的生产，使得物质、速度、业绩、赚钱、消费等被推崇为至上价值，成为越来越多的人奋斗的根本目标，使人与人之间的关系颠倒地表现为物与物的关系，使商品、货币、资本等具有一种神秘的属性，具有一种支配人的神秘力量，进而使经济社会和日常生活领域中出现各种"见物不见人"甚至"物统治和支配人"的现象。美国当代哲学家、政治理论家艾伦·布坎南指出："市场关系倾向于扩展到人类生活的各个领域"，一旦市场关系扩展到不包括市场关系的人类生活领域，"其结果是，某些有价值的人类关系将被贬值"②。

马克思深刻洞察并阐述了早期现代社会（尤其是资本主义社会）中人的自我异化与社会异化的问题。他认为，在资本主义社会，物的关系对个人的统治、偶然性对个性的压抑，已具有最尖锐、最普遍的形式，资本主义社会的一切发现和进步，结果是使物质力量具有理智生命，而人的生命则化为愚钝的物质力量。个人摆脱了人身依附关系而获得独立性是"以物的依赖性为基础"的，它只是"物性"（包括物的依赖性，甚或物的独立性）的某种变形，表征着人在对"物的依赖性"中"再度丧失了自己"。在这种社会，个人看上去是独立的，每个人似乎都拥有一个独立的"自我"。但正如马克思所说：

　　　　这种独立一般只不过是错觉，确切些说，可叫做——在彼此关系冷漠的意义上——彼此漠不关心。③

---

　　① 《马克思恩格斯文集》第 8 卷，人民出版社 2009 年版，第 52 页。
　　② ［美］艾伦·布坎南：《伦理学、效率与市场》，廖申白、谢大京译，中国社会科学出版社 1991 年版，第 141—142 页。
　　③ 《马克思恩格斯文集》第 8 卷，人民出版社 2009 年版，第 58 页。

人们彼此之间更多的只是在互为手段的意义上彼此接受对方。"每个人都指望使别人产生某种新的需要,以便迫使他做出新的牺牲,以便使他处于一种新的依赖地位","每个人都力图创造出一种支配他人的、异己的本质力量,以便从这里面获得他自己的利己需要的满足"①。

> 列宁也指出,以私有制为基础的"社会依据的原则是:不是你掠夺别人,就是别人掠夺你;不是你给别人做工,就是别人给你做工;你不是奴隶主,就是奴隶。可见,凡是在这个社会里教养出来的人,可以说从吃母亲奶的时候起就接受了这种心理、习惯和观点——不是奴隶主,就是奴隶,或者是小私有者、小职员、小官吏、知识分子,总之,是一个只关心自己而不顾别人的人"②。

20 世纪中后期以来,随着现代性在世界范围及当代中国的全面展开和纵深推进,人的自我异化与社会异化的程度也在不断扩展和加深,人与人之间的关系不断疏离、疏远和冷淡。

(一) 交换—经济理性

在市场经济中,产品成为商品,成为单纯的交换要素。生产者个人的活动和产品的价值,只有通过"交换"这一社会关系转化为交换价值和货币,体现在交换价值和货币上,其利益才能得以实现。商品转化为交换价值,商品的交换价值取得了一种在物质上与商品相分离的存在,产生出同产品并存的货币。交换关系和货币固定为一种对生产者来说是外在的、不依赖于生产者的权力。货币具有一种"先验的权力"。人与人之间的关系要以"物"的联系为基础,物质产品的交换形式是生产者个人生存和发展的必要条件。"毫不相干的个人之间的互相的和全面的依赖,构成他们的社会联系。这种社会联系表现在交换价值上。因为对于每个个人来说,只有通过交换价值,他自己的活动或产品才成为他的活动或产品;他必须生产一般产品——交换价值,或本身孤立化的,个体化的交换价值,即货币。另一方面,每个个人行使支配别人的活动或支配社会财富的权

---

① 《马克思恩格斯文集》第 1 卷,人民出版社 2009 年版,第 223 页。
② 《列宁专题文集·论无产阶级政党》,人民出版社 2009 年版,第 287—288 页。

力，就在于他是交换价值的或货币的所有者。他在衣袋里装着自己的社会权力和自己同社会的联系。"由此，人与人之间的关系也表现为商品生产和商品交换的物化关系。在前现代社会，人与人的关系"本身具有狭隘的、为自然所决定的性质，因而表现为人的关系，而在现代世界中，人的关系则表现为生产关系和交换关系的纯粹产物"。"人们信赖的是物（货币），而不是作为人的自身。"① 在交换关系中，人们之间的关系是一种"彼此当做外人看待的关系"②。

西美尔说："货币不会只满足于成为终极目的之一而与生活中的另外诸多终极目的共存，如智慧和艺术、人的意义和力量、美和爱；但既然货币具有这么一种特殊地位，它就已经取得了一种力量，而能够把其他目的化约为某种手段。"在其现实性上，货币会"成为一种绝对的心理性价值，一种控制我们实践意识、牵动我们全部注意力的终极目的"③。于是，在许多人看来，把一切东西都转换为交换价值，是个人在现代社会走向成功的最快捷、最有效的通道。在一些人那里，灵魂、良心、人格、道德等人的精神性元素，也在这种"转换"之列。随着商品货币关系的扩张，许多人为了获取货币，不惜出卖人格、良心、道德、肉体、灵魂、亲情、爱情，等等。因而，在"物的依赖关系"中，会产生一种相互冷淡的经济理性。

所谓经济理性，是指一种在有限资源条件下追求效率亦即追求收益大于成本，或以最小的投入获取最大产出的理性计算。经济理性即会计算、有创造性并能获取最大利益，取得最大效率。从经济发展和经济增长来说，经济理性是必然的和合理的。但在市场化进程中，经济理性也会趋于无限扩张，以功利、算计为核心和基础的经济理性，也会把生命算计为资本和权力运作的工具，使生命既无尊严也无价值。霍布斯、边沁和功利主义将理性视为功利的计算，马克思则概括了这种经济理性的人学内涵：

> 每个人为另一个人服务，目的是为自己服务；每一个人都把另一个人当作自己的手段互相利用。这两种情况在两个个人的意识中是这

---

① 《马克思恩格斯文集》第 8 卷，人民出版社 2009 年版，第 44、51、59、54 页。
② 《马克思恩格斯文集》第 5 卷，人民出版社 2009 年版，第 107 页。
③ 参见［德］西美尔《货币哲学》，陈戎女等译，华夏出版社 2002 年版，第 171、161 页。

样出现的：（1）每个人只有作为另一个人的手段才能达到自己的目的；（2）每个人只有作为自我目的（自为的存在）才能成为另一个人的手段（为他的存在）；（3）每个人是手段同时又是目的，而且只有成为手段才能达到自己的目的，只有把自己当作自我目的才能成为手段，也就是说，每个人只有把自己当作自为的存在才把自己变成为他的存在，而他人只有把自己当作自为的存在才把自己变成为前一个人的存在。①

这种经济理性虽然"正确地猜测到了人们为之奋斗的一切，都同他们的利益有关，但是它由此得出了不正确的结论：只有'细小的'利益，只有不变的利己的利益"②。恩格斯在《家庭、私有制和国家的起源》中指出，人在学会交换物质产品之后，很快就开始把人当作商品来交换。

　　这时，用不了多久就又发现了一个伟大的"真理"：人也可以成为商品；如果把人变为奴隶，人力也是可以交换和消费的。人们刚刚开始交换，他们本身也就被交换起来了。主动态变成了被动态，不管人们愿意不愿意。③

韦伯把经济理性概括为以核算或计算为内核的经济理性主义，它表现为："做任何事情都必须考虑收支问题：在一项事业开始时，要有起始收支；在做出任何决定之前，要有一番计算，以弄清是否有利可图；在该事业结束时，要有最后的收支估价，以确定获得了多少利润。"④ 等价交换原则的运作，往往把人与人之间的友爱、关怀、情感、善良等淹没在利己主义的冰水之中，使生命世界丧失意义。韦伯说：

　　凡是让市场听任自己的规律性发展的地方，那么市场就只认物，不认人，既没有博爱的义务，也没有孝敬的责任，没有任何原始的、

---

① 《马克思恩格斯全集》第30卷，人民出版社1995年版，第198页。
② 《马克思恩格斯全集》第1卷，人民出版社1995年版，第187页。
③ 《马克思恩格斯文集》第4卷，人民出版社2009年版，第195页。
④ ［德］马克斯·韦伯：《新教伦理与资本主义精神》，于晓等译，生活·读书·新知三联书店1987年版，第9页。

由人的共同体所体现的人际关系。①

1983 年，美国学者阿莉·卢赛尔·霍赫希尔德（Arlie Russell Hochs-child）的专著《被管理的心：人类情感的商品化》出版。她在这本书中阐述了人的情感如何被现代社会因素操控以及人的情感商品化的过程。霍赫希尔德以美国各大航空公司为个案，一方面纵向分析了美国航空业的宏观走向对空乘人员情感整饰行为的影响；另一方面从横向层面展现了不同航空公司对其空乘人员情感的操控。通过分析，揭示了现代经济组织通过种种途径操纵、控制人的情感及其表达的总体图景。霍赫希尔德指出，资本的压迫导致原先属于个人的情感被整合进劳动过程，商业化使情感成为工作中重要且必需的内容，尤其在服务业、零售业中更需要管理感觉和表达情感。情感被控制或自我演化、自我压迫成为劳动过程中的一部分。

人情是人的一种内心深处的需求和精神的寄托。在传统中国社会，人情往来是社会关系的重要特征，它以血缘、亲缘和地缘关系为中心，使每个社会成员及其家庭形成特定的"人情圈"。基于血缘亲情的人情原则在社会生活中的运行，培植了一种亲情文化。亲情文化即由人的血缘关系发展而来，并由人的血缘（即直系和旁系血缘构成的宗族关系，是亲情的内里核心）、姻缘（即婚姻关系构成的较为接近宗族关系的亲属关系，是血缘意识的泛化）、地缘（即以共同或相近地理空间环境引发的特殊亲近关系，是血缘和姻缘意识于人和物的泛化）、业缘（即以曾经存在或正存在的职业、事业等原因引发的经常交往而产生的特殊亲近关系，是血缘、姻缘、地缘等意识的泛化）和情缘（即以某种机会引发的人与人或人与物之间的特殊亲近关系，是上述四种意识的泛化）等"五缘"合成的人与人、人与事、人与物之间的特殊情感与行为。亲情文化通过一定的物质媒介、具体行为和精神状态，表达着一定的价值观念与行为规则，传递着不同群体与个人的利益要求和情感倾向。② 随着改革开放的加快，尤其是市场经济的推进，使得传统的基于宗法血缘关系或计划体制的"熟人社会"被不断打破，社会流动性加快，人际交往日益频繁，人们越来越面

---

① ［德］马克斯·韦伯：《经济与社会》上卷，林荣远译，商务印书馆 2006 年版，第707 页。

② 许响洪：《九九归一——中国亲情文化》，南海出版社 2005 年版，第 10 页。

对着一个"陌生人社会"。利益因素不断侵蚀着我国社会人情关系中的情感因素和亲密感，人们逐渐以物欲化、工具化的角度来看待人情关系，基于社会交换中的情感支持、互惠规则的人情关系逐渐变得麻木、冷漠。人际疏离，亲情缺失，人情冷漠，越来越突出。现在，人们呼吁感恩教育和亲情教育，希望提高人的情商。同时，在市场交换价值的极度扩张中，也出现了亲情、友情等不断被商品化或货币化的现象。此时的人情与人情关系已失去了人情的本真意蕴，由人们自由、自主的本质活动而蜕变成为一种被迫的、扭曲的、片面的活动，一种人们用以谋生、维持生计的手段。异化或物化了的人情交往活动不仅失去了属人的自由的本质特征，而且使得人情关系变得更加势利、冷漠、虚伪而世故，从而也就丧失了人情所应有的价值。20 世纪 90 年代以来，在我国持续蔓延的各种非法传销活动，主要利用亲情、友情等"熟人"关系，教唆参与者以"善意的谎言"诱骗亲朋好友参与传销。在这种传销模式中，大批受骗者为了挽回个人损失，会很轻易地越过道德底线，走向"杀熟"之路。非法传销活动使夫妻相向、父子反目、朋友成仇，引发亲情衰落、友情丧失，对亲情、友情造成巨大破坏，导致了社会成员间的信任危机，严重影响社会诚信体系。医德缺失已成为一种普遍现象。在一些医生眼里，病人俨然成了他们的"摇钱树"。在许多医疗机构，可以看到"把病人当亲人"之类的醒目标语，但真正把病人当亲人的医院和医生，不说"凤毛麟角"，却也为数不多。近年来，卫生部门要求医院降低"用药收入比重"，结果不少公立医院就授意医生通过多开大型设备检查如核磁共振、CT 等来"弥补"经济损失。

这种冷淡的经济理性也滋生了罗洛·梅所说的"竞争性个人主义"，以及由此导致的"原子化个人"。所谓"竞争性个人主义"，就是"个人主义与竞争性汇整在了一起……整个文化系统都在鼓励自我觉察，方法是比他人优越或胜过他人"①。在商品交换关系中，所有人都在起点上成为一个自由的、平等的原子。阿多尔诺曾用"社会原子"（the social atom）一词来描述人的这种存在状态。他认为，与物理学的原子不同，社会原子是一个隐喻，它既表明个人在市场经济社会中的独立自由，也说明个人在

---

① ［美］罗洛·梅：《焦虑的意义》，朱侃如译，广西师范大学出版社 2010 年版，第153 页。

市场交换中的无能为力。在改革开放以来的中国社会，个人逐渐摆脱了原来高度管控的社会生存状态，不断从国家、社会、集体中走出来，成为真正意义上的个人，这无疑是一个巨大的历史变革和进步。但这一个体化进程也存在严重的个体化危机。这种个体化是缺乏秩序的个人化，是自私的个人化，是组织缺位的个人化。① 在这种情形下，不少人尊崇和践行物竞天择、适者生存、优胜劣汰、弱肉强食的丛林法则，把他人当作潜在的或现实的"敌人"，常常采用不合德甚至不合法的手段，通过不正当竞争追求自身利益的最大化。由此，引发人与人之间的相互猜忌、冷漠麻木、关怀缺失、信任缺乏。同时，由于现代社会各领域的评价体系处处充满了技术的考量，个体也对自己的行为目的与手段进行各种各样的功利计算，个体为达目的而使用的行为方式与手段充满了算计。这样，现代人往往只重视技术知识的累积，而忽视关爱、责任、道德、义务等。在面对他人的困境时，许多人成为冷漠或沉默的旁观者。在不少人看来，保持旁观的态度或立场是最合算计的。在遇到道德困境、面对道德选择时，许多人也会运用大量知识推算如何行为才是最划算的，而不是首先出于道义之举、仁爱地去帮助别人。当人们以一种功利的、算计的、考量的功利心理对待他人时，经济理性主义引起的道德失范行为就会成为一个无法回避的问题，它不仅影响个体的身心发展，也会引发一系列社会问题。

（二）契约—政治理性

契约观念源远流长。在西方可以追溯到古希腊的智者等，在中世纪神学中被大量论及，在近代更是被解释为社会和国家起源的合理根据，被视为政治权威合法性的基础。② 但从根本上说，契约根基于市场及其交换规律。马克思指出："尽管个人 A 需要个人 B 的商品，但他不是用暴力去占有这个商品，反过来也一样，相反地他们互相承认对方是所有者，是把自己的意志渗透到商品中去的人格。因此，在这里第一次出现了人格这一法

---

① ［美］阎云翔：《中国社会的个体化》，陆洋等译，上海译文出版社 2012 年版，第120 页。

② 在中国古代，"契"和"约"二字都具有经济和政治含义。19 世纪末 20 世纪初，"契"与"约"二字才连用，并主要作为社会政治概念，在中国广泛流行。中国人主要是通过卢梭来理解作为政治概念的契约和接受契约论的。参见何怀宏《契约伦理与社会正义——罗尔斯正义论中的历史与理性》，中国人民大学出版社 1993 年版，第 5—9 页。

的因素以及其中包含的自由的因素。"① 契约是这种自由的、原子式的个人相互联系的纽带，它消解了个人的特殊的身份规定性，摧毁了一切人的依赖关系中的自然力量和精神力量的限制，使个人作为"抽象的人"进入社会生活领域。

契约论是唯意志论的，是高度个人主义的，其出发点是假设订立契约的各方都是出于自利的目的而行动的，其目的是要解决订立契约的各方相互冲突的利益要求。契约是以个人为前提和本位的，每个人有其欲望、目的和理性，他们的社会结合只能通过协议或合同来达到。契约呈现了社会的某种机械结合性质，对一个人来说，契约关系"本身只是表示另一个人对我的需要本身漠不关心，对我的自然个性漠不关心"②。

契约意味着一种滕尼斯所谓"社会"、韦伯所谓"社会化"以及布伯所谓"我—它"意义上的人际关系和交往。德国思想家滕尼斯在《共同体与社会》中，阐述了人类群体生活的两种结合类型，即共同体和社会。在"共同体"中，人们之间的关系则是基于共同的历史、传统、信仰、风俗而形成的一种亲密无间、相互信任、守望相助、默认一致的人际关系。而在"社会"中，人们之间的关系基于个人的独立以及个人理性及契约和法律，人与人的关系是一种"机械的形态"。社会是相互独立的个人的一种纯粹的并存，是一种"机械的聚合和人工制品"。人们走进社会就如同走进他乡异国。在这里，尽管有种种的结合，但仍保持着分离。人们的活动和权利相互之间有严格的界限，任何人都抗拒着他人的触动和进入，任何触动和进入都被视为敌意。交换一致的意志行为叫做契约，契约是两个不同的单独意志相交在一点上的合量。在契约面前或契约之外，人与人之间的关系可以理解为潜在的敌意或潜在的战争（即普遍的竞争）。③韦伯在滕尼斯"共同体—社会"范式的基础上，提出了"共同体化—社会化"范式。韦伯认为，共同体化和社会化都可称之为一种社会关系，共同体化建立在主观上感觉到参加者们的共同属性上，社会化则建立在以理性为动机的利益平衡之上，仅仅是一种对立利益的协议，是相对立的然而互为补充的有关人员的一种合乎理性的、自由的、现实的妥协，一种根据意

---

① 《马克思恩格斯全集》第30卷，人民出版社1995年版，第198页。

② 同上书，第200页。

③ 参见［德］斐迪南·滕尼斯《共同体与社会——纯粹社会学的基本概念》，林荣远译，商务印书馆1999年版，第53—54、95—144页。

图和手段纯粹旨在实现其成员的实际利益的持续行为的协议。① 德国现代宗教哲学家马丁·布伯认为，可以用"我—你"关系与"我—它"关系来概括人对待世界和他人的态度，这两种关系体现的是"我"对与"我"相关的一切事物（包括他人）的态度或关联方式，也是两种不同的人生态度或生活方式。"我"同"他者"建立何种关系，"我"就是何种样的"我"。"我—你"关系体现的是一种亲密无间、相互对等、彼此信任、开放自在的关系，在这种关系中，双方都是主体，来往是双向的。"我—它"关系体现的则是一种考察探究、单方占有、利用榨取的关系，在这种关系中，"我"为主体，"它"为客体，只有单向的由主到客，由我到物（包括被视为物的人）的过程。就人的生存与发展而言，"我—它"关系是必不可少的，但这种关系是纯粹工具性的，如果把人与人之间的关系完全转换成"我—它"关系，那是十分可怕的。对人采取"我—它"态度，不仅贬低了别人，同时也使自己的人性被扭曲。只有通过真正的符合人性的关系，即"我—你"关系，人才能成为真正的人。"我—你"关系涉及人的整个存在，要求人用自己的整个身心对别人的全部存在做出反应。②

契约论孕育各种刚性价值观，如自主、权利、竞争、正义等。个体的自主性是人类社会由"人的依赖关系"的社会形态向"以物的依赖性为基础的人的独立性"的社会形态转型的必然结果。人的独立性实质上就是自主性。自主性就是一个人的独立性、自力更生和独立做出决定的能力。自主性的原始含义是自我管理、自己做主，指个人的思想和活动由他自己做主。自主性意味着选择能力，意味着自己决定并按照此决定行事的能力。但人们往往将自主理解为一个静止的、已经完成的概念，仿佛一个人只要按照已经成型的自主就可以成就一切。自主的个人成为原子。这种自主理性在逻辑上存在致命的危险，一如福柯所说："这种理性本来是在偶然性中发展出来的，却企求普遍性……应彻底研究的东西正是这个普遍性，其结构的自主在自身中包含着专断主义和专横的历史。"③ 自主至上的观点遮蔽了个体与社会的真实关系，将自我在本质上看作分离于他者，

---

① 参见〔德〕马克斯·韦伯《经济与社会》上卷，林荣远译，商务印书馆2006年版，第70—72页。

② 参见〔德〕马丁·布伯《我与你》，陈维纲译，生活·读书·新知三联书店2002年版，第124—127页。

③ 杜小真编译：《福柯集》，上海远东出版社1998年版，第451页。

这种分离导致对人类生活具有重大意义的重要品质如同情、怜悯、信任、忠诚、感性与爱等被弱化甚至舍弃。萨特认为，只有当"我"聚集自己的力量反对他者，与他者对"我"的自由之威胁作斗争时，"我"才成为我自己，成为自我。所以，在萨特那里，疏远、冷淡是人的主体性产生的条件，主体性就是疏远和冷淡。自主意味着人与人的某种分离，这种分离的表现和结果，就是强调个体权利。过度强调个体权利，会导致权利对个体与社会价值的枯竭感。权利是价值枯竭的结果，反过来又会加剧价值枯竭行为的发生。目前，在我们的社会生活中，存在着一种较为普遍的马基雅维利主义现象。马基雅维利主义者坚持人性恶，崇尚利己主义价值观，以自我利益和既得利益的最大化为根本，情感冷淡甚至冷酷，为达目的不择手段，无视规则，热衷厚黑，喜欢旁门左道，耍阴谋，搞欺诈，玩手段，在投机取巧中得利。

　　要求权利以及权利的平等，成为"正义"的内核。在许多人看来，正义是一个既定的、优先于和独立于善的价值范畴，正义是保障个人自由权利得以实现的最重要的原则或规范。休谟认为，正义只是起源于人的自私和有限的慷慨，以及自然界为满足人类需要所准备的稀少的供应。正义发生于人为的措施和人类协议或合同。自私是建立正义的原始动机，利益的计较和算计，是正义的前提。① 亚当·斯密指出：

> 在极大多数情况下，正义只是一种消极的美德，它仅仅阻止我们去伤害周围的邻人。一个仅仅不去侵犯邻居的人身、财产或名誉的人，确实只具有一丁点实际优点。②

　　罗尔斯认为，正义是所有政治美德中的最高价值，是一种先于一切价值要求之前必须满足的价值要求，而正义在于权利。罗尔斯把原初状态设定为"正义的环境"。他把"相互冷淡的理性"作为对原初状态人的行为动机的假设。处于原初状态的每一个人，都被理解为对他人利益冷淡的个人。"冷淡"是一种由于兴趣或利益之缺失而持有的不关心或漠然的心态，即对彼此利益的无兴趣、无嫉妒、无怨恨等，意味着一种客观及公正

---

① 参见［英］休谟《人性论》下册，关文运译，商务印书馆1980年版，第525—542页。
② ［英］亚当·斯密：《道德情操论》，蒋自强等译，商务印书馆1997年版，第100页。

的相互对待的态度。处于原初状态的个人，作为理性的人，他们知道自己的生活目的，会选择使他们获得更多的基本善（包括自由、权利与经济收入等）的原则，这一原则就是正义原则。

> 正义问题要产生，必定至少有两个人想做某事，而不是想做所有其他的人都做的事情。这样，假定各方是完全的利他主义者就是不可能的。他们必是有某些可能冲突的各自分离的利益。作为公平的正义以相互冷淡的形式——这一原初状态的主要动机条件——做出了这种假设。①

而正义原则是一种契约的结果，是从一种平等状态中的原初契约中产生的。自利是人们订立契约与遵守契约的主要动机。正义的原则将是那些关心自己利益的有理性的人们，在作为谁也不知道自己在社会和自然的偶然因素方面的利害情形（即处于无知之幕）的平等者的情况下都会同意的原则。正义的环境，就客观而言是中等困乏条件，就主观而言是相互冷淡或对别人利益的不感兴趣。对此，罗尔斯形容道：

> 只要互相冷淡的人们对中等困乏条件下社会利益的划分提出了互相冲突的要求，正义的环境就算达到了。除非这些环境因素存在，就不会有任何适合于正义德性的机会；正像没有损害生命和肢体的危险，就不会有在体力上表现勇敢的机会一样。②

罗尔斯认为，"相互冷淡的理性"是达成正义原则所必要的一种社会心态。"相互冷淡的理性"即认为人既不是自私自利的，也不是无私利他的，而是"既不想赠送利益也不想损害他人，既不嫉妒也不虚荣。借用比赛的术语我们可以说：他们在努力为自己寻求一种尽可能高的绝对的分，而不去希望他们的对手的一个高或低的分，也不寻求最大限度地增加或减少自己的成功与别人的成功之间的差别"③。每一个人都缺乏对他人

---

① ［美］约翰·罗尔斯：《正义论》，何怀宏等译，中国社会科学出版社1988年版，第186页。
② 同上书，第127页。
③ 同上书，第143—144页。

的关心，除关注自己的利益并力图使其最大化外，对其他人的利益及其实现程度往往漠然处之。同时，他也不具有嫉妒等消极情感，不会因为"别人拥有较高指标的基本社会善而懊恼"①。在社群主义看来，正义仅仅在那些被大量分歧所困扰的社会里才是首要美德，在那样一种社会，人们都是从自我利益出发的，人们之间的利益冲突成了首要问题，调节这种冲突需要正义规范。因此，正义充其量只是当更高的社群美德已经崩溃的条件下才需要的"补救性美德"。

（三）科学—技术理性

科学技术把整个感性世界变成人的实践对象，变成人展示和实现其本质力量的平台。科技的发展拓展了人类实践活动的广度和深度，使得人类把自己视为世界的主体，把人以外的宇宙秩序以及整个客观世界视为自己改造的对象。人类相信，人可以利用技术实现对整个世界的操控。由此，人类逐渐把自身的实践活动以及自身之外的事物和秩序技术化、非伦理化。技术生产被视为是一套与价值无涉的机械活动。黑格尔称这个过程为"祛神圣化"，韦伯则称其为"祛除迷魅"。通过这一过程，形成了一种具有至上意义的技术理性。技术理性是人类理性与近代科技相结合的产物，是近代两大科学传统（笛卡尔传统和培根传统）共同塑造而成的。笛卡尔"我思故我在"使理性通过主体性的体验对世界进行规划，培根"知识就是力量"要求科学服务于人类实践。就其本质而言，技术理性是一种追求合理性、规范性、有效性、功能性和条件性的人类智慧和能力。

随着现代科学技术的迅猛发展及其在经济社会生活中作用的日益凸显，科学的作用被无限扩大，科技理性被推崇到极致。人们相信，一切问题包括人的主观精神、人生意义等，都可以通过科技的方法进行衡量和量化，实证科学的世界观和方法论成为人类物质和精神活动的支配元素，人们像崇拜上帝一样对科技顶礼膜拜。海德格尔说：

> 现在存在的东西被现代技术的本质的统治地位打上了烙印，这种统治地位在全部生命领域中通过诸如功能化、技术完善、自动化、官

---

① ［美］约翰·罗尔斯：《正义论》，何怀宏等译，中国社会科学出版社 1988 年版，第142 页。

像主义化、信息等等可以多样地命名的特色呈现出来。①

卢卡奇认为，在现代社会，合理化"渗进了人的肉体和心灵的最深处，在它自己的合理性具有形式特性时达到了自己的极限"，"他的特性和能力不再同人的有机统一相联系，而是表现为人'占有'和'出卖'的一些'物'，像外部世界的各种不同对象一样"。"他的心理特性也同他的整个人格相分离，同这种人格相对立地被客体化，以便能够被结合到合理的专门系统里去，并在这里归入计算的概念。对我们来说，最重要的是在这里起作用的原则：根据计算，即可计算性来加以调节的合理化原则。"人们"试图创立这样一种理性的关系体系，它能把合理化了的存在的全部形式上的可能性、所有的比例和关系都包括在内，借助它能把所有现象——不论它们客观的、物质的差别如何——都变成为精确计算的对象"。卢卡奇把这种合理化思维称之为"物化了的理智"②。在技术理性的影响下，现代社会注重技术、知识，忽视人的心灵、德性。人被当作专业技术人才加以塑造，拥有技术知识被视为成材的唯一标准。这种唯智主义的价值导向，使得人的心理趋于急功近利、唯我独尊。

人愈是受教育，就愈是被技术和专业所束缚，最终便会失去作为一个完整人的精神属性。爱因斯坦说：

> 科学方法所能告诉我们的，不过是各种事实是怎样相互联系、相互制约的。关于"是什么"这类知识，并不能打开直接通向"应当是什么"的大门。
>
> 只懂得应用科学本身是不够的。关心人本身，应当始终成为一切技术上奋斗的目标；关心怎样组织人们劳动和产品分配这样一些尚未解决的重大问题，用以保证我们科学思想的成果会造福于人类，而不致成为祸害。③

单纯的技术性思维会使人对事物和社会采取一种冷漠、无情甚至残酷的态

---

① 孙周兴选编：《海德格尔选集》下卷，上海译文出版社1996年版，第827页。

② ［匈］卢卡奇：《历史与阶级意识》，杜章智等译，商务印书馆1992年版，第164、149、201、170页。

③ 《爱因斯坦文集》第3卷，许良英译，商务印书馆1979年版，第173、349页。

度，会把做事与做人的责任意识分离开来。

现代技术中最具代表性的是电视、电脑、互联网等现代信息技术，尤其是互联网，它集文字、声音、图像于一身，被誉为继报纸、广播、电视之后的"第四媒体"。2014年5月26日，国务院新闻办公室发表《2013年中国人权事业的进展》白皮书。白皮书显示，截至2013年年底，中国网民规模达6.18亿人，互联网普及率为45.8%；域名总数为1844万个，网站总数为320万个，网页数量为1500亿个；论坛/BBS的用户数量为1.2亿人，博客和个人空间用户数量为4.37亿人，社交网站用户数量为2.78亿人，网络文学用户数为2.74亿人，网络视频用户数量为4.28亿人，微博用户数量为2.81亿人，即时通信用户数量为5.32亿人；手机即时通信用户为4.31亿个，手机微博用户达到1.96亿个。现代信息技术在社会生活中发挥着越来越重要的作用。

网络以其特有的开放性、平等性、交互性、异质性、无政府性和虚拟性，以及隐藏在网络信息、网络游戏、网络经济中的各种不良因素和低俗文化，潜移默化地扭曲着人们的价值取向和道德风貌。网络世界是一个没有中心、没有开始也没有结局的世界，一进入这个世界，人就变成了电子化的飞速运动的存在，它会使人忘记对终极目标的追求，放弃对任何事情的责任。同时，网络世界也是一个容许"言论自由"的无政府主义领域。网络技术的发展，使个体可以建立属于自己的虚拟世界。在虚拟的网络世界，任何人都有条件按照他自己的原则（或者不要原则）说任何话，做任何事，而不需要承担自己的义务和责任。在虚拟网络世界，网络主体的交往是符号化、隐匿化和自由化的，没有他人在场的压力，个体可以为所欲为，通过网络"自由"尽情地宣泄自己在现实世界中迫于法律和社会规范而被压抑的欲望。因而，网络世界容易滋生道德相对主义和道德虚无主义。网络改变了人际交往的方式，人与机器的接触日益频繁，人与人之间的交流变成了人与机器之间的交流，人与人之间现实的社会交往被削弱，使得人与人之间的情感关系趋于淡薄，产生诸如孤独、网癖、盲恋等一系列问题。《杂文选刊》（2007年第11期上半月版）发表了张爽撰写的一篇题为《寒暄》的杂文，形象地描述了技术变迁对人与人之间关系的负面效应："邮政时代的寒暄：见信如面，此致敬礼。电话时代的寒暄：你是哪位？他人不在。呼机时代的寒暄：速回电话。手机时代的寒暄：打错了。网络时代的寒暄：你是男的，还是女的。后网络时代的寒喧：有人吗？你是人吗？"人类需要科学技术，需要技术理性，但更需要科技与人文、技术理性与价值理性的有机协调与良性互动。

二　陌生化境遇中的冷漠

一般地说，人类社会在任何时候都会面临陌生问题，陌生是人类社会固有的一种属性。但是，陌生化则是现代社会的产物，是现代社会所独有的重要特性。德国思想家舍勒在谈到现代社会生活的特征时说："最令人确信无疑的恐怕莫过于深深的陌化"，"陌化并非是触及到我们社会秩序的这一或那一个方面或某类现象，而是触及我们的社会秩序之总体"①。因而，陌生化也成为现代思想家关注的问题。德国社会学家齐美尔把研究陌生人问题视为解决"社会是如何可能的"这一问题的关键。美国法学家劳伦斯·弗里德曼首先提出"陌生人社会"这一概念，用以指称现代社会的本质。费孝通认为，乡土中国是熟人社会，现代社会则是陌生人社会。20世纪晚期以来，随着市场化、城市化、网络化的推进，随着人们的社会交往和社会流动性的加速，陌生化日益成为当代中国社会的一种客观趋势和中国人的一种强烈的经验感受。

陌生化既是现代社会高度发展的产物，更是现代社会高效发展的动力。一方面，陌生化是现代化进程的必然产物，是市场化、工业化、城市化、理性化、民主化、信息化、个人化等现代社会要素日益发展的产物，指称现代社会的速变性、异质性、新颖性、流动性、疏离感、孤独感等特质。陌生化是现代社会高度发展的重要标志之一。另一方面，陌生化也是现代社会高效发展的动力机制。现代社会是以"物"的依赖性为基础的社会，健全的市场经济、完备的民主政治、成熟的理性文化、有序的社会生活等，都需要一种必不可少的"陌生关系"来支撑和维系。契约、民主、理性、法治等，都蕴含着对"陌生关系"的肯定、尊重和张扬。"如果现代生活要继续下去的话，就必须保护和培养陌生关系。"② 同时，陌

---

① 刘小枫选编：《舍勒选集》下，上海三联书店1999年版，第1194—1195页。
② ［英］齐格蒙特·鲍曼：《后现代伦理学》，张成岗译，江苏人民出版社2003年版，第187—188页。

生化还意味着创新和重生。① 陌生化是相对于熟悉而言的，熟悉是人的日常生活的一种常态。日常生活的一切东西因熟悉而会逐渐成为人的习惯、经验和无意识，人会由此对熟悉的东西习焉不察、熟视无睹。但是，熟知不等于真知。"熟知的东西所以不是真正知道了的东西，正因为它是熟知的。有一种最习以为常的自欺欺人的事情，就是在认识的时候先假定某种东西是已经熟知了的，因而就这样地不去管它了。"② 一味固守熟知，人便会陷入海德格尔所说的沉沦和"常人"状态。陌生化意味着对人的熟悉状态的否定、剥离、批判、解构、颠覆、变形、创造等，它代表着差异性、独特性、新颖性、复杂性等。从广义上说，"陌生化"是克服人的异化状态的一种方式。通过陌生化方式，使人摆脱虚妄、流俗等"常人"生存状态，唤醒和激发人的质疑、批判和改善现状的决心，达到对本真生活的更深刻的理解与熟悉。可见，"陌生化"与其说是"使之陌生"，不如说是"使之新颖"。从这个意义上说，当代中国社会从传统"熟人社会"走向现代"陌生人社会"，具有历史的必然性和合理性。

　　陌生化具有风险效应，这种效应是多方面的和多重的。陌生化对人的社会心态的影响最为直接和持久。陌生化意味着无序、混乱、危险。在陌生化进程中，失衡、忐忑、空虚、焦虑等会成为一种普遍性的社会心态。英国思想家吉登斯提出"本体性安全"概念，用以描述和批判现代人所普遍具有的一种"本体性焦虑"或"存在性焦虑"。"本体性安全"即人们对其自我认同之连续性以及对他们行动的社会与无助环境之恒常性所具有的信心，这是一种对人与物的可靠性感受。③ 安全感是人的心理需要的重要方面，是人格中最基础、最重要的成分之一。马斯洛把安全需要视为继生理需要之后的人的第一需要，它具体表现为依赖感、稳定感、归属

---

　　① 在文论意义上，"陌生化"是一种艺术创作方法。陌生化意即使创作对象陌生、奇特、不同寻常，也就是在文艺创作中，通过采用新奇的艺术技巧，对人们习以为常、熟视无睹、从未质疑的熟知对象进行"陌生"的艺术加工，使之成为陌生的文本经验，使对象与审美主体之间保持一定距离，打破审美主体的习惯性感知方式和思维定式，唤醒审美主体对生活的感受，使其以一种新奇的眼光去感受熟知对象的生动性和丰富性，从而延长审美主体对熟知对象的感知历程，提高审美快感，最终获得"陌生美感"。后来，陌生化方法由文论范围拓展到更为广泛的学科领域，马尔库塞等社会批判理论家把陌生化方法作为批判现代社会人的思维单一、批判精神缺失等现象的理论工具。

　　② ［德］黑格尔：《精神现象学》上卷，贺麟、王玖兴译，商务印书馆 1979 年版，第20 页。

　　③ ［英］安东尼·吉登斯：《现代性的后果》，田禾译，译林出版社 2000 年版，第 80 页。

感，对秩序、体制、法律、界限等的需要，以及对恐吓、焦躁、混乱等的规避。只有安全需要得到很好的满足，人才会产生爱、情感和归属的需要。当这种最基础、最重要的安全需要受到威胁时，人的心态便会产生诸多问题。

2002 年热播的电视剧《不要和陌生人说话》，近年来"彭宇案"、"小悦悦被碾压"等公共道德事件的频发，使得"陌生"、"陌生人"、"陌生人社会"等概念，在中国社会被广泛谈论和运用。长期生活于"乡土社会"的中国人，对现代社会的陌生化表现出更为强烈的忧虑、排斥甚至否定。陌生、疏离、孤独、无情、冷漠等，被视为陌生人社会的特质和标志。对多数人来说，"熟人"是可亲可信的，是"自己人"，人们希望生活在一个"熟人社会"中。陌生人则因其来历不明或形迹可疑而被视为"外人"或"路人"，被视为潜在的"坏人"或"敌人"，甚至被视为可怕的"妖魔"。于是，在中国社会的陌生化进程中，产生了各种社会心态，这些社会心态孕育着一定的道德风险。其中，冷漠是最具典型性的社会心态之一。

冷漠即缺乏情感、无动于衷、麻木不仁。在道德意义上，冷漠是指一种人与人之间道德生活关系的相互冷淡、疏远、隔膜乃至相互排斥和否定，以及由此引起的道德同情丧失、道德情感缺乏、道德意志懦弱等。道德冷漠的表现是多样的和多层面的，既表现为对道德本身的冷漠，更表现为对道德生活的冷漠。对道德本身的冷漠，如信奉道德虚无主义、拒绝道德信仰、搁置道德判断、消解道德义务，等等。对道德生活的冷漠，如在社会生活中缺失道德关怀、缺乏道德勇气、无视败德行为、放弃道德践行等。调查显示，在有关我国公共伦理领域中存在的最突出问题的访谈回答中，占据前两位的是：人际关系冷漠（61.5%）和诚信缺乏（61.4%）。中国人目前最为认同的五个德目依次是：爱（78.2%）、诚信（72.0%）、责任（69.4%）、正义（52.0%）、宽容（47.8）。[①] 冷漠与爱，是两种彼此对立的道德情感。冷漠的蔓延和爱的缺失，凸显了我国社会生活中道德情感的萎缩。依照费孝通的"差序格局"来看，在我国目前的社会生活中，仍存在着一定程度的道德差序格局，即道德认知—道德情感的"差序格局"。这种"差序格局"是以"伦"为本位的。所谓"伦"，"就是

---

① 樊浩等：《中国伦理道德报告》，中国社会科学出版社 2012 年版，第 14、19 页。

从自己推出去的和自己发生社会关系的那一群人里所发生的一轮轮波纹的差序"。在这种差序中，社会关系包括道德情感是一圈圈推出去，愈推愈远，也愈推愈薄。①于是，在我们的社会生活中，许多人总是以防范的心态面对"陌生人"，告诫自己或劝诫亲朋好友"不要和陌生人说话"、"不要和陌生人交往"。2013 年 1 月，中国社会科学院发布的《中国社会心态研究报告 2012—2013》显示："目前，中国社会的总体信任进一步下降，已经跌破 60 分的信任底线。人际不信任进一步扩大，只有不到一半的调查者认为社会上大多数人可信，只有两到三成信任陌生人。"我们目前所遭遇的信任危机，根本上是"陌生人信任危机"。人们基于血缘、姻缘、地缘、业缘或因机缘熟悉而形成的信任，是一种有限的"特殊信任"。这种信任是与传统农业社会或相对固化的社会结构相适应的，它无法满足现代社会公共生活的需要，尤其无法适应现代社会的陌生化进程。美国学者埃里克·尤斯拉纳认为，对熟人的信任，是一种"策略性信任"，它取决于个人的经验和他人是否可信的假定。"策略性信任"只能使人与已经认识的人合作。而信任问题的真正内容，是信任我们不认识的人。尤斯拉纳指出：

> 对陌生人的信任是一个公民社会的最关键的基础。
> 由于陌生人是否值得信任这个问题是没有证据作为基础的，因此必须有其他的基础，我认为就是道德基础。信任他人是基于一种基础性的伦理假设，即他人与你共有一些基本价值。②

埃里克·尤斯拉纳把这种对陌生人的信任称为"道德主义信任"。这种信任基于一种乐观主义世界观，这种世界观以"相信"为核心理念，它相信世界是美好的，相信人是善良的，相信人与人之间必然会共有一些基本的道德价值。

现在，随着生活水平的不断提高，出现了"宠物热"。人们将一些小动物养成宠物，视其为自己的朋友、知己甚至儿女，与它们同桌吃

---

① 费孝通：《乡土中国生育制度》，北京大学出版社 1998 年版，第 27 页。
② ［美］埃里克·尤斯拉纳：《信任的道德基础》，张敦敏译，中国社会科学出版社 2006 年版，第 18、2 页。

饭，同床共枕，关爱有加。宠物热催生了宠物医院、宠物美容店、宠物俱乐部、宠物寄养所、宠物婚介所、宠物家教等形形色色的"宠物产业"，形成持续膨胀的宠物消费。深层地看，这种温情脉脉的宠物消费热，折射出现代人的情感荒漠危机，与现代社会的人际冷漠现象形成鲜明对比。对于养宠物者来说，宠物是一个能比人更与人亲近的动物，在宠物身上，养宠物者找到了关心、亲切甚至是无私的爱，他需要从诸如狗之类的宠物的温顺和聪颖中获得心灵的慰藉，调解自己的情绪，获得情感的满足。宠物热是一种情感热，宠物消费是一种情感消费，宠物市场是一个情感市场，人们愿意为自己所喜爱的宠物付出越来越多的精力、金钱和时间。我们也看到，一些宠物饲养者，一方面，对自己的宠物呵护有加，视为掌上明珠，娇惯溺爱，表现出对动物的十分的"爱心"；但另一方面，在公共场所，却任凭自己的宠物四处扰民，随地便溺，频频伤人，表现出对他人的十分的冷漠。一些儿女不在身边的老人也热衷养宠物，视宠物为伴，借此排解心中的孤独和冷落。据 2007 年 7 月 23 日《华西都市报》载，2007 年 7 月 22 日，在成都市北郊某殡仪服务园区，年近 80 岁的国内某高校林教授为其宠物狗举办了葬礼，两天"丧事"花费 10 万元，葬礼的主题叫"人狗情未了"。报道称，林教授的老伴在五年前去世，孩子们又常年不在身边，老人独居，很是孤独。三个月前林教授在街头遇到一只流浪狗，把它带回家。这只狗给老人带来了莫大快乐，他说："在这三个月时光里，狗狗就一直守在我身边，似乎亲人一样在关怀我。"林教授为宠物狗举办葬礼的新闻经媒体报道后，立即引起广泛的社会关注。有人把这件事当成笑料，有人指责老人奢侈，有人更责备老人无视"穷人"。然而，深层地看，在现实生活中，由于各种原因，许多老年人的情感世界难以得到充分的表达和保障。林教授正是在自己孤独寂寞的特殊时期，与一只流浪狗产生了深厚的情感依赖。在一个陌生世界里，失去情感寄托的老人，他的情感世界只能装下与他朝夕相伴三个月的小狗。老人如此"葬"狗，人们从中又怎能理解和体谅老人的孤独之心和精神寂寞？目前，我国已经进入人口老龄化快速发展时期，已有老龄人口 1.69 亿人，占人口总数的 12%。据全国老龄办统计数据显示，有近一半的老人属于城乡空巢家庭或类空巢家庭。目前，我国老龄人口正以每年 3.28% 的速度增长，约为总人口增长率的 5 倍，老龄人口占总人口的比例将迅速扩大。预计到 2030 年，我国老龄人口将近 3 亿人，而空巢老人家庭比例或将达到 90%，这意味着届时将有超过两亿人的空巢老人。"出门一把锁，进门一盏灯"是"空巢老人"生存状况的真实写照。在物质生活相对丰盈而精神生活匮乏的当今，我国养老面临的最大困境之一，就是老年人的精神需求难以得到有效满足。不少老人因赡养问题与子女对簿公堂，相比以往讨要生活费为主的赡养案，近年来以精神赡养为主要诉讼请求的赡养案与日俱增。不少父母将子女告上法庭，仅仅是想让子女"常回家看看"。

冷漠既表现为心理或观念上的不动心、无所谓，也表现为实践或行为上的不介入、不参与。当前，道德认知与道德行为脱节、知行不一，是我国道德生活中一个较为普遍的现象，道德生活中的"旁观"及"旁观者"问题日益突出。在道德意义上，旁观者即面对他人或公共领域遇到困难或危机需要帮助时在现场围观而没有积极援助或有意回避的人。调查显示，在有关我国公民道德素质中最突出的问题的回答中，选择"有道德知识，但不见诸行动"的受访者达 80.7%。[1] 旁观者冷漠常常具有一种集体性的扩散效应和极强的传染力，对道德的存在和成长具有很大的腐蚀性和破坏力。2006 年 11 月 20 日，南京市民彭宇在乘公交车时，看到一位徐姓老太太跌倒在站台上，便将其扶起，并等徐老太儿子赶到现场，一起将她送到医院。后来，徐老太起诉彭宇，称是彭宇将自己撞倒的，要求其赔偿 13 万余元。彭宇坚称自己没有撞倒徐老太，完全是出于好心将徐老太扶起并一直陪同其就诊的。法院一审判决彭宇赔偿徐老太 4 万多元。2009 年，天津车主许云鹤驾车经过天津红旗路时发现 67 岁的王老太跨越马路中间的护栏后摔倒，他随即停车搀扶并叫来 120 将老人送到医院，但事后王老太坚称是许云鹤撞伤了自己。2011 年 6 月，法院一审判决许云鹤支付王老太 10 万余元的赔款。这起事件被称为"彭宇案第二"。此后类似"彭宇案"在全国各地不断出现，引起民众对有关"是否可以搀扶跌倒的老人"问题的激烈讨论。2011 年 9 月 6 日，国家卫生部出台《老年人跌倒干预技术指南》，给人们提出一些"扶老人"的技术性策略，强调，遇到老人跌倒时，不要急于扶起，要分情况进行处理。但指南一出，立即引发热议，人们对"不要急于扶起"的关注程度远远超过了"怎样处理"。

---

[1]　樊浩等：《中国伦理道德报告》，中国社会科学出版社 2012 年版，第 20、22 页。

三　怨恨心态中的冷酷

近年来，在我们的社会生活中，弥漫着各种各样的抱怨、怨恨和仇视。失利者抱怨权益受到侵害，既得利益者抱怨权益得不到保障，无直接利益冲突或非直接利益冲突频发，"羡慕、嫉妒、恨"成为流行语，"仇富、仇官"成为群体情绪，"焦虑、郁闷、易怒"成为公众性格特质，"动辄开骂"成为大众习惯。社会各个群体或阶层似乎都处于抱怨和相互仇视中，怨气、怨恨已成为一种普遍性和弥散性的社会心态。

《人民论坛》2010 年第 3 期发表有关干部怨气的调查报告及分析的系列文章，结果显示，58.16% 的受调查者认为干部"怨气"重或较重。可见，在公众看来，干部群体中"庸官"、"怨官"占有相当的比例，"怨官"占到三成多。专家表示，从总体上来看，干部心态不佳，"怨气"较重。干部心态失和表现在诸多方面，如抑郁感、焦虑感、强迫症状都较为明显，人际关系较为紧张，等等，由此就"怨"这"怨"那，"怨气"丛生。"怨"就容易生变，容易使人偏激甚至失去理智，而少数领导干部则是一步步地走上违纪违法道路，往往也是从心态的蜕变开始。干部的"怨气"，某种程度上就是责任意识淡化的表现。《人民论坛》2011 年 6 月推出题为"怨恨心理解救"的系列文章。文章指出，动辄开骂的不良情绪在网络及民间舆论场上的传导与扩散，反映了人们的"压抑"情绪，折射出部分人心底的"怨恨"①。

在语义上，"怨"即因委屈、压抑而不快或不满；"恨"即因不快、不满而憎恶或仇视。"怨"者必有"恨"，"怨"与"恨"有不解之缘。"怨恨"即因委屈、压抑、伤感、抑郁而痛恨、仇恨、憎恨等。怨恨具有一种持续集聚、蓄积于心的内指性和内敛性。怨恨的形成有诸多原因，或源于个体的需要及其满足的有限性，或源于个体的过度欲望及其被遏止，或源于个体的自我中心主义，或源于客观环境的不公正等。在心理学意义上，怨恨缘起于心理或精神的受伤害感（这种受伤害感可能是一个客观事实，也可能只是个体的一种"主观认定或虚幻想象"），没有心理或精神的受伤害感，怨恨难以滋生。但是，由于主客观方面的原因，被伤害者

---

①　人民论坛"特别策划"组：《怨恨心理解救》，载《人民论坛》2011 年第 10 期。

客观上无力回击伤害者，或无法消解这种受伤害感，他只能委屈、隐忍或埋怨。积怨既久，便生恨意。在社会学意义上，由于个体在社会中的角色、身份、地位与其自身的"主观定位"不相符（这种"不相符"可能源于个体的自我中心主义，也可能源于社会环境的不公正），在这种社会性生存价值的比较中，个体会产生一种社会生存无力感。怨恨心态便在这种"社会生存无力感"中形成。尼采说："怨恨发自一些人，他们不能通过采取行动做出直接反应，而只能以一种想象中的报复得到补偿。"①

德国思想家舍勒把"怨恨"作为基本范式，用以解析现代社会道德价值的根源及现代道德精神的特质。他认为，在西方，现代人的怨恨，最初来自于宗教—形而上学的绝望感，但根本上则源于在由传统社会转向现代社会的进程中现代人所形成的不公平感、受伤害感、压抑感、无力感等生存性的情感体验或心理感知状态。怨恨造就了现代人的精神气质和道德人格，即"怨恨情结"和"怨恨人格"。就其本质而言，怨恨是一种"心灵自我毒害"。

> 怨恨是一种有明确的前因后果的心灵自我毒害。这种自我毒害有一种持久的心态，它是因强抑某种情感波动和情绪激动，使其不得发泄而产生的情态；这种"强抑"的隐忍力通过系统训练而养成。其实，情感波动、情绪激动是正常的，属于人之天性的基本成分。这种自我毒害产生出某些持久的情态，形成确定样式的价值错觉和与此价值错觉相应的价值判断。②

在舍勒看来，作为一种情感体验或心理感知状态，"怨恨"主要表现为报复感和报复冲动、仇恨、恶意、嫉妒、阴险等。

舍勒认为，与传统社会相比，现代社会更容易滋生"怨恨"心态。因为，在前现代社会，"每个人都只在他的等级的范围内攀比……在这样的历史时期，上帝或天命给予的'位置'使每个人都觉得自己的位置是'安置好的'，他必须在给自己安定的位置上履行自己的特别义务，这类观念处处支配着所有的生活关系。他的自我价值感和他的要求都只是在这

---

① 转引自刘小枫选编《舍勒选集》下，上海三联书店1999年版，第399页。
② 刘小枫选编：《舍勒选集》上，上海三联书店1999年版，第401页。

一位置的价值的内部打转"。在现代社会,"实事性的职份及其价值的观念,原则上要在所有人之间的态度基础上才会展开;这态度便是希求更多、更大存在的愿望。于是,每一个'位置'都变成这场普遍追逐中的一个暂时的起点"①。同时,在现代社会,"随着实际权力、实际资产和实际修养出现极大差异,某种平等的政治权利和其他权利(确切地说是受到社会承认的、形式上的社会平等权利)便会不胫而走。在这一社会中,人人都有'权利'与别人相比,然而'事实上又不能相比'。即使撇开个人的品格和经历不谈,这种社会结构也必然会积聚强烈的怨恨"②。

当前,在我国社会生活中,由于存在贫富差距拉大、社会发展失衡、社会阶层断裂、利益格局相对固化、个人上升空间被挤压、社会救助乏力等,导致各种社会排斥现象的发生,使许多人找不到出路,看不到希望,从而产生一种压抑、郁闷的情绪,产生不公平感、受伤害感、被剥夺感等心理,进而形成一种"怨"的情绪状态。如果不能有效化解这种不公平感、受伤害感和被剥夺感等,积"怨"难平,人们的"怨"的情绪状态便会转向"恨"的心理状态,形成一种"怨恨"心态。这种心态的长期积聚很可能会使一个人最终"残酷"地去报复他人和社会。从 2004 年的"马加爵案"到 2010 年的系列"屠童案",再到 2013 年的"厦门公交纵火案",展现了一个个"怨恨"者从最初的内心积"怨"到不断的积怨成"恨",再到最终的"怨恨"伤人的道德良知泯灭的精神蜕变轨迹。2013年 6 月 7 日发生的厦门公交车纵火案导致 47 人死亡、34 人受伤,纵火案嫌犯陈水总,被警方称为"因生活不如意,悲观厌世而泄愤"的人。国内多家媒体通过采访报道拼凑了陈水总的人生碎片,其关键词包括:贫困、孤僻、沉默、古怪、爱找碴儿、不被重视、人际关系紧张(他曾一天拨打 9 次 110 投诉邻居)等,以及被广泛提及的直接诱因:陈水总因外出打工低保被取消、年龄被派出所弄错,过了 60 岁仍办不了社保医保,长达数月的上访无济于事。

在怨恨情绪的影响下,一些人则信奉脸厚心黑、情感冷淡、为人冷酷等,以瞒、骗、欺诈等手段,伤害或损害"陌生人"。20 世纪 90 年代以来,以重印民国初期李宗吾所著《厚黑学》为标志,一批与"厚黑学"

① 刘小枫选编:《舍勒选集》上,上海三联书店 1999 年版,第 412—413 页。
② 同上书,第 406 页。

相关的作品相继问世。所谓厚黑，即"不薄之谓厚，不白之为黑。厚者，天下之厚脸皮，黑者，天下之黑心子"。由此，以倡导"脸皮要厚，心要黑，手段要狠"为处世要诀的"厚黑文化"勃然兴起。李宗吾宣扬，凡想干大事的人，不必读什么书，只要懂得厚黑学就行了。他提出践行"厚黑学"的三步工夫：第一步，厚如城墙，黑如煤炭。人的面皮，最初薄如纸一般，我们把纸叠起来，由分而寸，而尺，就厚如城墙了。心子最初作乳白状，由乳色而灰色，而青蓝色，再进就黑如煤炭了。第二步，厚而硬，黑而亮。深于厚学的人，任你如何攻打，丝毫不能动。深于黑学的人，如退光漆招牌，越是黑，买主越是多。第三步，厚而无形，黑而无色。① 这些以"厚黑"为"卖点"的"厚黑学"书籍的相继问世与热卖，使社会一度出现"厚黑"热，滋生一种"脸皮厚，心底黑，手段狠"的"厚黑"心态，使人以"冷酷"的眼光看待他人和社会，用"恶"的手段对付他人和社会。

　　一些学者所总结和概括的"互害食物链"，从一个侧面形象地反映了怨恨心态中人与人之间关系的扭曲。2011 年 6 月，复旦大学研究生吴恒联合 34 名网络志愿者创建了一个有关有毒食品警告的网站——"掷出窗外"，该网站在 2012 年 5 月份蹿红网络，引起极大反响。"掷出窗外"网站名来自于美国的一本纪实小说。1906 年，美国作家厄普顿在芝加哥一家肉食加工厂打工数月后，写出一本纪实小说《丛林》，书中描述了肉食加工厂的肮脏污秽场景。美国第 26 任总统西奥多·罗斯福有一天在吃早餐时读到该书，突然"大叫一声，跳起来，把口中尚未嚼完的食物吐出来，又把盘中剩下的一截香肠用力抛出窗外"。罗斯福随后推动通过了《纯净食品与药品法》，并创建了被称为"美国食品安全守护神"的美国食品药品监督管理局（FDA）的前身。"掷出窗外"网站发表了题为《易粪相食：中国食品安全状况调查（2004—2011）》与《掷出窗外：面对食品安全危机，我们应有的态度》两篇报告。"易粪相食"，即每种食品的生产者都清楚自己制作的食品是垃圾，因此从来不吃，长此以往，每个人吃的都可能是垃圾。造假羊肉的人吃了病死的猪肉，病猪肉的出产者吃了染色馒头，染色馒头的制造商又将毒奶粉喂给自己的孩子。如果每个有毒食品的制造者都选择这种思维方式，一个行业的人不吃自己生产的东西，

----

① 参见李宗吾《厚黑随笔》，江西人民出版社 2007 年版，第 125—126 页。

觉得这样就安全了,这场博弈就没有赢家,大家都在"易粪相食"。当"互害"行为成为一种文化并弥漫于整个社会时,没有人能无辜地活着,每个人都在不同程度上充当了这样或那样的害人者和受害者。吴恒认为,"掷出窗外"是每个人面对食品安全公共问题时应有的态度。

在实际生活中,由于人的主观期望及其满足的有限性,相对剥夺感以及由此滋生的"怨恨"心态,往往会成为一种普遍的社会心态。相对剥夺感,是转型期中国普遍存在的群体心态,它产生于不同群体期待的自我与实际的自我之间的巨大差距和在等级阶梯中下一阶梯的人与上一阶梯的人相比而产生的挫败感。这种相对剥夺感主要来自于两个方面:相对周围的人,与同一层面的人比较,自己的预期利益和现实利益没有得到实现和保护;相对自我目标定位的比较,生活条件高了仍不满意,是因为需求层次也提高了。现在,不少人有一种"受害者心态",有一种弱势心态或"自我弱势想象"。据调查,认为自己是弱势群体的,党政干部受访者达45.1%,公司白领受访者达57.8%,知识分子受访者达55.4%。[1] 作为2012年度最热的网络流行语之一,"屌丝"(指出身卑微、相貌丑陋、收入微薄的男青年,与"高富帅"相对)一词被当代中国青年争相认领,反映了当代中国青年对于社会不合理现状及自身窘境的改变的无力感,[2]也折射出青年的一种或许被放大了的普遍性的"自我弱势想象"。"弱势"心态会诱发各种抱怨和怨恨。一些人总是站在受害者立场,带着一种受害情绪,看待社会问题和参与社会问题的讨论,总是习惯性地把自己想象成一个受害者,一个易被侵犯的弱者,总是倾向于认为,其个人社会地位与其对社会的贡献相比偏低。有数据显示,在我国,近一半的公众认为与周围的人相比,自己的社会地位偏低。公众相当广泛地存在着对先富者的致富手段的正当性与合法性的怀疑心理,认为他们实际上都是靠钻法律、政策的空子,靠偷税漏税、违法乱纪先富起来的,形成"妒富"或"仇富"心理。这种"受害者心态",在社会中生成了一种怨恨情绪。生活在怨恨中的人,心灵永远不安宁。世上没有什么会让他感到满意,他对世界心灰意冷,甚至满怀敌意。现在,"端起饭碗吃肉,放下筷子骂娘",成为一

---

① 人民论坛"特别策划"组:《"弱势心态"蔓延》,载《人民论坛》2010年第12期。
② 侯丽羽:《从"屌丝"流行看当代青年的社会心态》,载《当代青年研究》2013年第1期。

种普遍的社会心态。不少人无偿索取意识强烈，感恩图报意识淡薄。一些人面对父母的哺养之恩，只知被爱，不知回报，孝心和赡养观念在许多人的心目中大打折扣；一些人享受着别人带给自己的快乐，只知索取，不知奉献；一些人在处理人际关系中唯"我"为中心，只知受惠，不知回馈；一些人视国家、社会给予的关爱为理所当然，只知接受，不知责任；更有人忘恩负义，以怨报德。

这种怨恨心态也蔓延到未成年人群。在许多独生子女家庭，家长把孩子视为中心，对孩子宠爱或溺爱有加，助长了孩子的"自我中心"意识，孩子变得自私、自恋、傲慢，甚至性格扭曲，稍不如意，便心怀不满甚至怨恨。2014年8月10日，西安市阎良区谭家村一个14岁男孩残忍地杀害了其1岁多的亲妹妹。他先用手掐住妹妹脖子，妹妹喊过一声"哥哥"，他心软了一下，但最终还是抱着妹妹走进厨房，拿起了菜刀。民警问了他4次是否后悔，他的回答都是："不后悔！"记者采访中发现，造成这一事件的根本原因可能在于，在妹妹出生前，父母把所有的关爱都倾注给了这个14岁男孩，当妹妹出生后，他感到家人对自己的爱被妹妹分割甚至抢占，自己被冷落，受到冷遇，由此对妹妹产生不满和恨意，最终残忍地用菜刀杀死了妹妹。

第二章 道：人文关怀的思想渊源

在人类历史上，人文意识、人文精神、人文关怀等观念可谓源远流长。本章试图以比较哲学视角探究以儒家为主干的传统思想中的人文关怀思想及其对现代"人文关怀"的影响。我们知道在《论语》中有"朝闻道夕死可矣"的说法，另外孔子也有"志于道"的追求，可见"道"在儒家视阈中有着不可替代的地位；同样，在西方经典《圣经》中有"太初有道"、"道成肉身"的说法，而这基本上演变成了基督教核心教理的主要部分。我们的问题意识在于，同样处于彼此义理核心地位的"道"，二者有何不同的界定，尤其是在人文关怀视阈下，它们如何影响并建构了彼此的"人道主义"。中国传统之"道"更多是一种"政道"，固然有对"修己"的重视，但是人的成长修养是在"修齐治平"模式下的，此种基于血缘的"宗法体制"，表面上是注重"人情"，实际上导致的却是对他人的"冷漠"，尤其是现代社会表现为"血缘淡化"和"陌生人社会"，这种"冷漠"感表现得也更加明显，加之现代社会的紧张、快节奏，没有一种普世之"道"对他人"无条件"关爱的伦理出现，这导致了中国现代社会史无前例的"冷漠现象"，如同第一章所描述的。我们这一章试图从中国传统文化自身探求现代社会人文关怀及其缺失的思想渊源。在论证方法上，我们采用比较哲学分析法，尤其是在对西方经典《圣经》中的"道义论"与"圣爱观"比较之后，我们会看到中国传统思想对现代人心的内在塑造可能依然根深蒂固。

一　人之"道"与神之"道"

（一）"朝闻道"：《论语》之"道"的含义

1. 问题的提出：由注解疑案谈起

学界向来认为孔子思想的核心为仁为礼，这不仅可从《论语》中的多次论述中得出，也确与孔子的一贯思想相合，然而问题并未到此终结，若继续追问达仁复礼之后如何呢？或者说达仁、复礼之又为何呢？显然，我们不能认同为达仁而仁，为复礼而礼的回答，那么又该如何理解为仁为礼之最终追求呢。细读《论语》，便不难发现，孔子的最终追求是"志于道"，他一生之奔波尤其是 14 年的列国周游便是其行道的见证，所以有学者认为"道"才是孔子思想的根基，正如南怀瑾所言："在《述而》里头，孔子真正的学问精神是讲'仁'，他的根基则在于'道'。所谓'志于道，据于德'。"①另外在读《论语·里仁》一章时发现，古今注者对"朝闻道，夕死可矣"的解释分歧甚大。自然，纵观中国学术史对《论语》之阐释见仁见智本不足为怪，但是古今先哲对"朝闻道"的解释的明显分歧在于：自程朱始至近人杨伯峻、钱穆、李泽厚等几乎一律释"道"为"事物当然之理"（朱熹）、"实理"（程子）、"人生之道"（钱穆）、"真理"（李泽厚），其中杨伯峻对"道"有归类性的分析其解也为真理。②而《论语》的古注本何晏、皇侃等皆将其解为"世之道"，以考据学著称的清人刘宝楠也再三强调此"道"为"古先圣王君之道"与何义相似。那么为什么自程朱始之大部分学者都释道为理而与古义截然不同呢？而且笔者还发现近人释"道"为理者多引程朱语，对这一奇怪的注解疑案实有去细加分析的必要，问题便是在孔子那里"朝闻道"之"道"究竟为何义？

2. "道"的本义探寻："朝闻道"的几种文本解释

据钱穆讲自西汉以来，中国之识字人是必读《论语》的，读《论语》则兼读注，就目前而言传世的本子较典型的有四，一为魏晋时何晏的《论语集解》，他网罗汉儒旧义，又有皇侃之《义疏》，广辑自魏迄梁诸

---

① 南怀瑾：《论语别裁》，复旦大学出版社 2002 年版，第 178 页。
② 杨伯峻：《论语译注》，中华书局 1980 年版，第 293—294 页。

家。两书相配,可谓《论语》古注之渊薮。二为宋朱熹《集注》,宋儒道学家言,大体如此。三为清刘宝楠《论语正义》,为清代考据家言之结集。四为今流行之杨伯峻《论语译注》,其文兼采众长,行文简约,颇受人欢迎。

东汉许慎《说文解字》对"道"的解释是"所行道也","一达谓之道"①。本义为道路引申为所要达到的目的地。下面看一下历代注家对"朝闻道,夕死可矣"的解释。第一,何晏注"朝闻道,夕死可矣"说:"言至死,不闻世之有道也"②,皇侃疏:"叹世之无道,故言设朝闻世有道,则夕死无恨。"③ 邢昺疏:"此章疾世之无道也。设若朝闻有道,暮夕而死可无恨矣。言将死不闻世之有道也。"④ 上述所解可谓古注之代表,涵盖先秦,推测时人对"朝闻道"之解读以此说为是。第二,朱熹在其《论语集注卷二》里对"朝闻道,夕死可矣"的解释,是"道者,事物当然之理,敬得闻之,则生顺死安,无复遗恨矣。朝夕,所以甚言其时之近。程子曰:'言人不可以不知道,苟得闻道,虽死可也。'又曰:'皆实理也,人知而信者为难。死生亦大矣!非诚有所得,岂以夕死为可乎?'"⑤ 朱熹及所引程子言,皆从"理"的角度解道,可谓以"理"释"道",且依"敬得闻之,则生顺死安,无复遗恨矣",可见此言是表示未曾闻道之意。第三,刘宝楠在其《论语正义》里对本条的解释为"闻道者,古先圣王君之道,已得闻知之也。闻道而不遽死,则循习讽诵,将为德性之功。若不幸而朝闻夕死,是虽中道而废,其贤于无闻也远甚,故曰'可矣'。《新序杂事篇》载楚共王事,晋书《皇甫秘传》载谣语,皆谓闻道为已闻道,非如注云'闻世之有道也'"⑥。刘宝楠将道解释为"古圣王君子之道"且再三强调,闻道为"已得闻知之也",已闻与未闻,此为刘与朱的相异处。第四,杨伯峻在其《论语译注》里对此条的解释为"早晨得知道,要我当晚死去,都可以"⑦,此解与朱之以理解道如出一辙,杨只不过用今人言将道译为真理,而且当下之白话本、流行本、新刊

---

① 李思江、贾玉民主编:《文白对照说文解字译述》,中原农民出版社 2000 年版。
② 转引自古棣等《孔子批判》(下),时代文艺出版社 2001 年版,第 93 页。
③ 同上。
④ 同上。
⑤ (宋)朱熹:《四书章句集注》,中华书局 1983 年版,第 71 页。
⑥ (清)刘宝楠:《论语正义》(上),中华书局 1990 年版,第 146 页。
⑦ 杨伯峻:《论语译注》,中华书局 1980 年版,第 37 页。

本亦多从此解。钱穆先生在其《论语新解》里也仅仅解释为"人若在朝上得闻道，即便夕间死，也得了"①。他还说："道，人生之大道。人生必有死，死又不可预知。正因时时可死，故必急求闻道。否则生而为人，不知为人之道，岂不枉了此生？若使朝闻道，夕死都不为枉活。因道亘千古，千万世而常然，一日之道，即千万世之道。故若由道而生，则一日之生，亦犹夫千万世之生矣。本章警醒人当汲汲以求道。"②

现在问题便集中在孔子是已闻道还是未闻道？

明确提出未闻道的则为朱熹、杨伯峻、钱穆及诸多今人，而以考据闻名的清人刘宝楠则多次称"皆谓闻道为已闻道"，而何晏义，也即目前得知最古的解释是说世人无道，人间无道之实行，而绝非意味着孔子自己尚未闻道，尚未知道，事实上孔子也多次提及自己继承文王，受天所命，自信己道若行可以"为东周"，如于《八佾篇》中说"周监于二代，郁郁乎文哉！吾从周"③；又于《子罕》中说"文王既没，文不在兹乎？天之将丧斯文也，后死者不得于斯文也；天之未丧斯文也，匡人其如予何"④；于《子路》中说"敬有用我者，期月而已可也，三年有成"⑤，子贡也说"因天纵之将圣，又多能也"⑥。所以从诸原文来看，说孔子未闻道缺乏证据，唯一的解释是说此语是在孔子未闻道时说的，然也只是作为假设，文中并无材料支持。而将道释为理实自程朱始，他们一别先秦义认为孔子旨在追求理，其实这是他们的思想，难怪有学者称，此解含有"存天理，去人欲"的味道。⑦

让我们再看看韦政通所编的《中国哲学辞典大全》对"道"的解释："道"的先秦义："原指人行的路，引申为祭祀'路神'。《礼记·曾子问篇》'道而出'，孙希旦《集解》：'道者，祭行道之路神於国城之外也'，原来诸侯出外时，要先祭路神。从迷信神话进层到服从哲学，先秦的智者对道的含义作了两大方向的申展：儒家侧重伦理和政治的规范义（prescriptive or normative meaning）。如《论语·公治长篇》云：'道不行，乘

---

① 钱穆：《论语新解》，生活·读书·新知三联书店 2002 年版，第 92 页。
② 同上。
③ 董时、文航译著：《论语》，山东友谊出版社 2001 年版，第 30 页。
④ 同上书，第 112 页。
⑤ 同上书，第 173 页。
⑥ 同上书，第 113 页。
⑦ 古棣等：《孔子批判》（下），时代文艺出版社 2001 年版，第 95 页。

桴浮于海.'《卫灵公篇》云:'道不同,不相为谋.'此道非普遍而客观的规律,而是主观构造的规范体系或价值系统,否则无所谓不流行与不相同。道家侧重形而上学(宇宙论及存有论)的描述义(descriptive meaning),以道指谓形上实体及其普遍且客观的规律。儒家重视'应然'(ought),有时以道指引导或治理,如《论语·学而篇》'道千乘之国,敬事而信,节用而爱人,使发以时'。"[1] 而宋明时"道"义为"二程则直以理方道,曰:'其理则谓之道'"(《遗书》一)[2],"朱子以'行'释道,亦以'理'释道。朱子曰'道者,事物当然之理'《论语集注·里仁篇》。又曰:'道者,天理之自然。'(《孟子集注·公孙丑上》)又云:'道者,天理之当然。'(《中庸章句》,第四章)"[3] 由此我们可以看出,"道"之本义即为路,引申义于先秦时为祭祀"路神",而儒道两家一从形而下层面也即伦理和政治规范层面予以发挥,另一则从形而上描述层面也即普遍规律方面予以发挥,而至宋明时期,儒学对道的解释发生转向,由原来的现实规范上升为形而上之"理",二程、朱熹皆以"理"释道,此种"理"虽与道家之解释类似,亦有区别,但很明显与先秦之儒家本义也不相同。

而据文首所引韦政通编著的《中国哲学辞典大全》里,他认为先秦儒学之道义就是"伦理和政治的规范",直至宋明才有人用"理"释道,这与我们的分析是相一致的。再从反面看看孔子对道的论述:"天下有道,则礼乐征伐自天子出;天下无道,则礼乐征伐自诸侯出。自诸侯出,盖十世希不失矣;自大夫出,五世希不失矣;陪臣执国命,三世希不失矣。天下有道,则政不在大夫。天下有道则庶人不议。"[4] 由此可见,孔子所称的天下有道,便是君臣等级分明,秩序井然,社会稳定的"礼乐征伐自天子出",而当时的解释很明显更接近孔子的时境,他说"言至死,不闻世之有道也",即当时难以看到孔子心中的道也即"伦理和政治规范"的实行,他14年周游列国无果而终,便是道难行的最有力证据,比如《微子》中记载"齐人归女乐,季桓子受之,三日不朝。孔子行",孔子一生"志于道",奔波于"道"的实行,人生之凄惶于《论语》诸

① 韦政通主编:《中国哲学辞典大全》,世界图书出版公司1989年版,第652页。
② 同上书,第654页。
③ 同上书,第656页。
④ 董时、文航译著:《论语》,山东友谊出版社2001年版,第225页。

篇屡有所见，难怪有人说他是"知其不可而为之者"①，这便是孔子的真精神，也说明为何孔子有"朝闻道，夕死可矣"之叹，也就是在说面对世之无道，即便早晨闻有道的实行，晚上死也可以呀！

所以从上述分析可知，孔子"道"的本义是"一种合理的伦理和政治规范"，其朝闻道便是若能听到此道的实行，死亦无恨，同样笔者也有理由相信何晏等的解释更接近孔子的本义。

3. 孔子之"道"本义的多样性

（1）《论语》各章中"道"的分布及系统统计②

"道"于《论语》中总计出现 89 次，其中孔子本人言也即以"子曰"之形式出现者计 65 次，而"三年无改于父子道"于《学而》和《里仁》中重出，故计 64 次，其他 24 次或为孔子弟子言或为外人言。另外"道"字遍布《论语》全书，除《乡党十》和《尧曰二十》未出现外，其他 18 章均有不同数目之"道"字出现。我也参考了杨伯峻《论语译注》所附之《论语词典》，据他统计"道"共出现了 60 次，与笔者的 89 次相差甚远，也许他有自己的统计方法，当然也许他的统计有误，笔者的统计方法很简单，出现了即为有。在各章的具体分布如下。

《学而一》共计 5 次，分别为"君子务本，本立而道生"；"道千乘之国"；"三年无改于父之道"；"先王之道，斯为美"；"就有道而正焉，可谓好学也"，第一句和第四句为有子言。《为政二》计 2 次，分别为"道之以政，齐之以刑，民免而无耻；道之以德，齐之以礼，有耻且格"。《八佾三》计 2 次，分别为"射不主皮，为力不同科，古之道也"；"天下之无道也久矣，天将以夫子为木铎"（仪封人言）。《里仁四》计 7 次，"富与贵，是人之所欲也；不以其道得之，不处也。贫与贱是人之所恶也；不以其道得之，不去也。""朝闻道，夕死可矣"；"士志于道，而耻恶衣恶食者，未足与议也"；"吾道一以贯之"；"夫子之道，忠恕而已矣"（曾子语）；"三年无改于父之道"。《公冶长五》计 7 次，"邦有道，不废；邦无道，免于刑戮"；"道不行，乘桴浮于海"；"夫子之言性与天道，不可得而闻也"（曾子言）；"有君子之道四焉：其行己也恭，其事上也敬，其养民也惠，其使民也义"；"邦有道则知，邦无道，则愚"。《雍也

---

① 董时、文航译著：《论语》，山东友谊出版社 2001 年版，第 200 页。

② 据杨伯峻《论语译注》（中华书局 1980 年版）本。

六》计4次,"非不说子之道,力不足也";"力不足者,中道而废,今女画";"谁能出不由户?何莫由斯道也";"齐一变,至于鲁;鲁一变,至于道"。《述而七》1次,"志于道,据于德,依于仁,游于艺"。《泰伯八》7次,"君子贵乎道者三";"士不可以不弘毅,任重而道远"(曾子语);"笃信好学,守死善道";"天下有道则见,无道则隐";"邦有道,贫且贱焉,耻也;邦无道,富且贵焉,耻也"。《子罕九》4次,"予死于道路乎";"是道也,何足以藏";"可与共学,未可与适道。可与适道,未可与立"。《乡党十》无见"道"字出现。《先进十一》2次,"子张问善人之道";"所谓大臣者,以道事君,不可则止"。《颜渊十二》3次,"如杀无道,以就有道"(季康子语);"忠告而善道之,不可则止"。《子路十三》2次,"君子易事而难说也。说之不以道,不说也";"小人难事而易说也,说之虽不以道,说也"。《宪问十四》9次,"邦有道,谷;邦无道,谷,耻也";"邦有道,危言危行;邦无道,危行言孙";"子言卫灵公之无道也";"君子道者三,我无能焉,仁者不忧,智者不惑,勇者不惧";"夫子自道也"(子贡语);"道之将行也与,命也;道之将废也与,命也"。《卫灵公十五》12次,"邦有道,如矢;邦无道,如矢……邦有道,则仕;邦无道,则可卷而怀之";"斯民也,三代之所以直道而行也";"人能弘道,非道弘人";"君子谋道不谋食,耕也,馁在其中矣;学也,禄在其中矣。君子忧道不忧食";"道不同,不相为谋";"与师言之道与?"(子张语);"固相师之道也"。《季氏十六》6次,"天下有道,则礼乐征伐自天子出;天下无道,则礼乐征伐自诸侯出";"天下有道,则政不在大夫;天下无道,则庶人不议";"乐节礼乐,乐道之人善,乐多贤友";"隐居以求其志,行义以达其道"。《阳货十七》3次,"君子学道则爱人,小人学道则易使也"(子游语);"道听而途说"。《微子十八》4次,"直道而事人,焉往而不三黜?枉道而事人,何必去父母之邦";"天下有道,丘不与易也";"道之不行,已知之矣"(子路语)。《子张十九》9次,"执德不弘,信道不笃,焉能为有?"(子张语);"虽小道必有可观者焉"(子夏语);"百工居肆以成其事,君子学以致其道"(子夏语);"君子之道,孰先传焉?"(子夏);"君子之道,焉可诬也"(子夏);"上失其道,民散久矣"(曾子语);"文武之道,未坠于地,在人。贤者识其大者,不贤者识其小者。莫不有文武之道焉"(子贡语);"夫子得邦家者,所谓立之斯立,道之斯行,绥之斯来,动之斯和"(子贡语)。

《尧曰二十》无"道"字出现。

除《乡党十》和《尧曰二十》无"道"字外，其余18章皆有，可见道字于当时已是一个常用字，另外可注意在《子张十九》中"道"字多为孔门弟子言，是因为本章皆为孔门弟子之言论的缘故。

（2）《论语》中"道"字的7种含义

第一，本义：路。"道"作为"路"义解、于《论语》中出现5次，分别为：《雍也六》"力不足者，中道而废；今女画"；《泰伯八》"士不可以不弘毅，任重而道远"，《子罕九》"予死于道路乎"；《子张十九》"虽小道，必有可观者焉，致表恐泥，是以君子不为也"。此5例，前4例"道"作本义"路"解，争议不大，而第五例"虽小道，必有可观者焉"，此"小道"可解为小路，亦可取其引申义，小道是相对于大道而言，在孔子那里"礼德"为"大道"，而"政刑"则为小道。

第二，人应循行之路：人道。人道者，人应遵循的行为规范，如君臣之道、父子之道等五伦规范，其中以孝悌为本。如《学而一》，"其为人也孝梯，而好犯上者，鲜矣；不好犯上，而好作乱者，未之有也。君子务本，本立而道生。孝悌也者，其为仁之本与"。道为"为人之行为规范"义共计出现14次，这是第一次，由有子言可知，孝悌为行仁之本，而君子致力于本则道生，道生"则于君臣、夫妇、朋友之伦，处之必得其宜"[1]。再如"三年无改于父之道"，我亦将此"道"解为"为人的行为规范"，道字不是中性义而是有正义倾向性的，因古代社会中，君、父、夫不仅是一种社会、家庭角色更是一种正义、规范的指向和象征，所以父之道便是一种合理的为人准则，父在时应学，父没时亦应遵循。而"三年"之义应解为长时间或一生较妥。

第三，政府遵循之路：政道。政道者，一种政治规范而已，在孔子那里便是"以礼德为特征的伦理政治规范"。此义在《论语》中出现41次。以《季氏十六》为例"天下有道，则礼乐征伐自天子出，天下无道，则礼乐征伐自诸侯出。……天下有道，则政不在大夫。天下有道，则庶人不议"。这些应是天下有道与无道之社会表现，而孔子的天下有道具指什么呢？我认为是《为政》中言："道之以政，齐之以刑，民免而无耻；道之以德，齐之以礼，有耻且格。"也即我所说的"以礼德为特征的伦理政治

---

① （清）刘宝楠：《论语正义》（上），中华书局1990年版，第7页。

规范"。而《里仁四》中"朝闻道，夕死可矣"便是盼望此种道的实行。此义为道的最常用义，于《论语》中近半数。

第四，"引导、治理"义。引导、治理者实为使其合乎规范，循路而行，此义由"路"引申而来便不难理解，此义于《论语》中出现6次，如《学而一》"道千乘之国"；《为政二》"道之以政，齐之以刑"；《颜渊十二》"忠告而善道之，不可则止，毋自辱焉"；又如《子张十九》"夫子得邦宋者，所谓立之斯立，道之斯行，绥之斯来，动之斯和"，这些"道"解为"引导"均可。"道千乘之国"亦有解为"治理"义的，其实"引导、治理"义相近，我统归一义。

第五，方法、方式。由路之本义而为如何走亦即"方法、方式"于《论语》中见8次。如《八佾三》中"射不主皮，为力不同科，古之道也"；《里仁四》"富与贵，是人之所欲也；不以其道得之，不处也。贫与贱，是人之所恶也；不以其道得之，不去也"。其中"古之道也"直译为"是古代的规矩、规范、方式或方法均可"；"不以其道得之"是不用正当的途经方法得到它。再如《子罕九》"是道也，何足以藏？""是道也"，我将其解为这种（为学）方式，亦从方式方法义。

第六，学说、思想。学说、思想义实则已含有道理规范之义，无论是"人道"还是"政道"均指一种道理，严加区别的话，第二、第三义为具体的行为规范，而此学说、思想为其泛括义，此在《论语》中凡14出。如《里仁四》"吾道一以贯之"；"夫子之道，忠恕而已矣"；再如《雍也六》"非不说子之道；力不足也"；又如《先进十一》"子张问善人之道"，此"道"解为方式、方法亦可，解为"为人的行为规范亦可"，我将其解为"学说"，其实"道"义于学说、方式和规范间多有重叠。

第七，言说、称述。至于"道"在《论语》中有无"说"的含义，学界对此有不同看法，如《宪问十四》"子曰：'君子道者三，我无能焉；仁者不忧，知者不惑，勇者不惧。'子贡曰：'夫子自道也。'""夫子自道也"，其实"道"字已可解为"说"，但我认为从前后句义上解为"夫子自己的道"，也即将其解为名词"规范"而非动词"说"；但是《季氏十六》中"益者三乐，损者三乐。乐节礼乐，乐道人之善，乐多贤友，益矣"。"乐道人之善"显然将"道"解为"说"更好。另有杨伯峻先生和张岱年先生关于"道"的解说可供参考。① 另可参见王世舜主编《〈论语〉〈孟子〉词典》（山东教育出版社 2004 年版，第 26 页）和安作璋主编《论语辞典》（上海世纪出版集团、上海古籍出版社 2004 年版，第 308—309 页），后者统计"道"亦为 89 次，可见我的统计不错，而《孔子大辞典》称 60 次可能是沿用了杨伯峻的说法，是不准确的，而在意思解释上三书大同小异。

（3）《论语》中"道"本义的启示和几个结论。

第一，孔子重"人道"而避天道。典型者为《公冶长五》子贡曰："夫子之文章，可得而闻也，夫子之言性与天道，不可得而闻也。"另外从"子不语怪、力、乱、神"、"敬鬼神而远之"、"未知生，焉知死"、"未能事人，焉能事鬼"皆可参证。而孔子重人道一说已为通识，如上引《孔子大辞典》例，再如张岱年在《中国古典哲学概念范畴要论》中说"孔子很少谈论天道……孔子所讲的道主要是人道"②，此处不再赘言，我想说的是，其一，孔子是避也即"敬远"天道而非"轻天道"，天道在孔子眼里解为至上的人格神较为合适，然而概从周朝夷厉时代以来人们所产生一种普遍的疑天思潮，到"述而不作"的孔子那里仍有怀疑，但采取了实用而谨慎的态度，避而不谈，毕竟当时要让孔子对天有个清楚的认识实为苛责于古人，正是这种疑而惑的思想状态促使孔子采取了避而远的态

---

① 杨伯峻在《论语译注》的《论语词典》里归纳"道"有八义，现俱录如下，可参考比较："道"（60 次）（1）孔子的术语（44 次），有时指道德，有时指学术，有时指方法。本立而道生（1.2），吾道一以贯之（4.15），不以其道得之（4.5）。（2）合理的行为（2 次）：三年无改于父之道（1.11）。（3）道路、路途（4 次）：中道而废（6.12）。（4）技艺（1 次）：虽小道必有可观者焉（19.4）。（5）动词，行走，做（1 次）：君子道者三（14.28）。（6）动词，说（3 次）：夫子自道也（14.28）。（7）动词，治理（3 次）：道于乘之国（1.5）。（8）动词，诱导，引导（2 次）：道之以政（2.3），道之斯行（19.25）（杨伯峻：《论语译注》，中华书局 1980 年版，第 293—294 页）。张岱年先生认为"道"：在《论语》中，道字凡 60 见，其中 44 次为孔子语，有多种含义。（1）本义指道路。"道听而途说"《论语·阳货》。（2）引申为政治路线。《论语·学而》"礼之用和为贵，先王之道，斯为美"。（3）又引申为人生观、世界观、思想体系和政治主张，以及深刻的哲理。"朝闻道，夕死可矣"（《里仁》）。（4）正当的方法或办法。"射不主皮，为力不同科，古之道也。"《八佾》（5）道分别"天道"、"地道"、"人道"。孔子以及后代儒家则比较注重人道。唐代韩愈讲的道是尧舜传下来的先王之道，也是圣人之道、孔孟的仁义之道。近代郑观应认为宇宙总规律叫道，孔子学说是人世间的大道。"此中国自伏羲、神农、黄帝、尧、舜、禹、汤文武以来列圣相传之大道，而孔子述之以教天下万世者"（周桂钿：《盛世危言》）张岱年：《孔子大辞典》，上海辞书出版社 1993 年版，第 181—182 页。

② 张岱年：《中国古典哲学概念范畴要论》，中国社会科学出版社 1989 年版，第 24 页。

度。其二可说者，孔子重人道，绝非今人眼中的以人为本，勉强说孔子的思想是"以人为本"，也必须区分以于今人的"以人为本"思潮，严格说来孔子重人道，但绝非以人为本，今之"以人为本"，本作根本解，概人是社会的独立个体、国家的公民、享有切实的权利和政府的福利和服务；而孔子那里，本只可作"基本"解，人只是社会更准确地说是家国一体下的基本元素、伦理角色，是五伦中的一环节，无独立性可言，你只是父亲的儿子，君王的臣子，除却五伦，孔子的人便没有意义，离开了家，孔子的人也无意义，如此而已，遑论享有人权的独立个体？勉而言之，相对于草木禽兽而言，人则是根本，然论题已变，另当别论。所以，我们万不可以为孔子重人道便认为中国之"以人为本"由来已久，此必将令人贻笑大方。

第二，"人道"与"政道"互为一体。由我们对《论语》中道的分析可知，"人道"义出现14次，而"政道"义出现41次，所以我只能得出结论说孔子所讲的道主要是政道。然而，我仍将人道作为我的第一个结论，是因为一则人道是为政道之本，逻辑之先，二则人道与政道其实同指一物，无可分别，也不能分别，今为研究起见而分以"异名"，而我们要明白它们是"异名而同实"的。待我详述，在我分析《里仁四》"士志于道，而耻恶衣恶食者，未足与议也"之"道"的含义时，我引钱穆言"孔子之教，在使学者由明道而行道，不在使学者求仕而得仕"[1]，所以我认为此"志于道"之"道"便与"朝闻道"之"道"同义，概前者为明道，后者为行道，二者同指一事，均针对"伦理政治规范"而言。进一步分析，"士志于道"并非一开始便要学习那"以礼德为特征的伦理政治规范"，便要治国平天下，事实上孔学有一逻辑之次序，此便为那大学之"八条目"，实为"修齐治平"，之所以称为逻辑次序而非时间上的先后是因为我认为修身齐家治国平天下为一系统的整体，齐家为治国之缩影，治国为齐大家而已，概在家国一体的社会体制下绝非是先用一段时间齐家，然后再用一段时间治国，也非先用一段时间"修身"，然后再去"齐家"，同样也不能说先用一段时间致力于"内圣"，再去"外王"，因为"修齐治平"无时间间隔乃一生一事，修身即为齐家之内容，治国已含平天下之内容。所以，孔子在《为政》回答"子奚不为政？"时便回答说："书

---

① 钱穆：《论语新解》，生活·读书·新知三联书店 2002 年版，第 92 页。

云：'孝乎惟孝，友于兄弟，施于有政。'是亦为政，奚其为为政？"家之孝悌为人道，然已可影响政道，也就是为政了。所以我说"人道"与"政道"是互为一体的。

那为什么说人道"为人的行为规范"与政道"以礼德为特征的行为规范"有如此联系呢？家国一体自是原因，然而韦政通在谈到孔子的学说时，列出《道德与政治》一小节，我认为其解甚是，特引之，他说："如果通过宋以后的经学所表现的内容和精神，很难了解政治在孔子思想中的重要性。在孔子知识、道德、政治是走向同一个目标的三个不同阶段的学习。一切古典知识的学习，除了作为谋生的技能之外，主要在辅助德性的修养，而培养德性的目的，又是为了做一个理想的政治领导做准备。孔门有德行、言语、行事、文学四科之分，文学即指古典的知识，个人可因性分不同而擅长某一种，但就孔子理想说文学、言语、德行都是从政的必要条件，而是要为政治理想服务的。"① 此为妙论，《论语》中"政道"义凡41处，几近半数，且为何人道与政道互为一体，皆可由此而焕然冰释，对中国历史而言文人"学而优则仕"的传统由来已久，为何政治为中国的重心枢纽，由此亦可得解，为何历代知识分子难逃政治命运，亦可解知……

而为何孔子力倡此说呢？为什么"人道"或说人君有德了，社会就治理好了呢？韦从分析周代社会家庭组织入手，他认为"周代的社会组织以家族为单位，依宗法制，宗族里有大宗小宗之别……在宗法制度中的政治大小集团不过是若干大小宗族的化身，国君、世卿、士大夫无异是权限不等的家长。孔子的政治思想就是以这样的社会为背景的，只有在这样的亲密团体中，在上位者个人的道德，才能产生直接的效用"② 。而经春秋战国而至后来之大一统帝国的形成，此种宗法社会发生了很大变化。"社会巨变，早已使孔子的政治理想失去了客观的依据，但秦汉以降的儒者始终未能突破原始儒家修齐治平的格局。在春秋时代，这套想法不是空中楼阁。但后来一直仍试图保持这一套就成为乌托邦了。想想看，站在道德的立场责难于君，要求现实的帝王做圣君，理想虽高，但显示儒者之不知变革，而且常置儒者于危险的境地。这是儒家的限制，这个限制是造成

---

① 韦政通：《中国思想史》（上），上海书店出版社2003年版，第58—59页。
② 同上书，第59页。

儒家对现实改治缺乏积极贡献的一个重要原因。"① 这段话令人深思。

第三，《论语》中"道""无德"的含义。"道"于《论语》中凡出现89次，而未有一次可解为"德"之义的，"道德"一句连用更不见于《论语》，因此我断定"道"在《论语》中"无道德"的含义，而且"道"和"德"分指于不同的内容。而张岱年认为"汉代以后，道德成为常用的名词了"②。《论语·述而七》里孔子说"志于道，据于德，依于仁，游于艺"，此为"道"和"德"同时出现的典型，也是道和德意义不同的佐证，杨伯峻解此句为"目标在道，根据在德，依靠在仁，而游憩于六艺中"③。张岱年则认为："道德、仁、艺共四个层次。道是原则，德是道的实际体现，仁是最主要的德，艺（礼乐）是仁的具体体现形式。"④解道为原则有点拔高，据我的分析道在孔子那里就是具体的行为规范、伦理政治规范。自然，道之"人道"较接近"德"之义，然"为人之具体行为规范"其实又不同于"德行、品德"之"德"，至于"道"何时有"德"也即有"道德"之义，我未见有力之史料，故存疑，然可参见张岱年《中国古典哲学概念范畴要论》"德，道德"之词条。其实无论是杨伯峻的《论语词典》还是安作璋的《论语辞典》都认为道有"道德"意（后书见第308页），而他们常举的例是《论语·学而一》中的"君子务本，本立而道生"。而此"道"字若联系上下文，解为"道德"很牵强，故我以"人道"解，详见前述。

综上所述，《论语》中道集中于三义上，一为本义路，二为人道，三为政道，人道者为人应走之路，政道者为国应行之规，至于"引导治理""方法、方式"和"学说思想"，可具体统归第二或第三义，而"言说"义最明显者只有一例《季氏十六》"乐道人之善"，唯此一例，至少可以说"言说"只为"道"之非常用义。这里我们可以很清楚地看出在儒家方面，至少在孔子那里"道"的含义是明确的，主要指的是一种"人道"，具体表现为现实中的"政治规范"；作为个人修养的"人道"主要是指向家国一体下的规范秩序；而那种"天道"的含义逐渐式微或者说被孔子淡化了，准确来讲，延续我们在前面讨论天人关系

① 韦政通：《中国思想史》（上），上海书店出版社2003年版，第59页。
② 张岱年：《中国古典哲学概念范畴要论》，中国社会科学出版社1989年版，第157页。
③ 杨伯峻：《论语译注》，中华书局1980年版，第67页。
④ 张岱年：《中国古典哲学概念范畴要论》，中国社会科学出版社1989年版，第24页。

时所讲，天道逐渐与人道融合，人道的具体表现便是天道，人道之外无所谓天道，这基本上可视为儒家"道"的特质。若回观仁爱观，我们不得不说，"道"与"仁"是异名同构的；在"道"的含义方面，主要指由人道（个人修养）而"政道"（政治规范）的实现，更常用的说法是"内圣外王"；就仁爱来讲，"立爱自亲始"，主要指的是"孝悌"之爱，由此而家—国—天下，这正是儒家"修齐治平"模式的明显体现，在这里由家—孝而国—忠正是人道—政道的另种演绎，二者只是不同的说法而已，内容是重合的。这里的"道"没有"超越"的含义，没有两个世界的划分，没有对"言"的重视，在下面我们将会看到这些与基督教的"道"是截然不同的。

　　自然这里的疑问在于，儒家的"道"主要是指"人道"、"政道"交互的规范层面，那么道家的"道"是否具有形而上含义呢？会不会在道家那里，我们可以发现与基督教"太初有道"类似的思想呢。答案是否定的，自然道家的"道"与儒家不同，但是它与基督教之"道"差异更大；儒家强调一种人为之道的努力，道家则强调"法自然"，不做分别，尽可能不悖于自然秩序，自然而然才是最好的，这里同样没有创造者与受造者、此岸与彼岸、肉与灵、物质与精神的二分，关于这一点我们在本章已经有所论列，此不赘述。我们并不回避质疑，另一个可能性的诘难来自《易经》的《系辞传》，我们知道有这样的表述："一阴一阳之谓道"和"形而上者谓之道，形而下者谓之器"的说法。对于前者，我们认为这正是我们在前面所分析的，世界的生成不是来自造物主，而是自然而然形成的，原因在于自然自身具有的两种性质：阴和阳，这不是具体的实体，只是一种积极与消极的力量，它们也并非来自任何造物主的创造，而只是一种自然形成的性质。对于后者，这或许是误解和引用都大量存在的文本。在中西文化的遭遇与对接上，许多学者以本句为据来建构或显现中国的"形而上学"，我们前面说过字词上的相似不可武断地认为二者有相同的内容；同样翻译上不得已，不能反认为这些思想我们原来就有。关于这句的解释，我们认为张岱年先生如下的解释是公允的：

　　　　《系辞传》说："形而上者谓之道，形而下者谓之器。"所谓上下如何解释？在《周易》古经中，上下指爻位而言。《系辞传》云：

"《易》之为书也，不可远，为道也屡迁，变动不居，周流六虚，上下无常，刚柔相易。"所谓上下亦指爻位。爻位是由下而上。《系辞传》又说"六爻相杂，惟其时物也，其初难知，其上易知，本末也。"爻位由下而上，初是本，上是末。在《易大传》中，所谓上并无根本之意。所以，所谓"形而上"、"形而下"，并无形而上为本、形而下为末之意。"形而上"是说无形而表现于形的，"形而下"是说具有一定形体的。形而上即是抽象的规律，形而下即是具体的实物。[①]

"形而上"与"形而下"的说法，在原初含义上或许正如张岱年先生所说指的是"爻位"；依照"爻位"次序，恰恰是下本上末；至于张先生所说"形而上是抽象的规律，形而下即是具体的实物"则只是一种流行的见解，将"道""形而上"都以"规律"来解读，这似乎仍是受苏式唯物史观影响的结果。无论如何，"形而上者谓之道"这里的"道"并非古希腊时期的"形而上学"（物理学之后），也与基督教中"太初有道"之"道"观念不同，毋宁说它指的就是"一阴一阳之谓道"的"阴阳"——自然和合之道，只是"阴阳"两种性质或力量自然交合的显现。我们知道这种带有自然哲学特质的"阴阳"观念在儒家那里演化成了"男女"、"尊卑"、"夫妇"、"君臣"、"父子"等的道德观念，而仁爱正是在后者的演绎中贯穿始终。

以上基本可以看出以儒家为主干的传统之"道"的特征，主要指由人道（个人修养）而"政道"（政治规范）的实现，这里面有"爱"的显示，那便是基于血缘的"仁爱"观，此种爱观是"立爱自亲始"的，固然也有"亲亲仁民爱物"的推延，但实际上"立爱自亲始"与"孝悌也者仁之本欤"的规定基本上划定了"爱"的范围与限度。下面我们将讨论西方经典《圣经》中的"道"。

（二）"太初有道"：《圣经》中"道"的含义

在汉译本《圣经》中，"道"是个比较常用的词汇，如上面我们所分

---

① 张岱年：《中国古典哲学概念范畴要论》，中国社会科学出版社 1989 年版，第 25—26 页。

析的"道"在汉语语境中本身就是一个含义丰富的词汇，在翻译过程中又难免会引起某种误解。在《圣经》中与"道"连用出现较多的是"知道"一词，另外如"主的道"也比较常见。

1. 汉语《圣经》中"道"的基本含义

关于"道"的用法简列如下：第一，量词，用来修饰河流，类似于汉语中的"条"。比如："有河从伊甸流出来滋润那园子、从那里分为**四道**。"（创2：10①）第二，表示"知晓、明白"，既可用于神也可用于人。比如："因为神**知道**、你们吃的日子眼睛就明亮了、你们便如神能**知道**善恶。"（创3：5）"他们二人的眼睛就明亮了、才**知道**自己是赤身露体、便拿无花果树的叶子、为自己编作裙子。"（创3：7）第三，道路，与汉语同义，往往由本义人当行之路引申为人应当遵行的精神之道。比如："他就说、我所事奉的耶和华必要差遣他的使者与你同去、叫你的**道路**通达。你就得以在我父家、我本族那里、给我的儿子娶一个妻子。"（创24：40）第四，反问助词。用作"难道"，比如："他的哥哥们回答说、**难道**你真要作我们的王么、**难道**你真要管辖我们么，他们就因为他的梦、和他的话、越发恨他。"（创37：8）第五，上帝之"道"，主的"道"：

> 我眷顾他、为要叫他吩咐他的众子、和他的眷属、遵守我的道、秉公行义、使我所应许亚伯拉罕的话都成就了。（创18：19）
> 我如今若在你眼前蒙恩、求你将你的道指示我、使我可以认识你、好在你眼前蒙恩。求你想到这民是你的民。（出33：13）

不得不说第五种含义"主的道"、"上帝之道"最为根本，这也是我们要在爱观视阈下要考察的重点，因此现在的问题就是主的"道"是什么？

2. "太初有道"与"太初有言"

关于"上帝之道"在《圣经》中最为典型的陈述表现在《约翰福音》中：

---

① 对《圣经》文本的引用采用通行惯例，"创2：10"表示《创世纪》第2章，第10节；下同。

　　太初有道、道与神同在、道就是神。这道太初与神同在。万物是
借着他造的，凡被造的、没有一样不是借着他造的。生命在他里头。
这生命就是人的光。光照在黑暗里、黑暗却不接受光。有一个人、是
从神那里差来的、名叫约翰。这人来、为要作见证、就是为光作见
证、叫众人因他可以信。他不是那光、乃是要为光作见证。那光是真
光、照亮一切生在世上的人。他在世界、世界也是借着他造的、世界
却不认识他。他到自己的地方来、自己的人倒不接待他。凡接待他
的、就是信他名的人、他就赐他们权柄、作神的儿女。这等人不是从
血气生的、不是从情欲生的、也不是从人意生的、乃是从神生的。道
成了肉身、住在我们中间、充充满满的有恩典有真理。我们也见过他
的荣光、正是父独生子的荣光。（约1：1—14）

　　对《圣经》略有了解的学者，不得不承认这段经文的重要，"太初有
道"、"道就是神"、"道成肉身"可以说已经成了基督教的核心教理部分。
但是对于汉语思想界来说，或许是由于翻译的问题，关于"太初有道"
有些译本便翻译为"太初有言"，比如说思高本的译文是：

　　在起初已有圣言，圣言与天主同在，圣言就是天主。圣言在起初
就与天主同在。万物藉着他而造成的，没有一样不是由他而造成的。
（若1：1—3）
　　于是圣言成了血肉，寄居在我们中间。（若1：14）

　　我们知道"道"与"言"在汉语语境中有着极为明显的差异，无论
是含义、地位还是重视程度二者都不可同日而语。"道"往往被汉语思想
者认为是高贵的、玄妙的、终极的；而"言"则是"形式"、"虚文"需
要"脱离"和"忘却"的，"言"只是理解"意"的工具，只是处于初
级层次。但是，如上面经典译文，对于同一句经文却有"道"和"言"
的不同翻译。刘小枫先生关于此经文有这样的说明："华夏文化的终极之
词称'道'，儒道两家皆然；基督文化的终极之词称'言'，'太初有言，
言与上帝同在，言是上帝'（约—1）。然而'道'就是'言'吗？两者

可以等同，可以通约吗？若果非也，实质性的差异何在?"① 刘小枫先生认为二者有"实质性差异"，具体差异如何，我们下面再讨论。先集中讨论"道"与"言"的语词问题，我们可以看一下 NIV 版中英文翻译：

> In the beginning was the Word, and the Word was with God. He was with God in the beginning. Through him all things were made; without him nothing was made that has been made. (John1：1－3)
>
> The Word became flesh and made his dwelling among us. (John1：14)

通过英文文本我们基本可以清楚地看到，无论是翻译成"道"还是"言"，其英文名词是大写的 word，也即"Word"，翻译成"言"是可以的，翻译成"圣言"更为贴合文意，这是就其含义层面来说；就其地位来讲，"圣言"与汉语中的"道"具有类似的终极性，所以有些文本翻译成"道"大致是从其词汇在语境中的地位着手。直译的话"言"更合适，我们没有必要在翻译时过于"意会"，恰恰是"道"（华夏文化）与"言"（基督文化）的不同被重视反映了二者不同的文化基型的差异，这种差异没有必要掩盖。不得不说刘小枫先生的睿智，他将中西（基督）文化之比较的终极词汇浓缩在"道"与"言"上确实看到了二者的"实质性差异"。

在厘清语词的混乱之后，我们可以围绕何为"圣言"展开讨论。

3. 圣言：诫命、契约、律法

不得不说，当我们叩问"圣言"是什么的时候？我们似乎又回到了"爱的诫命"上来，又回到了耶稣对律法的成全上来，又回到了"彼此相爱"这一"新约"之"新命令"上来。如同我们所看到的那样：守约是神对人的基本要求，这也是人对神最基本的爱："如今你们若实在听从我的话、遵守我的约、就要在万民中作属我的子民、因为全地都是我的。"（出 19：5）"以色列啊、现在耶和华你神向你所要的是什么呢、只要你敬

---

① 刘小枫主编：《道与言——华夏文化与基督教文化相遇》，上海三联书店 1995 年版，编者序，第 1 页。

畏耶和华你的神、遵行他的道、爱他、尽心尽性侍奉他，遵守他的诫命、律例、就是我今日所吩咐你的、为要叫你得福。"（申10：12—13）这在《新约》中同样是这样"律法的一点一画也不能废去"（太5：18），只是在《新约》中更强调"心"和"灵"，"那真正拜父的，要用心灵和诚实拜他"（约4：23），"要爱慕那纯净的灵奶"（彼前2：2）。自然，此种对"心"和"灵"的看重，在《旧约》就有，比如"神所要的祭，就是忧伤的灵"（诗：51：17），再比如"耶和华是看内心"（撒上16：7），"我也要赐给你们一个新心，将新灵放在你们里面"（结36：25）。

我们留意到《约翰一书》中说："我们遵守神的诫命，这就是爱他了。"（约一5：3）应当说，此种思想是一贯的，在《旧约》和《新约》中没有明显的区别，比如说："若照神所吩咐的一切诫命，谨守遵行，这就是我们的义了。"（申6：25）"总意是敬畏神，谨守他的诫命，这是人所当尽的本分。"（传12：13）这里需要说明的是，若说神之爱是爱的源头的话，人对神的爱固然是底线，不可逾越，但是就基督教的爱观来讲，若以《圣经》为据，人爱神不是圣爱的终点和目的；如上面我们看到的，礼仪上对耶和华的爱比如燔祭、祭祀等不是重点，重点在于遵行诫命；敬畏神是必须的，但是不是目的，敬畏的目的在于遵行诫命，而对人来说最大的诫命是敬畏神，而神的主要诫命是爱，是要爱罪人、爱邻人而非向神献燔祭，这是一个极其重要的支点。这里没有出现自循环现象，来自神，并且目的是要敬畏神、爱神；我们不得不说此种爱观是开放的，没有自循环回到神，而是接着神的诫命而指向了"爱邻人"；尽管最终都要回到神的审判，但是我们可以看到神的公义与爱，不是单向度的笼络人心，而是要通过牺牲自己成全对罪人的爱。我们不得不说，敬畏神，对神的爱，对诫命的遵行，最终都指向了爱人："你们若爱我，就必遵守我的命令"（约14：15），"我赐给你们一条新命令，乃是叫你们彼此相爱"（约13：34）。

如同上面分析，并非说在现代西方社会"冷漠现象"并不存在，我们的着眼点在于基于中国现实从文化根源上探究"当代冷漠"的深层道义论根源，我们所用的方法是比较哲学的方法，从上面我们可以看到，与中国经典对"道义"论的界定不同，西方经典对"道"的界定是一种"爱"，而且是神圣的、超越血缘的、无条件的（对人来讲）。

（三）　两种"道"观的比较

仁爱与"道"，圣爱与"言"，二者是自成系统的，仁爱由此具显为"孝爱"并衍生家国一体、修齐治平模式下的"政治规范"（道），不得不说这是相融相涵，我们甚至无法分清彼此的前后因果关系，仁爱与道是一体的；与此同时，圣爱与圣言，也存在类似的交互结构，如上面所分析的"圣言"又回到了"爱的诫命"上去，爱之外再无圣言，上帝就是爱，"言就是上帝"，这些意思是等同的。上帝是唯一的，圣言也是唯一的，圣爱也是唯一的，三者只是不同语境下的不同表现而已。"道"与"言"的差别就是仁爱与圣爱的差异。

第一，从起源上讲，圣言来自神（或者说就是神），这是神圣而超越的，具体表现为圆满无缺的爱；"道"则是儒家思想者的一种构想，更多是基于自然（天）的模仿，简而言之"言"来自神之创造，而"道"来自人之法自然。

第二，从普世性上讲，圣言代表的基督文化不是"民族—地域性文化"，这从其神圣性圆满性上可以看出，正如刘小枫先生指出"基督文化指圣言（基督事件）在个体之偶在生存中的言语生成"①。而以"道"为代表的儒道文化，很明显是一种华夏民族的地域性文化（对东亚文化圈的影响并不影响此种地域性特征）。

第三，从超越性上讲，"圣言"是神圣而超越的（对人而言），"道"则是不离乎"人伦日用"，道，尤其是在儒家视阈下主要指一种"外王之道"；前者建构的世界观是二分的，有彼岸的追求与向往，或者说彼岸世界才是真实的；后者则是一个世界下的，人生的意义就在此生、此世中完成（或者通过后代子孙的人生中延续）。

总之，"道"与"言"之差异是十分明显的。刘小枫先生说，"道"与"言"可以等同、通约吗？回答是否定的。"道"与"言"的首要差异在于："道"不是一个个体性的位格生成事件，"圣言"之言是"成肉身"（Person 是关键！）之言。因此他认为"基督教信理与儒、道信义之

---

① 刘小枫主编：《道与言——华夏文化与基督教文化相遇》，上海三联书店 1995 年版，编者序，第 3 页。

融合，不仅不可能，亦无必要"①。关于儒耶比较，很难排除彼此的文化情绪，尽可能从学理自身去比较，或许不同学者看法会是迥异的，但是就我们上面所分析的来看，"道"与"言"之差异是明显的，归根结底还在于爱观的差异，"道"是"外王之道"，言是"圣爱"之言，我们可以看出不同"爱观"对各自文化核心概念的根本性影响。上述三个层面的分析，第二个方面"普世性"意义，或许是争议比较大的，一些儒家学者也认为儒家思想有其普世性，比如说汤一介先生在试图探讨儒家思想的普世性原则与方法。但是，在我们看来，严格来讲，来自人的文化只能是民族—地域性的，这是此类文化的本身特性；只有来自神的文化才是超越民族地域的，就如同上帝之下人人平等才是可能的，失却上帝的假定，谈人人平等是华而不实的一样。下面我们从"公义"与"仁义"方面可加强此方面的论证。

二　两种"道"论塑造下的"仁义"与"公义"

罗尔斯在其代表作《正义论》中说：

> 正义是社会制度的首要价值，正像真理是思想体系的首要价值一样。一种理论，无论它多么精致和简洁，只要它不真实，就必须加以拒绝或修正；同样，某些法律和制度，不管它们如何有效率和有条理，只要它们不正义，就必须加以改造或废除。每个人都拥有一种基于正义的不可侵犯性，这种不可侵犯性即使以社会整体利益之名也不能逾越。②

不得不说，"正义"和"自由"都可被视为一个社会的核心价值观之主要部分，自然从词汇上讲，这都是启蒙运动以来的符号性词汇，但是就其实际含义来讲，对"正义"和"自由"的追求是不同时期人类社会的永恒追求。问题的关键在于，不同民族对于"正义"和"自由"有着不同的界定。尤其是鉴于百年来儒家不断遭到重创颠覆的命运，许多批评者

---

① 刘小枫主编：《道与言——华夏文化与基督教文化相遇》，上海三联书店 1995 年版，编者序，第 8 页。

② ［美］罗尔斯：《正义论》，何怀宏等译，中国社会科学出版社 1988 年版，第 3 页。

认为它是有悖于现代价值观如"自由"、"平等"、"正义",而重建的方法似乎也多是贩卖、拿来,但事实上这样的结果并不好,或者说很难不顾及根干而只摘取花果。这里我们之所以想将"公义"与"自由"提出并作为探讨的对象,正想提供一种新的视角。在文化基型上,尤其是在不同"道论"影响下看待二者对"义"、对"公"、对"自由"有何种不同的建构。在问题的原点上,我们会看到何种初始的不同建构,那么我们的理论预设是原点的问题只能回到问题的原点上去解决,否则"公平"、"正义"、"自由"云云,固然是令人憧憬的金字招牌,但难免会像"科学"、"民主"一样沦落为一种"口号"或者"主义"。正是出于此种考虑,我们试图从文化原点上,考察儒耶的核心观念"道"、"仁爱"与"圣爱"是如何建构影响彼此对"公义"、"自由"的看法的。这个问题是令人着迷的,但本文的探讨恐怕只属于初探性质,因为这涉及了太多政治哲学的内容,限于学力本文侧重对"仁义"与"公义"思想的分析。首先我们先看"义"与"公义"的问题。

(一) 公平、正义、公义、公正等译名问题

就西方思想史上关于"正义"或"公正"问题的追溯而言,一般学者都认为可以一直向上回溯至古希腊。比如柏拉图的《理想国》就把探讨城邦的正义作为主题,亚里士多德则把正义视为政治学上的善,认为正义存在于某种平等关系之中。再到后来的中世纪,以奥古斯丁、托马斯·阿奎那为代表,他们则从宗教神学家的立场,将上帝作为正义的基础和源泉,认为只有信仰上帝才能得到正义,正义也只有在基督教国家里实现。近代以来对正义问题探讨的代表哲学家有洛克、霍布斯、卢梭,他们则有别于前述神学家的立场,而是将自然法、自然权利作为法律和社会正义的基础,其中他们对"自然状态"的探讨极为有名,并在此基础上为国家的产生与价值辩护,从中探讨怎样做才是"正义"的、"公正"的。而到了18世纪末,康德以其深邃而又广博的思考、建构,对正义理论有着独特的发展,他区别了道德正义与政治法律正义,并提出正义行为所遵循的原则必须是普遍意义上的道德准则。再到后来英国以边沁为代表的功利主义学派则将是否促进最大多数人的幸福作为判断法律和政府正义与否的标准。纵观现代西方的正义理论及其流派,就目前学界的研究现状来看,对当代西方正义理论的引介以罗尔斯、诺齐克、哈耶克为代表的新自由主义

正义论最为有名,尤其是罗尔斯的正义论对中国学人影响最大。在正义论流派中,除却罗尔斯的新自由主义派外,还有以瓦尔策、麦金太尔为代表的社群主义论,该派的特征是注重社群,认为道德共同体的价值高于道德个体的价值。第三个现代西方正义理论影响较大的流派是以哈贝马斯为代表的综合正义论。他对新自由主义正义论和社群主义正义论都持批判态度,并试图用社会批判理论将二者融合起来,创立自己的综合正义论。若从对正义范畴的不同理解维度来区分,有学者将当代西方的正义理论区分为以麦金太尔为代表的美德正义论、以罗尔斯为代表的政治正义论和以哈贝马斯为代表的综合正义论。①

　　但是,在汉语思想界的讨论有个译名问题的争论。对正义、公平、公正、平等核心范畴是否要做严格区分? 对于公正与正义、公平与公正、公平与平等,在日常用语中,在汉语语境中这几个词汇也确实有含义交替的成分,在不严谨的意义上可以交替使用;而在中国学界,对这些词汇,不同学者固然有不同的理解,但在 90 年代前后,大多数学者并未做严格的区分,如王海明先生就认为,"公正、正义、公平、公道是同一概念,是给予人的应得行为,是给予人应得而不给人不应得的行为;不公正、非正义、不公道乃是同一概念,是行为对象应受的行为,是给人不应得而不给人应得的行为"②。万俊人先生也认为"在汉语语境中,正义、公正、公平和公道这些概念几乎可以通用"③,但是,严格去审视的话,公正与公平是不同的,正义与公平也是不同的,公正与平等都有其独特的内涵。这里涉及两个问题,第一,正义理论大多来自对西学的引介,那么有没有语言上翻译的问题? 第二,在汉语语境中这四个核心词汇是否内涵与外延相同。对此问题中国学人有着较为详细、严谨的爬梳,④ 比如冯建军博士就

---

　　① 马文彬:《20 世纪中国正义问题研究综述》,载《上海交通大学学报》2001 年第 2 期。

　　② 王海明:《公正、平等、人道——社会治理的道德原则体系》,北京大学出版社 2000 年版,第 3 页。

　　③ 万俊人:《义利之间——现代经济伦理十一讲》,团结出版社 2003 年版,第 74 页。

　　④ 关于这几个范畴的区分与辨析,可以参见以下论文:刘晓靖《公平、公正、正义、平等辨析》,载《郑州大学学报》2009 年第 1 期;王桂艳《正义、公正、公平辨析》,载《南开学报》2006 年第 2 期;吴忠民《关于公正、公平、平等的差异之辨析》,载《中共中央党校学报》2003 年第 4 期;洋龙《平等与公平、正义、公正之比较》,载《文史哲》2004 年第 4 期;程立显《论社会公正、平等与效率》,载《北京大学学报》1999 年第 3 期;冯建军《论公正》,载《河南师范大学学报》2007 年第 3 期等。

认为："正义是一种对真、善、美的价值追求，公平是一种利益分配的操作工具。公正是公平和正义的统一，公平和正义是两个必要条件，在这两个条件中，正义优先。公正的理想具有普遍性、绝对性和至善性，公正的制度具有社会性和历史性，公正的实践具有相对性。"① 自然对于公正与正义等范畴的内涵界定还会继续争论下去，但是，此种回到学理原点对核心范畴不辞辛劳的爬梳与澄清，试图去弄明白我们到底在讨论什么的努力，依然是值得敬佩的，这也可视为中国学界的一种微弱的进步。

本书的讨论暂且回避这些译名以及用语上的争论，本书的界定是公义与正义是等同的，因此《圣经》的汉语文本中翻译为"公义"的地方，我们也认为是与"正义"等同。实际上儒家之"正义观"与基督教的"公义"观实质性差异不是译名问题，而是彼此所代表的义理系统。下面我们会看到，儒家的"义"主要指一种对人的"裁制"、"规范"或者说是"修养"，而这正好是与"孝爱"相一致的，这是修齐治平模式下的"仁义"观，对于"公"的观念，儒家很少讨论，有涉及的地方主要是指一种家国一体的"公天下"，"以天下为公"，更明确的说法如韩非所言、君的利益便是"公"，民是"私"。而基督教的"公义"，我们可以看到是上帝之下的，或者说上帝就是"公义"的化身，人都需要依照"公义"的法则办事，此种"公义"正是在契约律法尤其是爱的诫命之下的。下面我们将会看到二者的差异是实质性的。

（二）仁爱与仁义、"公"

关于"义"，我们在《论语》中见到：

> 君子义以为上。（《阳货》）
>
> 君子义以为质，礼以行之。（《卫灵公》）
>
> 见义不为，无勇也。（《为政》）
>
> 务民之义，敬鬼神而远之，可谓知矣。（《雍也》）

在《论语》中我们看不出"义"有更多的含义，似乎只是一种"美德"的称谓，仁与义也为并列统称。但是到思孟学派以后，意思逐渐明

---

① 冯建军：《论公正》，载《河南师范大学学报》2007 年第 3 期。

朗化，仁与义也多并举出现，比如《中庸》有文"仁者人也，亲亲为大；义者宜也，尊贤为大"。而到《孟子》时，仁与义基本上与"孝悌"观念相连起来：

> 君子所性，仁义礼智根于心。(《尽心上》)
>
> 亲亲，仁也；敬长，义也。无他，达之天下也。(《尽心上》)
>
> 孟子曰："事，孰为大？事亲为大；守，孰为大？守身为大。不失其身而能事其亲者，吾闻之矣；失其身而能事其亲者，吾未之闻也。孰不为事？事亲，事之本也；孰不为守？守身，守之本也。"(《离娄上》)
>
> 孟子曰："仁之实，事亲是也；义之实，从兄是也；智之实，知斯二者弗去是也；礼之实，节文斯二者是也；乐之实，乐斯二者，乐则生矣；生则恶可已也，恶可已，则不知足之蹈之手之舞之。"(《离娄上》)

这里我们基本可以看出"义"并非指一种社会共同体下的利益分配关系，在儒家视野中"义"主要是一种德性修养，具体来讲就是与仁（孝德）相连的"悌"（敬兄长之德性），由此而延发开来成为一种"自正"的德性（如董仲舒认为的那样）。义所处理的关系不是与陌生人、与外邦人、与邻人，而是与家人，而后与君臣等。

我们再来看"公"的讨论。我们上面说过儒家文献中关于"公"的记载较少，所以在下面的讨论中，我们会适当参考诸子的说法。关于"公"比较有名的条目如下：

> 大道之行也，天下为公。选贤与能，讲信修睦。故人不独亲其亲，不独子其子。使老有所终，壮有所用，幼有所长，矜寡孤独废疾者，皆有所养。男有分，女有归。货，恶其弃于地也，不必藏于己；力，恶其不出于身也，不必为己。是故谋闭而不兴，盗窃而不作。故外户而不闭，是谓大同。(《礼记·礼运》)
>
> 一言得而天下服，一言定而天下听，公之谓也。(《管子·内业》)
>
> 明主之道，必明于公私之分，明法制，去死恩。夫令必行，禁必

止，人主之公义也。必行其私，信于朋友，不可为赏劝，不可为罚沮，人臣之私义也。(《韩非子·五蠹》)

荆人有遗弓者，而不肯索，曰荆人遗弓，荆人得之，又何索焉？孔子闻之曰：去其荆而可矣。老聃闻之曰：去其人而可矣。故老聃至公矣。(《吕氏春秋·贵公》)

这些关于"公"或"公义"的文献是有趣的，我们可以看出它们与西方的"正义论"或"公义论"是何等的不同。首先，"公"处理的不是公平问题，而是一种将心比心的"德性"之"忠恕之道"，依然是由亲亲仁民演化而来；其次，"公"指的是君主的治理秩序、法令之有效，简而言之，君主之私利就是"公"，民众之利益便是"私"。对于"公义"论略有所了解的学者，似乎可以看出中西思想的根本异点，在西方正义论中，恰恰是对公众利益的正当分配便是一种"公义"，或者说对君权的限制对民众利益的保障便是"正义"之一部分，君主的利益是私的，公众的利益是公的，而中国传统文献则恰恰相反；最后，我们看到"荆人遗弓"的记载是有趣的，那是对私人财产所有权的淡化与泯灭，这被认为是"至公"；然而当财产权没有的时候，西方的"公义"论也就无所谓了，任何的公平正义只能以财产权神圣不可侵犯为前提，这两者是不同的思路。下面我们看一下《圣经》中关于"公义"的讨论。

(三) 圣爱与"公义"

关于《圣经》中"公义"的记载异常多，其含义我们大致梳理如下。

第一，上帝是公义的。他依照"公义"审判人，人也当以"公义"的标准行事。比如：

将义人与恶人同杀、将义人与恶人一样看待、这断不是你所行的。审判全地的主、岂不行公义么。(创18：25)

你们施行审判、不可行不义、不可偏护穷人、也不可重看有势力的人。只要按着公义审判你的邻舍。(利19：15)

今日耶和华将王交在我手里、我却不肯伸手害耶和华的受膏者。耶和华必照各人的公义诚实报应他。(撒上26：23)

我没有在隐密黑暗之地说话、我没有对雅各的后裔说、你们寻求

我是徒然的。我耶和华所讲的是公义、所说的是正直。(赛45:19)

第二,人当因自己的信与行受惩罚,不可代偿,这才是公义。比如:"却没有治死杀王之人的儿子。是照摩西律法书上耶和华所吩咐的,说不可因子杀父、也不可因父杀子,各人要为本身的罪而死。"(王下14:6)再比如:

> 缩手不害贫穷人、未曾向借钱的弟兄取利、也未曾向借粮的弟兄多要、他顺从我的典章、遵行我的律例、就不因父亲的罪孽死亡、定要存活。至于他父亲、因为欺人太甚、抢夺弟兄、在本国的民中行不善、他必因自己的罪孽死亡。你们还说、儿子为何不担当父亲的罪孽呢。儿子行正直与合理的事、谨守遵行我的一切律例、他必定存活。惟有犯罪的、他必死亡。儿子必不担当父亲的罪孽、父亲也不担当儿子的罪孽、义人的善果必归自己、恶人的恶报也必归自己。恶人若回头离开所作的一切罪恶、谨守我一切的律例、行正直与合理的事、他必定存活、不至死亡。(结18:17—21)

第三,义在于首先在于信,其次在于对律法的遵行。"因为神的义、正在这福音上显明出来。这义是本于信、以致于信。如圣经上所记'义人必因信得生'。"(罗1:17)"因为神不偏待人。凡没有律法犯了罪的、也必不按律法灭亡。凡在律法以下犯了罪的、也必按律法受审判,原来在神面前、不是听律法的为义、乃是行律法的称义。没有律法的外邦人、若顺着本性行律法上的事、他们虽然没有律法、自己就是自己的律法。这是显出律法的功用刻在他们心里、他们是非之心同作见证、并且他们的思念互相较量、或以为是、或以为非。"(罗2:11—13)关于"信"与"行"的次序问题,我们在前面章节已经讨论过,并非"行"不重要,而是从源头上,从价值次序,对上帝的信是首要的,因为人的最终蒙恩不是因为自己的行为而是上帝"圣爱"的充满。

我们由上面所分析基本可以看出西方"圣言"视阈下的"公义"观:首先,上帝是公义的化身,在上帝面前,人人各自背起自己的十字架,自己承担责任(源头上依据上帝的赐恩);其次,公义与律法相连,遵行上帝的律法才是公义的;最后,公义不依赖于血缘关系(父子)、也不依赖于财富多寡（不偏待穷人），而依据人的信与行。我们知道信与行的关键便是"爱的诫命"，要"彼此相爱"，所以《圣经》中的"公义"观不仅仅是一种利益财富分配问题，更重要的是对"彼此相爱"这一新命令的遵行问题。不得不说此种"公义"观决定了西方后来的律法传统与慈善传统，正是在这一点上儒家的"仁义"观因没有走出"家国一体"模式，而无法确立现代意义上的"正义"观以及由此确立的"博爱"意识。

第三章 人:人文关怀的主体定位

一般地说,立场决定观点和方法。立场出现偏差或错误,就不可能有正确的观点和方法;立场对了,才可能有正确的观点和方法。所谓立场,是指人们在认识和处理问题时所处的地位和所持的态度。立场涉及的是认识世界和改造世界的主体出发点、立足点问题,立场问题的实质是"为什么人的问题"。20世纪40年代,毛泽东在讲到文艺发展问题时提及的第一个问题就是立场问题。他指出:"为什么人的问题,是一个根本的问题,原则的问题。"① 同样,为什么人的问题,也是人文关怀的一个根本性和原则性的问题。

一 抽象的人与现实的人:从"理论的人道主义"到"实践的人道主义"

(一) 抽象的人与"理论的人道主义"

抽象是人类认识世界的一种主体能力,也是人类认识世界的一种基本方法。在认识活动中,主体对客体的理性把握首先是一种思维抽象。但抽象有科学的与非科学的之分。科学的抽象导向对事物本质和规律的深刻认识,而非科学的抽象则会产生种种谬误。

用概念运动的方式把握世界,是理性抽象的最鲜明特征。在思想史上,黑格尔较为系统地阐述了概念运动的主体性,但他是在把概念看成绝对精神自我运动的意义上谈论概念运动的,把概念运动的主体性看成是超验的,是客观世界的决定力量。在黑格尔那里,概念运动的许多环节并没有充分的经验材料作为依据。后来的青年黑格尔派、蒲鲁东等,都犯了黑

---

① 《毛泽东选集》第三卷,人民出版社1991年版,第857页。

格尔式概念运动的错误，陷入非科学的抽象即纯粹思辨。它表现为，"在最后的抽象中，一切事物都成为逻辑范畴……世界上的事物是逻辑范畴这块底布上绣成的花卉；他们在进行这些抽象时，自以为在进行分析，他们越来越远离物体，而自以为越来越接近，以至于深入物体……既然如此，那么一切存在物，一切生活在地上和水中的东西经过抽象都可以归结为逻辑范畴，因而整个现实世界都淹没在抽象世界之中，即淹没在逻辑范畴的世界之中"①。马克思称这种纯粹思辨的非科学抽象是一种神秘主义方法。非科学的抽象还表现为一种"空洞的抽象"，即形而上学的抽象，它是一种孤立地、片面地、静止地观察和思考事物的思维方法，它将事物的各种性质分别割裂开来并孤立地抽取出来，然后再用这种孤立的抽象规定去说明整个具体事物，结果导致片面性。马克思主义以前的人道主义思潮，总体上遵循一种非科学的抽象思维，贯穿一种本质主义的人学方法论和人学观点。

本质主义是一种先在地设定对象的本质，然后用这种本质去解释对象的存在和发展的思维模式，属于一种依据先在的预设本质去理解和把握事物规定的认识方法。按照这种认识方法，事物都是由某种先在的本质所规定的，要理解和把握某个事物，就必须深入"事物后面"去，这样才能发现决定这个事物存在和发展的终极实在。本质主义认识方法的实质在于从某种超对象的绝对实在中去理解对象的本性和规定，它的宗旨就是要找出那个对于把握对象具有决定意义的"本体"。在世界观中，本质主义表现为追求世界最高统一性的终极存在；在认识论中，本质主义表现为追求知识最高统一性的终极解释；在价值论中，本质主义表现为对于规定一切行为原则的至善的追求。本质主义的特点是否认现象的价值，否定感性的价值，把本质绝对化，把抽象思维绝对化，并给本质附加了超自然的属性。

本质主义地理解人，就是从前定的本质引出人的规定，或以对象化的方法把人拆零，去寻找人这样或那样的永恒本质，把人归结为某种始源性、终极性的存在，并把这种具有始源性、终极性的存在视为人的本真存在，认为在这种本真存在中包含着人的思想、行为及其后果的全部秘密。本质主义预设了人的本质的自明性，它是以人的本质的既存这一预设为前

---

① 《马克思恩格斯文集》第1卷，人民出版社2009年版，第599—600页。

提的。在本质主义视野中，人的本质是与现实的人相分离的自在存在，因而是抽象的"纯粹本质"，也因此这种本质才被形而上学地当作永恒存在的东西，并且成为人存在的根据。当本质主义者谈论人的本质时，他们所说的实际上已不再是人本身，而不过是一个最高的存在者。这个最高存在者不过是思想家思维的概念设定，这种设定虽然有社会历史经验基础，但它所设定的内容却是先验的。

　　人道主义一词正式出现于14世纪末，那是西欧资本主义的萌芽时期。"人道主义"一般被认作是一种有关人的本质、使命、地位、价值和个性发展等的理论、思潮或文化运动。人道主义的基本价值理念和合理内容，就是重视人的价值、维护人的权利、提倡人的幸福和人的发展，等等。14—16世纪欧洲文艺复兴运动中的人道主义，以人文主义形态表现出来。倡导以世俗的人为中心，用人性取代神性，以"人道"反对"神道"，把人从宗教神学的封建文化禁锢中解放出来。马克思说：

　　　　无神论作为神的扬弃就是理论的人道主义的生成。①

　　17、18世纪启蒙运动时期，人道主义以理性人道主义形态出现，"合乎理性"、"天赋人权"和"自由、平等、博爱"成为理性人道主义的核心理念。在19世纪的德国，人道主义以费尔巴哈人本主义的形态出现，把人视为一种有血有肉的感性实体，把被神学神化了的、被黑格尔哲学理念化的人的本质还原为人，主张人是人的最高本质。西方近代以来的人文主义思潮、人道主义学说和人本主义理论，都是在本质主义框架中谈论人的。

　　人文主义者对中世纪的批判，一方面使人发现了"人自己"，带来了人的自我意识的觉醒和人的解放；但另一方面，由于它把人的感性欲望视为人的最高本质和人存在与发展的最后根据，使人在世俗主义、享乐主义和纵欲主义中面临着更为深刻的人生意义危机。后来，布鲁诺、笛卡尔和斯宾诺莎等力图从数学理性出发，全面论证"理性人"的合法地位。认为理性是人本然具有的一种天赋能力，是人的最高本质和人存在与发展的最后根据；理性是既成的、自己规定自己的，它具有一种自我规定、自我

① 《马克思恩格斯文集》第1卷，人民出版社2009年版，第216页。

运演的人格属性；理性是至高无上的，它取代了上帝但却拥有了上帝原有的功能。不仅如此，理性还被仅仅理解为人的一种认识能力或认识的一个阶段，被理解为自然科学理性。在这种本质主义的理性框架中，人仅仅成了能思之物，人的精神世界被作为单纯的事实或逻辑程序来处理，理性本身成了单纯的"科技理性"或"工具理性"。理性的破缺导致人的畸形化，人一方面被视为科学知识摆布的对象，成了能被科学知识完全透析的一架机器；另一方面，追求知识成了人生的最高目标，人成了算计和谋划世界的科技动物。虽然在18世纪，对人的理解存在着自然主义与理性主义的分野，一些人对"理性人"的合法性提出了非难（如卢梭等），但理性对人的支配地位却取得了全面胜利。人道主义把"理性人"的一般内容具体化为"自由、平等、博爱"，认为自由、平等、博爱是人先天固有的、永久不变的绝对本质。本质主义地理解理性，必然导致理性主义。"理性主义打破了宗教和教会对人思想的垄断以后，自己也变成了一种教条式的意识形态，同样不允许对它的假定进行检查，也同样不容异见。"①黑格尔等"用'自我意识'即'精神'代替现实的个体的人"②，"把人变成自我意识的人，而不是把自我意识变成人的自我意识，变成现实的、因而是生活在现实的对象世界中并受这一世界制约的人的自我意识"③。马克思认为，这种所谓的"自我意识"，既远离了现实的人，更贬低了现实的人。黑格尔等把观念、精神等抽象的东西当作主语、主体，而把现实的人变成谓语，变成"无人身的自我意识"。就其实质而言，"黑格尔想使人的本质作为某种想象中的单一性来独自活动，而不是使人在其现实的、人的存在中活动"④。结果是，"最纷繁复杂的人的现实在这里只表现为自我意识的一种特定形式，只表现为自我意识的一种规定性"⑤。可见，黑格尔思辨哲学中所孕育的"现实的人和现实的人类"的思想，被他的神秘主义逻辑体系所遮蔽甚至窒息，仅仅存在于遥远的"绝对精神"彼岸。黑格尔对人的理解具有抽象神秘主义色彩。就黑格尔把人的本质归于

---

①　［英］阿伦·布洛克：《西方人文主义传统》，董乐山译，生活·读书·新知三联书店1997年版，第176页。

②　《马克思恩格斯文集》第1卷，人民出版社2009年版，第253页。

③　同上书，第357页。

④　《马克思恩格斯全集》第3卷，人民出版社2002年版，第51页。

⑤　《马克思恩格斯文集》第1卷，人民出版社2009年版，第357页。

"自我意识"、"绝对精神"或"世界理性"来说，他所谓的"人"仍然是抽象的。但是，黑格尔在其唯心主义体系中，对"人"做了一系列现实的和具体的规定，如人是劳动的产物，是主观与客观、主体与客体的统一，人在本质上是社会的和历史的，人在市民社会中的对立性质，人的本质的异化，等等。

费尔巴哈从人的整体出发，从人的真实生存出发，力图用肉体的感性的人取代传统的理性的人，他所创设的"人本学"，力求将人道主义（人本主义）与唯物主义统一起来。费尔巴哈不满意黑格尔的思辨哲学，"消解了形而上学的绝对精神，使之变为'以自然为基础的现实的人'"，他反对把人当作精神实体，强调人是感性实体。通过将抽象的人转化为对象性的、感性的人，费尔巴哈把宗教归结为人的本质的异化，完成了上帝的人本化。但是，费尔巴哈仅仅把人看作感性的对象，而不是感性的活动，他"没有从人们现有的社会联系，从那些使人们成为现在这种样子的周围生活条件来观察人们"，因此，费尔巴哈对人及其存在的历史都作了抽象直观的理解，他"从来没有看到现实存在着的、活动的人，而是停留于抽象的'人'，并且仅仅限于在感情范围内承认'现实的、单个的、肉体的人'"，从而最终把人的本质归结为"类"，"理解为一种内在的、无声的、把许多个人纯粹自然地联系起来的普遍性"。所以，"费尔巴哈设定的是'一般人'，而不是'现实的历史的人'"①。费尔巴哈停留于对"抽象的人"即"类"的崇拜，力图用"类"取代现实的个体的人。可见，费尔巴哈最终没有找到一条从他自己所极端憎恶的抽象王国通向活生生的现实世界的道路，在关于人的问题上重新陷入抽象性。

在本质主义人学观和本质主义思维方式的支配下，人们对人道主义的理解也是本质主义的。本质主义者认为，人道主义表征的是人类对一种超历史超时空的永恒价值原则的追求意向。在本质主义者看来，人成为真正的人，人追求的价值和目标，不是历史发展和生活世界跃迁的产物，而是人的先天本质的表现。一旦人们自觉意识和把握了自己的先无本质，他们就能确定社会历史的终极目标和人的终极价值。如何在"现实生活世界"背后去寻找一个完美的"本质世界"，并用它来规约和解释现实中的一切问题，这是本质主义所要解决的根本问题。本质主义者认为，作为人类终

---

① 《马克思恩格斯文集》第 1 卷，人民出版社 2009 年版，第 342、530、505、528 页。

极存在的"存在",应具有绝对真实性和完美性,具有绝对同一性和永恒性,它是人类生活的终极目的和终极价值的源泉。

预设一个"人不在其中生活的世界",是"理论的人道主义"预设"终极存在"和"终极价值",从而导致本质与现象、主体与对象、理想与现实之二元对立的逻辑前提。"理论的人道主义"者企图以人的先在本质演绎一切,因而它必然会忽视人此时此地具体的生活境遇,也不会对人们当下的社会历史进行询问和领悟,更不会从人置身其中的生活世界出发去叩问人未来的命运和超越性的价值理想。"理论的人道主义"者用超历史超时空的所谓人类永恒价值来统一人们的现实生活世界,造成对现实生活世界的分裂和瓦解。通过分裂和瓦解现实生活世界,去追寻另一个"本真世界",就其动机而言,体现了不满足于当下现状而对人"应然"价值本性的追求。但是,这是通过对现实生活世界的分裂和瓦解而实现的,对现实生活世界的分裂和瓦解便是对人本身的分裂和瓦解。按照"理论的人道主义"的观点,人的本质并不在人自身,而是被规定于先天的本体里,这正像动物的本性和行为方式早已由它的物种规定好了一样,人也是按本质规定的尺度来活动的。这样一来,人就只剩下一些抽象的规定,人即等同于这些抽象的规定。对人的本质的先验设定导致对人类永恒价值的超历史超时空的抽象规定,这种超历史超时空的所谓人类永恒价值在人的现实生活世界中,"必然会立刻变成自己的对立物,它所带来的也就不是主体的自由,而是对主体的奴役。抽象的内在性变成了抽象的外在性,即人的贬低和外在化"。①

超历史超时空的所谓人类永恒价值构成了一个指向遥远未来的理想世界,这个理想世界被人为地从现实世界中割裂出去。从柏拉图的"理想国"到卢梭的"社会契约",从孔子的"大同社会"到洪秀全的"太平天国",一切理想都蒸发成了地平线外的太阳,都异化成忍受现实奴役、等待未来救赎的"终极信仰"。

马克思指出:"哲学家们只是用不同的方式解释世界,而问题在于改变世界。"②"理论的人道主义"者如康德等也强调实践理性,认为实践理性的任务不是决定如何认识,而是决定如何行动。但实际上,他们往往把

---

① 《马克思恩格斯文集》第1卷,人民出版社2009年版,第93页。
② 同上书,第502页。

实践理性仅仅定位在伦理道德领域，把它归结为人的一种理性自主活动，一种道德意识活动，从而把实践理性推向一种绝对"应当"的道德神学领域。在马克思看来，"理论的人道主义"者"只是用不同的方式解释世界"。

"理论的人道主义"者设定一种绝对的超人实体或力量，作为达到终极目标或实现终极价值的根据或保证。它认为人实现自己价值理想的道路和途径是既定的、单一的、无可选择的，个人只有遵循和完全服从这一普遍单一的道路才有可能实现自己的价值。但是，在现实生活世界中，只有少数智者能够达致终极性的价值理想境界，他们具有超人的认识能力，能够直面最高等级的本质并与之同在，只有这少数智者能够直面人的最高本质并体现人的最高本质。这些人怀揣有关人类命运的灵丹妙方，"把一切谜底都放在自己的书桌里，愚昧的凡俗世界只需张开嘴等着绝对科学这只烤乳鸽掉进来就得了"①。这些掌握着人类永恒价值的精英们，在他们所谓至善至美的人文价值律令的推动下，"可能会为了拯救他人，使他成为自己梦想世界中的公民而强迫他，给他洗脑，因此也就是不顾痛苦与死亡的代价而强迫历史交出想象中的天国"②。这样，"理论的人道主义"就愈来愈远离人性和脱离人的现实生活，而成为一种敌视人的"伪人道主义"。正如马克思所说：

> 迄今为止人们总是为自己造出关于自己本身、关于自己是何物或应当成为何物的种种虚假观念。他们按照自己关于神、关于标准人等等观念来建立自己的关系。他们头脑的产物不受他们支配。他们这些创造者屈从于自己的创造物。他们在幻象、观念、教条和臆想的存在物的枷锁下日渐萎靡消沉。③

20世纪90年代，在我国有关人文精神的辩论中，一些学者把人文精神等同于"文人精神"，认为人文精神主要体现为知识分子的一种生存和思维状态，是一种知识分子为学处世的原则和精神。他们断言："人文精

---

① 《马克思恩格斯文集》第10卷，人民出版社2009年版，第7页。
② 郑也夫：《代价论》，生活·读书·新知三联书店1995年版，第148页。
③ 《马克思恩格斯文集》第1卷，人民出版社2009年版，第509页。

神在今天何以成为可能，主要表现为知识分子叙事的可能和必要。'人'，主要体现在知识分子的精神上；'文'，主要体现在知识分子叙事的可能性上……知识分子独立叙事这样一种存在是人文精神得以存在的先决条件，否则人文精神的重振就是一句空话。"当代中国必须依靠知识分子群体"这样的'敢死队'来维持人文精神的活力"①。对人文精神的这种认识和理解，充满着浓厚的精英气息和贵族化倾向。

"理论的人道主义"秉持"人的本质先于人的存在"的理念，认为"人具有一种人性；这种'人性'，也即人的概念，是人身上都有的；它意味着每一个人都是这个普遍概念——人的概念——的特殊例子"②。个人只能不断趋向于普遍的人的概念，这使得一个个活生生的个体成为"人的概念"的分子，成为一种抽象的存在，个体消失于"类"之中。不仅如此，更重要的在于，终极存在和终极价值的绝对本性是与人的矛盾本性恰相对立的，它只能在对人（矛盾本性）的否定中得以确立。马克思指出：

> 哲学家们在不再屈从于分工的个人身上看到了他们名之为"人"的那种理想，他们把我们所描绘的整个发展过程看做是"人"的发展过程，从而把"人"强加于迄今每一历史阶段中所存在的个人，并把"人"描述成历史的动力。这样，整个历史过程就被看成是"人"的自我异化过程，实际上这是因为，他们总是把后来阶段的一般化的个人强加于先前阶段的个人，并且把后来的意识强加于先前的个人。借助于这种从一开始就撇开现实条件的本末倒置的做法，他们就可以把整个历史变成意识的发展过程了。③

依据这种本质主义的逻辑，"理论的人道主义"得出"现实的人不是人"的结论。因此，"理论的人道主义"的"终极目标不是建构人，而是取消人"④。

---

① 王晓明：《人文精神寻思录》，文汇出版社1996年版，第67、17页。
② 《萨特哲学论文集》，潘培庆等译，安徽文艺出版社1998年版，第111—112页。
③ 《马克思恩格斯文集》第1卷，人民出版社2009年版，第582页。
④ ［英］凯蒂·索珀：《人道主义与反人道主义》，廖申白、杨清荣译，华夏出版社1999年版，第5页。

总之，"理论的人道主义"渗透着一种从观念和原则出发的哲学方法论，这种哲学方法论包括两方面基本内容，一是把现实生活世界中的问题全部归结为观念和原则问题，使观念和原则脱离人的生活世界的限制而获得了超时空的独立性和自足性；二是认为存在着超时代的具有永恒价值的观念和原则，这些观念和原则构成了批判现实、建构现实的基本逻辑出发点和最后归宿，并把这种从观念和原则出发的批判视为人的现实生活世界走向解放的基本源泉和根本动力，把观念和原则理解为现实应当与之相适应的理想。从观念和原则出发，真正重视的是观念和原则，而不是人及人的现实世界。

（二）现实的人与"实践的人道主义"

马克思、恩格斯在批判青年黑格尔主义者从"人的概念"、"模范人"、"一般人"、"想象中的人"等出发研究问题的错误时，总结和概括了两种不同的理论研究方法，即"从天国降到人间"的方法与"从人间升到天国"的方法。"从天国降到人间"的方法即黑格尔和青年黑格尔派的方法，是一种把观念、概念等视为支配和决定现实世界及其变化发展的唯心主义方法，亦即本质主义的方法。如前所述，持这种方法的人，从抽象的人出发，并且从抽象的人的意识出发，设想和构思出各种有关人本身及其应当成为何物的种种虚假观念，并力图依照这种虚假观念来建构人的现实社会关系。"从人间升到天国"的方法即马克思、恩格斯所主张的方法，"它从现实的前提出发，而且一刻也不离开这种前提。它的前提是人，但不是处在某种虚幻的离群索居和固定不变状态中的人，而是处在现实的、可以通过经验观察到的、在一定条件下进行的发展过程中的人"①。马克思、恩格斯说：

> 我们开始要谈的前提不是任意提出的，不是教条，而是一些只有在臆想中才能撇开的现实前提。这是一些现实的个人，是他们的活动和他们的物质生活条件，包括他们已有的和由他们自己的活动创造出来的物质生活条件。②

① 《马克思恩格斯文集》第 1 卷，人民出版社 2009 年版，第 525 页。
② 同上书，第 518—519 页。

所谓现实的人，就是有各种需要，并与现存世界发生必然关系，从事各种实践活动的人。从现实的人出发，通过分析现实的人及其物质生活条件，探究和解答包括人的思想观念的产生及其根源在内的各种社会历史问题，是马克思主义方法论的鲜明特点。

马克思从"现实的人"出发，遵循科学抽象方法，建构了"实践的人道主义"。科学抽象可以从两方面理解，一是作为动词的科学抽象，指"抽象思维活动"，即从感性具体即事实出发，经过分析上升到理性抽象，然后在理性抽象的基础上，经过综合，形成理性具体；二是作为名词的科学抽象，指辩证思维的成果或结晶，即主体对客体的本质在思维中所作的最基本、最简单的科学规定，它不仅具有简单性，同时具有丰富性和普遍性，它以胚芽的形式包含着对象的整个发展的全部内容。科学抽象不能脱离客观事物本身，科学抽象"决不是处于直观和表象之外或驾于其上而思维着的、自我产生着的概念的产物，而是把直观和表象加工成概念这一过程的产物"①。科学抽象是指辩证思维活动及其成果。

在科学抽象中，马克思对人的理解突破了传统的本质主义思维方式，建构了一种全新的认识人的思维方式即实践思维方式。马克思主义创始人认为，本质主义思维方式"主要是把事物当做一成不变的东西去研究"，而实践思维方式则认为"世界不是既成事物的集合体，而是过程的集合体，其中各个似乎稳定的事物同它们在我们头脑中的思想映象即概念一样都处在生成和灭亡的不断变化中"②。实践思维方式则贯穿着一种生成主义的人学观点。马克思说：

> "人？"如果这里指的是"一般的人"这个范畴，那末他根本没有"任何"需要；如果指的是孤立的站在自然面前的人，那末他应该被看作是一种非群居的动物；如果这是一个生活在不论哪种社会形式中的人……那末出发点是，应该具有社会人的一定性质，即他所生活的那个社会的一定性质。③

---

① 《马克思恩格斯文集》第 8 卷，人民出版社 2009 年版，第 25 页。
② 《马克思恩格斯文集》第 4 卷，人民出版社 2009 年版，第 298 页。
③ 《马克思恩格斯全集》第 19 卷，人民出版社 1971 年版，第 404 页。

人与人的现实生活是直接同一的，而人的现实生活是由人的实践创生的，实践是人得以存在和发展的终极根据。人并无什么先天的本质，人的本质是在人的实践活动中生成的。

　　　　个人怎样表现自己的生命，他们自己就是怎样的。因此，他们是什么样的，这同他们的生产是一致的——既和他们生产什么一致，又和他们怎样生产一致。①

　　人们生产的目的无非是满足人的需要，而"已经得到满足的第一个需要本身、满足需要的活动和已经获得的为满足需要的工具又引起新的需要"②。需要的无止境决定着生产的无限性，生产的无限性意味着人处于永恒的生成过程之中，人"不是力求停留在某种已经变成的东西上，而是处在变易的绝对运动之中"③。不仅如此，在社会历史发展的不同阶段，人的生产实践是不同的，不同的实践活动产生的现实的和具体的人的本质在内容、程度和性质上就会各不相同。所以，马克思指出："整个历史也无非是人类本性的不断改变而已。"④　这就是说，人的本质不是人一出现就已经形成永不变化的，恰恰相反，它也有一个过程，有它自身的形成和发展。人的生成过程也就是人之需要不断丰富、人之力量不断增强的过程，是人由片面走向全面的过程。这个过程所指向的只能是全面的人或具自由个性的人，这是人的生成过程的终点。但这只是一个逻辑终点，是从人的现实生成过程中所得出的逻辑结论，它不是历史的终点，人之生成的历史没有终点。全面的人只能是永恒趋近却永远无法达致的终极目标，它是一个终极的否定，判定着现实的人的非全面性。马克思所提出的，与偶然性个人相对应的"有个性的个人"，与片面的个人相对应的"完整的个人"，与阶级的个人相对应的"普遍的个人"，与屈从分工和物的统治的不自由的个人相对应的"自由的个人"，与成为桎梏的交往形式下的个人被活动相对应的"个人自主活动"，与"抽象的个人"相对应的"作为个人的个人"，与异化的"劳动"相对应的"个人自由发展和运动"，等等，

① 《马克思恩格斯文集》第 1 卷，人民出版社 2009 年版，第 520 页。
② 同上书，第 531 页。
③ 《马克思恩格斯文集》第 8 卷，人民出版社 2009 年版，第 137 页。
④ 《马克思恩格斯文集》第 1 卷，人民出版社 2009 年版，第 632 页。

决不是先验的理性设定，而是后验的理想人性模型。全面的人作为人之生
成的逻辑终点，并不是一种对人的本质主义预设，而是基于对人的实践活
动和人的现实生成过程正确认识之上的科学的逻辑判断，它既充分表明了
马克思思想的人本主义性质，也昭示了马克思对人道主义的实践唯物主义
理解。对现实的人的关注和关怀，促使马克思和恩格斯以科学的态度研究
人的现实存在和发展，研究人的现实社会关系，创立了"关于现实的人
及其历史发展的科学"即唯物史观，把人的解放和人的自由全面发展作
为其根本关切点。在《1844 年经济学哲学手稿》中，马克思把自己的学
说叫做"共产主义"、"人道主义"或"自然主义"，他认为这三者是同
一的。马克思指出：

> 这种共产主义，作为完成了的自然主义，等于人道主义，而作为
> 完成了的人道主义，等于自然主义，它是人和自然界之间、人和人之
> 间的矛盾的真正解决，是存在和本质、对象化和自我确证、自由和必
> 然、个体和类之间的斗争的真正解决。①

为了与以前的无神论的"理论的人道主义"相区别，马克思把自己的共
产主义人道主义叫做"实践的人道主义"、"积极的人道主义"。

　　马克思在批判一切旧唯物主义时指出，旧唯物主义的主要缺点在于，
"对对象、现实、感性，只是从客体的或者直观的形式去理解，而不是把
它们当作感性的人的活动，当作实践去理解，不是从主体方面去理解"②。
从主体方面去理解，也就是将对象等置于主体的活动领域，通过主体感性
的活动，首先对对象等进行改造，而不是只停留于仅仅对对象作某种静态
的直观或理性的理解。这样，在主体与对象的关系中，主体始终是能动
的，主体能动地构造自己的对象，从而在主体的活动中实现主体与对象的
统一。所以，马克思强调："环境的改变和人的活动的一致，只能被看做
并合理地理解为变革的实践。"③ 在马克思看来，"实践的人道主义"在根
本上不是一个抽象的思维或理论问题，而是一个感性的行动或实践问题。

---

① 《马克思恩格斯文集》第 1 卷，人民出版社 2009 年版，第 185 页。
② 同上书，第 499 页。
③ 同上书，第 504 页。

由于"意识在任何时候都只能是被意识到了的存在，而人们的存在就是他们的现实生活过程"，人们"在改变自己的这个现实的同时也改变着自己的思维和思维的产物"，所以，就其终极指向而言，对于"实践的人道主义"者来说，"全部问题都在于使现存世界革命化，实际地反对并改变现存的事物"①。"实践的人道主义"集中体现为马克思所言说的"解放"。"'解放'是一种历史活动，不是思想活动。'解放'是由历史的关系，是由工业状况、商业状况、农业状况、交往状况促成的。"② 马克思确信，通过这种具有"解放"意义的"实践的人道主义"运动，可以使受压迫者即无产阶级从自在走向自为，从而唤醒他们的阶级意识和革命意识，促使他们积极行动起来改变各种不合理的社会制度，通过解放自己，最终解放全人类。

毫无疑问，人对自我的肯定和颂扬，对自身尊严、价值和意义的肯定与颂扬，这是人道主义的核心内容和基本要求。"理论的人道主义"的错误并不在于它认同了这些内容和倡导了这些基本要求，而在于它不了解这些内容和这些要求的物质基础、物质根源和物质规定。它脱离人的现实生活世界，脱离人改造对象世界的现实活动，抽象地谈论和先验地设定人的尊严、价值和意义，总不免流于空想，最终走向对现实的人的贬低乃至否定。马克思从批判人所生存于其中的社会结构入手，以物质生产实践为基础，追求和实现现实的人道主义理想，扬弃"理论的人道主义"。在马克思看来，只有通过改造世界的实践活动，人才能证明自己是有价值、有意义的存在，才能获得作为主体的尊严和地位。马克思指出，人"只有凭借现实的、感性的对象才能表现自己的生命"③。现实的、感性的对象是通过现实的、感性的对象化活动即实践得以确立的。人的实践活动是一种对象化活动，通过生产实践活动，人"不仅使自然物发生形式变化，同时他还在自然物中实现自己的目的，这个目的是他所知道的，是作为规律决定着他的活动的方式和方法的，他必须使他的意志服从这个目的"④。这就是说，在生产实践活动中，人把自身的目的和价值要求对象化到自然界中去，使自在的自然界转换成为属人的合目的的自然界。正是首先通过

---

① 《马克思恩格斯文集》第 1 卷，人民出版社 2009 年版，第 525、527 页。
② 同上书，第 527 页。
③ 同上书，第 210 页。
④ 《马克思恩格斯文集》第 5 卷，人民出版社 2009 年版，第 208 页。

对自然界的改造，人才实际上确证了自身的存在价值和意义，人的尊严首先是在人的生产实践作用于自然环境的过程中显现出来的。对人的终极关怀首先集中于对人的生产实践的终极关怀上。马克思正是以人的生产实践为分析的切入点，认为人只有在"生产"状态中才能真实地展示自己的存在价值和意义，才能不断提升自己的生命质量和自己的崇高尊严。不仅如此，人还通过社会交往实践，建构了各种各样的社会关系，人是存在于这些社会关系之中并通过这些社会关系而形成自己的规定性的，人也正是通过自己处理各种社会关系的活动来表现、确证和实现自己的尊严、价值和意义的，诚如卡西尔所说："人只有以社会生活为中介才能发现他自己，才能意识到他的个体性。"①

人的实践活动、人所创设的社会建制和文化成果，在特定历史时期，对于主体的人来说也会显现出不完全合理的一面，它们甚至可能压抑人、否定人，使人不成其为人，这即人的异化。人道主义标识的是人的一种"随时随地都能用内在固有尺度来衡量对象"的精神，它力图使人"自己成为衡量一切生活关系的尺度，按照自己的本质去评价这些关系，根据人的本性的要求，真正依照人的方式来安排世界"②。人道主义体现的是现实的人对人的现实的超越精神，是人的一种否定"神性"，扬弃"物性"，追求自我解放，实现自由全面发展的自我超越精神。马克思认为，全面的人是人之生成的逻辑终点，也是衡量人的主体地位的一个终极性的指标。但是，马克思并没有以此为标准对各种社会形态和现实的人进行简单的评头论足，没有将人类在现实生活中还不能完全真实确立自己的主体地位的状况视为永恒的一般历史规律，而是将未来状态与现实状态进行了科学区分。马克思、恩格斯认为，在私有制为基础的阶级对立和旧式分工社会，"人本身的活动对人来说就成为一种异己的、同他对立的力量，这种力量压迫着人，而不是人驾驭着这种力量"。对于大多数人来说，"关于这种力量的起源和发展趋向，他们一点也不了解；因而他们不再驾驭这种力量，相反，这种力量现在却经历着一系列独特的、不仅不依赖于人们的意志和行为反而支配着人们的意志和行为的发展阶段"③。对这种异己力量

---

① ［德］卡西尔：《人论》，甘阳译，上海译文出版社1985年版，第282页。
② 《马克思恩格斯全集》第3卷，人民出版社2002年版，第521页。
③ 《马克思恩格斯文集》第1卷，人民出版社2009年版，第537—538页。

的批判和否定不可能是一种简单的抽象的伦理冲击。先验地设定一种绝对的终极性价值理念，把它作为人文精神的最高律令，作为评判现实的人和人的现实的最高尺度，这不仅无助于人的自我超越和人类的解放，反而会成为压抑人和否定人的挡箭牌。按照实践唯物主义的观点，人们应当把对异己力量的批判和否定与社会物质实践联系在一起，从人类社会实践本身去开辟人的自我超越和人类解放的现实道路。正如马克思所言："人们每次都不是在他们关于人的理想所决定和所容许的范围之内，而是在现有的生产力所决定和所容许的范围之内取得自由的。"① 人类"只有在现实的世界中并使用现实的手段才能实现真正的解放；没有蒸汽机和珍妮走锭精纺机就不能消灭奴隶制；没有改良的农业就不能消灭农奴制；当人们还不能使自己吃喝住穿在质和量方面得到充分保证的时候，人们就根本不能获得解放。'解放'是一种历史活动，不是思想活动，'解放'是由历史的关系，是由工业状况、商业状况、农业状况、交往状况促成的"②。

马克思指出："关于人的科学本身是人在实践上的自我实现的产物。"③ 实践的客观具体性和社会历史性，决定了任何时代有关人的问题的任何价值观念和价值理想都不可能是绝对的和永恒的，它们都将随着人类实践的发展而改变。人们只能根据实践发展的状况，从人的价值和理想出发，确定一种相对合理的人文价值理念。列宁曾说过：

> "善"是"对外部现实性的要求"，这就是说，"善"被理解为人的实践＝要求（1）和外部现实（2）④。

每个时代的人文价值律令又何尝不是如此呢？每个时代的人道主义都不是既成的或前定的，而是被那个时代的实践所建构的，是在特定实践的基础上不断生成的。人道主义是人的自由追求、创造能力和超越意识的集中体现，作为人的一种主观精神构架，人道主义具有内在性和非直接现实性的特征，但它深深地根植于人的实践活动和现实生活之中，渗透于人的实践活动和现实生活的各个方面，使人的实践活动和现实生活获得了一种

---

① 《马克思恩格斯全集》第 3 卷，人民出版社 1960 年版，第 507 页。
② 《马克思恩格斯文集》第 1 卷，人民出版社 2009 年版，第 527 页。
③ 同上书，第 242 页。
④ 《列宁全集》第 55 卷，人民出版社 1990 年版，第 183 页。

价值维度。随着人的实践活动的变化，人道主义也会有相应的变化，一旦人的实践方式和生活方式的总体结构发生了质的变化，曾经与之相适应的人道主义也会或迟或早地发生转换，直至被一种新的人道主义所替代。因此，当我们在今天倡言人道主义的时候，我们决不是在要求建构一种抽象的绝对终极价值和绝对伦理道德规范，也不是在要求树立一种"贵族气息"的人文操守。当代中国人道主义的建构本质上是对中国社会中存在的压抑人的自我意识和无视人的个性尊严的传统思想观念和既有社会体制的拒斥，是对人的个性尊严和独立创造能力的肯定。

我们应该看到，市场经济的不断完善和发展，科技教育的全面振兴，以民主和法制为基础的现代社会管理体制的日益健全和完善，这是现代人道主义赖以生成和发展的基石。我们应坚持马克思实践唯物主义的观点，认真关注这些因素的成长，从这些因素的成长中透析现代人道主义和人文关怀的实质。

二　每一个人与一切人：共产主义人道主义

马克思指出：

> 共产主义作为私有财产的扬弃就是要求归还真正人的生命即人的财产，就是实践的人道主义的生成。①

马克思把共产主义社会称作"人类社会"，把共产主义社会中的人称作"真正的人"。在《〈政治经济学批判〉序言》中，马克思分析了"经济的社会形态演进的几个时代"。他指出：

> 资产阶级的生产关系是社会生产过程的最后一个对抗形式，这里所说的对抗，不是指个人的对抗，而是指从个人的社会生活条件中生长出来的对抗；但是，在资产阶级社会的胎胞里发展的生产力，同时又创造着解决这种对抗的物质条件。因此，人类社会的史前时期就以

---

① 《马克思恩格斯文集》第 1 卷，人民出版社 2009 年版，第 216 页。

这种社会形态而告终。①

　　恩格斯同样把共产主义社会作为"真正的人类社会"，而把共产主义之前的时代称作人类社会的"史前时期"。在《社会主义从空想到科学的发展》中，恩格斯在分析了共产主义社会的特征之后指出："于是，人在一定意义上才最终地脱离了动物界，从动物的生存条件进入真正人的生存条件。"② 正是在这个意义上，马克思指出："共产主义是对私有财产即人的自我异化的积极的扬弃，因而是通过人并且为了人而对人的本质的真正占有；因此，它是人向自身、也就是向社会的即合乎人性的人的复归。"共产主义将使"人以一种全面的方式，就是说，作为一个完整的人，占有自己的全面的本质"③。恩格斯说："要不是每一个人都得到解放，社会也不能得到解放。"④ 马克思和恩格斯历来把每个人自由而全面的发展当做自己的理想目标，他们在《共产党宣言》中强调："代替那存在着阶级和阶级对立的资产阶级旧社会的，将是这样一个联合体，在那里，每个人的自由发展是一切人的自由发展的条件。"⑤ 在《资本论》中，马克思更是明确指出，未来新社会是"以每一个个人的全面而自由的发展为基本原则的社会形式"⑥。可见，共产主义是一种面向人自身的终极关怀，它要求在每个人的自由发展与一切人的自由发展之间达成统一，实现人与人之间关系的真正平等与自由。这是一种彻底的人道主义。

　　在马克思主义创始人看来，共产主义人道主义意味着，"在每一个人的意识或感觉中都存在着这样的原理，它们是颠扑不破的原则，是整个历史发展的结果，是无须加以论证的"。这些原理就是："每个人都追求幸福。个人的幸福和大家的幸福是不可分割的。"⑦ 因而，共产主义人道主义的要求就是，人们彼此之间"只能用爱来交换爱，只能用信任来交换信任，等等。如果你想得到艺术的享受，那你就必须是一个有艺术修养的人。如果你想感化别人，那你就必须是一个实际上能鼓舞和推动别人前进

---

① 《马克思恩格斯文集》第 2 卷，人民出版社 2009 年版，第 592、597 页。
② 《马克思恩格斯文集》第 9 卷，人民出版社 2009 年版，第 300 页。
③ 《马克思恩格斯文集》第 1 卷，人民出版社 2009 年版，第 185、189 页。
④ 《马克思恩格斯文集》第 9 卷，人民出版社 2009 年版，第 310 页。
⑤ 《马克思恩格斯文集》第 2 卷，人民出版社 2009 年版，第 53 页。
⑥ 《马克思恩格斯文集》第 5 卷，人民出版社 2009 年版，第 683 页。
⑦ 《马克思恩格斯全集》第 42 卷，人民出版社 1979 年版，第 373—374 页。

的人。你对人和对自然界的一切关系，都必须是你的现实的个人生活的、与你的意志的对象相符合的特定表现"①。

　　建立一个"使人成为人"的理想社会，是马克思、恩格斯的价值追求。他们认为，在资本主义社会，工人"是不会感到幸福的；处于这种境况，无论是个人还是整个阶级都不可能像人一样地思想、感觉和生活。因此，工人必须设法摆脱这种非人的状况，必须争取良好的比较合乎人的身份的地位"②。在以阶级对立为基础的社会，"那些不感到自己是人的人，就像饲养的奴隶或马匹一样，都归他们主人所有"。所以，"必须重新唤醒这些人心中的人的自尊心，即自由。这种自信心已经和希腊人一同离开了世界，并同基督教一起消失在天国的苍茫云雾之中。只有这种自信心才能使社会重新成为一个人们为了达到自己的崇高目的而结成的共同体"③。这种共同体也就是马克思、恩格斯所说的"新世界"。这种"新世界"就是社会主义社会和共产主义社会。恩格斯在《共产主义原理》中指出，废除私有制将会产生的主要结果是：

> 把生产发展到足够满足所有人的需要的规模；结束牺牲一些人的利益来满足另一些人的需要的状况；彻底消灭阶级和阶级对立；通过消除旧的分工，通过产业教育、变换工种、所有人共同享受大家创造出来的福利，通过城乡融合，使社会全体成员的才能得到全面发展。④

只有在这个新世界里，"社会全体成员的平等的、合乎人的尊严的发展，才有可能"⑤。

　　"一切人"即作为"类"的人，在此意义上的"人"，是指整个人类、全人类。从共时性角度看，"类"是由不同国家、地区和社会群体组成的。从历时性角度看，"类"是由世代延续的人群有机体组成的。实现全人类的彻底解放，是马克思主义的价值追求。在当代，随着经济全球化

---

① 《马克思恩格斯文集》第 1 卷，人民出版社 2009 年版，第 247 页。
② 同上书，第 448 页。
③ 《马克思恩格斯全集》第 47 卷，人民出版社 2004 年版，第 57 页。
④ 《马克思恩格斯文集》第 1 卷，人民出版社 2009 年版，第 689 页。
⑤ 《马克思恩格斯文集》第 3 卷，人民出版社 2009 年版，第 87 页。

和世界一体化进程的日益加快，随着环境污染、生态破坏等全球问题的日益加深，全人类共同利益问题越来越成为现实。这就要求我们在认识和处理有些问题时，必须树立"人类意识"。

历史地看，人类的关怀关系经历了从最初的血缘关系扩展到亲缘关系，再扩大到种族、国家以及全人类的历史发展过程。在原始社会，人们的关怀范围只限于本部落或本民族，因而原始人只关怀本部落或本民族的人；在古希腊和罗马时期，关怀对象只限于奴隶主和平民；中世纪的基督教徒认为，他们只关怀上帝和上帝的信徒；近代早期的欧洲，把关怀对象仅仅限于白种人，不包括黑人；美国独立后的 80 年间，黑人一直被排除在共同体之外；到了 20 世纪，随着"地球村"共同体的形成，人们已经把关怀的范围扩大到人类的每一个成员。恩格斯认为，人类社会发展应实现"两个和解"，即"人类与自然的和解以及人类本身的和解"①。"人类与自然的和解"本质上是人与自然界之间的互动过程，它一方面表现为"自然界向人的生成"；另一方面，这种互动又表现为"人向自然界的融化"，即人的自然化。"人类与自然的和解"的实践基础是物质生产活动。"人类本身的和解"即人与人、人与社会的和谐互动和一体化，其实践基础是物质交往活动，表现为社会经济、政治、文化等制度或体制的建构与完善过程。"两个和解"是内在统一的。"人类与自然的和解"是"人类本身的和解"的物质基础，"人类本身的和解"则是"人类与自然的和解"的社会前提。

马克思认为，在未来的共产主义社会，"人类本身的和解"将成为真正的现实，到那个时候，"社会上的一部分人靠牺牲另一部分人来强制和垄断社会发展（包括这种发展的物质方面和精神方面的利益）的现象将会消灭……社会化的人，联合起来的生产者，将合理地调节他们和自然界之间的物质变换，把它置于他们的共同控制之下，而不让它作为一种盲目的力量来统治自己；靠消耗最小的力量，在最无愧于和最适合于他们的人类本性的条件下来进行这种物质变换"②。

这是马克思基于资本主义社会矛盾运动所做出的逻辑引申，尽管这个逻辑引申有待人类未来实践的检验，但它是根据以往社会发展的客观规律

① 《马克思恩格斯文集》第 1 卷，人民出版社 2009 年版，第 63 页。
② 《马克思恩格斯文集》第 7 卷，人民出版社 2009 年版，第 928—929 页。

所做出的一个科学预测。这就是说，当社会发展被一部分人所"强制和垄断"，而另一部分人不得不为此牺牲自己利益的时候，人与自然的关系就不可能是合理的，即人就不可能在最无愧于和最适合自己本性的条件下与自然进行物质变换；而当人与自然的物质变换尚不具备"合理性"的时候，"社会上的一部分人靠牺牲另一部分人来强制和垄断社会发展"的现象就不可能完全消灭。因此，"两个和解"是互为条件和相辅相成的。

现在，人类面临的生态危机具有全人类性质。对自然生态系统的任何局部破坏，都可能会对整个自然生态系统产生影响，威胁人类的生存。任何个人的生存都必然依赖于"类"的生存，如果失去了人类的生存条件，任何个人都不可能生存下去。解决目前困境的出路也只能是全人类的统一行动，任何局部的个人、民族和国家都不可能单独解决这一全局性的问题。"类"作为发展主体的地位也日益凸显。罗马俱乐部前主席奥雷利奥·佩奇在《世界的未来——关于未来问题一百页》的报告中明确指出，在解决生态环境一类的全球性问题上，"人类的意识应当领先于阶级意识和民族意识"，"从最广泛的意义上来说，人的发展是人类的最终目标，与其他方面的发展或目标相比，它应占绝对优先地位"[1]。20 世纪后期以来，"类"意识的不断觉醒和日益彰显。罗马俱乐部在其第二份报告《人类处于转折点》中警告：

> 如果人类要生存下去，就必须发展一种与后代休戚与共的感觉，并准备拿自己的利益去换取后代的利益。如果每一代都只顾追求自己的最大享受，那么，人类几乎就注定要完蛋。[2]

1972 年联合国人类环境大会通过的《人类环境宣言》明确指出："为了这一代和将来的世世代代，保护和改善人类环境已经成为人类一个紧迫的目标，这个目标将同争取和平、全世界的经济与社会发展这两个既定的基本目标共同和协调地实现。"人类"负有保护和改善这一代和将来的世

---

① ［意］奥雷利奥·佩奇：《世界的未来——关于未来问题一百页》，中国对外翻译出版公司 1985 年版，第 124—125 页。
② ［美］梅萨罗维克等：《人类处于转折点》，梅艳译，生活·读书·新知三联书店 1987 年版，第 143 页。

世代代的环境的庄严责任"①。1982 年的《内罗毕宣言》郑重指出："世界上所有的政府与人民都负有集体的和个人的责任，保证将我们的小小地球留传于后代时，其能够对所有人提供有尊严的生活。"20 世纪 80 年代中期，世界环境与发展委员会在其《我们共同的未来》的报告中指出："地球正在经历着一个巨大发展和根本变迁的时期。我们这个 50 亿的人类世界，必须在有限的环境中为另一个人类世界腾出地方。"② 联合国就发展问题召开了多次大会，如环境与发展会议（1992 年）、人权与发展会议（1993 年）、人口与发展会议（1994 年）、社会发展问题世界首脑会议、妇女参与发展会议（1995 年）和世界粮食首脑会议、世界人类居住区会议、世界科学大会（1996 年）等。这些会议通过的宣言和行动纲领构成了第四个发展十年的基本框架，包括反贫困、社会公平、保护自然资源和环境、改善人的素质等多方面的内容。为此，联合国开发计划署还提出了"人类发展"（human development）概念及其指标体系（即人类发展指数），以弥补用单纯经济指标（如人均收入）衡量发展水平的不足。正是在这个意义上，邓小平强调：

> 应当把发展问题提到全人类的高度来认识，要从这个高度去观察问题和解决问题。只有这样，才会明了发展问题既是发展中国家自己的责任，也是发达国家的责任。③

产生于 20 世纪 70 年代的生态伦理学（Ecological Ethics）或环境伦理学（Environmental Ethics）旨在阐明人与自然之间的道德关怀关系，生态伦理学意味着一种深度的人文关怀。

> 人们曾经认为，那种把黑人视为人、并要求人道地对待他们的观念是荒谬的。这种曾被认为荒谬绝伦的观念现在已变成真理。今天人们可能仍会认为，下述主张有些夸大其辞：一种合理的伦理，要求人

---

① 万以诚等选编：《新文明的路标——人类绿色运动史上的经典文献》，吉林人民出版社 2000 年版，第 3 页。
② 世界环境与发展委员会：《我们共同的未来》，吉林人民出版社 1997 年版，第 5 页。
③ 《邓小平文选》第三卷，人民出版社 1993 年版，第 282 页。

们一以贯之的关怀所有的生物。①

生态伦理学意味着伦理学的一种"范式革命"，即从"人类中心主义的人际伦理学"向"生态整体主义的种际伦理学"的转变。传统伦理学只关注人与人的关系，只关注一个物种的福利，是种族利己主义的伦理学。这种伦理学无法解决现代社会面临的诸多涉及威胁非人类生命存在与进化的问题。传统伦理是为了"人的利益"，是关于人的利益的伦理学，因而，它是一种人类中心主义的人际伦理。这种伦理学患上了当代美国著名环境伦理学家霍尔姆斯·罗尔斯顿所说的"物种盲视"（species-blind）症。生态伦理学把伦理对象的范围从人类社会扩展到自然存在，力图建构一种不仅适宜于人类，而且也适宜于整个地球及其生命共同体的伦理学，用道德来约束人对自然存在物的行为，关注千百万个物种的福利。生态伦理学把人类的角色从自然共同体的征服者转换成自然共同体的普通成员，它不仅隐含着对这个共同体中的每一个成员的尊重，而且隐含着对自然共同体本身的尊重。因而，它是一种生态主义的种际伦理学。现在，随着生态共同体意识的形成，人类的关怀对象将包括整个地球生态系统及其一切存在物。

三　人民与无产者：社会主义人道主义

作为一个政治学概念，"人民"有两个含义。首先，人民是与敌人相对的，人民由拥护和从事进步事业的人所构成；其次，人民是与社会个体相对的，社会个体之集合构成人民。人民概念具有历史性，在不同社会历史时期，"人民"所包括的范围有所不同。但是，在马克思主义看来，作为一个政治概念，人民泛指以劳动者为主体的社会基本成员，指以占人口大多数的劳动者为主体的、在根本利益一致基础上形成的最广泛的社会人群。马克思主义认为，人民是历史发展的主体，是历史的创造者，是推动历史前进的根本力量。马克思指出："旧唯物主义的立脚点是'市民'社会；新唯物主义的立脚点则是人类社会或社会化的人类。"② 市民社会的

---

① ［美］纳什：《大自然的权利》，杨通进译，青岛出版社1999年版，第241页。
② 《马克思恩格斯文集》第1卷，人民出版社2009年版，第506页。

立场,是以私人利益为本位的立场,是谋求个人利益最大化的立场;人类社会或社会化的人类的立场,则是以公共利益为本位的立场,是谋求最大多数人利益最大化的立场。在马克思主义创始人那里,就其现实性而言,人类社会或社会化的人类的立场,即以最广大劳动人民为主体的无产阶级立场。

与"理论人道主义"者极力掩饰其人道主义立场的阶级性不同,马克思、恩格斯从不讳言他们所倡导的"实践的人道主义"的阶级立场和阶级属性。他们公开宣称:

> 科学越是毫无顾忌和大公无私,它就越符合工人的利益和愿望。在劳动发展史中找到了理解全部社会史的锁钥的新派别,一开始就主要是面向工人阶级的,并且从工人阶级那里得到了同情。①

正是站在工人阶级的立场上,马克思、恩格斯毕生探求无产阶级和全人类的解放道路,他们"把伟大的认识工具给了人类,特别是给了工人阶级","教会了工人阶级自我认识和自我意识,用科学代替了幻想"②。

对穷人利益和权利的特别关注与极力维护,是青年马克思人道思想的重要特点。在《关于林木盗窃法的辩论》中,马克思从理性国家观出发,抨击普鲁士专制制度下的法律对贫困劳动者的公民权利的践踏,"为穷人要求习惯权利"。国家和法既然是普遍理性和自由精神的体现,那么从国家和法的角度看人,所看到的就应该是有着共同人性和共同理性的自由的公民。因此,马克思一再呼吁,国家必须把它的所有民众都视为公民。针对普鲁士林木盗窃法,马克思质问道:

> 难道每一个公民不都是通过一根根命脉同国家有着千丝万缕的联系吗?难道仅仅因为这个公民擅自割断了某一根命脉,国家就可以割断所有的命脉吗?可见,国家也应该把违反林木管理条例者看作一个人,一个和它心血相通的活的肢体,看作一个保卫祖国的士兵,一个法庭应倾听其声音的见证人,一个应当承担社会职能的集体的成员,

---

① 《马克思恩格斯文集》第4卷,人民出版社2009年版,第313页。
② 《列宁专题文集·论马克思主义》,人民出版社2009年版,第68、53页。

一个备受崇敬的家长，而首先应该把他看作国家的一个公民。国家不能轻率地取消自己某一成员的所有职能，因为每当国家把一个公民变成罪犯时，它都是截断自身的活的肢体。①

马克思进一步追问道："难道林木所有者和违反林木管理条例者不都是国家的公民吗？既然大小林木所有者都有同样的权利要求国家的保护，那么，难道国家的大小公民不是更有同样的权利要求这种保护吗？"② 马克思此时虽然仅限于在"私权"意义上理解穷人的利益和权利，但表现出为穷人代言的鲜明政治立场。

马克思把现实的人放在经济关系中，放在阶级关系中进行考察，强调人作为阶级成员的存在。在马克思看来，无产阶级是群众的主体部分，是实现人的解放的主体力量。因为，"在已经形成的无产阶级身上，一切属于人的东西实际上已完全被剥夺，甚至连属于人的东西的外观也已被剥夺，由于在无产阶级的生活条件中集中了现代社会的一切生活条件所达到的非人性的顶点，由于在无产阶级身上人失去了自己，而同时不仅在理论上意识到了这种损失，而且还直接被无法再回避的、无法再掩饰的、绝对不可抗拒的贫困——必然性的这种实际表现——所逼迫而产生了对这种非人性的愤慨，所以无产阶级能够而且必须自己解放自己"③。

1843 年 10 月，马克思抵达法国巴黎。在巴黎，马克思经常深入工人运动，不仅亲眼目睹了资本主义社会的实际状况，而且了解了法国社会主义工人运动取得的光辉成果。1844 年 8 月，马克思在给费尔巴哈的信中，委婉地劝告这位哲学家到工人中去，把理论批判和实际斗争结合起来，不要仅仅局限于批判宗教，像布鲁诺·鲍威尔那样"把'批判'变成某种超验的存在物"。马克思说："您要是能出席法国工人的一次集会就好了，这样您就会确信这些劳累不堪的人纯洁无瑕，心地高尚……历史正在把我们文明社会的这些'野蛮人'变成人类解放的实践因素。"④ 在《1844 年经济学哲学手稿》中，马克思从政治经济学角度揭示了市民社会的本质，立足无产者的立场，对工人在异化劳动中的悲惨境遇给予深切同情，把私

---

① 《马克思恩格斯全集》第 1 卷，人民出版社 1995 年版，第 255 页。
② 同上书，第 260 页。
③ 《马克思恩格斯文集》第 1 卷，人民出版社 2009 年版，第 261—262 页。
④ 《马克思恩格斯文集》第 10 卷，人民出版社 2009 年版，第 14 页。

有制视为劳动异化和工人悲惨境遇的根源,进一步论证了无产阶级在人类解放中的作用。马克思说,在资本主义社会,"有产阶级和无产阶级同样表现了人的自我异化。但是,有产阶级在这种自我异化中感到幸福,感到自己被确证,它认为异化是它自己的力量所在,并在异化中获得人的生存的外观。而无产阶级在异化中则感到自己是被消灭的,并在其中看到自己的无力和非人的生存的现实"①。因此,马克思指出:

> 社会从私有财产等等解放出来、从奴役制解放出来,是通过工人解放这种政治形式来表现的,这并不是因为这里涉及的仅仅是工人的解放,而是因为工人的解放还包含普遍的人的解放;其所以如此,是因为整个的人类奴役制就包含在工人对生产的关系中,而一切奴役关系只不过是这种关系的变形和后果罢了。②

这就是说,克服包括政治异化在内的一切奴役关系的力量,存在于现实的生产活动中,无产阶级是这种现实的生产活动的主体,因而成为人的解放的主体。1844年,恩格斯在《英国工人阶级状况》初版中指出:"共产主义不是一种单纯的工人阶级的党派性学说,而是一种最终目的在于把连同资本家在内的整个社会从现存关系的狭小范围中解放出来的理论。"1892年,恩格斯在《英国工人阶级状况》德文第2版序言中自我批评道:初版中上述说法"在抽象的意义上是正确的,然而在实践中在大多数情况下是无益的,甚至是有害的。只要有产阶级不但自己不感到有任何解放的需要,而且还全力反对工人阶级的自我解放,工人阶级就应当单独地准备和实现社会变革"③。恩格斯指出:

> 在共产主义作为理论的时候,那么它就是无产阶级立场在这个斗争中的理论表现,是无产阶级解放的条件的理论概括。④

1866年8月,马克思在为国际工人协会日内瓦代表大会的代表写的《临

---

① 《马克思恩格斯文集》第1卷,人民出版社2009年版,第261页。
② 同上书,第167页。
③ 同上书,第370页。
④ 同上书,第672页。

时中央委员会就若干问题给代表的指示》中指出："最先进的工人完全了解，他们阶级的未来，从而也是人类的未来，完全取决于正在成长的工人一代的教育。"①

马克思、恩格斯的"无产阶级"范畴，不仅仅是对一个现实政治客体（即现实的工人群体）的实证描述，更是对一种人道主义理想（即解放全人类）的价值建构。他们对"无产阶级"的论述，既基于现实而又超越既定现实，是从社会历史的总体发展来展开的。借助无产阶级这一范畴，马克思、恩格斯才得以表征他们的最高社会理想。恩格斯指出，只有"认识到自己的利益和全人类的利益相一致的人"，才是"真正符合人这个词的含义的人"。无产阶级体现了"人"这个字的真正含义。因为，无产阶级虽然"比有产者更迫切地需要钱，但他们并不那样贪财，因为对他们来说，金钱的价值只在于能用它来买东西，而对资产者来说，金钱却具有一种固有的特殊的价值，即神的价值，这样，它就使资产者变成了卑鄙龌龊的'拜金者'。因此，对金钱没有这种敬畏感的工人，不像资产者那样贪婪，资产者为了赚钱不惜采取任何手段，认为自己生活的目的就是装满钱袋。所以工人比资产者偏见少得多，对事实看得清楚得多，不是戴着自私的眼镜来看一切"②。马克思说，在无产阶级的生活实践中，"交往、联合以及仍然以交往为目的的叙谈，对他们来说是充分的；人与人之间的兄弟情谊在他们那里不是空话，而是真情，并且他们那由于劳动而变得坚实的形象向我们放射出人类崇高精神之光"③。

无产阶级的历史处境和历史使命决定了它必须消灭现代社会中一切违反人性的生活条件，决定了它"在自己的发展进程中要同传统的观念实行最彻底的决裂"。

正是在这个意义上，马克思、恩格斯反对在阶级对立社会谈论抽象的人类之爱。在《德意志意识形态》中，马克思、恩格斯甚至把共产主义与人类之爱对立起来。因为，德国"真正的社会主义者"在对共产主义的描述和宣传中，把"爱"作为主题和红线。海尔曼·克利盖在其《告妇女书》一文中称，"妇女是爱的祭司"、"爱的使徒"，妇女是"命定生

---

① 《马克思恩格斯全集》第16卷，人民出版社1964年版，第217页。
② 《马克思恩格斯文集》第1卷，人民出版社2009年版，第384、438—439页。
③ 同上书，第232页。

产人类的儿女"，她们心肠软，充满爱心。相比较而言，男人是功名之徒、利禄之辈，是世界灾难和动乱的制造者。所以，世界需要妇女"为了爱"、"用爱"来拯救。克利盖要求已婚的妇女用爱感化她的丈夫，让他们放弃旧的政策；克利盖要求少女们把爱施舍给一切人，使所有的人都和她们一样成为富于爱的人。他提醒妇女：假如不是男人，而是"你们在政治上占有举足轻重的地位，只有你们利用自己的影响，整个腐朽的恨的王国就会垮台而让位给新生的爱的王国"，"让全人类永远安然自得，这就是你们活动的最终目的"。在《我们要求的是什么》等文章中，克利盖认为，共产主义斗争的目的就是"教会人们表现爱"、"领悟爱"和爱的无限性，"使爱的宗教成为真理"。他特别强调无产阶级革命与爱的关联性。[①] 马克思认为，克利盖等"真正的社会主义者"把"对共产主义的描述变成关于爱的呓语"，昭示了他们在残酷的现实社会变革中的懦弱和虚伪，这不过是一种宗教观点的翻版。"如果从这一宗教观点出发，那么对一切实际问题的答复就只能是一些使任何一种意义都模糊不清的宗教的夸张形象，一些华丽的标记如'全人类'、'人道'、'人类'等等；这只会使一切实际问题变成虚幻的词句。"[②] 在共产主义运动初期，在社会贫富差别巨大、阶级对立尖锐，而无产阶级意识不强、组织程度较低的情况下，克利盖等"真正的社会主义者"提出的超阶级的"爱"的呼唤和言论，对于无产阶级革命、对于共产主义运动来说，不仅无益、无助，反而极易引起混乱、误解，会导致无产阶级革命的倒退和衰落。因此，必须反对和拒斥他们提出的所谓"人类之爱"。

中国共产党人始终坚持人民主体思想，凸显人文关怀中的"人民"主体地位。"最广大人民"是当代中国人文关怀的主体。所谓"最广大人民"，是指由所有社会主义革命者、劳动者和建设者、拥护社会主义和维护祖国统一的爱国者等所组成的最大社会群体。在当代人类社会，还存在民族矛盾和民族斗争，存在阶级差别和阶级对立，存在敌视社会主义、危害人民利益、妄图分裂国家等社会势力。因此，在现实性上，社会主义人文关怀的主体不可能是"一切人"。在当代中国，"人民"就是以工人、

---

① 参见聂锦芳《批判与建构：〈德意志意识形态〉文本学研究》，人民出版社2012年版，第561—565页。

② 《马克思恩格斯全集》第4卷，人民出版社1958年版，第17页。

农民、知识分子等为主体，包括社会各阶层在内的最广大社会群体。

毛泽东在谈到文艺的大众化时强调，要实现文艺的大众化，文艺工作者必须站在工农兵的立场上，为广大工农兵服务。"我们的问题基本上是一个为群众的问题和一个如何为群众的问题。"① 毛泽东指出，我们的文艺应该为"占全国人口百分之九十以上的人民"即"工人、农民、士兵和城市小资产阶级"服务，也即首先要为工农兵群众服务。毛泽东提出"革命的人道主义"思想。1941 年，在给延安中国医科大学的题词中，毛泽东写道：

> 救死扶伤，实行革命的人道主义。②

在实际工作中，"革命的人道主义"远远超越了医疗卫生领域，成为一条被运用于更大范围的伦理价值原则。对无产阶级和劳动人民的深厚情感、挚爱和关怀，是"革命的人道主义"的主旨。1937 年 11 月 27 日，毛泽东就他的表兄文运昌因家境贫困想到延安找工作挣薪水养家糊口的要求，在给文运昌的信中不无深情地说：

> 家境艰难，此非一家一人情况，全国大多数人皆然，惟有合群奋斗，驱除日本帝国主义，才有生路。吾兄想来工作甚好，惟我们这里仅有衣穿饭吃，上自总司令下至火夫，待遇相同，因为我们的党专为国家民族劳苦民众做事，牺牲个人私利，故人人平等，并无薪水……我为全社会出一些力，是把我十分敬爱的外家及我家乡一切穷苦人包括在内的，我十分眷念我外家诸兄弟子侄，及一切穷苦同乡，但我只能用这种方法帮助你们，大概你们也是已经了解了的。虽然如此，但我想和兄及诸表兄弟子侄们常通书信，我得你们片纸只字都是欢喜的。③

1942 年 5 月，毛泽东在《在延安文艺座谈会上的讲话》中，结合自

---

① 《毛泽东选集》第三卷，人民出版社 1991 年版，第 853 页。
② 《毛泽东著作专题摘编》（下），中央文献出版社 2003 年版，第 1655 页。
③ 《毛泽东书信选集》，中央文献出版社 2003 年版，第 105 页。

己的成长经历，谈了自己情感世界的变化。他说：

> 我可以说一说我自己感情变化的经验。我是个学生出身的人，在学校养成了一种学生习惯，在一大群肩不能挑手不能提的学生面前做一点劳动的事，比如自己挑行李吧，也觉得不像样子。那时，我觉得世界上干净的人只有知识分子，工人农民总是比较脏的。知识分子的衣服，别人的我可以穿，以为是干净的；工人农民的衣服，我就不愿意穿，以为是脏的。革命了，同工人农民和革命军的战士在一起了，我逐渐熟悉他们，他们也逐渐熟悉了我。这时，只是在这时，我才根本地改变了资产阶级学校所教给我的那种资产阶级的和小资产阶级的感情。这时，拿未曾改造的知识分子和工人农民比较，就觉得知识分子不干净了，最干净的还是工人农民，尽管他们手是黑的，脚上有牛屎，还是比资产阶级和小资产阶级知识分子都干净。这就叫做感情起了变化，由一个阶级变到另一个阶级。我们知识分子出身的文艺工作者，要使自己的作品为群众所欢迎，就得把自己的思想感情来一个变化，来一番改造。没有这个变化，没有这个改造，什么事情都是做不好的，都是格格不入的。①

作为伦理原则和道德规范的"革命的人道主义"，主要体现为无产阶级和一切劳动阶级内部人与人关系的人道性，如军民是鱼水关系、官兵是同志关系等。"革命的人道主义"除了主要施行于无产阶级和劳动人民，还施行于其他不同阶级，甚至是敌对阶级的具体个人。毛泽东说："消灭敌人，就是解除敌人的武装，也就是所谓'剥夺敌人的抵抗力'，不是要完全消灭其肉体。"②"地主作为一个阶级要消灭，作为个人要保护……废除地主阶级的私有权，并不等于连他的人也不要了。"③ 同样，"资产阶级作为一个阶级是要消灭的，但人都包下来"④。"革命的人道主义"是社会主义人道主义的前身。

邓小平把"人民拥护不拥护、赞成不赞成、高兴不高兴、答应不答

---

① 《毛泽东选集》第三卷，人民出版社 1991 年版，第 851—852 页。
② 《毛泽东选集》第二卷，人民出版社 1991 年版，第 482 页。
③ 《毛泽东文集》第五卷，人民出版社 1996 年版，第 23—24 页。
④ 《毛泽东文集》第七卷，人民出版社 1999 年版，第 176 页。

应"作为一切工作的根本标准。邓小平反复强调，共同富裕是社会主义的最大优越性，是社会主义的本质特征。社会主义人道主义区别于其他一切形式的人道主义的最重要特征在于，社会主义人道主义的主体是绝大多数人民群众。保障最广大人民的福祉，是社会主义人道主义的根本，社会主义人道主义是面向最广大人民群众的人道主义。社会主义人道主义是最大多数人的人道主义，是"最大的人道主义"。1983 年 7 月 19 日，邓小平在与公安部负责人的谈话中指出："要讲人道主义，我们保护最大多数人的安全，这就是最大的人道主义。"① 1983 年 9 月 7 日，邓小平在同有关部门负责同志的谈话中说：

> 人道主义各有各的含义。社会主义是最人道的，共产主义是最人道的，保护绝大多数人……讲人道主义应当是讲社会主义的人道主义。②

1985 年 6 月 6 日，邓小平在同"大陆与台湾"学术研讨会主席团全体成员的谈话中指出："什么是人权？首先一条，是多少人的人权？是少数人的人权，还是多数人的人权，全国人民的人权？"③ 从 1985 年起，美国国会开始攻击中国的计划生育政策，并要求联合国人口活动基金会减少对中国的援助。1986 年 4 月 23 日，邓小平会见日本前首相福田赳夫，在谈到中国的人口政策时说：

> 中国对人口增长实行严格控制，是从自己国家人民的利益出发的，我们力争在本世纪内把人口控制在十二亿。这是中国自己的一项重大战略决策。美国国会干涉我们，说中国控制人口、节制生育不人道。他们希望中国不要控制人口，使中国永远处于落后状态。中国控

---

① 《邓小平文选》第三卷，人民出版社 1993 年版，第 34 页。

② 《邓小平年谱 1975—1997》（下），中央文献出版社 2004 年版，第 929—930 页。

③ 《邓小平文选》第三卷，人民出版社 1993 年版，第 125 页。1979 年 9 月 12 日，邓小平在与胡耀邦等人的谈话中谈到对专门扰乱社会秩序的极少数人进行坚决打击时说："对于这些人，我们不能允许他们借口保护自己的什么人权，侵犯广大人民群众和国家的利益。我们是马克思主义者，我们对于人权问题，历来有自己的看法。"［《邓小平年谱 1975—1997》（上），中央文献出版社 2004 年版，第 555 页］这是改革开放时期，邓小平首次谈到人权问题。

制人口，使国家发展起来就是最大的人道主义。①

1988 年 5 月 24 日，邓小平会见美国大通·曼哈顿银行国际咨询委员会代表团，在谈到人道主义问题时指出：

> 中国是个人口众多的国家，到下个世纪中叶人口可能是十五亿左右，而且还一定要坚决贯彻控制人口增长的政策。美国有些国会议员不懂得这是中国的一个关键性问题，说什么人道不人道。什么是人道主义？如果中国到了那时还是一个贫穷的国家，还有什么人道主义可言？至少对中国人民不人道。②

进入 21 世纪，中国共产党人进一步凸显社会主义人文关怀的人民本位立场和人民主体地位。江泽民明确提出"以人民群众为本"③ 的命题，强调不断推进人的全面发展，是社会主义社会的本质要求。胡锦涛更是明确提出"以人为本"理念。他指出：

> 我们提出以人为本的根本含义，就是要坚持全心全意为人民服务，立党为公、执政为民，始终把最广大人民的根本利益作为党和国家工作的根本出发点和落脚点，坚持尊重社会发展规律与尊重人民历史主体地位的一致性，坚持为崇高理想奋斗与为最广大人民谋利益的一致性，坚持完成党的各项工作与实现人民利益的一致性，坚持发展为了人民、发展依靠人民、发展成果由人民共享。④

也是在这个意义上，胡锦涛强调："相信谁、依靠谁、为了谁，是否始终站在最广大人民的立场上，是区分唯物史观和唯心史观的分水岭，是判断马克思主义执政党的试金石。"胡锦涛反复强调的"情为民所系"，体现了一种面向最广大人民的人文情感和人文关怀。他告诫领导干部，要

---

① 《邓小平年谱 1975—1997》（下），中央文献出版社 2004 年版，第 1114—1115 页。
② 同上书，第 1233 页。
③ 《江泽民文选》第一卷，人民出版社 2006 年版，第 364 页。
④ 《十六大以来重要文献选编》（上），中央文献出版社 2005 年版，第 107 页。

"倾听群众呼声，关心群众疾苦，时刻把人民群众的安危冷暖挂在心上"①，要"带着深厚的感情做群众工作，千方百计把群众工作做深、做细、做实"②。"情为民所系"应特别体现在对社会弱势群体的人文关怀上。弱势群体即经济来源较少、劳动条件和劳动报酬较低的贫困户，以及鳏寡孤独生活无助的人。弱势群体由于社会的或自身的原因而处于社会底层，成为迫切需要社会帮助的人群。对弱势群体的人文关怀，就是要使他们在生活、工作、学习、就业等各个方面，得到社会更多的同情、关心、爱护和帮助。江泽民指出：

> 关心群众，首先要关心困难群众的疾苦；为最广大人民谋利益，首先要为困难群体谋好利益，因为他们眼前最困难，最需要帮助。他们的困难如果解决不了，就会挫伤他们的积极性，而且可能产生影响人民团结和社会安定、甚至影响改革开放和现代化建设大局的种种问题。我们常常讲要标本兼治，标本兼治关键是治本。千方百计帮助困难群体摆脱困难，使他们安居乐业，就是一种很紧迫的治本。③

胡锦涛也多次强调指出："对城乡困难群众要给予更多关怀，千方百计做好城市低保人员、农村五保户、特困户、下岗失业人员、零就业家庭和残疾人的救助工作，保障他们的基本生活，帮助他们解决就医、子女上学等方面遇到的实际困难。"④

四 公民与陌生人：公民人道主义

在中国传统文化中虽然出现过"公民"这个词，⑤ 但现代意义的公民

---

① 《十六大以来重要文献选编》（上），中央文献出版社 2005 年版，第 369、84 页。
② 《十六大以来重要文献选编》（中），中央文献出版社 2006 年版，第 717 页。
③ 江泽民：《论党的建设》，中央文献出版社 2001 年版，第 545 页。
④ 《十六大以来重要文献选编》（下），中央文献出版社 2008 年版，第 688—689 页。
⑤ 韩非子提出过"公民"这个词。《韩非子·五蠹》曰："民之政计，皆就安利而避危穷。今为之攻战，进则死于敌，退则死于诛，则危矣。弃私家之事，而必汗马之劳，家困而上弗论，则穷矣。穷危之所在也，民安得勿避？故事私门而完解舍，解舍完而远战，远战则安。行货赂而袭当涂者则求得，求得则私安，私安则利之所在，安得勿就？是以公民少而私人众矣。"这里的"公民"是指"为公之民"，与"为私之民"相对。

概念则产生于近代。"公民"一词最初进入中国人的政治语汇的时间应该是在 20 世纪初，大致出现在近代文人志士介绍西方宪法的著作中，如康有为发表《公民自治篇》，他是较早提出近代意义的"公民"概念的人，也是最早主张"立公民"的人。康有为倡导公民自治，提出国家要"立公民"。这里的"公民"指的是君主立宪政体下有选举权和被选举权的国民。新中国最早使用"公民"的规范性文件是 1953 年公布的《中华人民共和国全国人民代表大会及地方各级人民代表大会选举法》，其第 4 条是："凡年满十八周岁之中华人民共和国公民，不分民族、性别、职业、社会出身、宗教信仰、教育程度、财产状况和居住期限，均有选举权和被选举权。"但通篇提及"公民"一词仅此一次。1954 年宪法开始，"公民"这一用语就不仅用于表示一般的基本权利的享有者，同时也指基本义务的承担者。但是公民含义在 1982 年宪法中才得以明确规定。其第 33 条规定："凡具有中华人民共和国国籍的人都是中华人民共和国公民。"

在现代社会，仅仅谈"人民"，对于理解人文关怀的主体是不够的。如果只有关于人民的概念和意识，我们就会仅仅囿于政治思维的范围处理各种社会关系。如果仅仅依照政治思维的逻辑，那么，人民的利益高于一切，个人利益服从人民的利益；结果，谁作为人民利益的代表，谁便具有至上的地位，而作为公民的社会成员之间的社会平等关系就会被消解，公民的正当权利就会被忽视。事实上，在现实生活中，不少人经常以"人民"的名义行事，却做着伤害具体的当事人的利益。同时，中国有几千年的封建传统。封建社会一直是帝王将相的历史，有资格作为"人"存在的只有少数显贵，大多数民众极少体验到作为"人"的尊严。正如梁漱溟先生所说：

> 中国文化之最大偏失，就在个人永不被发现这一点上，一个人简直没有站在自己立场上说话的机会，多少感情要求被压抑，被抹杀。[1]

鲁迅曾经指出，在封建专制统治下，"中国人向来就没有争到过'人'的价格，至多不过是奴隶，到现在还如此，然而下于奴隶的时候，

---

[1] 《梁漱溟全集》第三卷，山东人民出版社 2005 年版，第 251 页。

却是数见不鲜的"①。在鲁迅看来，中国封建社会的历史总是在"一治一乱"两种时代循环：一个是"想做奴隶而不得的时代"，一个是"暂时做稳了奴隶的时代"。鲁迅向往在中国能够出现"历史上未曾有过的第三样时代"，即每一个中国人都成为社会主人、人人平等的自由民主时代。因为，"人"之不存，人道何依？鲁迅说：

> 暴君治下的臣民，大抵比暴君更暴；暴君的暴政，时常还不能餍足暴君治下的臣民的欲望……暴君的臣民，只愿暴政暴在他人的头上，他却看着高兴，拿"残酷"做娱乐，拿"他人的苦"做赏玩，做安慰。自己的本领只是"幸免"②。

在中华人民共和国历史进程中，我们曾一度把社会主义与计划经济、阶级斗争等同起来，社会成员以总体性的"人民"来体现，个人作为"人"的资格仍存在被冷落的现象。事实上，如果不尊重个人的基本权利，没有人的个性的觉醒，没有个人创造能力的发挥，社会就会失去活力，社会发展就会停滞。

公民相对于臣民，它与人民、群众、大众等概念不尽相同。人民相对于敌人，群众相对于领导，大众相对于精英。一般地说，人民是在革命思维逻辑主导下的阶级概念，公民则是在宪政思维逻辑引导下的法律概念。"人民"是一个集合名词，"公民"是一个可数名词。"人民"概念强调个体的统一性，侧重于具有相同属性的个体的整合；"公民"概念强调个体的差异性，侧重于差异性的个体。按照卢梭的说法，在自然状态下，人是自由、平等的，但是在自然状态中存在着不利于人类生存的种种障碍，人类只有通过订立社会契约的方式集合起来，形成一种力量的总和来克服这种阻力。卢梭说：

> 这一由全体个人的结合所形成的公共人格，以前称为城邦，现在则称为共和国或政治体；当它是被动时，它的成员就称它为国家；当它是主动时，就称它为主权者；而以之和它的同类相比较时，则称它

---

① 《鲁迅全集》第 1 卷，人民文学出版社 2005 年版，第 224 页。
② 同上书，第 384 页。

为政权。至于结合者，他们集体地就称为人民；个别地，作为主权权威的参与者，就叫做公民。①

个体获得"公民"身份，意味着人与人、人与社会（包括国家及各种社会组织团体等）之间的关系突破了血缘、地域、宗法、等级、专制、阶级等特殊主义框架，进入自由、平等、独立、民主等普遍主义价值框架。公民身份意味着平等，表明个体以及个体相互间平等的经济地位、政治地位、文化地位的确立。可见，公民的范围大于人民，人民都是公民。公民中的人民，享有宪法和法律规定的权利，并履行宪法和法律规定的义务；公民中的敌人，则不能享有公民的全部权利。例如，依照法律被剥夺政治权利的人，就不能享有选举权和被选举权，也不得服兵役。公民概念凸显了现代社会中个体的独立人格，使个体获得自主与自尊。在我国，凡是具有中华人民共和国国籍，并依据我国宪法和法律的规定，享有一定的权利，承担一定义务的人，就是中华人民共和国的公民，公民不仅包括人民，还包括被剥夺政治权利的敌人。它表明国家确认社会成员的法律地位，社会成员应受到我国法律的约束。

当代中国社会正在从"熟人社会"向"陌生人社会"转型。这种转型具有客观必然性与历史合理性，但人们对这种转型也表现出深深的忧虑、拒斥甚至否定。人们希望生活在一个"熟人社会"中。对多数人来说，"熟人"是可亲可信的，而"陌生人"则是可疑可怕的。陌生人因其来历不明或形迹可疑而被不少人视为潜在的"坏人"、"敌人"，甚至被视为可怕的"妖魔"。多数人总是以防范的心态面对"陌生人"，告诫自己或劝诫亲朋好友"不要和陌生人说话"、"不要和陌生人交往"。一时间，"陌生人"似乎成了令人可怕和憎恨的"妖魔鬼怪"。另有一部分人则信奉脸厚心黑、情感冷淡、道德冷漠、为人冷酷等，通过瞒、骗、欺诈等手段，伤害或损害"陌生人"。

对陌生人的这种态度，既源于中国传统思想的强大影响，更源于当下中国社会存在的一些缺陷。中国传统道德思想主要围绕基于血缘宗法的"五伦"关系展开，强调"爱有差等"、"内外有别"和"防人之心"，讲究"逢人且说三分话，不可全抛一片心"，处处流露出对"陌生人"的戒

---

① ［法］卢梭：《社会契约论》，何兆武译，商务印书馆1980年版，第25—26页。

心和排斥。当下中国社会总体上仍存在浓厚的人治色彩、泛滥的宗法式"关系",使得人们常常必须借助传统"熟人"策略,才能回避公共生活中存在的诸如"门难进、脸难看、事难办"之类的"陌生人困境"。同时,近年来,"彭宇案"、"小悦悦被碾压"等屡屡发生的公共道德事件,多指向"陌生人"或"路人",使人们对关怀他人、助人为乐、奉献爱心等心存疑虑,对"陌生人"心存戒备甚至恐惧。

从根本上化解"陌生人"问题,需要经济、政治、文化等各种社会力量的联动。从社会学立场看,解决这一问题的两个策略值得注意:一个是传统"熟人"策略,即通过调动血缘、地缘、姻缘、学缘、职缘等各种"关系",把"陌生人"转换为家族宗法式"熟人"。另一个是现代"公民"策略,即通过价值认同、法规契约、制度保障等,把"陌生人"转换为"公民"。

目前,人们更多采取的是传统"熟人"策略。"熟人"策略是中国社会转型期间传统文化与当下制度体制不完善的交互作用的产物,在一定意义上化解了某些"陌生人"问题。但就根本而言,这种策略使人治、"情大于法和理"、"潜规则"等现象不断滋长和蔓延,制约了我国社会公共生活民主化、法治化进程,增加了社会运行和个人生活的成本。同时,由于在这种策略中,每一个人都难逃"陌生人身份",难避"陌生人困境",因而,通过这种策略,每个社会成员的尊严与幸福难以真正得到保障和实现。现在,人们抱怨"人情冷漠",总说"活得很累"。这里的"冷"和"累",折射出传统"熟人"策略的限度及负效应。

化解"陌生人"问题,需要大力提倡、着力培育和不断弘扬现代"公民人道主义"。在公民人道主义视域中,人与人之间的关系因根基于法规制度而具有平等性、透明性和稳定性,"人是目的"、"以人为本"、"我为人人、人人为我"等理念得以有效彰显和弘扬。注重权利和义务对等、自由、公正、平等、自立、自尊、自强、共生等,是公民人道主义的基本价值取向。公民人道主义是人的观念现代化的重要标志,它不仅使现代人更加崇尚自由、平等、民主、理性、宽容等精神,而且还培养了现代人对于公共性价值的深刻体认与关怀。20世纪80年代,中国台湾学界针对公民道德素质与经济水平不和谐发展的现状展开了一场关于"第六伦"问题的大讨论。他们认为中国传统道德只涉及包含"五伦"关系的私德,而对陌生人缺乏有效的公德准则约束。因此,在经济高速发展、公共生活中日益占据主导地位的情形下，人们无法从传统道德习俗中寻找到既定的准则来约束自己与陌生人的行为关系，从而引发了社会秩序紊乱、人际关系紧张、假冒商品泛滥等一系列不道德现象的产生。为此，他们要求建设"第六伦"，即处理群己关系的公德准则，以使人们在对待无任何血缘地缘关系的陌生人时能够彼此尊重、相互关心。五伦与第六伦的区别在于：(1) 五伦的行为准则属于特殊主义，仅仅适用于特殊对象；第六伦理的行为准则属于一般主义，大家都适用同样的原则。(2) 五伦的社会文化背景是经济活动和社会结构简单的传统社会，第六伦的社会文化背景是经济活动和社会结构复杂的现代社会。(3) 以五伦为特色的人际关系所表现的优点是亲切、关怀，缺点是偏私、脏乱，以第六伦为特色的人际关系的优点是公正、秩序，缺点是冷淡、疏远。(4) 以道德范畴区分，五伦属于私德的范围，第六伦属于公德的范围。一个社会如果过分重视五伦，第六伦不彰，则遵守五伦可能成为违反第六伦的理由。①

公民人道主义既包容了一般人道主义的基本要求，但又与一般人道主义有所区别。比如，一般人道主义强调同情、怜悯、友爱、关怀、忠诚、服从、奉献等价值理念，公民人道主义则在认同这些价值理念的基础上，更强调平等、公正、共生、尊重、宽容、友爱、和谐、信任、参与、责任、自律等价值理念。具体到不同社会生活领域，比如在家庭关系中，一般人道主义的要求是夫妻恩爱、敬老爱幼等，但公民人道主以则强调人格独立、夫妻平等、父子平等、尊重彼此的隐私权等；又比如在职业活动中，一般人道主义的要求是爱岗敬业、服务顾客等，而公民人道主义则强调职业的公共性，要求树立明确的公私界限，不将职务或岗位私人化、特殊化，对所有顾客一视同仁；等等。"公民人道主义"体现了一种更具合理性的人学观念。黑格尔说：

　　　　人间最高贵的事就是成为人。②

何谓"成为人"？黑格尔的回答是："成为一个人，并尊敬他人为人。"③

---

① 参见韦政通《伦理思想的突破》，中国人民大学出版社 2005 年版，第 182—185 页。
② ［德］黑格尔：《法哲学原理》，范扬、张企泰译，商务印书馆 1964 年版，第 46 页。
③ 同上。

这可以说是对现代公民人道主义核心理念的集中表达。这里强调了三点：一是"成为一个人"，即要具备为他人所承认的"做人资格"（即人格），成为一个自立、自尊、自信、自强的人。"成为一个人"意味着，人"意识到他的纯自为存在的那种自由的单一性。作为这样一个人，我知道自己在我自身中是自由的，而且能从一切中抽象出来，因为在我的面前除了纯人格以外什么都不存在"①。这里的人格概念不是心理学意义上的人格，也不仅仅是道德意义上的人格，根本上说是一个生存论意义上的人格，是指人之为人的资格，也就是人何以成为人以及通过什么而成为人的条件。"成为一个人"就是获得自由个性，拥有做人尊严，实现自我价值。二是"尊敬他人为人"，尊重他人的独立人格和主体地位，把他人当做和自己平等的人来对待。"尊敬他人为人"是说，一个人不能将他人视为可受自己摆布和控制的傀儡，应尊重他人的独立人格和主体地位。获得"公民"身份意味着，人意识到他人是和自己平等的人，人把他人当作和自己平等的人来对待。这种平等在更为重要的意义上是指人与人之间的相互尊敬。平等是对等级与特权的否定。有等级和特权的地方，就不可能有平等；没有平等，就谈不上个人的尊严。马克思在《1844 年经济学哲学手稿中》指出：一个人的"最大财富是他人"。他甚至认为，一个人所具有的需要在何种程度上成为人的需要，一个重要的标志就是，"别人作为人在何种程度上对他来说成为需要"②。三是实现"成为一个人"与"尊敬他人为人"的内在统一。"成为一个人"就是"内得于己"，即"以善念存心中，使身心互得其益"，成就一个合格或优秀的"个体自我"。"尊敬他人为人"就是"外得于人"，即"以善德施之他人，使众人各得其益"，成就一个现实的"社会自我"。对一个人来说，只有自己"成为一个人"，才有可能"尊敬他人为人"；只有"尊敬他人为人"，自己才有可能"成为一个人"。

公民人道主义可以说是一种人与人之间的彻底的"相互承认"的人道主义。德国学者阿克塞尔·霍乃特认为，在某种意义上，人与人的平等表现为人们的相互承认。"为承认而斗争"是原始的伦理关系，是实践中交往主体的主要形式。他认为，存在不同形式的相互承认，按照相互承认

---

① ［德］黑格尔：《法哲学原理》，范扬、张企泰译，商务印书馆1964 年版，第46 页。
② 《马克思恩格斯文集》第1 卷，人民出版社2009 年版，第185 页。

给主体提供的自主性的大小来区分相互承认的形式，有爱、法律和团结等三种形式。三种承认形式遵循着以道德斗争各阶段为中介的发展过程的逻辑，分别对应于道德发展的特殊潜能和个体自我关系的不同类型。"爱"代表了相互承认的第一阶段，它是一种主要存在于家庭的主体间互动承认关系。家庭成员之间处在一种互敬互爱的状态，彼此把对方看作是具有独特要求和独特欲望的个体。"爱"必须被理解为"在他者中的自我存在"。在"爱"的承认形式中，他人的个体独立性得到了尊重。爱人，通过他所爱的那个他人的个体性来辨别自己，在关爱之中维持着他人的独立性。法律代表了相互承认的第二阶段，它是一种存在于市民社会、作为爱与团结之中介的承认形式。"'法律承认'概念首先仅仅是指这么一种情境：自我和他者作为法律主体互相尊重，唯一的理由是，他们都意识到在共同体中正当分配权利和义务的社会规范。"作为法律的主体，人不仅有能力自我认同，而且有要求他人承认的权利。法律承认就是建立主体间相互认可和彼此尊重的关系。团结代表了相互承认的第三个阶段，它是一种存在于国家并担当着政治伦理建构的承认形式。黑格尔用"伦理"概念来命名这种相互重视的承认关系。"只有自我和他者共有一种价值和目标取向，彼此显示出他们的品质对他者生活的意义和贡献，他们才作为个体化的人相互重视。""社会成员通过走向他们共同目标的构想，形成一个价值共同体。"① 阿克塞尔·霍耐特对"团结"进行了一种主体间式的分析，强调了人们在权利和社会团结层面上对承认的期待所具有的内在的道德力量。他反对功利主义分析范式单纯强调人的行为动机的"利益"之维，因为这种功利范式忽视了道德情感的重要性。霍耐特认为，当每个人都明白他们被所有公民同等"尊重"即承认时候，团结才能真正实现。团结是人与人之间一种相互影响的关系，在这种关系中，因为主体对等地相互尊重，彼此承认各自不同的生活方式，人们的团结才能达成。只有在拥有共同价值目标的共同体中，人与人的彻底的相互承认才有可能，也只有在这样的共同体中，冷漠、蔑视、歧视等社会排斥现象，将不复存在。

　　事实上，早在 19 世纪，"团结"一词就已经成为一种社会理论分析工具概念。1893 年，迪尔凯姆的《社会分工论》一书第一次把"团结"

---

① 参见［德］阿克塞尔·霍耐特《为承认而斗争》，胡继华译，上海人民出版社 2005 年版，第 103—129 页。

概念带入社会科学研究的显著位置。迪尔凯姆认为，"有机团结"是现代劳动分工条件下社会互动的产物。"团结"与传统共和主义的"博爱"原则之间存在重要关联性。19世纪40年代，工人阶级最初使用这个词时，便把"团结"理解为凭借更广泛的政治和社会权利而融入社会的民主要求的一部分。后来在法国出现"团结主义"运动，其倡导者认为，传统共和主义主张的"博爱"，在以自由放任市场经济为原则的社会中已不适用了。作为一种激进的社会运动，"团结主义"运动试图围绕某种服务于所有人的社会进步方案来克服阶级对抗，以使个体主义能够与集体责任感相协调。"团结主义"运动是对法国大革命未能实现的博爱理想的回应。"团结主义"运动曾一度获得过成功，以至于"团结"成为第一次世界大战之前"第三共和国的官方社会哲学"①。有学者认为，西方现代民主观念继承了两种传统，一是犹太—基督教的兄弟团结观，二是希腊—罗马的公民团结观。②

亚里士多德曾把友谊分为三种：来源于相互利用的友谊、来源于相互愉悦的友谊、来源于对善的共同关注的友谊。他认为，第三种友谊才是真正的友谊，这种友谊为家庭中夫妻之间、城邦中公民之间的关系提供了一种范式。在亚里士多德看来，城邦共同体是友谊的联结。这种友谊体现在对善的共同认可与追求上。朋友间不仅有相同的信念，即所谓"志同道合"，更是因为朋友彼此尊重对方的信念。信念不同者照样可以做朋友。在现代公共生活中，友谊并不只是指私人朋友之间的密切关系，友谊指的是一个不断让陌生人加入"我们"的过程。这个"我们"也就是维系公民共同体意识的"团结"。

> 如果我们想要表示一种比"共同体"所指的更为明确的社会生存状态，那么"团结"将是最佳选择。

> 每当人们能够在现实中追问"我们"是谁时，团结问题便近在手边。③

---

① ［英］劳伦斯·王尔德：《团结概念：从理论阴影中产生?》，载李义天主编《共同体与政治团结》，社会科学文献出版社2011年版，第195—196页。

② 同上书，第199页。

③ ［美］大卫·霍林格：《从认同到团结》，载李义天主编《共同体与政治团结》，社会科学文献出版社2011年版，第181—182页。

这种"团结"是"公民本位"的，即一种基于合理分工和人人平等的普遍主义的团结。这种"团结"扬弃各种基于血缘、地缘、业缘等的特殊主义的团结，打破那种仅仅是"亲戚帮亲戚、乡党帮乡党、熟人帮熟人"的狭隘的"团结"意识。特殊主义的团结意识在一定范围内是合理的，也是必要的。没有个别和特殊，就不会有一般和普遍。但是，仅仅囿于或固守这种特殊主义立场，就会使"团结"在现实生活中演变为家族主义、宗族主义、种族主义、地方保护主义，演变为行帮意识、行业垄断观念、行业歧视等。"损人"者可以是个体，也可以是群体。在现实生活中，不少"损人利己"的事情，往往是在特殊主义的团结中进行的。哈贝马斯的话语伦理学不仅预设了人们在做出决断和达成共识时拥有绝对的个体自由，而且认为社会共识只能随着"那种源自团结的每个人对所有人的移情"而形成。[①] 普遍主义团结的基本理念是：团结一切可以团结的人，帮助一切需要帮助的人。因而，这种普遍主义的团结是公民人道主义的，是开放的，是现代社会所需要的。

当今，随着人们参与社会公共生活的时间和机会的愈益增多，随着人们追求良好公共秩序与和谐公共生活的愿望的日益强烈，人们对公民人道主义的吁求也会越来越强烈。

---

① 转引自［英］劳伦斯·王尔德《团结概念：从理论阴影中产生?》，载李义天主编《共同体与政治团结》，社会科学文献出版社2011年版，第200页。

第四章　情:人文关怀的本体要素

　　情,也就是人常所说的情感,是人文关怀的本体要素。人文关怀以人和人的存在为逻辑起点和价值核心,人因情感的感知、领悟和超越能力而感受关爱、传递友爱。因此,情感在人文关怀中有举足轻重的地位和意义。现阶段中国社会政治、经济、文化发展迅猛,日新月异的变化使得外部真实与情感,情感与人本身相互分离。人的价值理念世界呈现出多元、错乱的局面,情感诉求在一定程度上转变为对短暂快感的追求,社会上时常会出现情感冷淡、道德冷漠的现象。人的情感的合理性因素被压抑、被扭曲、被湮没,情感的合理内容和存在价值被替代、被消解,情感逐步走向衰落,这已经成为困扰和阻碍人生存的大问题。合理审视对当代人的生命和生活情感,是人文关怀的重要内容之一。人需要得到情感上的关怀,情感上的关怀不是宗教式的终极关怀,而是更为贴近人的现实生活的人文关怀,这是人的自由全面发展的内在需要,也是社会发展的实际要求。

一　情感在人文关怀中的地位和意义

　　人是情感的存在,情感是人的基本特性之一。情感是人的复杂情绪的综合体现,是人的审美情趣的逻辑起点,是人道德观念的重要源泉。作为主体生存活动的内在驱动力,"情感是自由和需要心理的感性的或直觉的涌动,是人的内心活动中'希望怎么样'的情绪、意态或自我超越的某种精神状态"①。人的生命对于情感是有要求的,要求以具体的情感感知、理解和领悟客观世界,求真去伪、审美弃丑、趋善避恶,从而使人的存在具有丰富性和超越性的意义。可以说,人的心理活动、思想观念、言行举

---

　　①　陈遵沂:《情感的哲学审视》,《光明日报》2007 年 9 月 4 日。

止无一不受情感影响，人因内心丰富多彩的情感世界更具人性、人格的魅力。人是最具情感的动物，人的认知、实践以及社会群体的行为活动都受情感的驱动。情感与理性、意志互相作用，彰显人内在的感悟能力和外在的实践能力，描绘出个体以及整个社会的各种生存状态。

（一）情感是人复杂情绪的综合体现

人非草木，孰能无情？人不仅仅是实践着的动物，还是有思想、有情感的动物。情感是人的一种意识、感受能力，"情感"本义是指"情绪"，在这里指的是深切的"感情"。都说人有"七情六欲"，何谓"七情"？《礼记·礼运》说："何谓人情？喜、怒、哀、乐、爱、恶、欲，七者弗学而能。"可以说人的"情感"是天生的、不用学习就能拥有。情感源于主体对自然和精神文化上的需要，构成一个人内心世界中极其广阔的活动范围。每个人在交往活动中都会产生情感，伴随着各种各样难以忘怀的感情。不同的情感会对人的交往产生不同的影响，改变了人们的判断和选择。白居易有诗（《庭槐》）云："人生有情感，遇物牵所思。"世事千变万化，外界事物的刺激总能引起人最深刻、最剧烈的感情活动。正如法国思想家蒙田形容的那样，

> 对我来说，偶然的一件小事都会像一阵风吹来，使我随风摇摆，心神不宁。
> 无论是谁，只要仔细聆听自己的内心世界，都会发现自己从未有过一模一样的心境。根据情境角度的不同，我的心灵一会儿转到这个方向，一会转到那个方向。如果我谈论自己时口吻不一致，那是因为我当时认为自己时就是有所不同、时常变化的。所有的差别都来源于内心世界的某个角落：羞怯、傲慢；严谨、放纵；健谈、沉默；勤劳、软弱；机智、愚钝；忧郁、乐观；虚伪、真诚；博学、无知；慷慨、吝啬、挥霍等这些相互矛盾的方面都或多或少地在我身上出现过。①

就其表达内容而言，这些基本情感是受外界刺激而产生的不同情绪表现：

---

① ［法］蒙田：《蒙田随笔》，李林等译，上海三联书店2008年版，第109页。

既有积极的肯定性情感如欢乐、友善、喜爱、怜悯，也有消极的否定式情感如贪婪、嫉妒、愤怒、憎恨，无论是哀伤或欣慰，还是郁闷或痛苦，这些基本情感都是人对其需求得到满足程度的主观态度，反映出人应对客观现实的一定的能力和个性。"个体的情感生命，其实是自然的启示和征兆的一个非常精微的体系，个体正是在其中呈露自身。"① 比如根据人的情感表达可以形容人是"敏感的"、"易怒的"、"温和的"、"冷酷的"、"沉默寡言的"、"花言巧语的"……

人通过愉悦、痛苦等情绪表现个体内心对现实生活的态度和判断，使人从情感喜恶上知道什么是善恶，什么是快乐和幸福，通过不断丰富充实的情感世界对生活有更好的理解、感悟和体验。但这种情感不能被当作"经验"、"常识"，常识是一种不断被积累、被认可的生活感受和经验，蕴含着一辈辈人的生活范式和处世哲理。社会学家费夫尔区分了情感和常识的区别，他说：

> 情感完全依赖于感情来确立什么是真实的，而常识完全依赖于感觉来确定什么是真实的。感情是由想象产生的，而感觉是我们的五种感官从经历体验中积累的东西。②

英文中的"情感"有"sentiment"、"emotion"、"passion"等几种表达，其中，"emotion"是一种较为感性、容易波动起伏的情绪，"passion"往往强调极为强烈的激情。在这里，"情感"应该是中性的、更加深沉的"sentiment"，是指源于需要、发展于实践、不断变化着的人的更为理性的内在感情。与转瞬即逝、起伏变化不定的情绪和激情不同，这种情感更为深刻和长久，也更为丰富和稳定。人的情感变化、情绪波动并不只依赖于人生中发生的大事，而更依赖于能够引人注意的自然景色和世间百态，因此才能有感于心。隐藏这些情感比释放它们更难，几乎每一种情感或者说是情绪，都有其特定的发生机制和发泄途径，人可能会因好事而喜不自胜，也会因不幸的事而郁郁寡欢。只有很少人能做到"不以物喜、不以

---

① 刘小枫选编：《舍勒选集》上，上海三联书店1999年版，第629页。

② ［英］R. W. 费夫尔：《西方文化的终结》，于万江等译，江苏人民出版社2004年版，第116页。

己悲"、"对什么也不羡慕、对什么也不惊奇"。正是这些复杂多变的情感的影响，人的心灵世界和意义世界才多姿多彩、充满着各种无限的可能。

然而当情感走向一个极端时，就表现为无法遏制的欲望。情感是一般意义上被吸引、渴望亲近的感情，欲望的渴望程度比情感要高，是生理、心理上无法遏制的对对象的攫取和占有。情感和欲望都能反映出人的需要，却不完全都是真实的需要。如果说情感只是一般需要的话，欲望则意味着盲目的冲动和喷涌而出、不可收拾的激情。富有成就的艺术家往往通过精巧的艺术作品来表达情感。

> 若没有情感的宣泄，艺术家就会像我们普通人一样，无法产生创造的冲动。没有情感的驱动，创作就毫无意义。没有情感，你就会满足于复制和模仿，而不是创造。①

但张扬的情感容易让人陷入欲望的泥潭，中外有不少思想家都主张禁欲，提出要遏制欲望和冲动。他们把人的非理性情感当成了罪恶的根源，完全忽视了情感本身就是人的内在价值。狄德罗不赞成一味从"理性"、"神性"出发批判人的情感，他在《哲学思想录》开篇就指出：

> 人们无穷无尽地痛斥情感；人们把人的一切痛苦都归罪于情感，而忘记了情感也是他的一切快乐的源泉。因此，情感就其本身性质说，是一种既不能说得太好也不能说得太坏的因素。但使我们感到不平的是人们总是从坏的方面来看情感。②

情感在一定程度上是人的非理性表现，与抽象的理性、理智相对，在人的实践过程中起着不容小觑的作用，是人探求真理的动力，反映出主体认识的心理状态、直接影响主体认识过程中对信息的选择和判断。但"非理性"不等于"不理性"，情感同理性一样是人社会交往的结果。情感也包含理性的因子，高尚的情感最接近理性。情感是通往理性的中介，

---

① ［英］R. W. 费夫尔：《西方文化的终结》，于万江等译，江苏人民出版社 2004 年版，第111 页。

② ［法］狄德罗：《狄德罗哲学选集》，江天骥等译，商务印书馆 2007 年版，第 1 页。

能够在一定程度上体现理性的要求。理性包含的克制、节制，能帮助人遏制欲望的冲动，树立正确的理性的价值理念，推动人追求美好生活和情感世界的自由。情感与理性应该是相互交融，要用理性完善人格、丰富情感的内涵和外延，激励人、鼓舞人、塑造人。人的确不能完全弃绝情感，理性不能也不可能完全取代情感，如果让理性主宰人的命运，就会扼杀人的本性、压制人的自由创造能力。对此，涂尔干强调：

> 激发情感是极其重要的，因为情感是行为的驱动力。然而，最为必要的是，通过正当的理性程序来激发人的情感；最为必要的是，这些情感不应是盲目的激情；最为必要的是，要用那些澄清和引导他们的观念来制衡它们。①

情感是个人生命中最有灵性、最有活力和最有创造性的部分，总是在一定情境中生产和再生产，离不开真理、理性等理智因素的引导和制约。情感、理性和意志都是人意识、精神生活的一部分，情感是人感知感受世界的能力，理性是人不断深化认识的能力，意志则是人推进实践的能力。在以往哲学家看来，人是情感、理性和意识的有机统一体。

情感的主体是具有自由意志的人，通过情与理、知与行的有机统一，对人本身的自然本能和社会本能进行整饰和提升，营造出吸纳、安放、包容、疏导人类情感、使之不断完善和发展的意义世界，是人的类本质即自由的体现和实现。人的情感有自然本性的一面，是人的生命的内在本质，也是人性的必要组成部分；不仅受历史条件的限制，不同的时代有不同的情感表现和情感要求；还受到客观存在即社会生活的影响，是人的主要存在方式和重要生活内容。人的理性和非理性都受历史传统和社会文化积淀的影响和作用，都是人在长期的社会认识、社会实践和社会生活中逐渐形成的，有着极为明显的社会化特征。因此，人的情感形成和发展是自然性、社会性和历史性的统一。

一个没有情感的人，无疑是一具行尸走肉，丧失了基本的交流和沟通能力。情感是多层次、多维度的，人某一方面的情感淡薄并不能说明他没有情

---

① ［法］爱弥儿·涂尔干：《道德教育》，陈金光等译，上海人民出版社 2001 年版，第 93 页。

感,只能说明其情感是否稳定、健康、正常、崇高的问题。而情感的浅薄单一和丰富深刻,表现出情感内容、程度和价值的差别,反映了主体精神世界的层次和水平。情感还具有一定的独立性,主体情感的变化与所处环境的变化并不完全同步。人的任何活动都是人的本质力量的对象化,没有情感的参与,人就不可能有激情、热情和创造力;没有理性的限制,人就不可能做到节制、克制和有自控力。若只依据情感的原则,完全遵循情感的力量,这样会导致人走向放纵,私欲横流;若依据理性的法则,要求人压抑内心的情感,这样的做法未免过于严厉,使得人的合理性需求遭受压制。人生命中丰富的情感塑造了鲜活的个性和生命力,带给人更多的想象力和创造力。情感的"丰富性"和"多样性"无疑是人类生命存在的必要条件,尊重情感"多样性"和"丰富性"就是尊重人的"自由意志"。

(二)情感是人审美情趣的逻辑起点

情感是人对生活意义的感受和体验,是人审美情趣的逻辑起点。从这个角度来说,情感传递出人对生活的态度,也说明了人对生命的信仰。人的情感世界既有因生活琐事折射出的喜怒哀乐的情绪表达,也有对世事沧桑变化、人事悲欢离合的诸多感叹,蕴含着极为丰富的人文内涵。在现实生活中,人可以拥有很多美好情感:对父母的敬重和依恋,对恋人、配偶的体贴和忠诚,对子女的呵护和关心,对朋友的相知和陪伴,对陌生人的尊重和友善。情感丰富的人往往心怀恻隐之心、爱美之心、敬畏之心、创造之心,还有动物所不具备的、相当复杂的情感如罪恶感、羞耻感、荣誉感和使命感,等等。人们很早就有意识地"歌以言情、诗以咏志","诗者,志之所以也,在心为志,发言为诗。情动于中而形于言,言之不足故嗟叹之,嗟叹之不足故咏歌之,咏歌之不足,不知手之舞之,足之蹈之也"(《十三经注疏》)。古人尤其善于表达情感,伤春悲秋、借古讽今,吟诗作对、拨弦弄曲,纵情于歌舞、寄情于诗画,创造出一大批像"感天动地"、"惊天地,泣鬼神"、"位卑未敢忘忧国"、"先天下之忧而忧,后天下之乐而乐"等内涵丰富的情感语言和情感文化,来表达他们对自然力量或人为恶行的赞赏和反对,呈现出鲜明的文化艺术传统,彰显了传统的社会道德力量。

人的情感世界是一个以人的情感依托和实现为具体内涵的意义世界,离不开理性和意志的限制和规定,通过文化、艺术的创造和传承完成人主观情感的客观化和社会化，是人类审美情趣和思想智慧的结晶，反映了人的超越有限、追求无限、创造价值、向往自由的渴望。正如狄德罗所说：

> 只有情感，而且只有大的情感，才能使灵魂达到伟大的成就。如果没有情感，则无论道德文章就都不足观了，美术就回到幼稚状态，道德也就式微了。[①]

情感在人的社会交往过程中扮演着极其重要的角色，能够有效帮助人消除内心的无所适从、无所归属，极大地丰富了人的精神世界和意义世界。人需要得到情感的慰藉和关怀，这种关怀是来自于他人和社会的关心和关爱，也是主体本身应担负的给他人以友善和关爱的责任和义务。每一个人都需要以合乎理性的需求和内涵丰富的情感装点生活，加深生存体验，充实人生，拓展人际视野。情感的不断发展变化对人的观念、行为有直接或间接的影响，通过喜、怒、哀、乐、忧、悲、惧等各种情绪表达出人对客观事物的判断和评价。个体和群体会根据实际需求和现实发展的不同产生特定的情感，这些特定的情感如遭遇误解时的隐忍，承受磨难时的坚强，当然也有因欲求不满产生的怨恨，和心理失衡滋生的嫉妒。所以说，情感可以是一种动力，推动人去迎接困难和挑战；情感也可以是一种阻力，让人在生活中一味退缩、停滞不前。人的发展如果缺少了情感，就很难有激情、热情，热情和激情都极大地推动了人的意志的发展和完善，人因此很难有所发现、有所追求、有所创造，更无法获得自由、坚强的意志。

情感有自然情感和社会情感之分。自然情感一般是指血缘亲情、爱情和友情上的情感，这是人生活中最常见的三种基本感情；也包括人的安全感、认同感、责任感，是人自然本性的体现，也是人对自身、对他人、对社会的不同心理感受和诉求。中国传统道德思想中孔子提出的"亲亲"、"孝悌"就是一种自然情感之爱，这种"爱"是有一定针对性的"小爱"，以个人自身为核心，由内及外、由己及人，进一步扩大就是"老吾老，以及人之老；幼吾幼，以及人之幼"（《孟子·梁惠王上》），相比较而言是有差等的。社会情感一般涵盖整个群体的民族精神、集体主义、爱国情怀，是群体在不断发展变化的社会实践中对外界事物形成的一种文化

---

① ［法］狄德罗：《狄德罗哲学选集》，江天骥等译，商务印书馆2007年版，第1页。

内涵和价值判断。这些情感很难用人的自然本性给出解释，它们的产生与人的自然情感相关，但却不是小范围的、只为实现情感本身的爱。比如在我国作为社会道德情感的"五爱"——"爱祖国、爱人民、爱劳动、爱科学、爱社会主义"，既是公民道德建设的基本要求，也是公民应当承担的法律责任和道德责任。这种"爱"是一种"大爱"，对象往往是更为广泛的大众甚至是整个国家，平静之下往往蕴含着更为惊人的力量。这种深厚博大的情感不是自然情感所能比的，是理性、意志的产物，是社会或他人教导、教化的产物，是饱含历史感和时代感、能够不断被深化和传承的人文情感。

自然情感有相对独立的一面，主要是由于每个人、每个家庭都有其自身存在的特性和发展模式；个人情感也有绝对依附的一面，表现在个人的自由全面发展离不开整个社会的友善、团结和互助互爱。从个体的幸福感、民族的自豪感、社会的道德感到整个国家的荣誉感，无一不在诉说着社会情感的诉求和渴望。社会情感是整个社会和谐发展与否的考量指标之一，不同的时代有不同的时代主题和理想目标，无论形式、内容怎样变化都改变不了社会情感的本质，即从人本身出发、为了人的自由全面发展。人的亲情、爱情和友情，人的责任感、使命感、荣誉感，以及整个社会的民族精神、集体主义以及爱国主义，无一不是深刻而包容、稳定而深厚、平静而持久的内心体验和感触。

健康合理的情感不仅能让个体与外部力量保持天然的、自然的密切联系，双方彼此情感交融、使"我"和"我们"、"你"和"你们"、"他"和"他们"没有隔阂，成为有机统一的整体；也能够使个体内部情感得到最及时、最充分的关注、关心、关爱、关切、关照、关怀，个体因此获得无限的支持和动力，能够把这种情感力量"内化于心、外化于行"，塑造个体的同时也塑造了整个社会。个人情感的特性丰富了社会情感的内涵，社会情感是一切个人情感的总和，在一定范围内调节和规范个人情感，将其纳入正常的发展轨道中。因此，人的自然情感和社会情感缺一不可，个人情感的满足有利于推动社会情感的健康和谐发展；社会情感的满足，有利于促进个人情感的稳定和坚固。个人情感与社会情感的有机融合，能够给社会带来更多关爱和力量。

相比较而言，社会情感要高于自然情感，社会情感蕴含着更多的审美情趣和人文内涵。马克思说道：

　　人作为对象性的、感性的存在物，是一个受动的存在物；因为它感到自己是受动的，所以是一个有激情的存在物。激情、热情是人强烈追求自己的对象的本质力量。[1]

情感就是激情、热情的载体，能给人以无限的力量去追求并达成目标。列宁认为："没有'人的感情'，就从来没有也不可能有对于真理的追求。"[2] 追求真理就必须以坚强的意志和顽强的毅力，耗费巨大的激情和热情，倾注全部精力和时间才能发现真理。

　　观念、意识何以能够向意志、行为转化，其根源在于人的需要和欲望，对需要和欲望的关心，就是"热情"。"热情"是由意识向意志、观念和行为转化的中介和内在推动力。[3]

热情是人对外物的兴趣所在，激情要高于热情，这种气势磅礴的情感充分体现在文学、艺术创作上和对真理的追求上。激情和热情都是人的最深刻的感情，是人进行创造的起点，好的情感总能以激情创造不朽的诗篇、乐章。正是在激情、热情的驱使下，人能够创造性地充分发挥并表现人的本质力量。

情感是人主观上的各种内心体验，也是有层次的，"一定层次的情感，至少给定了某种'意义'，某种'含义'，通过他们，情感又给定了一种存在、一种行为，或个体所遭遇的一种命运的某种（客观的）价值差异，或者在这些差异出现之前，情感就已经预先体察并确定了它们；通过某种'意义'和'含义'，情感激励并要求人们做某些事，（警示并胁迫人们）不要做某些事"[4]。因为欣喜、满意而去为善，因为恐惧、畏惧而不敢作恶，这也是爱国情怀、羞耻心、荣辱感等道德情感、社会责任感的重要来源。情感在一定的社会关系以及更大的社会文化模式中产生不同

---

　　① 《马克思恩格斯文集》第 1 卷，人民出版社 2009 年版，第 211 页。
　　② 《列宁全集》第 25 卷，人民出版社 1988 年版，第 117 页。
　　③ 樊浩：《道德形而上学体系的精神哲学基础》，中国社会科学出版社 2006 年版，第19 页。
　　④ 刘小枫选编：《舍勒选集》上，上海三联书店 1999 年版，第 629 页。

的功用和效果,它传递出主体对外部事物的感觉、感受,通过具体的情感内容放大或夸张、缩小或歪曲了客观世界的投影,直接或间接地反映了客观世界在一定程度上呈现出来的现象、本质和规律。

(三) 情感是人道德观念的重要源泉

人首先是情感的动物,正是在情感基础上产生了丰富的精神需要和心理诉求。情感是个体主观上自发、主动的对人生意义的追求,是个体情感行为的高度能动化,人以情为主要内容,以情感人、以情动人,获得理解和认同,有所纾解和收获。所以说情感是人的本质需求,是人对客观对象的一种主观体验,反映出人的精神需要的内容、等级和满意程度。马斯洛认为,"高级需要的满足能引起更合意的主观效果,即更深刻的幸福感、宁静感以及内心生活的丰富感"。此外,"高级需要的追求与满足导致更伟大、更坚强以及更真实的个性"。与此相反,低级需要的满足"充其量只能产生慰藉、松弛的作用,它很难产生心醉神迷、浑然忘我的高峰体验"①。不同级别的精神需要对人精神生活带来的变化是不一样的,越是高级的精神需要,对人的产生的价值和意义作用也就越大,也就越难以实现。蒙培元认为传统儒家重视人的情感,根本原因在于,

> 情感需要决定了人的人生目的,情感态度决定了人的人生立场,情感评价决定了人的人生意义,一句话,人的情感决定了人的价值。②

人的情感是价值创造的一大动力,好的情感是有价值的,是人在社会实践中对客体是否满足自身需要而产生的主观评价,包括人对他人产生的感激、怀念、爱意、怨恨、同情、嫉妒等心理活动,都是对客观事物的价值判断。马克思指出:"'价值'这个普遍概念是人们对待满足他们需要的外界物的关系中产生的"③,所以,价值产生的基础和前提就在于客体是否能满足主体的需要,但客体功能和主体需要只为价值的产生提供了可

---

① [美]亚伯拉罕·马斯洛:《动机与人格》,许金声等译,中国人民大学出版社 2007 年版,第 73—74 页。

② 蒙培元:《情感与理性》,中国人民大学出版社 2009 年版,第 388 页。

③ 《马克思恩格斯全集》第 19 卷,人民出版社 1995 年版,第 406 页。

能性，价值要得到真正的实现，则必须通过人的社会实践活动获得。情感作为一种价值倾向，不仅仅是单一的对客观对象的主观感觉，更多地表现为在不同条件主观对象对自身行为的要求。从人—我关系上看，人的情感表现为认同感、责任感、正义感；从群—己关系上看，人的情感表现为幸福感、道德感、价值感。情感的变化与社会价值观的变化之间关联密切，社会价值观的变化势必会影响到人的情感的强弱，人的情感能力和情感内容反映出社会价值观的发展变化。

情感源于人的本质需求，是个体精神追求和道德选择的内在驱动力。引起情感的外部真实不断刺激人产生新的情感，通过满足或痛苦的感觉会影响人的价值取向和道德判断，促使人有意识地追随"有价值的"、"不违背良心"的品行，从而逐渐形成个人道德原则和社会道德规范。以休谟为代表的情感主义伦理学认为，道德是人的情感或情绪的表现，道德的产生往往来自于个体主观上对愉快或者悲伤情绪的反应。人的赞许、喜悦或者反对、厌恶，这些情感和态度进一步影响他人的情感和态度，使他人产生类似的情感和趋善避恶的行为。几乎每一种道德评价都源自人的情感，快乐和痛苦的感觉就是区分善恶的标准。

密尔进一步指出：

> 凡是受过良好教育的有道德之人，违反义务时便会产生程度不等的强烈痛苦，这种痛苦如果比较严重，甚至会使人不能自拔。这种情感，如果是公正无私的，并且与纯粹的义务观念相关联，而不与某种特定形式的义务或任何附加的情况相关联，那么它就是良心的本质……我们内心的一种主观感情是一切道德的最终约束力。①

这种内在的约束力就源于人内心情感的欢喜或厌恶，是个体形成价值观念和道德观念的重要源泉。

同样，中国传统儒家表现为以血缘—亲子人伦情感为基础的"仁学"，也强调情感在人的道德体系建设中至关重要的作用。孟子就认为，人人都有"恻隐之心"、"羞恶之心"、"恭敬之心"和"是非之心"，将其设定为人之善良本性，没有"四心"也就不是完整意义上的人。在孟

---

① ［英］穆勒·密尔：《功利主义》，徐大建译，上海人民出版社 2008 年版，第 28 页。

子看来，"四心"是儒家所说的"仁"的内涵，实质上是超越血缘情感自然属性的道德情感。"恻隐之心"是人性根基和核心，"羞恶之心"、"恭敬之心"和"是非之心"都是在"恻隐之心"上产生的。但"四心"还仅仅是一种德性的萌芽，如何通过实践成为现实的德性还需要个体后天的努力和社会的教化，否则就不能够成为真正的人。因此，在古代社会，为人忠厚仁义，是道德情感的内在要求；为人恭敬有礼，是理性情感的外在表现；一个"仁义"的人，不但要有对自身的严格要求，还必须不断学习以做到切实的"仁义礼智信"，达到"君子有所为、有所不为"的道德境界。李泽厚认为这是一种"情感本体论"，蒙培元则认为儒家哲学就是一部"情感哲学"。新儒家认为儒家理性与近代西方科学理性不同，重在强调理智与情感的统一，也就是情感因素包含的人文价值作用。基于人文关怀的理性强调的不是工具理性的偏执，即科技能实现大规模的生产和有目的的创造，并有足够能力解决一切问题；也不是道德理性的固执，即依靠道德就能促进建立道德情感，使道德的力量深入人心；而是既重科技又重人文，实现工具理性和价值理性的结合。

需要指出的是，基于情感欢喜或惧怕产生的道德观念，实际上也是一种对外界事物的尊崇和敬畏。人贵在有反思的能力，"通过热切而不懈地追求世俗的声望、名声、荣誉，我们经常省察我们自己的举止和行为，考虑它们在那些亲近和尊重我们的人们眼中的形象怎样。这种仿佛在反省中打量我们自己的恒常习惯，使我们所有关于正当和不正当的情感永葆活力，使本性高贵的人对他们自己和他人产生一定的敬畏，这种敬畏是一切德行的最可靠卫士"①。

从人"心存敬畏"的层面上说，情感是个体内部对他人、对社会的道德责任的潜在力量，也是决定社会结构形成、社会文化变革甚至破坏社会构成的动力来源。南宋朱熹在《中庸注》中说道："君子之心，常存敬畏。"人是需要有一点敬畏之心的，不管是敬畏天命，敬畏生命，还是敬畏法律，敬畏自然；这种敬畏心理拓展了人们的视野，荡涤着人们的灵魂，能让人懂得自警与自省，有助于人规范与约束自己的言行举止，有助于促进人与人、人与社会、人与自然之间的和谐发展。如果没有这种敬畏之心，对什么都无所畏惧，就很容易丧失怜悯心和羞耻心，更不用说社会

① ［英］休谟：《道德原则探究》，曾晓平译，商务印书馆2001年版，第129页。

责任感和道德感了。

情感是人道德观念、善恶观念的重要来源，也是人明辨是非、趋利避害的内在动力，还是个人道德内涵丰富、社会道德完善的落脚点。道德情感蕴含了羞耻、自尊、同情、尊重等具体情感因素，是一种"不只为表达情感、更为承担相应义务"的情感；不仅表现为人对善恶的评价能力，也体现了人自身的发展能力和社会的进步水平。对善恶的选择无论是对自己还是对于他人，会使人的内心产生相应的快乐和痛苦：善的特质在于它能给人以满足和快乐，恶的特质在于它能给人以不满和痛苦。人有趋利避害的天性，因此人更愿意追求幸福、规避不幸。从这个层面上可以说，道德的建构和完善离不开情感的支撑，人的一切善恶观念都源于情感上的快乐和幸福。道德情感的培养和塑造是人认识世界、理解世界的一种特殊方式，是人类独有的高级情感。这种道德情感不再是单一的痛苦、悲伤的情绪，而是更为持久、深沉的感情。好的道德情感源于道德认识又高于道德认识，表现了人的完善自身道德水平的需要，有利于塑造高尚的道德人格，减少人与人之间的冷漠、猜忌，有利于人获得精神上的快乐、道德上的满足，最终实现生命的充实和完善。

二　现代社会的情感危机及其根源

环顾现代人们生活的社会，到处都充斥着真实情感的衰落和负面价值理念的流行。科学技术突飞猛进、消费文化一路高歌，个人的品行、品格很难依靠道德的规范和法律的约束，一面是情感的压抑、冷漠，另一面是情感和欲望的过度宣泄。人的需求、希望，乃至人的道德感和价值观都在被经济大潮重新塑造，并逐步成为人多元生活的附属品。现阶段社会成员之间的生活方式、道德观和价值观方面的差异日益增加，加上一种几乎不受限制的批判自由，于是，社会出现了严重的情感和意义上的危机：冷漠、另类、蔑视规范制度、挑战传统权威、玩世不恭、麻木不仁、自私自利、信仰缺失、道德薄弱、享乐至上、满足现状、逃避困难。

可以说，资本的巨大力量使得现代社会处于一个"危机四伏"的时代，物质世界的经济危机、生态危机、公共安全危机，精神世界的信仰危机、道德危机、价值危机，等等。当西方在追问反思如何才能应对"没有上帝"、"上帝死了"的信仰危机和存在危机时，中国则要面对多元价值观引导下的信仰缺失、道德失范、情感失衡等危机。对中国当下社会的情感问题的关注,必须要对近几十年来的历史和现实进行必不可少的理解、审视,经济文明、物质文明所取得的惊人成就并不能掩盖精神文明、政治文明的不理想,也不能遮蔽经济领跑、道德落后,社会成员急功近利的社会现实。情感危机不仅仅是社会普遍缺乏情感,还在于情感被压抑,或者通过各种非理性途径肆意发泄出来,而这些被压抑的、充满的负面效应的情感——如贪婪、愤懑、嫉妒、报复,危及人自身甚至危及社会。

(一)情感危机的具体表现

当人们把全部的时间、精力投向物质需要的满足上时,就不可避免地会自食情感失衡、精神贫瘠、道德冷漠的苦果。自然情感、社会情感作为本真之爱、道德之源在社会化进程中被忽视或被丢弃,比如父母对子女的养育之情、子女对父母的孝敬之心,比如对他人的同情和帮助。当代国人情感的主要特征就是群体式的孤独和浮躁,所有的迷茫、空虚与冷漠都能在社会中的人—我关系、群—己关系中找到踪影。人的情感世界中的亲情、爱情和人情都在随着生活的变化而延续,也在因交往对象的变化而呈现出一定的断裂。父母子女之间、夫妻之间的"无语"或者"失语",家庭亲情孝道、社会整体婚恋观念变化明显,熟人社会"人情味"淡薄,陌生人交往时"人情"缺失,无一不传递出家庭成员、社会成员之间关系的疏离。淡薄的亲情、爱情、友情以及整个社会成员之间的人情观念,是人对已知的困惑、对未知的迷茫,对真善美的怀疑、对假恶丑的认同,个体以及群体的迷茫与孤独把大家都变成漂泊的异乡人。

1. 亲情:孝道濒临危机

家庭是个体生命的起点和归宿,是人情感交流和互动的主要场所,是私人领域内活动着的情感。家庭情感如果遭到破坏,个体离开了这"血肉至亲"的至亲之情,就不能得到成长过程中足够的滋养和培育。情感是以家庭为基点逐步往外延伸,以"情"构建家族、社会,乃至天地之间的密切联系。俗话说"血浓于水","打断骨头连着筋"。没有家庭,人就失去了情感的最基础的支撑。在家庭中最重要的就是亲情,亲情是人的自然情感,这种自然情感迸发的情义,会让人思考所承担的亲情责任,会让人能更加慎重地对待人生各种选择。父母与子女相互之间的爱是人性、伦理的基石,是没有任何附加条件的纯粹情感。现在社会在人口老龄化趋势愈发明显，以及"空巢老人"逐渐增多的情况下，亲情孝道日益丧失了原有的地位，亲情危机带来的一系列问题日益凸显。如今社会"4—2—1"家庭（四位老人、一对小夫妻、一个孩子）比例有所提升，年轻夫妻往往与父母分开居住，"核心家庭"（只有年轻父母和孩子）明显增多，过去大家庭的"三世同堂"、"四世同堂"只是逢年过节时才会看到的景象。"空巢老人"不仅常见于城市，在农村也越来越普遍。农村大部分青壮年进城打工，由于费用等问题很少回家，家庭成员之间出现了一定的离散局面，留下老人、妇女和儿童守着房屋和土地。还有一些外出打工的年轻人把配偶和孩子带到城市生活和接受更好的教育，把年迈的老人留在老房子，这样的"空心村"因青壮年劳力的缺失而了无生气。

《论语·里仁》中说："父母在，不远游。"可当今社会人口流动性增强，部分年轻人因工作、学习、结婚等原因离开家乡、远离父母在异乡生活，把更多精力投入到自己的生活上，无暇顾及老人，代际关系越来越不和谐，父母与子女之间最平常的亲情需要成了一种奢求。社会发展中很多年轻人生活节奏快，生活方式新潮，不愿听父母"唠叨"，好不容易回趟家也是摆弄各种电子产品，头也不抬地回答父母的各种问题，被问多了还会不耐烦。父母是人最为直接和根本的社会关系成员，是人生命的起点，孝敬并赡养父母、给他们以情感上的慰藉，是自然天成的，也是需要不断加以培养的人伦情感。孝道是亲情中最为重要的内容，是人之为人的道义之一，自古就是中国民族的传统美德。"常回家看看，回家看看，哪怕给妈妈刷刷筷子洗洗碗……"这首《常回家看看》已经传唱了十余年，唱出了中国许多父母和子女的心声。新修改的《中华人民共和国老年人权益保障法》自2013年7月1日正式实施，新法将子女"常回家看看"作为硬性条款列入法规，按照规定，子女应当关心老年人的精神需求，不得忽视和冷落老年人；与老年人分开居住的家庭成员，应当经常看望和问候老年人；用人单位应当按照国家有关规定保障赡养人探亲休假的权利。新法的规定意在强调，子女回报父母的不仅仅是生活必需、物质需求，还应有情感的交流也就是"精神赡养"。

现代人总是过于忙碌，很少陪陪父母话话家常，"树欲静而风不止，子欲养而亲不待"的场景每天都在上演。虽然新法已经实施将近一年了，但"常回家看看"仍然很难执行。立法本意是呼唤亲情、孝道的回归，但法界人士一早就指出这个规定本身比较模糊，对于多长时间回一次家才算"经常回家"没有也很难有清晰明白的评定标准。儿女绕膝、一家人其乐融融是许多老年人的心愿,但对有些子女来说,"常回家看看"无论是在经济上还是时间上都是无法解决的现实问题。因在外工作或工作繁忙等原因,平时只能通过电话和父母联系,而这样常年不能回家看望父母的人不在少数;也有一些人有条件探望父母,却因亲情缺失冷落甚至不赡养老人。而据相关部门统计,老人状告子女没有常回家看看的案例还是少数。大多数老年人对维权冷处理,相比较那些不赡养老人的案例,他们宁愿忍受孤独也不愿与子女对簿公堂,毕竟儿女仅仅是没有经常回家看望他们,这比没有孝心不赡养父母似乎实在已经好得太多。此外,老年人的再婚问题也越来越引起社会的广泛关注。"老伴老伴,老来相伴",选择伴侣、再组家庭是单身老人不可回避的社会现实问题。"走婚",本是描述云南泸沽湖畔摩梭人婚姻形式的专门词汇,如今成了一些城市老年人非婚同居的代名词,失去了原义中的神秘和奇异。今天的"走婚",就是不办理婚姻登记手续,却以夫妻名义同居、共同生活。就两代人之间的关系出现错位而言,走婚是老年人满足自身需求和儿女要求的无奈之举。社会环境越来越宽容,老年人所面临的再婚处境却越来越苛刻。老年人再婚的最大障碍往往来自子女,子女的干涉和反对使老人的"黄昏恋"走进了一个尴尬的境地,让老年人的晚年生活多了一份无奈、少了一份温情。

根据国家老龄委2014年6月发布的最新统计数据显示,近年来,我国老年人口增长较快,截至2013年年底,全国60岁以上老年人口(包含空巢老人、孤寡老人、失能老人和半失能老人、失智老人)已经达到2.02亿人,占总人口的14.9%。其中,65岁及以上人口1.31亿人,占老年人总数的9.7%。中国已经迈入老龄化社会,人口老龄化所带来的影响广泛而深远。时间和距离拉大了父母与子女之间的距离,家庭成员彼此之间的疏离感加深。在老年人眼里,子女和年轻的儿孙热情而冲动、精力充沛而盲从、擅长利益计算而缺乏能力眼光;而在子女和孙辈的眼里,老人往往是多事而且固执、糊涂还很缺乏判断能力、擅长说教而不能与时俱进。部分老年人的晚年生活休闲娱乐不够、精神生活匮乏,子女的远离更容易让他们产生孤独感和空虚感,他们的情感往往无处寄托。由于自身能力和水平的限制,对于一些新兴高科技电子产品和QQ、微博、微信等多种热门社交软件,老年人心有余而力不足,既看不懂说明书也不会操作使用,当不断询问得到不耐烦的回答时,难免会觉得自己真的是落后、落伍,已是被孤立和嫌弃的一群人。老人在日新月异的现实生活中与社会主流和潮流之间只能艰难的适应和融合。横亘在两代人之间的鸿沟难以跨越,当双方的距离愈行愈远,不能调和的矛盾也随之加深。

2. 爱情:婚恋遭遇解构

在以往的熟人社会,多数家庭的婚姻建立在家庭、村庄、乡镇的彼此熟悉和熟络之上,婚姻双方之间往往有着千丝万缕的联系,加之传统"嫁鸡随鸡、嫁狗随狗"的影响,早期家庭的婚姻基础是相当稳固的,在这样的社会背景下离婚代价太高,大多数人都难以承担。因而在老人眼中,婚姻就是一辈子的事儿,终身大事从来都应该慎之又慎。现代社会更讲究平等和自由,传统的"会过日子"、"勤劳"、"老实"的线性思维被"身材好"、"样貌好"、"家境殷实"取代,感情交往的双方更加重视对方的个人品质、家庭背景和经济实力。年轻人接触到新生活、新交际、新理念,眼界更为开阔,思想意识更为独立,结婚离婚变得较以前随意很多,所谓的"父母之命、媒妁之言"的制约明显降低,老一辈的婚姻模式对他们来说更像是一个遥不可及的故事。同时,市场资本和消费文化冲击了广大青年的择偶标准和婚恋观念,社会整体婚恋模式呈现出择偶区域扩大化、择偶方式市场化、择偶对象自主化的特点。个人的形象资本、家庭的经济资本和社会地位,在婚恋市场上的优势更明显,从而使未婚男女在配偶选择上加大了经济考量。现代年轻人在婚恋选择上比父辈们的年代更加强调"门当户对",结婚要有房子、车子还要把婚礼办得有面子,使本就流行的拜金主义、消费主义风气更加浓烈。而一些年轻人缺乏担当和辨识能力,没有独立的人格和经济能力,求助、依赖于父母或者安心"啃老",一些父母不得不包办儿女的学业、工作、婚姻乃至更多。

社会发展让人有了更多选择的自由,但这自由却无法成为生活的替代品,婚姻自由、情感自由像是一张可以随意涂写的画卷,离婚的成本越来越低,婚恋观可谓是这场社会变革里一个明显的阴晴表,记录着国人情感世界的阴天晴天。效率至上的机械管理和物质至上的拜金主义制造出的"情感快餐症",使得情感变得和物质的消费一样,使用价值和价值会快速地耗尽,情感不再是一个无限的范畴,而是愈来愈短暂,甚至昙花一现。社会的包容性和接受能力越来越强,现代人尤其是年轻人很容易接受各种非主流的生活方式。婚姻对他们来说绝不是一件严肃郑重的事,"草率"、"冲动"带来了数量可观、结果堪忧的"情绪性婚姻"。现实生活中的"闪婚"、"闪离"时有发生，这种快餐式的速食爱情对于年青一代来说，很像是两个小孩过家家，可以建立在一时冲动上、也可以结束于一怒之下。年轻人追求新鲜和快感，"异地恋"、"网恋"已是玩旧的游戏，现在流行的是性爱与情爱、恋爱与婚姻的"分离"。几年前电视相亲红人的"宁愿在宝马车里哭也不愿在自行车上笑"，虽然引起了轩然大波，但着实是部分年轻人"婚姻物质化"观念的真实写照。对他们来说，恋爱就是对对方的"资产评估"，婚姻则是"资产重组"，爱情成为附属品，没有物质利益也就没有爱情存在的可能性。脆弱的婚姻建立在纯粹的个人利益之上，感情是用金钱而不是时间培养出来的。人最终都要走向现实、探寻生存之道、实现社会价值和个人价值，出卖青春和身体"求包养"，用出卖感情换来的物质享受终究不能长久、也不会长久。

一边是不断上涨的结婚成本，另一边是不断攀升的离婚率，传统的婚恋观在不断经受各种新观念、新生活的挑战。2014 年 1 月，大型婚恋交友运营平台世纪佳缘发起、得到多家主流媒体联合支持的《2013—2014年中国男女婚恋观调查报告》发布，调查显示，"单独二胎"、"晚婚"、"晚育"、"女汉子"、"屌丝男"、"剩男剩女"等婚恋关键词依然是婚恋热点；相关数据表明，离婚人群中渐渐步入而立之年的"80 后"比例明显增加。生于改革开放年代的"80 后"自立、自强，个性鲜明，在面对结婚、买房、养老、孩子等现实、工作压力和家庭琐碎事务等方面的压力上有其特立独行的共性。一些青年男女在交往、恋爱以及婚姻过程中缺乏足够的理解、信任和包容，没有共同的爱好和价值追求，总希望重新塑造对方，很少换位思考，在发生争吵时一味指责对方以及对方的家人，进一步加深了彼此之间的隔阂，不断增多的个人的孤独感、空虚感和焦虑感为婚姻危机埋下了隐患。家庭暴力和冷暴力已经不再是新鲜的话题，夫妻之间的情感被身体暴力、语言暴力破坏。双方情感得不到有效满足，把负面情感抛给彼此，越是缺乏沟通和信任，越是互相不容、势同水火。现代婚姻制度倡导的离婚自由导致离婚率一路飙升，而夫妻双方离异后对子女的疏于管教或不当方式的管教还会带来青少年心理问题、犯罪问题的增加。

当现实生活中的诸多问题集中反映在影视作品中，就成为各种婆媳剧、宅斗剧、偶像剧等情感影视作品的奇葩情节。综观荧幕上轮番上演的情感片，爱情、亲情、友情这些人的基本情感被当成了背景，仅仅是一锅烩的、供人消遣娱乐的闹剧。它们普遍有着残旧破败、飘忽不定的气息，内容以多角恋、争斗为主，各种奇情、畸情轮番上阵，观众在看热闹的过程中完成了对故事构造、人物设定、情节发展的吐槽。关注现实情感、引起争议和话题的影视剧试图通过各类人——青年、中年、老年的婚恋选择，勾画出社会变迁的现实百态，折射出不同时代、不同身份的人的自身价值取向。为了买卖房子而假离婚、为了传宗接代而借腹生子，现实中的家庭闹剧虽然没有电视上的故事那么离奇，但也是时代快餐式的情感乱象，为时代发展中的两性博弈、女性解放、心理学和社会学研究提供了丰富的案例。社会心理、社会情感的巨大变化使恋情、爱情、婚姻、家庭这一领域出现了各种各样错综复杂的问题，这些问题描绘出有强烈情感诉求的现代人的困扰和烦恼，在一定程度上反映出现代人的不够幸福、不够满足的精神状况以及生活质量，折射出现代中国人社会、家庭婚恋观的忠与不忠、离与不离、分分合合、爱恨交织的情感危机。

3. 友情：熟人关系功利化

中国社会有"熟人社会"和"陌生人社会"之分，在"熟人社会"，人并不算是一个独立的个体，而是作为家庭、宗族乃至社会等级中的一部分，个人必须要顺服社会传统道德规范，维护家族、宗族或阶级利益。而那些象征年青一代精神觉醒和反叛封建道德的人，会被称为离经叛道者并加以家法或族法的惩治。新中国成立后，个体在高涨的政治热情中，从服从"宗族"到服从"组织"、"集体"和"国家"。与宗族血缘捆绑式的关系不同，身处集体的人更像"革命机器上一颗永不生锈的螺丝钉"，牢牢地占据一个位置，默默地无私奉献。那些不服从分配、不愿奉献的人被定义为好吃懒做、思想落后、政治觉悟不高的人，会被社会集体排挤和唾弃。改革开放后，市场经济为社会发展注入了新鲜的活力，个人很难固定在一个位子上。曾经无处不在的传统约束力量不再发挥"决定性作用"，一味地顺从或服从也被看作无能者才有的特质。不确定性和流动性让人获得了更大的便利和自由，同时也让人无所适从，尽管个人对生活方式有了更多的选择，身处市场就不得不遵循弱肉强食、优胜劣汰的市场竞争规则去生存。传统中国社会要求的几乎是一种强制性的情感互动形态，即一个人或一个民族将其情感要求强加于另一方，统治者的情感需求取代了被统治者的情感需求；现代大都市尽管有清一色的高楼大厦、车水马龙，但其中浮动的人心却飘忽不定、无所依存。可以说，传统道德的约束力越弱，现行市场的裹挟力就越强。

中国社会在从传统的"熟人社会"逐渐走向"陌生人社会",这里的"陌生人"不是绝对的。从社会历史文化的角度来看,传统儒家的"血缘伦理关系和价值观"依然鲜活地存在于小城市或者一个利益团体内,有相近血缘和地域的"熟人"占据比重还是偏大。而在大城市,虽然集中表现为"陌生人社会",但人的社交圈子总是在不断扩大,对于没有直接的朋友关系或利益关系的陌生人,彼此交往之间惯用也管用的就是冷漠。因此,现代文明的大都市很难凝聚人心,人周围多是水泥味儿、钢铁味儿、粉尘味儿、钞票味儿、权势味儿,熟人之间存在的人情关系出现一定的危机,互助互爱的邻里、朋友关系也被物欲、不信任蒙上了阴影,一个城市、一个社区、一个村庄、一个宿舍之间明显少了很多纯真的人味儿。这里的"人味儿"和"年味儿"一样,曾经蕴含了一辈辈中国人最深刻的情感记忆,关于友爱和善良,关于热闹和思乡。一方面是邻里、亲朋之间的交往过分功利,有利可图才去维系,"穷居闹市无人问、富在深山有远亲"的场面愈演愈烈;另一方面则是新建关系的维系和延续。这些新建立的关系来自于相似的血缘或地域关系、相同经历或共同的朋友、亲属,再加上恰到好处的"人情礼","陌生人"也能变成"熟人",由此衍生的"人情消费"现象受到社会的多方关注。

社会普遍认可的"成功者"就算没有好的学历背景,但一定要有一双善于发现的眼睛和一颗聪慧无比的大脑。他们大都身份显赫、富甲一方,这些少数人的成功实际上预示着成功的渠道过于狭窄,并不是每个人都能得到成名、成功的机会。成为"成功者"太难,那些"成功法则"如同"每天一个苹果保持健康"或"每天喝八杯水保持健康"一样,仅仅是一句诱导人执行的话语,励志式的条款只教人怎么做,却并不为依照这些法则做的结果负责。而市场上销路正好的各种"成功学"书籍,让人在羡慕着少数人的极大成功的同时,也在深深地意识到自身的不成功。那些"不成功"的人在无所不在的攀比中,深深地体会到"他人就是地狱"的深切含义。在成人社会人与他人的比较中,物质财富的较量最能深深打击一个人的自尊、自信。这里的"他人"就像伴随中国青少年成长的"别人家的孩子",是大多数孩子内心中从小到大无法摆脱的魔咒,"别人家的孩子怎么那么听话"、"别人家的孩子学习成绩怎么那么好"、"别人家的孩子怎么那么有出息",等等,相互比较给青少年的成长、生活带来无尽的烦恼和苦涩,成长过程中至关重要的自尊变成了自卑,"自卑是一条毒蛇，它无尽无休地搅扰、啃啮我们的胸膛，吮吸我们心中滋润生命的血液，注入厌世和绝望的毒液"①。

个体要得到认同，学历、出身、社会背景、经济状况等，都是社会认同的必需考量因素。社会学意义上的成功，和票子、车子、位子密切相关，于是多了很多趋炎附势的"成功饥渴症"患者，他们只能看到别人的豪宅豪车、一掷千金，眼见着权力是屹立不倒、枝繁叶茂的参天大树，把社会的丑恶当成理所当然，把"关系"当成为人处世的第一原则，试图跻身到社会意义上的流行的"成功"、"厚黑"人士之中。竞争有多激烈，结果就有多惨烈。由于最基本的公平准则和最起码的信任不复存在，人无法用正常的竞争达到既定目标，没有权威，也不愿再相信权威。而在达到目标的过程中，人要实现的往往是占有财富、享有特权，社会的部分不透明、不公正，让人很难相信个人所受的教育和个人奋斗会有相应的回报，所以更愿意相信人情关系、建构人情网（人脉网）。在这充满了种种未知的可能性社会中，唯一可以确定的是，人必须通过努力使自己处于有利的位置，但这种努力往往与"人情消费"、"暗箱操作"等联系紧密。人用来交换的情感是不信任、冷漠滋生、相信关系、迷信金钱和权力，社会上流行的是关系网密集、恶势力猖獗，政府部门不作为、官商勾结。简直就像奥威尔说的："有钱的，强壮的，优雅的，时髦的，有势的人怎么会错呢？这个世界是他们的世界，他们为这世界制定的规则一定是正确的规则。"

社会认同体系不合理之处就在于，现代社会既是人才的竞争、能力的竞争，也是关系、背景的竞争，"关系"、"意思"本是中文中两个简意的词汇，却在社会发展过程中涵括了"后台"、"人脉"、"送礼"、"收受贿赂"等含义，成为广大中国人心照不宣的生存必备词汇。"关系"也就是"Guanxi"，不但被英文国家普遍认可，还被认为"在中国'Guanxi（关系）'就是生产力"，已经成为一个长盛不衰的颇具中国特色、社会内涵丰富的名词。人们批评、反感"关系"，但在办事的时候总会习惯性地先找"关系"。"认识人才好办事"是办事人、管事人彼此心照不宣的规矩。人实在不敢相信社会是公平的，"花钱找人办事"反倒是一笔正当的交易，两方各有所得、皆大欢喜。如果不拼"爹"不讲"关系"，那简直都

① 《马克思恩格斯全集》第 1 卷，人民出版社 1995 年版，第 458 页。

是影视作品中才会出现的"好人好事"。正如梁漱溟所言:"中国人的生活,既一向敬重于家庭亲族间,到最近方始转趋于超家庭的大集团;'因亲及亲,因友及友'其路仍熟,所以遇事总喜托人情。你若说'公事公办',他便说你'打官话'。"① 讲"人情"就难免会徇情,于是便形成了"都是熟人好办事"的办事流程。而糟糕的是,"关系"的滥用会影响国家、社会公共事务的处理。

　　在人情泛滥的社会,亲情、交情、友情等被大量渗透或移植到国家管理、社会管理、企业管理等领域,弱化甚至消解了现代社会组织和社会权力的公共性、有序性和高效性;私与公、情与理、情与法的界限被模糊甚至混淆,"熟人"的"情感"代替了制度程序和法律章程,社会生活中潜规则猖獗,使社会正义和公平的天平在熟人的"情"中发生倾斜和偏差。②

4. 人情:陌生人之间冷漠化

在社会现实层面,人与人之间的能力、身份、地位、机会等总是存在各种差异和类别划分,这一点构成了人们共同制度化生活的一个重大条件。在一个"一切坚固都烟消云散了"的世界上,没有坚实可信的事物存在,而新事物又汹涌而来,有的且是无影无形的(不论是手机辐射还是转基因),现在遭受蚕食的是人的情感世界,人们所能唯一把握和相信的只有自己的切身感受。人的生活,就像是一场场热烈的布朗运动,互相融合,分离,再融合,整个社会都是被融合又被分隔的人生,其中的各种自由和沉沦、焦虑与孤独、选择与自欺、逃避与抗争都是面对各种未知和可能性时所具有的情绪体验。人在选择时少了很多责任感和使命感,更追求速食交往法则和短暂的快感体验,对前方状况不明的顾虑,是对现存境遇的怀疑,对没有太多依靠的不安,对很难获得理解和帮助的失落。生活总是会面临各种各样的压力,每个人都面临着不同的生活困扰,房价、物价高涨,看病贵、看病难,升学难、上学难,养孩儿难、养老难,个人生活很难得到改善,多重压力都让人脆弱的神经不堪重负。此外,社会上存

① 梁漱溟:《儒学复兴之路——梁漱溟文选》,上海远东出版社1996年版,第158页。
② 寇东亮:《公民荣辱观教育——基于德性论的分析》,人民出版社2011年版,第273页。

在着的各种不公平、不透明、不信任，以及食品安全、医疗安全、社会治安等社会性综合因素的影响下，浮躁、冷漠是普遍性的社会情感，不满甚至怨恨，这些明显升级的社会负面情感传达出社会问题的严重与否。

就社会的发展状况来说，从长期的农业社会到以工业和机器为主要生产力的现代社会，市场经济取代了计划经济，人的生活方式的巨大变迁本身就呈现出一种断裂，身份的断裂，人很难再有固定不变的身份，人也必须面对更多的不可知性和不确定性。狡猾欺骗、顺从迎合、偏袒犯罪，为了达到自己的目的而利用他人，把个人利益置于公众利益之上，信任结构的缺失被进一步放大和严重化，社会普遍流行的风气会加大传染的范围，并广泛传播出去。社会公共生活领域充斥着深度的怀疑和不信任，使传统道德和价值规范的约束力变得更为薄弱。不信任带来的问题往往很糟糕，人与人之间的交往成本会增加，因为猜疑、怀疑会大大增加交往过程的不确定性和不稳定性。一种规范的社会制度没有建立起来，社会就越像弱肉强食的丛林，人与人之间的交往是一场持续不会间断的博弈，不够狠的就渐渐处于下风。卢梭在《论科学与艺术》中认为，时代发展、文明进步带来了人性的日益堕落和腐化。

> 怀疑、猜忌、恐惧、冷酷、戒备、仇恨与背叛永远会隐藏在利益那种虚伪一致的面孔下边，隐藏在被我们夸耀为我们时代文明的依据的那种文雅背后①。

经常可见人与人之间，尤其是在陌生人之间，首先把对方设定为可能欺骗、自己可能受骗，时刻绷着一根弦，把他人视为潜在的对手、敌人，不想被骗，不信任陌生人，拒绝别人的帮助也不愿帮助别人。人在做事时会花费更多的时间和精力来计算，以确保自己的利益的最大化，由此，花费的时间、精力越多，个人及社会损耗的成本就越高，整个社会的交往过程也就越复杂、越烦琐。

交往过程中最起码的信任缺失后，人面对的不是活生生的人，而是自身利益的最大化或者自身利益的保全，新的规范逐渐取代了旧的规范，习俗的变迁、变异离不开社会财富的影响和塑造。公众赖以生存和维系的情

---

① ［法］卢梭：《论科学与艺术》，何兆武译，商务印书馆1963年版，第8页。

感世界被涂抹上了不一样的色彩。越是缺乏信任,正常的社会交往活动、社会生产、消费活动、政治经济文化活动等一切实践活动越是受到不同程度的影响。在非经济活动领域,利益最大化的经济效益原则占据主导地位,交往活动的不可测性、不确定性,使得个人、群体之间的合作活动变得面目全非、面目可憎。人本来的意愿被曲解,曾经的单纯、善良被选择性地遗忘,听任思维僵化、情感漠然,都市社会面临堕入一种毁灭性错误的危险。在这个意义上,人的社会生活的诸多暴躁、冷漠就是对这种情感普遍缺失状况的反应,人的自私自利被无限放大,并得以广泛流行。人的同情心、信任感渐渐被冷漠、敌视取代,人的不幸和痛苦似乎全都是社会原因造成的,个人生活的所有残酷、悲情,都只能硬着头皮、艰难前进。社会情感考量着社会运行是否健康、是否和谐,人们对现实的有限认识和非理性的解释导致了社会情感的异变。不断出现的社会问题被人们感知、怀疑,并被赋予了非理性的社会意义,社会问题因这些鲜明的情绪化的意义而更加成为影响社会健康发展的大问题。

此外,现代管理的机械化、制度化让行业分工更为精细,相关业务的办理只看规章制度、报表数字,却不管效率效果。现代社会行业之间、产业之间的竞争是激烈残酷的,激烈厮杀中既催生了少数成功者,也产生出大批失意者,优胜劣汰的法则具体化为“绩效”。在绩效主义的考核下,人的工作又必须按照各种数字和条款来进行和完成,达不到考核指标的人慢慢会被排除到可用范围之外。因此,工作着的人更像一部部没有感情的机器,总有专家、学者探讨公职部门服务业中的情感冷漠问题,也不止一次的指出政府部门、公共服务部门存在的服务人员的态度冷漠、只是机械地按照规章制度办事,以严格的数字规范人、压制人,还有些公职人员认为自己是在“屈尊纡贵”与层次低的人打交道。相关部门的无所作为或者做不到点子上,都会让人心生不满和愤恨。比如说医疗问题中突出的“医患”问题,医生患者互不信任、互不尊重,甚至缺乏了最起码的情感交流。患者及其家属饱受病痛、烦琐的就医程序、短暂的诊疗、昂贵的医药费的困扰,沟通、信任和责任感的缺失、不能忍受的就诊体验往往造成尖锐的医患冲突。此外,城管打人、警察不作为、律师不公正……穿“制服”的执法者为什么会那么遭人反感和嫉恨,制服本是一种身份象征,尤其当它意味着一种权力的时候,反而最不招人喜欢,人们痛恨穿着制服的人,实际上痛恨的是身份差异下制服所代表的一种不平等的权力。

种种社会现象虽是个例，但能折射出当下国内社会弥漫着的消极负面的情绪。这种情绪若长期得不到疏导、宣泄，在特定环境刺激下就会酿成恶劣的群体性事件。几乎每一个影响深远的群体性事件，都有诉求得不到回应、问题得不到解决、沟通不畅、处置不公的综合因素的作用。群众的不明就里，有长久积压的不满，也有不平则鸣的义愤，临时的、突发的情绪激动会造成语言过火、行为失衡，从小误会演变成大冲突，而冲突一旦升级，往往会酿成不可估量的严重后果。无论是被曲解的，还是被伤害的；无论是被蒙骗的，还是被煽动的，在群体性事件里任何一个参与者和围观者都不是赢家。

（二）情感危机的根源

在对现代人情感危机问题进行历史的、具体的分析时，要注意到情感危机与人的内心世界密切相关，也要注意到社会变革总能引起社会各成员之间的情感问题。个人命运的变化从"镶嵌"到"卷入"，离不开历史的视野。早年个人就像一颗螺丝钉，牢牢钉在固定的位置。改革开放后，社会人口的流动性使得个人更容易变换学习和工作的地点，成为流动的一分子，因而也很容易被社会浪潮裹挟前行。在不同的阶段碰到的不同问题，带给人不同的忧虑和烦恼。异化的人际关系、社会关系，危机无处不在，信仰危机、道德危机、价值危机，无一不建立在深厚的情感基础上。目前势头迅猛的市场经济像被打开了的潘多拉魔盒，循规蹈矩者未必有好运，投机者反倒鸿运当头。人们难免会心生怨恨，人们对现世、现实的怀疑如果不得纾解，自然会追随另一种价值理念、用另外一种另类方式表达。"断裂"因此成为现代人情感危机的关键词，每一种情感上的断裂都是一种难以言说的孤独，这种孤独将人与人分隔开，把单个的人整个抛入无边无际的荒漠，或者无法逃脱的密室。亲情、爱情、人情以及陌生人之间的情感所出现的断裂，传递出人与人之间的疏远、怀疑、猜忌的心理，也传达出整个社会中普遍存在的浮躁、焦虑和冷漠。外在的、非理性的欲望和冲动并不可怕，潜藏在社会中的拜金思想、情感冷漠和极端享乐主义才更具威胁性。冷漠，对自身以外的事都毫不关心；发泄，以玩世不恭、无所谓的态度游戏人间。没有感情、或者把情感表现为玩的就是心跳、不疯狂不痛快，只注重眼前的快感，这都是一种不加思考也不愿加以深思的人生。

1. 社会价值观念的错位

现代社会生产力发展迅猛,人的生存环境和生存状态出现了巨大的变化。就像马克思描述的社会变化:

> 一切固定的僵化的关系以及与这相适应的素被尊崇的观念和见解都被消除了,一切新形成的关系等不到固定下来就陈旧了。一切等级的和固定的东西都烟消云散了,一切神圣的东西都被亵渎了。①

社会财富不断累积,世俗价值普遍流行,个体欲望无限增殖,社会的融合难度加大,有些观念会因时代的变迁而走向没落,有些观念则因"生逢其时"被包装成普世价值或普遍标准,赢得广泛的好感和认同,在"深入人心"之后获得全面生长。一个时代的焦虑和浮躁、人在存在意义上的不安全感是普遍的,似乎没有什么能真正固定、稳定下来,过去的传统价值观被重新审视,主流价值观受到充满感官欲望、极富实用性和目的性的生活理念的严重挑战,拜金主义、消费主义、享乐主义以及个人主义成为社会上的主要风气。情感因素在现代价值观的评估中,是人走进道德困境、理想困境的主要原因,成为欲望、感性、盲目、冲动的代名词,其自身的合理性一方面成为描述现象的借口和理由。物质财富在一定程度上成为新的权威,全面取代了传统的宗族式的家庭权威,人与人之间的关系被物质利益割裂,情感和价值都遭到了来自物质世界、精神世界的金钱观的全面冲击,出现了情感倾向和价值选择的颠倒。

> 商人和企业家的职业价值,这一类人赖以成功并搞事业的禀性价值,被抬高为普遍有效的道德价值,甚至被抬高为这些价值中的"最高价值"②。

人有增加个人物质财富、以此改变其社会地位的急切心情,急功近利地追求一夜暴富,宁愿相信各种产业的"神话"、"奇迹",这种一心求富的心情是各大书店"成功学"、"营销学"之类的书籍之所以畅销的心理

---

① 《马克思恩格斯文集》第 1 卷,人民出版社 2009 年版,第 34—35 页。
② 刘小枫选编:《舍勒选集》上,上海三联书店 1999 年版,第 513 页。

原因。

　　人很难承受巨大利益、高额利润的诱惑，人类本性中的贪婪达到前所未有的程度，人在追去财富的过程中忽视了对真实和虚假价值理念的审视。在这种风气的引领下，民众的价值观也发生了变化，从重视社会责任、社会义务和社会认可转向重视个人私利、以自我享乐为中心。欲望过度膨胀，情感变成了随时都会喷涌而出的冲动，情感不再用来丰富人的内心世界，而是在被丰富、丰盛的世界填充。社会生产什么，人的情感就表现为什么，人的情感很难再具有创造性，因此造成的一个直接后果就是，艺术越来越让人看不懂，怪异、离奇流行开来。艺术的创作只剩下"幼稚的"创造，却很少有情感上的喷发，难以获得情感上的共鸣。依据经济水平、财富能力为标准衡量人的价值，必然会带来社会地位的分层，并直接导致人与人之间的隔阂和陌生，产生一系列的问题和矛盾。

　　事实上，情感同人的伦理道德、价值理念一样，既深受社会变革带来的伤害，又生产出新的伤害；既遭受着被消解、被替代的境遇，也同样面临着合理性因素的衰落和缺失。社会批量生产的不仅仅是物，还有五花八门的情感，越是批量生产的东西，越难提起人们的兴趣。正如马克思所描述的那样，"物的世界的增值同人的世界的贬值成正比"①。

　　就是说，物的世界所带来的极大丰盛，并不能弥补人们精神世界的匮乏。情感世界同样也有消极情感的增值和积极情感的贬值。很多学者对此都深感忧虑，一旦出现了对共享的价值理想的怀疑，一旦对社会共同情感的认可突破了最低的底线，欲望和冲动必将大行其道，人不是找理由让自己变得理性，而是找理由让自己相信盲目冒险的正确性。情感中残存的理性将不复存在，情感就真的成了罪恶的根源，整个社会的稳定和和谐也将岌岌可危。人应当承认自身的局限性，应该力图克服自身局限，最大限度的消除消解不利因素，获得自身价值的体现和实现。社会的发展与人类能力的契合度终究会越来越高，"发展着自己的物质生产和物质交往的人们，在改变自己的这个现实的同时也改变着自己的思维和思维的产物"②。

　　社会转型下多元价值观相互碰撞，主流价值观边缘化，所谓的道德规

　　① 《马克思恩格斯文集》第 1 卷，人民出版社 2009 年版，第 156 页。
　　② 同上书，第 525 页。

范仅仅是高高悬挂的标语口号，不能真正走进人的心里，不能落实到人的社会实践活动中去。数字化时代下的中国城市化进程，可以说是一部狂飙突进、波澜壮阔的华丽乐章，正在奏响着唯 GDP 是瞻的消费主义、物质主义的序曲。生活中的一切都可以被市场化、商业化、娱乐化，社会道德、社会责任成了苦口婆心却无人愿听的说教。中国人一心一意、心安理得地追求物欲，没有实现理想与抱负的欲望和能力，只在自我调侃和吐槽评论中，躲避社会现实，躲开宏大叙事，躲开公共领域，躲避社会责任感，成为漂浮在现实中的小颗粒。弗洛姆在总结 15、16 世纪西方社会变化和经济变化对个人的影响时，揭示了商会上普遍存在着的敌视、愤怒和漠不关心的气氛，人与人之间存在的距离感与冷漠感。他指出：

> 个人受到强大的超人力量、资本及市场的威胁，每个人都成了潜在的竞争对手，他与同胞的关系也敌对起来、疏远起来。①

同样，现代市场经济的发展让人很难实现合乎理性的认同，在金钱逻辑、资本逻辑裹挟下丧失了情感的能力。人能够躲避崇高、躲避自由、躲避未知，却躲避不过不断到来的困惑和迷茫。外表风光、内心彷徨诉说着外表与内心的分裂，物质世界的极大自由反衬着精神世界的故步自封，他们向往、模仿衣着光鲜、谈吐有度的生活，甚至已经能够享受这种改变带来的快感，但他们过于年轻的心态经受不住风浪的吹打，他们的生活方式无法紧紧尾随于现代社会的日新月异的变化。

在现实生活中，个人主义、实用主义和功利主义的混杂，人们很难在浮躁的社会氛围中坚守自我。越来越多的个体成了他人和社会的旁观者，主体的不在场或不愿在场，几乎成为我们当今时代的一个突出问题。理想与现实、向往与惶恐等矛盾冲突，个体本身精神状况的处境，自我认识、自我价值观的错位，诸多问题给他们的学习和生活造成了相当大的困扰，影响了他们对各种问题的判断和理解。如同弗洛姆分析人的精神状态问题时所说：

---

① ［美］埃利希·弗洛姆：《逃避自由》，刘林海译，国际文化出版公司 2002 年版，第 44 页。

人必须去寻求生存矛盾的更好的解决办法，寻求与自然、他人以及自身相统一的更高形式，正是这种必然性成了人的一切精神力量的源泉，他们产生了人所有的情欲、感受和焦虑。①

所谓的焦虑和不安全感是普遍存在的，多样性的生存世界如巨大的搅拌棒，把他们的生活搅得一塌糊涂。他们越是无助、越是感到无力，就越需要一种能够支撑他们、代表他们的力量。这种内在寄托带来外在的整合，消解了他们的恐惧焦虑和麻木不安，给予的关怀和深刻深深地触动了他们的心灵，让他们的灵魂有了歇息的地方。现代性蕴含的流动性和不确定性尽管不能让人一劳永逸，对相当一部分人来说尤其是年青一代来说还是很具诱惑力的，因为未知充满了种种可能性，满足人对未知世界的向往和追求，可以用来承载欲望和梦想舞台。

科技理性一路高歌，技术带来的问题不能完全依赖技术来解决，人在现实中感受到的无力感和挫败感需要完全依赖外在力量的引导和救赎，迷恋工具理性带来的诸多便利，而技术就像一个巨大幽深的无底洞，一旦系统崩溃，人就只能陷入无所依赖更悲哀的局面。社会的不确定性、不可靠性、不安全性让人不知道还能相信什么。社会由每一个实实在在的人组成，社会成员彼此之间有着复杂而密切的情感互动联系，人的群体行为在一定程度上决定了社会道德的大致走向。在好的、完善的社会情感和社会系统影响下，人受制于约定俗成的道德标准和法律规范，在特定的社会背景中能够各司其职、各尽其责，社会井然有序、先进文明。反之，在集体无道、无德、无情的影响下，道德标准和法律规范丧失了原有的控制和约束能力，群体行为拉低了整个社会的道德责任感，人的角色和道德责任出现了偏差，甚至会造成整个社会混乱无序、社会风气江河日下。

现代计算方式下衍生出的功利之心，在一定程度上加速了社会的信任危机和信仰危机，像是一种思想浪潮席卷毫无防备的人。个人可能会被社会大潮吞噬，未知中总是存在着陌生的人和事，冷漠、嘲讽、焦虑、恐惧。生活在大城市的年轻人浸淫在多元文化观、价值观之中，并不能完全理解"生命"、"个体"和"自我"的意义，他们人文意识淡薄、历史文

---

① ［美］埃利希·弗洛姆：《健全的社会》，欧阳谦译，中国文联出版公司1988年版，第23页。

化性知识匮乏,在面对学习、工作等各种生活压力时难免会失衡,甚至大部分人都单向度的表现为"欲望的自我"、"物质的自我"。一种新的价值观普遍流行的背后是一个原始的所有成员相互尊重、相互信任的道德社会的消亡,取而代之的是一个建立在怀疑和利己、傲慢和自大基础上的权益的多元社会。人文精神的普遍丧失、社会不满情绪的增加、群体焦虑的非理性宣泄,整个社会在虚拟世界中的狂欢完成对现实浮躁的消解。宗教信仰取代了生活热情、游戏人生取代了道德实践,随波逐流取代了独立自主。人就像患了不能治愈的集体依赖症,需要集体更像是需要一种归属和建立在归属之上的安全感和认同感,而且只有在集体中,遵循集体的游戏规则才能得到更多。在这个既熟悉又陌生的社会中,单枪匹马的孤独和空虚,杂乱又庞大的无处安放的焦虑和恐惧,才会更依赖和迷恋集体制造出的友善和团结。集体就是力量,集体就是最好的避风港,正是因为这样,个人才更依赖情感倾诉的宗教、聚众狂欢的网络和无所不有的市场。

2. 社会流行心理的影响

现代社会越来越自由也越来越宽容,自由与宽容带来的不仅仅是欢乐与便利,也同样有痛苦和风险。现实中人情感世界的冷酷、情感的失衡在不同家庭及家庭成员和不同群体和个人之间制造不信任和冷漠,这既是对人本质情感的侵蚀,也是对社会资源和财富的损耗,更是对传统美德的毁坏。情感危机已经给现代人带来了相当大的困扰,传统道德约束削弱后社会环境的变迁、社会竞争的加剧、行业流动性的增强、生活差距的拉大、社会成员的价值理念不断被各式价值观冲击和重塑,人不把人当人看,人是随意变换的符号、是任意粘贴的标签。叛逆、暴躁、冷漠、麻木存在于人的交往活动中,对金钱、权力的追逐以及无法遏制的欲望贯穿于人的整个生活。无论是以亲情、爱情为主的家庭情感危机,还是以友情、人情为主的社会情感危机,都离不开社会心理和情感的影响。社会情感是整个社会交往、互动的产物,是各种社会心理的集合。社会传统心理在不断变化发展中被人不断加以重新组合和建构形成新的普遍流行的社会心理,这些构成了家庭情感疏离、社会冷漠滋生的心理基础和现实基础。

一是趋同心理。人很善于给自己分类、归类,趋同感极大影响人的社会交往和自身发展。从情感层面来说,趋同是一种普遍意义上的社会情感,是情感交流、态度传达、理解深入的过程,是人渴望接近他人、融入他人的主观愿望。人的趋同心理就是求得一种肯定、获得意识、身份和价

值上的归属的心理，在社会、集体中能否保持独立、坚持原则要比泯于众
人的趋同更难得可贵，但人在社会化过程中对他人、集体的依赖程度和对
自我的坚持程度往往是不成比例的，在集体中，人通常只表现出平均值的
智商。

> 每个人都感到并懂得自己处于群体这一整体内部，都感到自己的
> 血循环于这一群体的血液之中，自己的价值是群体精神中的价值的组
> 成部分。①

所以，在集体中过得最安全、也最没有存在感的"高不成、低不就"的
一部分普通人，他们把自己隐藏在集体背后，毫不怀疑也不迟疑地过着被
设置、被限定的人生，他们才是构成集体的中坚力量，也正是这部分人彼
此互相靠近，才能在浩浩荡荡、结伴而行中保全自身。在他们看来，群体
的"共同感觉、共同愿望负担着全部价值：个人是群体的器官，也是群
体的代表，群体的荣誉也就是个体的荣誉"②。但相比较而言，"群体"对
情感、血缘、地域以及背景的要求和指向性更为明确，而"社会"的吸
收和容纳性很强，人也有更多的选择和更多的自由。

> "群体"是由生活的历史、传统、血缘统一起来的；"社会"其
> 实很难说是包括"群体"的大概念，一切"社会"多半只是各群体
> 内在的分解过程之后的残余和遗迹。③

现代人心理和情感上的趋同内容各异，走向负面消极的趋同心会认可
"人不为己、天诛地灭"的自私自利，认可"有钱能使鬼推磨"的金钱万
能说、认可"成功学"式心灵鸡汤的慰藉，认可"我买故我在"消费主
义的短暂快感……人有趋利避害的本能，每一种认同都源自最深切的情感
需求，而这些非理性的趋同的逻辑类似、结构雷同、有很强的成瘾性，是
一种类似于宗教的精神毒品。盲目的趋同在降低认同结果的同时，也让人

---

① 刘小枫选编：《舍勒选集》上，上海三联书店 1999 年版，第 522 页。
② 同上。
③ 同上。

无所适从、日渐迷失。

二是攀比心理。国人的攀比之心、争强好胜之心一直都未曾减少，而这多见于日常生活中的朋友圈、熟人圈。有一定经济实力的人有很强的爱面子、讲面子情结，一切都追求"倍儿有面子"，在消费过程中尤其注重"不求最好，但求最贵"，在公共场合表现欲强烈、炫耀心强、总想引起他人的"注意"。人所具有的朴实情感在他们的"攀比消费"、"夸示性消费"上异化为极端的表现和炫耀欲望，而消费欲望的满足才能带给他们极大的成就感。在攀比者看来，有且只有高昂的价格、大批量的挥霍浪费才是彰显物质基础、确保心理满足的有效手段。美国市场因素销售分析家维克特·勒博宣称：

> 我们庞大而多产的经济……要求我们使消费成为我们的生活方式，要求我们把购买和使用货物变成宗教仪式，要求我们从中寻找我们的精神满足和自我满足……我们需要消费东西，用前所未有的速度去烧掉、穿坏、更换或扔掉。[①]

攀比心理也带来了备受批评的"舌尖上的浪费"：请客吃饭要豪华、要名贵、要浪费，请的不是饭而是"面子"。"铺张浪费"也在一定条件下成了人拉近情感交流的普遍流行方式，一顿饭以拉近人际交往、带来更多物质利益。可以说，现代社会的人们"一直在将自我价值或我们的某一特性与别人身上的价值加以比较；每个人都在攀比：雅人和俗人、善人和恶人"[②]。

俗话说"人比人，气死人"。在房子、车子、票子等一系列的攀比过程中，所有的不满、怨恨等消极、负面的情绪都需要寻找消解和发泄的渠道，人越来越容易暴躁、愤怒，把怒气发泄到亲人、爱人身上，与陌生人的交往彼此之间少了一种礼貌性的谦让，现在任何一项吃穿住行都可以被拿来在社交网络上"晒、炫、秀"，只有通过与其他社会成员进行比较才能将自己与他人区分开来从而获得自身价值的人，无疑是孤独且悲哀的。

---

① ［英］转引自迈克·费瑟斯通：《消费文化与后现代主义》，刘精明译，译林出版社 2002年版，第 21 页。

② 刘小枫选编：《舍勒选集》上，上海三联书店 1999 年版，第 409 页。

三是怕事心理。"怕事"是害怕"摊上事","摊上事"意味着很大的麻烦。中国有句老话叫"事不关己,高高挂起"。少管或不管闲事,是国人明哲保身的生活经验。比如说,对于街边跌倒的老人,大家怕"摊上事儿",都躲着走、不去相助,那势必会影响很多人不敢伸出援手。"扶"还是"不扶",就是一个很大的社会问题。2014年春晚小品《扶不扶》就将一直被大众热议的"路边有老人摔倒了扶还是不扶"的社会话题搬上舞台。对于相当一部分人来说,贸然扶起一位摔倒老人,其结果确实很难想象。"扶不扶"背后是担心万一被老人或来人的家属讹诈,干脆置之不理的心理。前几年发生的"彭宇案"让人记忆犹新,当事者双方各执一词,在证据不足的情况下,大众不知道该相信谁,在自身受到曲解时也不知道该通过何种途径保护自身权益。小品的热议声音还未散去,2014年2月4日(正月初五)下午,烟台交警一大队的民警们就遇上了现实版的"老人摔倒,路人绕行"。巡逻的交警发现有摔倒受伤的老人俯卧在路上,过往车辆和行人却远远避开,交警上前施救,老人苏醒后、不清醒之余却差点误认为是交警撞了他。由于交警随身携带的执法记录仪拍下了他们救助老人的过程,真相大白,他们才得以还自身清白。对此报道,记者也提醒市民遇事"该扶",但一定要保留相关证据。话虽如此,但人若遭遇没有证人、证据不足的情况,往往就会使受困者求助无门、旁观者不愿伸出援手。原本极其简单的恻隐之心、助人之举,现在却需衡量再三,这是人在现实社会中遭遇尴尬后的情感退缩。

四是怀旧心理。人在被世事所累时,会缺乏一种预见性,不能对事情的未来走向做出或好或坏推测,只是陷于担忧或者恐惧中。人无法确切描述陌生的将来,只好缅怀曾经很熟悉的过去。而对未来的无能为力让人更容易怀旧、追忆青春,想要唤醒尘封已久的记忆。想要回到小时候,因为那可能是最无忧无虑、最纯真美好的时候。经常可以看见诸如此类的感叹:"唱的不是歌,而是寂寞"、"抽的不是烟,而是寂寞"。而且,人的情感变得愈发脆弱,在听到一首歌、看到一个画面会潸然泪下,那是一个场景唤醒了人内心深处最不可碰触的情感。但这种情感流露只是在一个人独处的时候才越会显现出来,一旦周围有了其他人,就不愿把自身脆弱或软弱表现出来。在嘈杂的闹市,来来往往的人忙于自己的事,心系自身的喜怒哀乐,越是无处发泄自己的歇斯底里和悲伤,脸上越是写满了许多生老病死或悲欢离合等人情世故后滋生的习惯性冷漠。从心理学上来说,对现实的冷漠和对过去的怀念是人基于自我防卫的一种心理调整。弗洛伊德认为成人的心理防卫机制(简称心理防卫)里有"退化情感",即靠进食和发怒等幼儿期行为来解决心理冲突,这些幼儿期本能驱动了他们深陷糟糕的负面情绪不能自拔。相对应的,"进化情感"就是靠理智、理性来引导、克制,逐渐进化为"喜怒不形于色"的社会人。情感记忆的失落,折射出的是现代生活的迷茫。其实每一代人都擅长怀旧,每一代人都有属于他们自己的旧的烦恼和新的焦虑,时代永远都在发展变化,过去的总会被尘封或者被淘汰、而正在到来的是不确定和不可知的。

3. 社会不满情绪的增加

新中国成立初期,百废待兴,以往的人际关系和社会格局未被打破,大家几乎都过着"同一种生活",穿着"同一种颜色"和"同一个款式"衣服。现在,社会被明显地区分开来,各阶层之间以权钱划分出很难逾越的界限。来自村庄、本拥有土地的称为"新生代农民工"的年轻人,他们早早退学、进入大城市寻找工作机会挣钱,既不会种地、也没有学历,只会一些基本技能。与早些年父辈们背井离乡、做苦工的生存方式不同,现在来自小乡镇和小村庄的年轻人"讨"生活的方式,就是成批量地涌进大城市打工。他们试图融入城市的优越生活,他们唯一可比的就是比父辈年轻,有机会学习更多技术和本领,还会很快学会在大城市中相对体面的生活。新生代农民工是一个庞大的群体,但也是一个弱势群体。他们远离家乡和亲人,年龄普遍较小,收入低、社会地位低,心理承受能力和心智发展尚不够成熟,社会关系和社会资本较为薄弱,没有良好的经济条件和教育背景,他们在接受城市的生活方式后普遍不愿再回到农村,在城市生活已然面临着很多的压力和困扰,被边缘化、被冷落甚至被遗忘,却很难被城市完全接纳,心生恐惧感和危机感的他们无法预知自己的明天。当身处安逸环境、不必为吃喝发愁的城市的年轻人还在游戏和连续剧中消磨时间时,有抱负或为生计奔波的另一部分年轻人已经有目的地或被动地被"市场"所重塑或改造。在大都市生活、工作的年轻人被形容是"三明治的一代",他们既受个人出身地域的限制,又受实际生活环境的限制。他们没有能力在大城市安家,只能暂居城市郊区、租住"城中村",每天有很大一部分时间花费在来回奔波的路上,地铁、公交上都能看见他们疲惫、漠然的面孔。为了成为城市的"一分子",他们辛苦地工作、生活,一切孤独、愤怒、痛苦,焦虑、纠结,甚至冷漠、扭曲,都是常伴他们的情感和情绪。一面是市场竞争的愈演愈烈，一面是传统约束力的日益减少；一面是不断攀升、直上云霄的物价，一面是微薄的、少得可怜的工资；一面是对自由和美好生活的向往，一面是对社会和人际交往的失望；"压力山大"、"累觉不爱"、"人艰不拆"等流行的网络词汇生动地描述出部分年轻人的生活处境和生活态度。

初到大城市的人，难免会因高大的城市建筑、密集的车辆人流而茫然无措，在面对着新秩序和新节奏时，"人在异乡"的感觉油然而生，想在"异地"立足，也必然要付出很多汗水和泪水。大城市尽管压迫人心，但依然凭借其经济实力、消费水平吸引着无数人想要在这里获得的一席之地，每天都有无数的人涌进和逃离。而无论在什么地方，又向来有"本地人瞧不起外地人"的观念，这是一种极为普遍的地域歧视，经济发达地区瞧不起经济落后地区，城里人瞧不起乡下人。一方面，很多城里人不愿关注那些进城务工的农民，认为他们是城市中最不和谐的一幕。那些在大城市生活的中低收入者尤其是没有固定收入的人，他们是大城市的贫苦移民，以"过城里人的日子、得到城市户口"为目标，他们始终赶不上城里人实际生活需求的脚步，只能在巨大的生活差异中，忍受着鄙夷和冷眼，默默地、艰难地生存。另一方面，社会流动性的加强，新兴移民城市的增多，使得本地居民越来越受外地人的包围，并由此产生新的困扰。这在一定程度上已经不是地域性歧视，而是地域性不满，主要原因就是本地人优越感消失后产生的失落感。在经济比较发达地区，往往有更多更好的就业机会和社会资源，吸引了大量外地人的涌入，外地人与本地人争夺工作机会和公共资源，使得一些竞争力不够强的本地居民的生存空间被挤占，生活压力明显增大，因此，这部分本地人更容易产生不满的情绪，在怀念昔日的优越感的同时，以敌视的态度对待外地人。这种隐性的社会排斥也存在一个慢慢累积的过程，在累积大量不满、却得不到化解的背后，往往存在着巨大的社会隐患。

早期人的政治激情在今天已经转到希望获得经济利益以满足消费需求上，个体情感、社会情感随之发生明显的变化，价值结构的多元化是心理基础生活差距、经济能力的加大是现实基础。改革开放以来，社会各产业结构都出现了一定的调整，社会发展不均衡、社会法律以及保障体系的不完善，政治、经济、文化、社会地位的差异，都会积累一定的不满、甚至怨恨的社会情绪。当出身背景、经济条件、个人能力、社会地位都不如他人时,一部分中国人都会选择"忍"。都说"忍"的解释是"心字头上一把刀",中国传统文化中到处都有"忍"的身影,在这样的"忍"文化的浸润下,个体在极力约束自己言行举止的同时,内心的真实情感往往无处宣泄,一旦喷发就很难控制。不是每一个人都能站在道德制高点上对他人加以谴责,也不是每一个人都能心平气和地接受各方的指责。中国人虽然具有隐忍的传统思维,但总有一部分人因"不会忍"或者"不能忍"而大动肝火甚至大动干戈。人是需要对社会有所期待的,而社会上的不满情绪增多,社会期待就会变成社会怨恨。在这样的基础上,不满怨恨的积累就像一颗定时炸弹、一触即发。情绪一旦爆发,得不到有效制止就会失控,大有要将平日里的压抑和委屈一股脑散尽为快。

不满的积累就是怨恨,群体性事件中多有不满、怨恨因素的存在,这些需要宣泄不满、怨恨情绪的人是主导,配角往往是那部分被定义为"不明真相的群众"。这些参与者虽然是无直接利益者,但往往是处于底层、相对弱势、怀有怨恨心态的群体,而矛盾冲突的矛头多指向了当地政府和部分官员。舍勒认为,冲突双方之间的差异、差别,尤其是因身份、地位、权力的不同而产生的差别最能引起怨恨。

> 群体的与宪政或"习俗"相应的法律地位及其公共效力同群体的实际权力关系之间的差异越大,怨恨的心理动力就会越聚越多。①

身份地位上的卑微让那些弱势群体无法获得正当的权利,在与获得更多利益的社会成员进行对比时,双方差异越大,人的不平衡感、被剥夺感就越强。对现实的不满、对当权者的不信任,使得他们感觉尽管"人人都有'权利'与别人相比,然而'事实上又不能相比'"②。

马克思曾经说:

> 一座房子不管怎样小,在周围的房屋都是这样小的时候,它是能满足社会对住房的一切要求的。但是,一旦在这座小房子近旁耸立起一座宫殿,这座小房子就缩成茅舍模样了。这时,狭小的房子证明它

---

① 刘小枫选编:《舍勒选集》上,上海三联书店1999年版,第405页。
② 同上书,第406页。

的居住者不能讲究或者只能有很低的要求；并且，不管小房子的规模
怎样随着文明的进步而扩大起来，但是，只要近旁的官殿以同样的或
更大的程度扩大起来，那座较小房子的居住者就会在那四壁之内越发
觉得不舒适，越发不满意，越发感到受压抑。①

这个描述很生动形象，反映到现实生活中，尽管人民生活水平在逐步提
高，但相应的是物价、房价居高不下，领导、干部特权在手，普通百姓的
生活水平总是赶不上上一阶层的人的生活水平。

无法建立的信任是人所获得的信息量太小，加上部分公职人员一方面
"只许州官放火、不许百姓点灯"搞特权、特殊化，另一方面将政府的活
动对公众保密，以"再研究研究"、"再等等"的措辞进行多方推诿，信
息传播神秘化和信息的缺乏直接导致信任的缺乏和盲从的增加；而当权者
越是隐瞒、越是含糊其辞，就越容易引起怀疑和愤怒，群众通过正规渠道
获得的越少，他们通过非正式渠道打听的就越多，不满、怨恨的情绪扩散
得也就越快、影响就越广。另外，人从非正式渠道所获得的信息量越大，
对事情的可能性的揣测越多，人与人之间、尤其是人与政府和行政部门之
间的不信任因素就越多。当政府或行政部门失去公信力时，就形成了心理
学上所说的"塔西佗陷阱"，无论说真话还是说假话、做好事还是做坏
事，都会被认为是说假话、做坏事。

在一些群体性事件中，即便是无直接利益关系的普通社会成员也很可
能在极短的时间内被动员起来参与打、砸、抢、烧等暴力违法活动。这些
"临时的演员"是无组织的"只靠一种临时意识刺激和相互感染结为一体
的'群众'"②，是生活差距拉大后、在交往过程中得不到起码的尊重和信
任、因出身和能力被贬低甚至被边缘化的"群众"。党的"群众路线"要
求党员干部务必做到"从群众中来、到群众中去"，这里的"群众"指的
是最广大人民群众，可部分官员和执法者却总对地位、收入不及自己的群
众避之不及，甚至漠视部分群众的利益和需求，只按冰冷的条款处理事
务，没有情感上的基本关怀。在近年来发生的数起危及群众生命财产安全
的事故中，往往可以见到这样的场景：面对着生产、交通、食品或公共安

---

① 《马克思恩格斯文集》第 1 卷，人民出版社 2009 年版，第 729 页。
② 刘小枫选编：《舍勒选集》上，上海三联书店 1999 年版，第 522 页。

全事故,个别官员为保头上乌纱帽不但没有及时上报和处理善后,反而在人命攸关之际一味隐瞒、逃避责任。综观近年来频频发生的群体性事件,几乎每一个事件可以说是积累的社会问题、社会矛盾在一定条件刺激下的爆发,而这些事件带来的不良影响要经历相当长的一段时期才能消失。

4. 虚拟世界情感的慰藉

当下中国正处在社会转型时期,许多约束随风而逝,许多限制又闻风而来。许多年前社会、单位和家庭对个人造成的压力和束缚在今天几乎可以忽略不计,人可以自由地选择工作和生活。城市里高楼耸立、车辆疾驰、人潮涌动,来来往往的忙碌和喧嚣愈演愈烈,就连曾经静谧的村庄也因为"城中村"、"农家乐"而热闹起来。这是一个高度商业化、极具表演性的社会,每个人都努力在某个时刻某个场景表现出自身光彩照人的一面,那些所有的灰暗挫败、失落沮丧都被严严实实地隐藏起来。友善、友爱成为了空洞的道德说教,而不是真实的内心情感。狄更斯笔下的《雾都孤儿》,说到19世纪的伦敦在工业革命中获得了巨大的力量,想要生产力得到巨大的提高,就必须忍受头顶终年不散的浓烟,也要容忍内心渐渐失去的稳定和安宁。现代中国人也是孤儿——信息时代的孤儿,这个时代制造了"眼观六路、耳听八方"的奇迹,每天有成群结队、铺天盖地的信息以各种方式向人涌来。人必须要耗费比以往更多的时间关注和查阅信息,过量的信息让人获得更多、了解更多,每天就算不打开手机或电脑,也会面临着传统媒体和新型电子传媒的各种信息轰炸,以前交通不畅、信息闭塞的时代已经一去不复返,似乎只要生活在现代社会,就会理所应当地生活在各类信息的重重包围之中。很多人把现代定义为"微时代",的确有微博、微信传播了海量信息占据人获取外界信息以及传达内部消息的半壁江山,其中不乏各式各样的垃圾信息,越来越多的"标题党"占据着信息页面的主导地位,不夺人眼球就无立足之地。

尽管信息获取和传播的方式更为便捷灵活,人的生活领域因此被无限放大,人与人之间的情感交流掺杂了太多商品化、符号化、利益化的特性。信息时代的发展和生活方式的变革引起了更为深刻的不确定性和不安全性,个体很难获得封闭静谧的生活空间,人更容易在渴望获得过量信息的同时被更多的忧虑所困扰。在不确定性、可变性的作用下,人的孤独、压抑、焦虑、紧张、恐慌、不安等情绪会被放大,随之而来的社会情感问题得不到有效缓解。人意识到情感的错位和失衡,但又好像已经习惯了这样一个"大家都是如此"的生活世界。人似乎知道很多，又似乎什么也不知道，危机和无常是生活中不可避免的一个方面，人获得、掌握的信息越多，就越容易陷入一种巨大的"焦虑"——人生意义的虚无、精神价值的丧失、情感世界的失落。人喜欢什么、社会就会制造什么：你追求时尚、潮流，我就给你一个购物的天堂，你可以尽情挑选、购买；你喜欢隐私、八卦，我就给你一个娱乐的世界，你可以随意浏览、窥探；你喜欢被万众瞩目、收获鲜花和掌声，我就给你一个梦想的舞台，你可以想跳就跳、想唱就唱……选择的过量让人迷失、并丧失了自由思考的能力。蒙田说，"思想没有明确的目标，就会迷失方向"[①]。人有限的热情都耗费在消费（不需要的物品）、阅读（没有价值的信息）和游戏（没有梦想的人生）上。

　　社会的快速发展鼓励异调与杂音，追求相对与变幻，强调及时行乐的情感解放和快感体验。网络世界中的心满意足和恋恋不舍反映出现实社会的不满和不安，是人的共同生活体验，是现实情感衰退的隐喻，人因此在内心形成新的社会心理上的喜与悲、荣与耻、爱与恨。大众喜欢也更习惯网民式的狂欢，激情和热血只有在堆满了各种信息的网络世界中才有用武之地，他们的情感诉求如此强烈，以至于他们总是迫不及待地在虚拟世界抒写各种喜怒哀乐：津津乐道论说八卦，兴致勃勃探究隐秘，怒气冲冲加以声讨，敌意满满参与抵制。今天可以温情脉脉、无比陶醉地点赞欢呼，明天就可能换副表情、义愤填膺地加入热火朝天的口诛笔伐。对立的表情诉说着内在逻辑一致的复杂情感，既缺乏对自我的认知、也缺乏对社会的理解。依然充斥于公共网络平台上隐藏身份的聚众狂欢、嬉笑调笑，或不分青红皂白、恶意语言攻击，背后都隐藏着许多依旧惨淡的人生、依然孤独的灵魂。有强烈情感诉求的人实际上没有意识到急切的喜爱和喷涌的愤怒是一回事，这些无处安放的盛大的空虚和焦虑并不需要加以思考和理解，只需要在适合"文斗"或者是"武斗"的网上世界中动动鼠标、敲敲键盘，就能轻易挥霍和发泄无处安放的过剩时间和精力。这种"暴力"是人借助虚拟的网络平台宣泄焦虑，是情感发泄的一种"合理的"转移，也就是心理学上说的"共情"，即一种感同身受。正是通过这种（网络上的）围观和议论，完成情感的互动和情绪的宣泄。

---

① ［法］蒙田：《蒙田随笔》，李林等译，上海三联书店 2008 年版，第 13 页。

在各种"自由意志"（选择什么样的生活内容和生活方式的自主权利）的主导下，人更加关注自身的形象工程，接触心灵鸡汤式的情感慰藉，感受宗教式的情感满足，注重物质财富和社会地位的发展而忽视了对人心工程的建设。人心工程，也就是人文工程、人文建设。"微时代"的朋友圈、各类虚拟的社区和广场满足着不同人群的口味和需求。社会舆论更像是各种声音夹杂、各种力量角逐、各种思想交锋，人有胆量在虚拟平台上天南海北地胡侃一通，却没勇气路见不平一声吼。真实世界里的情感诉求很难实现，人人都戴着一副面具，面具下是嘲讽、不恭、冷漠、疲惫，面具戴的越久，也就越没有真实的情感交流，人们有限的真实情感挥霍在虚拟的网络世界和社交平台。缺少什么，才会向往什么，网络所表征的社会、文化、观念状况实际上就是他们缺少和需要的。新兴事物和理念不断更新，因此衍生出很多不可避免的社会问题。更多人习惯性地躲在一系列电子产品的背后，不能说话也不愿说话，似乎全都患上了"失语症"，"智能手机成了人的主人"。父母与子女之间、夫妻之间、朋友之间、同事之间，"低头玩手机"成了常见的风景，早上一睁眼、晚上睡之前，开会时、聚餐时，大家的沟通交流越来越少，坐在一起也是埋头刷微博、刷微信、刷网页，甚至在蹲厕所时也在玩手机。歌手王铮亮的一首《时间都去哪儿了》让无数人听了为之动容。不要问现代人的时间都去哪儿了？用来与亲朋好友交流、读书思考的时间都用来玩手机和电脑了。手机的不可或缺牢牢限制了人的自由，加深了人情感上的孤独。人们对手机的依赖，就是对科技产品的依赖，是对物的依赖。人很难静下心来反思，智能手机在为人提供方便的同时，也侵占了人的时间和生命，侵蚀了人与人之间基本的情感，人与人之间变得疏远，人的物化过程，就是人自身本质的丧失和人内在情感的疏离。

中国社会"情感关怀"组织相对欠缺，像西方发达国家那样的"情感互助组织"，在我国数量很少。不能满足的情感诉求加速了社会新兴宗教的广泛传播，宗教在短时间内遍及各地、信者众多，其精神土壤恰恰是对精神生活价值问题极为敏感和珍视。分散在城市、农村大大小小的教会、团契，在一定程度上承担了"分享快乐、分担痛苦"的情感关怀重任。希望寄托在了无形的偶像崇拜上，唯有"无条件的信服"才能换来救赎，宗教信仰走的路线也是由个人救赎走向全民救赎。任何情感一旦被系统化、组织化、规范化，就成了宗教式的情感。宗教式共同体的社会意义在于，在这个具有号召力和凝聚力的情感共同体内，所有的人都会因此得到一种安全感和归属感。实际上，宗教式的偶像崇拜是人把自身的情感投射到外界的某一力量之上，这种迷信和崇拜满足了大部分人的情感需求。人与人之间的相处模式表现为既不团结也不友爱，每个人更愿意关心自己和与自己亲近的人的利益，往往用相互伤害的方式竞争，用身份地位的不同与他人区分开来。这种不信任感和疏离感让人不得不不断对社会妥协，以降低自身的情感诉求和道德标准，或者干脆转而投向其他可以换取自身平静的心理慰藉方式。社会成员如何从社会中得到更多的情感支撑，是一个值得人长期关注的问题。社会是一个大的共同体，又因利益的不同分为经济共同体、政治共同体、情感共同体等，一个共同体内的成员往往有着相同或相似的价值理念，能够为同一个目标做出让步、共同努力，也只有在一定的共同体内，人才会以向心力、凝聚力团结在一起。人需要一个情感共同体来支撑脆弱的情感体系，这不仅在于它能够防御性的应对信任的缺乏，也能够以团结合作的方式给予团体成员以力量，在可能的领域中获取并占有更多的资源。这样人付出的成本依然会增加，但获得的回报总比一点回报也没有要强一些，所以人宁愿在宗教式的共同体内获得存在感和安全感。

5. 真实世界欲望的膨胀

在消费占据主导地位的社会，消费者如果没有需求，生产者必定会制造出一类需求来。为了能够消费足够的产品，就必须生产更多的需求。所以社会不仅仅生产产品，也生产大量的需求。这种被制造出来的需求，配合生产出的推销、促销手段，加深人对产品的好奇和渴望，促使人去消费、消耗产品，以保证这一产品能够继续生产下去。比如说，如果人对属于自己的装潢考究的家感到得意，他这种得意的背后是对自身价值实现后的满足，直接原因就是他得到了来宾的赞誉。数量众多的附和、赞美无疑会给人们以一种情感上的重要性、必要性和权威性。就像是一种空中楼阁，以美妙的虚构带给自己快乐和满足，并试图借助他人的赞誉来使这些虚构更为巩固和坚定。这种能带来满足的对象必须存在于人的生活实际中，甚至成为人生活中必不可少的一部分，只要与人的生活发生联系，便因能让人感到满足而存在。所以说，任何事物只要和人产生某种关系，必然能触动人的情感和理智。于是，人会发现生活中总是缺少太多东西，这也必定会带来一个极大的差异，那就是所能生产的和能够使用的之间存在不可调和的矛盾。

　　社会的分工与合作丰富了人的情感的内涵和实现手段，也加大了人情感的无依无靠。在社会经济尚不发达的阶段，所谓的物质需求恰恰是人最为迫切的需要，经济状况越是不均衡，人的追求就越是有高度的相似性。就像饥饿的人眼里只有食物，贪婪的人眼里只有财富，在这种环境下出现的美德本身是难能可贵的，如同淳朴的情感、友善的微笑一样是不可多得的稀缺品。可以说，物质需求的满足在一定程度上说是情感的满足，现阶段则表现为被制造的情感和需求的满足。在历史和现实中，每个阶级都只代表他们自己的需要，他们的需要往往是从他们自己出发的，也就是说，阶级社会的善恶标准就是为统治阶级服务的，也就是马克思、恩格斯所说的"他们的需要即他们的本性"①。物的丰盛成功地转移了人的视线，让人的情感得以在"欲购情结"中得到发泄和缓解，人转向物质需要、大餐或快餐式的精神需要即成功学的励志、被鼓励的消费。正是在这个程度上减少了情感的社会冲突，但这种情感内容的转移实际上是情感能力的消解，是以人们对消费主义的妥协为代价的。在消费主义影响下，普遍存在着价值错位、信仰缺失的问题，消费者的情感需求几乎完全是生产者和社会制造出来的。用这些被制造出来的"情感需求"评判、修正、指导人的现实生活，人更容易信服和践行。现在普遍流行的资本逻辑、金钱逻辑、权利逻辑是社会改革和发展中的衍生物，凸显着人物质需求与文化需求之间的矛盾。

　　特定的社会条件下人的意识和意识的内容都是社会的产物，他们仅有的被制造出来的情感实际上是统治者要求的情感，是社会生活不可或缺的一部分。因此，马克思说：

　　　　在不同的占有形式上，在社会生存条件上，耸立着由各种不同的、表现独特的情感、幻想、思想方式和人生观构成的整个上层建筑……通过传统和教育承受了这些情感和观点的个人，会以为这些情感和观点就是他的行为的真实动机和出发点。②

　　只要现代社会，就能看到并切实感受到"这些情感和观点"，就很容

① 《马克思恩格斯全集》第 3 卷，人民出版社 1960 年版，第 514 页。
② 《马克思恩格斯选集》第 1 卷，人民出版社 1995 年版，第 611 页。

易被他们左右。而就算没有注意到这些相关的资讯，人的注意力还是会被其他日常事物所吸引。一旦被各种信息（如广告）包围，随之而来的需求变为欲望。一个人的消费欲望在形式上取决于他的经济能力，在本质上往往取决于他对物的渴望程度。这种渴望越迫切，消费的念头就越会以最大的程度充满他的内心、控制他的行为。在这里，理性的束缚和欲望的实现之间的矛盾便呈现了出来。当欲望的激情消退，理性回归，人才有意识地考虑刚才的消费行为是否有必要、是否合理。问题就在于，人的欲望总是压过了理性，欲望是永远无法得到满足的，借卢克内兹的诗句来说，"因为我们所追求的，一天还未获得，在我们看来，它的价值便超过一切；可是一旦已拿到了手，立刻又另有所求"①。

社会制造了无限的渴求，这种渴求加深了人对不能满足的欲望的追求。正如蒙田所说：

> 不管我们得到什么，享受到什么，我们都不会满足，还要拼命去追求新的、未知的事物，因为现有的东西无法令我们满足。在我看来，倒不是现有的事物本身不能满足我们，而是因为我们常常是以病态的、失常的心态去把握现在。②

而不断被生产出来的物质和精神产品只有被消费掉，资本才能以货币形式回流收拢，实现增值。无怪乎现代社会人的消费欲望、消费能力突飞猛进地增长，毕竟在有需求和有购买力的情况下，只有不断刺激欲望、制造需求，吸引更多的人来消费，才能保证资本逻辑的顺利完成。也只有这样，新的生活需求被不断制造出来，更高级的社会需要和精神需要被当成一个遥不可及的神话，取而代之的是荒诞离奇、扭曲复杂的娱乐之心。

社会上的一切似乎都可以拿来消费，不仅是物，还包括人的身体、行为，甚至是人的基本情感、良知和价值信仰，既可以被购买，也可以被出卖。与此同时，社会的文化多元主义的特征日益明显。在个性极度扩张的时代，人的精神健康受"刺激太多"和"选择过多"两个威胁。有太多

---

① ［德］亚瑟·叔本华：《作为意志和表象的世界》，石冲白译，商务印书馆1982年版，第436页。

② ［法］蒙田：《蒙田随笔》，李林等译，上海三联书店2008年版，第99页。

的感官刺激、太多的精神压力,人的判断能力为过多的可选择性所累。权威时代的特征就是用权威来解决问题、改造世界。现代社会很难再有高高在上的政治权威或者宗教权威,伴随着文化权威和价值权威的衰落,以及科技权威、经济权威的张扬,人渴望权威又惧怕权威,在渴望与惧怕之间迷失本性,丧失了情感的能力,只停留在对传统道德的反叛、对物质财富的追求、对感官快乐的迷恋上,对物质、金钱、欲望的狂热取代了对理想和信仰的追求。于是不再有创造,仅仅剩下科技发达下的技术更新和批量生产。设备的不断更新、各种一键式的操作、各类一条龙的服务,生产的程式化、流水线化,人似乎并不需要花费太多力气,只需付出时间和金钱,便能解决并获得一切。财产等"同人的、精神的要素相对立的自然的、无精神内容的因素,就被捧上宝座"①,被奉为圭臬,主体与对象彼此之间是异化的。拥有的同时也在失去,人不但失去了情感的能力,也失去了对自我的审视能力。

> 显然,他的价值取决了他的成功:在于他能否高价出售自己,他是否能够使自己获得更多的财富,他是否是一个成功者。他的身躯、大脑和灵魂就是他的资本,他的生存任务就是把他的资本拿去投资,使他生利。②

现代消费的消极作用在于它带来的虚假快感和满足感,让人很容易陷入到浑然无我、天然无脑的巨大的喜悦和兴奋中,当一个人或一群人沉浸在这种氛围中久了,就会形成固定的心理模式和情感模式,从而对理性的、有计划的、有节制的消费理念产生强烈的排异反应,心甘情愿、跃跃欲试地停留在盲目消费和欲购情结中。心理上的失落和空缺得到暂时的弥补,这对他们来说已经足够。这些短暂的弥补和慰藉只是漫长人生路上偶尔的麻醉剂,就像毒品能让人暂时获得快感、遗忘痛苦,问题是这些幻觉终究不能长久,不能让人回归到正常,清醒之后只能更加悲哀和绝望。人本应"作为一个完整的人",在实践中成就幸福的主体、创造幸福的客

---

① 《马克思恩格斯文集》第1卷,人民出版社2009年版,第94页。
② [美]埃利希·弗洛姆:《健全的社会》,欧阳谦译,中国文联出版公司1988年版,第144页。

体，能够"以一种全面的方式"，"占有自己的全面的本质"①。然而，在资本逻辑作用下，人和物的关系发生了倒置，不是人来控制物、使其成为获得幸福的手段，而是物控制了人的生活和头脑，人成了物的附属。物变成支配人、统治人的力量，扭曲了人的本性。而人只有在物的崇拜和依赖中，才能实现个性的张扬和生命的存在，证明自己的身份和价值，才能体验到自身幸福和情感满足。这种物质的满足与其说是满足了人的情感，不如说是麻醉了人的情感。无法遏制的欲望能让情感喷涌而出、一泻千里，坚定的意志则能够压制情感、克制欲望。这种需要刺激着社会各种声音的出现，各种"关怀"应运而生，"宗教式"的关怀得到了迅猛的发展和流行，以至于人生活的环境充满了各种各样奇怪的物和令人费解的情感。性、情感、文化、消费，无疑是这个时代最常见也最普遍的戏剧，不同的剧目同样的本质每天都在上演，个体的心理失衡的影响范围还比较小，群体性的心理失衡则会波及整个社会。当怀疑、怨恨主导一切时，人该如何努力寻找"意义的自我"或者是"精神的自我"，应该选择相信谁又能够相信谁？这是当下中国社会面临的一个严峻挑战，也是即将到来或者说已经开始的新的时代主题。

三　人文关怀中情感的维系与塑造

在个人生活和公共生活领域的教育、就业、住房、社保、医疗等生活层面和构筑与维护社会秩序的道德、法治、信仰、价值等精神规则层面所出现的一系列摩擦和冲突，增加了人和整个社会的生存成本和容忍能力，拉低了情感的价值创造能力和审美判断能力。社会在很大程度上来说是一个成王败寇的社会，这也是传统文化不断积累的生活理念。对多数人来说，做人的成本太高，物质的、精神的、时间的、精力的，花费越多的成本，就越想获得更大的收益。在物质诱惑面前，没有生命的尊严，没有选择的自由，也不会有独立的思考，除了像巴尔扎克笔下的老葛朗台一样两眼放光、恶狼般扑向金光闪闪的财富，再无其他人生。各阶层之间的界限往往以财富和社会地位来区分，那些生活在社会底层的人，他们的情感又该如何安放。而且情感在很大程度上是主观的、很难用标准去量化，如果

---

① 《马克思恩格斯文集》第 1 卷，人民出版社 2009 年版，第 189 页。

一定要用一个体系去考核,反而会压制或者湮灭情感,把人塑造成机械的、毫无生机的冷血机器。对情感问题的探讨很容易会从"情感失衡"的问题转向另外一种逻辑,即"中国没有宗教,中国人没有信仰,所以国人在缺乏终极关怀"的路径上。情感的问题有其"信仰"的因子,但更多是落实每一步具体的情感关怀,因此,既需要看到这个时代和这个时代之前有关历史、现实的复杂多变的人心所带给人的直接和间接的影响和塑造,有针对性地给出相应的对策;也需要追思过往、在不忍、不安中求得认同和慰藉,对未来可能依然存在的此类问题感到忧虑和释然。

　　情感危机的背后隐含着的是整个国家、民族的共同情感和命运,现代社会并不缺乏精神安置和精神关切的土壤,问题在于现有的人文精神、人文价值缺乏与社会所需要的精神安置和精神关切进行有效互动,必须要客观看待物质财富的卓有成效,又要建立以社会价值(尤其是精神价值)为主导的衡量法则,以人为本、讲究效率和成本、付有所惜、付有所值。当然,很难有"特效药"或"速效药"来药到病除,危机的解决并不是一蹴而就的。现在需要的不是纸上谈兵和苦口婆心的说教,而是情感关怀的扩大和落实,这会是一个漫长且艰难的过程。个人情感的完善与社会情感的完善是不可分割的,一个真正道德的社会一定意味着有一种丰富而高级的精神生活和一个规范和进步的道德情感世界,这个道德情感世界必然是完善的个人情感和社会情感的集合体。在这个集合体中,人与人彼此之间的沟通交往必须"只能用爱来交换爱,只能用信任来交换信任"[1],这是因为,"如果你想得到艺术的享受,那你就必须是一个有艺术修养的人。如果你想感化别人,那你就必须是一个实际上能鼓舞和推动别人前进的人。你对人和自然界的一切关系,都必须是你的现实个人生活的、与你的意志的对象相符合的特定表现"[2]。因此,人们必须是一个具备真情实感、能够摒除戒备、怀疑心理的真正意义上的人,必须会用真实的情感进行交换,获得情感的丰富和完善。对于已经饱受情感失衡、发展受限之苦的现代中国社会而言,重新审视过人的精神文明问题,试图解决现实中精神困境的问题,一系列政策和制度的引导和保障工作已经基本展开,人文关怀的力度还需要加强。而要把情感关怀提升到人文关怀中应有的高度,

---

[1]　《马克思恩格斯文集》第1卷,人民出版社2009年版,第247页。
[2]　同上。

把人文关怀落实到每一步社会关怀之中，培育健全情感意识、塑造健康情感文化、给予全面情感关怀、排解负面焦虑情绪四者缺一不可。

（一）培育健全情感意识

情感如同人的心智一样，也是需要后天培养的。人都有趋善避恶的本性，在生活中还有对情感的渴望和诉求。若每个人都用"丛林法则"来生活，要靠暴力、冷酷无情解决问题，那么拥有情感反倒是最大的柔弱、软弱，或者是懦弱。除了物质财富的标准，现代社会再没有其他切实可信的标准，而现代人在发现他们已经丢掉了最初真实的情感的同时，还发现他们已经对任何情感都失去了合理拥有和有效表达的能力。可以说，道德情感在维系社会秩序的稳定和健康方面起着举足轻重的作用，社会需要道德的约束，更需要道德情感的慰藉。情感教育是一种爱的教育，能够以最贴心的情感交流和互动摆脱焦虑、走向积极。需要指出的是，情感教育并不是一个新鲜的话题，梁漱溟认为一切恶念和恶行都源于物欲蒙心，人被物质利益左右时什么情感、道德都会被抛到脑后，因此他提出"向里用力"、"反求诸己"的道德修养论，就是主张通过"情感教育"使人尊崇并信奉道德。情感教育是人的内在发展的需要，对情感教育的忽视，会使人在成长和发展过程中身陷负面情绪、走向不能解脱的精神困境，会使整个社会走向集体的浮躁迷狂、混乱无序，情感危机会导致后果严重的社会危机。因此，人的情感需要不断的净化、充实和完善。培育健全的情感意识，离不开对人的理性能力、意志能力的培育。蔡元培指出：

> 人之成德也，必先有识别善恶之力，是智之作用也。既识别之矣，而无所好恶于其间，则必无实行之期，是情之作用，又不可少也。既识别其为善而笃好之矣，而或犹豫畏葸，不敢决行，则德又无自而成，则意之作用，又大有造于德者也。故智、情、意三者，无一而可偏废也。[1]

理性是认识上的辨别能力、情感是心理上的选择能力、意志是行动上的决断能力，丰富完善的情感需要理性加以限定和规范、也需要意志推动并落

---

① 刘梦溪主编：《中国现代学术经典·蔡元培卷》，河北教育出版社1996年版，第220页。

实到实践中。只有大力推动人的知、情、意的有机统一和协调发展，才能提高、健全情感教育的实效性。

人最终要走向社会、成为社会的人，这是社会化的过程，人的社会化不是消灭情感而是创造更丰富、更完善的情感。重情感、懂情感的人既能尊重自己，也能尊重他人，在与亲人、爱人、友人以及陌生人的交往过程中，都能以一个良好而健全的情商去理解生活、享受生活。培养共同的爱国情感，爱国家和人民，爱社会和集体；培养同情心和爱心，关注那些遭受病痛、苦难折磨的人，能及时伸出援手、力所能及地帮助他人，让小爱汇集成大爱，大爱无疆，没有爱心的人是可怜、可悲的；培养荣辱感，知耻而后勇，不会反思的人必将失去生活的能力，不知廉耻的人必将失去生存的人格尊严。培育健全情感意识就是加强培养人的情感能力，尤其不能忽视的是对青少年的情感教育，不断成长的青少年在家庭、学校和社会中表现出来的情感失衡已经引起了社会各界的极大关注。目前，社会青少年教育存在着情感教育相对薄弱的一面，所谓"德智体美劳"的素质教育并不能完全同步发展，对青少年的教育往往是"重智轻德"过于程式化、教条化。社会的一贯的教育模式都是这样，"人们主要把学校里的奖赏当做激励智力的手段来使用，而不是当做激励心灵和性格方面等品性的手段。他们与成功有关，而不是与道德价值有关。好的成绩、分数、奖项以及班级荣誉实际上都是留给最聪明的学生的，而不是留给最正直、最敏感的良知的"[1]。

家庭、学校依然是以成绩、名次论天下，像牢笼禁锢着自由和青春，只看孩子的学习成绩、却不注重孩子的内心成长。父母"轻则责骂、重则狠打"、老师"语言嘲讽、变相体罚"，这些简单粗暴的教育方式培养出来的青少年是机械化、模式化的，他们审美素养、道德修养、创新意识都受到了极大的限制，心理或多或少都会有阴影，情感世界是一片浓重的灰暗。

未成年人的可塑性、适应能力和模仿能力都很强，如果根植于冷漠、自私和麻木，他们就很容易被这些负面的态度所影响，把冷酷自私、绝情报复注入自己的血液里。就生活背景来说，大城市生活条件好、消费水平

---

① ［法］爱弥儿·涂尔干：《道德教育》，陈金光等译，上海人民出版社 2001 年版，第197 页。

高，部分孩子从小就爱攀比，比吃穿住行、比家世背景，但在品德上却是差强人意。再大一些的孩子面临着升学、考学的压力，上各种辅导班成了他们每日必修的功课，他们如同考试流水线上千篇一律的考试机器，没有自主性和创造性，更没有青少年应有的鲜活生命力。20 世纪 80 年代末社会上普遍存在的"小皇帝"、"小公主"是一个家庭的核心，得到所有家庭成员的万般宠爱，他们的生活丰富多彩内心却极易偏执和自私，动辄责骂父母和老人。这些"绝望"、"暴躁"的未成年人以错误极端的方式发泄糟糕、不满的情绪，这些负面情绪如同阴影伴其成长，如果得不到合理的疏导和排解，可能是一生不可磨灭、不能愈合的伤口。相比较而言，那些"问题少年"、"留守儿童"因家庭的变故、家庭成员的离散，不能得到来自父母亲朋的及时温暖的关爱，他们的生活灰暗单调，被忽视甚至被边缘化，很容易因情感缺失、心理失衡走向违法犯罪的深渊。此外，城乡教育环境和教育条件的差异更让农村孩子无法得到应有的全面教育，在和城市孩子的差距越拉越大之后，部分成绩不够优秀的农村孩子过早离开校园、走向社会。他们因知识的匮乏、能力的欠缺成为"二代农民工"，在庞大的"打工大军"中沉浸在自卑与不安当中，并对将要长期面对这种生存危机和无常而感到无助和不解、焦虑与愤怒。他们对城市充满了渴望，却被城市冷淡的排斥。

青少年在成长过程中家庭背景和受关爱程度都会影响或作用他们的一生，部分孩子表现出一定的心理缺陷，或偏执、乖戾、自私、冷漠，或自卑、适应性差，或易怒、报复心强等性格和情感特征随之而来。就成长过程来说，青少年在青春期会有程度不一的"叛逆"现象，不少青少年都有过不同程度的"自虐"和"虐人"现象。从前几年的"泼熊事件"、"杀母事件"到近几年的"围殴同学"、"投毒事件"，一个个极端的案例都和"情感荒漠化"不无关系。

> "情感荒漠化"指一个人漠视他人、漠视情感乃至漠视生命，只将注意力集中在知识和技术等狭窄的领域，为实现个人目标而很少考虑可能带来的恶劣后果等。[①]

这种"情感荒漠化"不仅仅是少年儿童的心理和教育问题，也是全

---

① 孙云晓：《警惕青少年"情感荒漠化"》，《中国青年报》2009 年 6 月 2 日。

社会的精神和情感问题。这些案例中犯了过错的孩子普遍成绩优异、智商很高，但生活能力、情感能力以及应对实际问题的能力很低，在伤害其他人时完全忽视甚至是漠视生命的完整和尊严。而社会上时有发生的"虐猫"、"虐狗"现象说明了部分青少年甚至成年人对自己和他人生命不尊重，对幼小生灵妄加残害。他们心中的阴郁、无聊是何其浓重且不能消散。在施暴者眼中，供他们施虐的对象是弱小的，是不足以也不能够反抗的，他们虽然有生命，但与一个"物"或者"工具"无异，施暴者的情感已经异化为权势（我比你高大强壮我就有权势）的发泄。

　　青少年需要得到来自于家庭生活、社会生活中关于成长教育、情感培育的足够体验，这必然要求孩子在成长过程中有对家庭成员的尊重和依恋，有对社会生活的认知和体验。因此，青少年的成长需要有正直而克己的父母、老师来引领和教导，需要通过良好的家庭教育、学校教育和社会教育获得丰富的知识，也需要在成长过程中得到丰富的情感关怀和关爱。而一个好习惯、一种好品德的培养都应该从未成年人抓起，德育中"情感教育"还需要进一步加强培养青少年的情感意识，这是青少年德育的要求，是培养、加强和改进未成年人思想道德的重要内容，是促进人的自由全面发展的不可或缺的环节。胡锦涛特别强调在教育、培养青少年学生时，"既要发展记忆力、注意力、观察力、思维力等智力因素，又要发展动机、兴趣、情感、意志和性格等人格因素；既要增添学识才干，又要增进身心健康"[1]。令人感到温暖的是，在上海静安区高层火灾、汶川和北川地震后的数天里，一些大人有意识地带孩子前去祭奠，培养孩子的同情心和爱心。废墟旁摆放了整齐的鲜花、书本、玩具、食物等祭品，那是亲人饱含深情的追悼，也是素未谋面的陌生人的深切缅怀。对那些自发前去悼念的人来说，这种情感关怀发自内心，能够对饱受苦难折磨的人加以同情、伸出援手，仅仅出于恻隐之心缅怀那些不幸逝去的生命是不够的，更重要的是，"他们和你没有任何利益关系，但却和你有共同的情感，这种情感基于我们都是人，都是中国人，都生活在同一个地方，这就是社会重建的基础"[2]。的确，社会的道德与文明需要情感来维系，自发的追悼行

---

① 《十六大以来重要文献选编》（中），中央文献出版社2006年版，第639页。
② 许纪霖：《与其抱怨黑暗，不如点亮蜡烛——如何重建中国的伦理和信仰》，《新华日报》2014年8月6日。

为是一种"公民自发的道德性的实践"①，是社会成员集体演绎的"大灾有大爱，大爱见真情"的文明温情之歌。

（二）塑造健康情感文化

文化背景界定的人的情感的表现力和显现力，建构起社会情感和个人情感的框架和内容，并赋予人的情感以深厚的内涵和价值，通过宗教仪式、歌舞、节日等方式表达出来。与西方宗教式的情感关怀、因对神的信服而得到幸运眷顾的情感文化不同，中国传统的情感文化是强调"由内而外"的，以内在的知书明理达到外在的谨言慎行，从态度、能力、过程、方法倡导"忠"、"孝"、"雅"、"诚"、"恭"、"谦"、"礼"、"让"，最终达到孔子所说的"老者安之，朋友信之，少者怀之"（《论语·公冶长》），即让老者能够安享晚年，让朋辈之间能够信任，让少年能够心怀大志。孟子也形容一种理想的社会状态是"父子有亲、君臣有义、夫妇有别、长幼有序、朋友有信"（《孟子·滕文公章句上》）。以孔孟为代表的儒家的人文理想充满着对人生情感的领悟，传达出社会情感的完善和社会秩序的和谐。像古代的祭天大典、游牧民族的祝酒歌、汉族的重要节日春节和中秋节等，都蕴含了丰富的人文内涵，以"情感共同体"营造温暖和谐的氛围，塑造了共同的价值观念。社会永远无法把一个人同他的情感分离开来，情感总会找到一条出路、奔回人的内心。经过历史传承的情感在经历社会化后已成为一种重要的文化力量，社会情感、民族情感和国家情感都可以得到传承和发扬。人在时局动荡的年代关注落叶归根，魂归何处，归来的是人对故土、家园、亲人的热爱和眷恋；人在社会转型时期关注情归何处，情感越来越无处安放，情感的安顿之所——心灵被现代性的物质主义、消费主义、科技理性的浪潮侵蚀。社会变革幅度广、经济发展速度快，新事物相继出现，日新月异的技术使主流价值不再成为主导，利己主义普遍流行，个体把追求物质利益最大化当成了最为迫切的目标。社会于是不乏沉沦于物质享受而情感粗鄙的现代人，这也是现代性的流行病。

舍勒指责工业化大生产对人的毒害时说：

---

① 许纪霖：《与其抱怨黑暗，不如点亮蜡烛——如何重建中国的伦理和信仰》，《新华日报》2014年8月6日。

工业主义带来的一切对生活的损害,比如女工、童工、家庭的解
体趋势,大城市的形成以及因居住条件带来的有害健康的后果;因技
艺过程产生的毒气而造成的对整个(工作)职业生命力的结构性破
坏,人在机器使用活动中的专门化(直至变成一颗齿轮),联姻甚至
生育机缘同财富和金钱(与生命力质量不相关)的联系日益紧密,
民族统一的解体。①

就文化生产而言,方兴未艾的全球化趋势,在提升文化产业地位的同
时,也改变了文化产品单一的旧格局。文化产业的多元性给人提供了更多
的看点、并满足了更多的需求,现代社会的发展却让传统、经典披上了物
化的外衣,优秀的文化产品被加以戏谑的"改头换面",精神产品的创造
被拖曳到大时代的旋涡中无力自拔。文化产业操纵生产,固定的被消解、
被重新包装,新生的事物却缺乏人文精神的内涵,情感被欲望驱使,完全
成为消费文化生产线上的廉价而随意的产品。这些产品以庞大的数量、响
亮的品牌名称、逼真的广告效应以及歌舞升平、蔚为大观的繁荣景象表现
出毫不掩饰的"圈钱"意图,隐含着"文化最终异化为资本"的资本逻
辑。大众媒体、电子网络在教人在什么样的时机做什么事,情感愈来愈依
赖于理性的意识形态如法律、科学技术等,本来是自然的、多变的情感成
了成批的缺失意义的虚拟、虚假情感,依照复制、粘贴的操作模式,生产
出更多越来越技术化、标准化、数字化的情感。这些情感或相对保守、刻
板说教而不能充分占有市场,或绝对开放、大肆兜售泪点、笑点制造短暂
悲痛和狂欢,其中的情感关怀部分作为一个可有可无的附属品不能引起人
们的情感共鸣,无法带给人切实的心灵震撼。

然而,物质性的东西并不足以填补人日益空虚的内心,人无法也不能仅
仅依靠满足基本生活需求而生存在这个世界上,人必须要在实践中对生存的
意义进行包装,要有对真善美的追求、对终极目标的想象,这是人"为什么
活着"、"怎么样活着"的主要内容。每个人都应该让情感最终回到情感本
身,要善良孝顺不要冷酷无情,要团结友善不要虚伪麻木,要真诚热情不要
冷漠欺骗,不要有太多的复杂和功利,不要失去最初的正义感和责任感,不

---

①　刘小枫选编:《舍勒选集》(上),上海三联书店1999年版,第529页。

要失去最初的希望和理想。尽管个体要承担的那部分责任虽然看上去很小很有限，但汇总起来却是可观的，所以社会才需要更多的"微能量"、"微动力"。当大部分人的情感世界是一片荒原时，真挚的个人情感、积极的道德情感最能够打动人心、凝聚人心、传播爱心、温暖更多的人。正如央视《感动中国》品牌栏目对年度人物的评选和表彰，以极大的情感力量和光辉的道德力量"感动公众、感动中国"，传递爱与温暖，为大众打造年末岁中的温情款款、新春伊始的生机勃勃的景象，颂扬中国传统美德和良好社会风尚，推动形成崇德尚义、见贤思齐的良好风气，被誉为"中国人的年度精神史诗"。这些各行各业的道德楷模身上有着鲜明的时代特征，在平凡的生活、家庭、工作、情感上成就不平凡的伟业，即便没有广泛的学识和深刻的洞察力，但最起码有一颗温暖善良的心温暖人、感染人，他们内心的情感真挚淳朴，他们的奉献和坚持给社会带来了更多美好情感。

人在生活中避免不了要和他人打交道，这个"他人"可以是至亲至爱的亲朋好友，也可以是素未谋面的陌生人。马克思说："人的本质不是单个人所固有的抽象物，在其现实性上，它是一切社会关系的总和。"①人既然是社会性的动物，生活在城市就必然要经历"人的城市化"的过程，个体的城市化离不开"城市的人化"，城市的发展、体系的健全需要衡量"城市的发展与人的发展之间"的情感联系。休谟指出：

> 他人的幸福和苦难并不是与我们完全漠不相关的景象；他人的幸福不论在其原因或结果上的景象，都像灿烂的阳光或精心耕种的田野景色，给人以内心的欢乐和满足；他人的苦难的现象，则像一片低垂的乌云或贫瘠的风景，给想象力投上一抹抑郁的阴沉。②

有些人在衡量"在大城市还是在小城市生活"，大城市因充满激烈的竞争、苦不堪言的压力迫使更多人选择"逃离繁华和喧嚣"。不需要询问生活在现代都市中的人"你幸福吗"，"幸福"是人对生活的满意程度，在一个处处感受冰冷、冷漠滋生的环境，人怎么会有幸福可言。对人的发展来说，健康的生活需要美好情感的关怀、温暖，需要真诚、健康、积极

---

① 《马克思恩格斯文集》第 1 卷，人民出版社 2009 年版，第 501 页。
② ［英］休谟：《道德原则研究》，曾晓平译，商务印书馆 2001 年版，第 70、80 页。

的情感互动,人应当学会利用城市发展所蕴含的可能性来培育极其丰富的人性。呼唤真实情感的归来,就是呼唤真实合理的价值理念和人文精神的归来。这里的"归来"不能只是起于一时有感而发、公共性的呐喊,也不能只用反思、眼泪和刻板说教来自圆其说,而更应该是一种不断深入的情感能力的提高。

社会情感文化必须要承担表达内心诉求、传达正面情感、倡导真善美品德的任务,需要不断调整步伐以适应市场的发展节奏,不断寻求、更新表达手段和内容,需要进一步增强、拓展表达主题和场域,对社会情感进行合理的包装再造,做到贴近现实、关怀现实,以真挚、真诚、真实的情感感动、感化、感染受众,满足情感诉求、引导价值理念。全面塑造情感文化不仅仅是对人的精神性的关怀,还是对社会道德的重塑,是人的合理生存需要和共同追求,是时代和社会发展的新要求。培养社会情感还需要主流价值观的科学指导,中共中央先后提出的"八荣八耻"、"社会主义核心价值观"涵盖了社会主义世界观、人生观和价值观的基本内容,不仅是对个人交往和社会交往的规范,而且是有意识、有目的的对人道德价值、生存价值、社会价值的引领,还是对人基本情感、道德情感以及社会情感的塑造。任何一个市场的发展都离不开规章政策的保驾护航,根据这些理论精神,国家出台了一系列相关的规章政策维护文化市场的健康发展,督促社会广大文化工作者和文化单位坚持社会主义先进文化前进方向,自觉践行社会主义核心价值观,反对并抵制庸俗、低俗、媚俗之风,构建社会主义精神文明和道德文明,这对整顿、净化社会文化市场、推进社会主义文化繁荣有着重要意义。因此,不能忽视文化市场中情感的地位和巨大推动作用,需要提升整个社会的人文维度。正如马克思所言:

> 光是思想力求成为现实是不够的,现实本身应当力求趋向思想。①

对一个社会的发展来说,经济彰显实力、文化提升魅力、情感激发创造力,这是一个漫长的过程,因此必须要有先进文明的社会推动情感文化的普及。

---

① 《马克思恩格斯文集》第 1 卷,人民出版社 2009 年版,第 13 页。

（三）给予全面情感关怀

一个缺乏情感关怀的社会远比一个情感出现危机的社会要可怕，后者只是情感的失衡，前者却是情感的缺失。现代社会在情感关怀上的不足，引起情感不安和焦虑的加强甚至情感的被压迫和抑郁，这必然造成情感的内在心理失衡和外在社会矛盾冲突。在社会公共生活领域，冷漠、敌视往往是因为人与人之间的不信任和不友善，对他人的严防死守反而说明这个社会在一定程度上是不安全、不可靠的。虚假的微笑虽然比真实的冷漠让人鄙夷，但真实的冷漠却比虚假的微笑更让人心生寒意，前者只是价值选择和判断上的偏差，后者却是社会整体价值的错位和情感的失衡，而且会有"长此以往，情将不情"的危险。情感就是给人以关怀、关爱的，越是戒心、敌意满满，就越能招致怀疑和冷漠，整体情感的失衡会使整个社会为此付出更高的成本和代价。对于各地频频出现的公交纵火案、公共场所持刀行凶伤人案等极端行为，"一棍子打死"、"杀之而后快"的解决问题方式过于简单粗暴。用马克思的话来说：

> 不管个人在主观上怎样超脱各种关系，他在社会意义上总是这些关系的产物。同其他任何观点比起来，我的观点是更不能要这些个人对这些关系负责的。[①]

如果仅仅对犯错方、或潜在的犯错方一味围追堵截、严防死打，这样很容易给人造成一种错觉："这个社会是很不安全的"，或者说"这个社会的其他人是不安全的"。

恩格斯说："我们应当体验生活，体验完全的生活。"[②]

在今天，我们依然要体验生活，体验生活的喜怒哀乐、悲欢离合，体验个人的成长和社会的进步，体验时代的发展和制度的完善。体验生活，尤其不能缺少情感对人现实生活的感知、领悟和超越。

给予全面情感关怀，首先需要建立一个真实可信、可以接纳包容人的情感的"共同体"。现代人的生活离不开各种各样的共同体，马克思、恩

---

① 《马克思恩格斯文集》第5卷，人民出版社2009年版，第10页。
② 《马克思恩格斯文集》第9卷，人民出版社2009年版，第125页。

格斯提出的"真正的共同体"是基于政治意义上的自由、平等的联合体，强调"只有在共同体中，个人才能获得全面发展其才能的手段，也就是说，只有在共同体中才可能有个人自由……在真正的共同体的条件下，各个人在自己的联合中并通过这种联合获得自己的自由"①。这种"真正的共同体"包含着"情感共同体"的因子，说到"情感共同体"，不能不提宗教式的、相对虚假的"情感共同体"，这种共同体强调的是精神意义上的信服和依赖，因"所信"获得"所是"，如果没有对宗教主神的信服，就没有身份、心理上的归属。宗教所给予的关怀对个体的生存并不完全有用，它只能按照教义去限定、指导人的生活，一切都只为顺从的态度而服务，人的潜力和创造性在一定程度上受到了挤压，人依然要面对不可预知的未来和不能回避的现在。尽管在这个共同体内人的心灵有所寄托、忧虑得到缓解，但这并不意味着人不会因生活而痛苦，也不代表人因信服而永不绝望。相比较而言，一个真实可信的"情感共同体"应该是社会意义上的温暖的生活世界，既有生活物质上、制度法律上的全面保障，也有精神理念、生存价值上的切身关怀。人在这个充满友善、温情的生活家园中因"所在"完善"所是"，因精神、人格的独立性和自主性彰显人的主体性地位，通过交往双方情感的有效互动、精神的交流和满足，共同获得心理和价值上的归属和认同。从情感层面上来说，一个好的、真实的、完善的共同体更人性化、更能激发人的活力和创造力，为个人良好品行和德行的培育提供不可或缺的有力的精神支持。

在情感关怀中起到至关重要作用的是"公务员"群体，"公务员"意味着工作很安稳、收入有保障、可以老有所养的群体。每年的公务员考试都要上演"好的岗位千人抢，差的岗位没人去"的热闹和冷清，很多人"死也要死在编制里"，但也有越来越多的人发出"公务员是越来越不好当了"的感叹。在行政事业单位，相当一部分公务员用个人的时间精力、娱乐休闲为代价换取事业上的稳定和保障，他们身在其位，却是被动地工作，一张张机械的面孔背后是不断重复、乏味至极且不被认可的劳动。这个群体同时也是被公众质疑、在社会公认的伦理道德方面最不受待见的群体，有政治地位就有一定的特权，特权带来的吃穿住行无一不与百姓有着云泥之别。公务员群体一直无法真正获得人民群众的信任，尽管职业备受

---

① 《马克思恩格斯文集》第1卷，人民出版社2009年版，第571页。

追捧，但处境相对尴尬。公民基本道德规范之一的"职业道德"的基本要求是"爱岗敬业"，如果没有对岗位的热爱，自然很难有积极向上的动力，实实在在、全心全意的情感付出比智力、体力的付出重要得多，相关事业单位应该是一个传播价值理念、成就人生价值的场所，推进柔性的、文化的管理模式，改善僵硬、冷漠的面孔，赋予工作更多的热情和激情，传递友善和温暖的情感。相比较而言，民众对于部分党员干部的反感更让人感到忧心。为官者理应爱民如子，而权字当头、利欲熏心的部分领导把"为老百姓做实事、做好事"的分内之事变成了"摆拍"、"做秀"，"当官不为民做主，不如回家卖红薯"、"为民申冤、为民请命"仅仅是戏文里传唱的故事，这不能不说是一种悲哀。

明末清初思想家唐甄在《潜书·抑尊》中说："善治必达情，达情必近人。"意即善于治理国家的人必定通晓民情，通晓民情的人必定亲近人民。这与党的"群众路线"是一个道理，与"权为民所用、情为民所系、利为民所谋"的要求不谋而合。"情"就是"民情"、"民心"，就是能给予民众最深切的情感关怀，通过和民情、得民心增强凝聚力和向心力，为重塑官民鱼水情提供重要的精神情感支持。毛泽东曾把共产党人比作"种子"，把人民群众比作"土地"。邓小平满怀深情地说："我是中国人民的儿子，我深情地爱着我的祖国和人民。"江泽民指出："关心群众，首先要关心困难群众的疾苦。"在党员干部队伍中，不乏焦裕禄、孔繁森式的领导干部，他们以无私的情怀为民谋福祉，是值得称颂的楷模，社会需要树立这样的标杆，百姓也需要得到这样的真实关怀。全面的情感关怀就是全面关注社会发展过程中个人的价值取舍、心理健康、情感体验和社会需求。当权者应该关注普通人的生活、工作，关注老年人的养老，关注青少年的心理健康，关注弱势群体的正当权益，给予他们足够的尊重和关怀，保证他们的权利和尊严。从对国内生产总值（GDP）的崇拜到对国民幸福总值（GNP）考量，国家已经开始逐步关注人民的情感满足和心理健康程度。近年来，工资、就业、医疗、住房、子女入学就业问题越来越受到政府部门的关注，人们生活的硬件方面得到了极大地改善，但对人的情感关怀还需要很大的努力。既然社会能够生产情感冷漠，也完全可以生产友善温情。公务部门需要对内加强情感关怀、形成广泛而深刻的情感联系，对外扩大影响力、增强文化吸引力，在不断参与社会生活中获得各方的认同。

（四）排解负面消极情绪

在给予民众情感关怀的同时，也要有维护、疏导民众情感的能力。情感维护，就是通过平等对话、有效沟通、积极引导，合理排解、化解人民群众的负面焦虑情绪。然而，行政部门和执法者对真正引起民众负面情绪的原因一无所知，只是在问题出来之后才开会讨论对策、组织语言打好公关战，付出更多的人力、物力解决问题，却对实实在在的预防和疏导不感兴趣。环顾四周，家庭、学校、社会都堆满了严肃、冷漠而不是积极、温暖，艺术的灵动性、情感的丰富性普遍被当成不够成熟的、不够理智的，整个社会更注重学历的高低、财富的多少以及身份的贵贱，而欠缺对积极健康情感的引导、对消极负面心理的排解。对社会成员本身的及其内心的情感关注明显不够，社会在全方位选拔、打造高智商精英的同时也生产了众多只为应试而活、情感匮乏、千篇一律的低情商机器。可以说，"人们的存在就是他们的现实生活过程"①，社会制造出一大批功利化、模式化的情感需求，完全社会化、功利化的情感需求倾向和社会的价值之间一旦出现裂痕，社会人际关系将会产生尖锐的矛盾和剧烈的动荡。当下中国社会充斥着敏感而焦虑的民众，人们所向往的"社会学意义上的成功"，不是自我的进步完善、生活的平静和美，而是物质的极大丰盛和身份的位高权重。多少人追求财富、抱怨贫穷，渴望权贵、鄙视低贱。休谟指出，权力会制造财富、从而产生"快乐和骄傲"，而奴役则会催生贫穷、进而引起"不快和谦卑"，于是，"控制他人的权力或权威使我们能够满足我们的全部欲望，而奴役却使我们服从他人的意志，使我们会遭受无数的缺乏和耻辱"②。

如今现代人所遭受的不是来自权势的"奴役"，而是来自权贵和财富的压抑。因为缺乏、不足而备感压抑，人的情感如困兽、交往对象和活动范围都被限制在一个很小的范围内。这些普通人没有足够的财富和权势傍身，在能够展示道德优越感的时刻才会异常兴奋和激动，把过错推到个人身上，鼓吹"人性恶"，对个体及其亲属进行道德上的"围追堵截"。通过这种方式，人长久挤压或累积的负面和不满情绪得到了有效的发泄。通

---

① 《马克思恩格斯文集》第 1 卷，人民出版社 2009 年版，第 525 页。
② ［英］休谟：《人性论》（下册），关文运译，商务印书馆 1980 年版，第 351 页。

过声嘶力竭、铺天盖地的指责谩骂、冷嘲热讽，发泄的人群获得了极大的心理补偿和安慰，语言上的暴力也是一种胜利，即精神和道德上的胜利。

2010 年 3 月，时任总理的温家宝在全国人大十一届三次会议所作的《政府工作报告》中指出：

> 我们所做的一切要让人民生活得更加幸福、更有尊严，让社会更加公正、更加和谐。①

这只是很简单的一句话，却因其深厚的内涵备显沉重。看看那些为了引起公众关注、以舆论帮助解决问题、而选择在公共领域造成一定影响的"悲情式人物"，开胸验肺维权、断指力证清白、自焚抗议强拆，他们只能以自戕的方式对抗冰冷的条款、控诉执法者的冷漠。沉重的身体维权、充满悲情的做法尽管看起来是个人无处发泄的情绪，但却足以引起社会各界的关注和反思。这是整个社会情感失衡、不满增加的一个缩影，是整个社会任何一个成员都可能面临的情绪波动和情绪爆发可能会出现的灾难性后果。"有尊严的生活，意味着人的生命、人格、情感、健康等受到尊重，意味着人是生活的主人而不是生活的看客或过客。"② 面对居高不下的房价和不断上涨的生存成本，面对执法者的冷漠暴力和不断被刷新的社会道德底线，都很难说生活在这样一个社会的人会有尊严。马克思指出：

> 尊严是最能使人高尚、使他的活动和他的一切努力具有更加崇高品质的东西，是使他无可非议、受到众人钦佩并高出于众人之上的东西。③

罗尔斯也说：

> 没有自尊，那就没有什么事情是值得去做的，或者即便有些事值得去做，我们也缺乏追求他们的意志。那样，所有的欲望和活动就会

---

① 《十七大以来重要文献选编》（中），中央文献出版社 2011 年版，第 582 页。
② 寇东亮：《公民荣辱观教育——基于德性论的分析》，人民出版社 2011 年版，第 257 页。
③ 《马克思恩格斯全集》第 1 卷，人民出版社 1995 年版，第 458 页。

变得虚无缥缈，我们就会陷入冷漠和犬儒主义。①

冷漠是从个人处境出发，对他人的权利漠不关心、没有爱心和同情心，对人缺乏最起码的尊重和信任；犬儒主义则是玩世不恭、模糊了自己做人的底线，抱着对一切都无所谓的态度，我行我素、无所顾忌，不负责任、游戏人生。我们的社会并不缺乏消解负面情绪的途径，只是缺乏尊重他人、实现平等的耐心和包容。

白居易在《与元九书》一文中说，"感人心者，莫先乎情，莫始乎言，莫切乎声，莫深乎义"。也就是说，唯有源于真情实感的轻言细语、深情厚谊最能够感动人心。因此，情感维护、排解负面焦虑首先要有情的互动以及情感交流上合乎人情的方式方法。而对那些长期游离在社会边缘、生活在社会底层的人来说，谁来关心他们的情感诉求？大城市、偏远农村中都存在着层出不穷的自杀事件，这与被压抑、被误解的情感因素密切相关。一个人的心理出了问题，需要适当的引导和宽慰；一个社会的心理出了问题，如何给予一定的支持和疏导？

2013 年 1 月 7 日，《2012—2013 社会心态蓝皮书》在京发布，蓝皮书认为，目前中国社会包括官民、警民、医患、民商等社会关系整体信任的下降已经是不争的事实，社会群体分化、冲突矛盾增加情势依然不容乐观。在社会情绪方面、尤其是"社会负向情绪"需要整个社会的关注和重视，不断发生的社会性事件导致社会情绪的耐受性和控制点降低，社会事件的引爆点降低。仇恨、愤怒、怨恨、敌意等负向情绪与需求不满足、不信任、社会阶层分化有密切关系。正是因为情感包含非理性的因素，在一定条件下是不稳定的，人在面对和处理问题时容易被情绪左右，很容易无所顾忌地宣泄情绪而不是设身处地地冷静思考，因此更需要合理引导、疏导群体式焦虑。要消解负面的、消极的社会情绪，不仅需要制度、政策的保障，也需要正面积极情感的激励和引导，要靠切实满足人民民众的基本生活需求、精神需求以及情感诉求。

一个事件的发生往往会带来很多次生问题，在处理突发事件时还要避免就事件引起的轰动的性质和责任做主观臆测，以及由此衍生的"地域论"和"阴谋论"联想，更不应该对责任双方的任一方作"无差别攻击"

---

① ［美］罗尔斯：《正义论》，何怀宏等译，中国社会科学出版社 1988 年版，第 427 页。

和"未审判的有罪"论断。只有很少数人在遇到突发事件时能够谨慎、理智和尊重事实，注重在还原事情真相的同时尊重他人、不伤及无辜，对可能会给人造成心理伤害的信息进行有效的提示和筛选。要对他人情感的及时关切和充分的人格尊重，这对于人与人之间、尤其是权力拥有者和普通群众之间情感的维系和发展是非常必要的，也是执政党内部建设的必然要求。正如马克思所说：

> 人们只有为了同时代人的完美、为他们的幸福而工作，才能使自己也达到完美。①

因此，掌握一定话语权的官员、执法者以及各类具有一定影响力和号召力的名人本身就因地位、身份的不同而备受关注，因此更应该严格约束自己，没有恶言相向、不以恶意揣度他人，不以推测、猜测、道听途说取代证据和事实，不以位高权重压人，不能刺激、挑动大众脆弱而敏感的神经。人的自由全面发展不仅仅是一种文化知识、实践能力、创造能力的发展，全面发展的人应该全面发展情感、道德能力，提高做人做事的能力，尤其是学会有效控制自己的情绪。毋庸置疑，有目的的谨慎、克制好过无目的的盲目和冲动，加强对社会正能量的"元气"输送好过动辄抛出负面情绪。

---

① 《马克思恩格斯全集》第1卷，人民出版社1995年版，第459页。

第五章 爱：人文关怀的价值指向[①]

爱是人类最美好的情感，爱是人文关怀最明确的表达，法国作家雨果说："人间如果没有爱，太阳也会灭。"印度诗人泰戈尔说："爱就是充实了的生命，正如盛满了酒的酒杯。"孔子说："仁者爱人"，孟子说："爱人者人恒爱之，敬人者人恒敬之。"同样，我们在影响西方至深的经典《圣经》中看到"爱是恒久忍耐，爱是永不止息"的颂歌。但是，同样作为人文关怀的"爱"，我们将会看到超越血缘的"圣爱"与基于血缘亲情的"孝爱"。本章一方面从学理上分析中西"爱"观的不同，另一方面也指出基于现实人文关怀的中国儒家传统"孝爱"观遇到的可能性困境及其出路所在，并借助舍勒的研究探讨了爱的现象学，为爱的体验、爱的实践提供了学理性的分析。

一 儒家仁爱观以"孝悌"之爱为中心

（一）以爱释仁作为儒学思想主流

1. 孔子以"爱人"释仁

尽管《论语》里有记载"子罕言利与命与仁"（《子罕》），但是，我们却发现"仁"被多次论及。《吕氏春秋》"不二篇"也提出"孔子贵仁"，大致可以说孔子将"仁"提升到哲学范畴层面是符合事实的。随之而来的问题是，孔子如何解释"仁"？我们知道有一个有名的解释是"克己复礼为仁"（《颜渊》），但是据《左传》昭公十二年记孔子对楚灵王的

---

① 本章关于"仁爱"与"圣爱"的部分论述受到国家社科基金重点项目"儒家道德哲学与基督教道德哲学的比较研究"（11AZX005）的部分资助，特表感谢；关于儒耶"孝悌"观之比较部分在《哲学与文化》2013 年第 11 期发表过，特此说明。整体内容作了统一完善，主体思路与论证未变。是为注。

评论说"仲尼曰：古也有志，克己复礼，仁也。信善哉！"我们大致可以判断"克己复礼为仁"当是"古志"而非孔子的发明，所以与"克己"、"复礼"有关的来解读"仁"的条目大致可以判定是对"古志"的发挥与继承。

有学者论述说，孔子对弟子的不同问仁有不同的回答，因此孔子没有对"仁"的界定，张岱年先生持不同看法，他说"我认为孔子确实曾经给出关于'仁'的明确界说"①。他的依据是《雍也》篇中"夫仁者，己欲立而立人，己欲达而达人，能近取譬，可谓仁之方也已"。他认为理由有三，第一，这是澄清子贡对仁与圣的误解，所以孔子给出"仁之全义"；第二，"夫仁者"三字，颇似立界说的形式，它处论仁，皆不用夫字；第三，《论语》中其余言仁各条，含义都不若此条之深广，其意旨都不出此条之范围。② 张先生此种解释可备一说，但是"立人"、"达人"有具体的所指。比如《颜渊》篇对此有专门讨论：

> 子张问："士何如，斯可谓之达矣。"子曰："何哉，尔所谓达者？"子张对曰："在邦必闻，在家必闻。"子曰："是闻也，非达也。夫达也者，质直而好义，察言而观色，虑以下人。在邦必达，在家必达。夫闻也者，色取仁而行违，居之不疑，在邦必闻，在家必闻。"

这里我们可以看出"达"与家邦相连，"立己立人"也可做如是观。统观《论语》对仁的解说大致包含三类"循礼"、"力行"、"爱人"，我们上面已经看到"循礼"是一种"古志"，孔子只是继承和发扬；而"力行"观念也是原有的观念，而"爱人"则为孔子所凸显，"樊迟问仁，子曰，爱人"（《颜渊》）。所以张岱年先生说："按照《左传》的记载，'克己复礼'一语本于'古志'，'出门如见大宾，使民如承大祭'亦与晋文公时臼季所谓'出门如宾，承事如祭'意义相同。这些都不是孔子的创辟之言。惟'爱人'是孔子的创见。'爱人'即'己欲立而立人，己欲达而达人'的简明概括。"③ 我们认为张先生的总结是公允的，"循礼"的

---

① 张岱年：《中国古典哲学概念范畴要论》，中国社会科学出版社 1989 年版，第 157 页。
② 张岱年：《中国哲学大纲》，中国社会科学出版社 1982 年版，第 256 页。
③ 张岱年：《中国古典哲学概念范畴要论》，中国社会科学出版社 1989 年版，第 159 页。

目的不在仪文本身，而在于"爱人"，这在后来孔子所说"礼云礼云玉帛云乎哉，乐云乐云钟鼓云乎哉"以及"人而不仁如礼何？人而不仁如乐何？"已经很清楚表明了这一点；"力行"释仁也要归向"爱人"上来。只是我们要区分"爱人"观念在儒家里面是有具体指向和次序的，几乎所有的宗教都强调"爱"，但我们不可因为都有此主张而模糊它们的差别，而混淆误解它们是一样的，"爱"的来源、对象、次序往往是不同的，这才是关键，而这正构成了不同宗教的界限。

2. "以爱释仁"作为儒学主流。

关于"以爱释仁"，我们看到《孟子》有更明确的表述"亲亲，仁也"，"仁之实，事亲是也"，在下一部分我们会专门讨论；另外董仲舒也提出："仁之法在爱人，不在爱我；义之法在正我，不在正人。"（《春秋繁露·仁义法》）他在《必仁且智》篇中又说："何谓仁？仁者憯怛爱人，谨翕不争，好恶敦伦，无伤恶之心，无隐忌之志，无嫉妒之气，无感愁之欲，无险诐之事，无辟违之行。故其心舒，其志平，其气和，其欲节，其事易，其行道，故能平易和理而无争也。如此者谓之仁。"这似乎只是对"爱人"的解说，详述其作为。随后韩愈提出："博爱之谓仁，行而宜之之谓义，由是而之焉之谓道，足乎己无待于外之谓德。仁与义为定名，道与德为虚位。故道有君子小人，而德有凶有吉。老子之小仁义，非毁之也，其见者小也。坐井而观天，曰天小者，非天小也。彼以煦煦为仁，孑孑为义，其小之也则宜。其所谓道，道其所道，非吾所谓道也；其所谓德，德其所德，非吾所谓德也。凡吾所谓道德云者，合仁与义言之也，天下之公言也。"（《原道》）

周敦颐、张载则是对孔子"仁者爱人"的绍述，张载提出"以爱己之心爱人则尽仁"（《正蒙·中正》）。二程则有不同看法，程颢提出"仁者浑然与物同体"，而程颐则说"仁者，公也"；朱熹先生的解释则是有名的"仁者，爱之理，心之德也"（《论语集注·学而》）。在《仁说》中他又提出："天地以生物为心者也，而人物之生，又各得夫天地之心以为心者也。故语心之德，虽其总摄贯通、无所不备，然一言以蔽之，则曰仁而已矣……或曰：若子之言，则程子所谓'爱，情；仁，性。不可以爱为仁'者，非与？曰：不然。程子之所诃，以爱之发而名仁者也；吾之所论，以爱之理而名仁者也。盖所谓情性者，虽其分域之不同，然其脉络之通，各有攸属者，则曷尝判然离绝而不相管哉。吾方病夫学者诵程子之言而不求其意，遂至于判然离爱而言仁，故特论此以发明其遗意，而子顾以为异乎程子之说，不亦误哉。"随后戴震提出"仁者，生生之德也。"（《孟子字义疏证》卷下）从这里可以看出，"爱人"是仁的基本含义，固然有不同的看法比如二程及戴震，那只是对"爱人"范围的扩大而非否定。

下面的问题是儒家的"爱人"观念，其对象与次序如何？这是不同学说、信仰界定自身的实质性内容，我们将会论证，与基督教自神而来的 Agape 观念不同，不是"召罪人爱仇敌"也不是"爱邻人"，儒家的爱是"立爱自亲始"。

（二）仁爱向"孝悌"观的演进："立爱自亲始"

1. 《易传》中的"天人合一"对"爱"观的影响

关于天人关系问题，我们在第二章已做了比较详细的说明，在此不做重复。在本节，我们试图以对中国传统思想影响甚大的"天人合一"观念的分析来揭示儒家"仁爱"观的特质。为了避免泛泛而谈，我们这里以《易传》作为文本依据。

《序卦》中有言："有天地然后有万物，有万物然后有男女，有男女然后有夫妇，有夫妇然后有父子，有父子然后有君臣，有君臣然后有上下，有上下然后礼仪有所错。"我们认为这比较好地说明了天地、万物、男女、夫妇、父子、君臣关系产生的次序，类似的说法还有《系辞下》中"天地氤氲，万物化醇。男女构精，万物化生"。在谈到人的起源时我们已经说过，中国经典文献中关于人与世界的生成是"化生"模式，这是自然演化的结果，没有创造主的位置。至于父母、子女的关系在《易传》中看到《系辞上》有载："天尊地卑，乾坤定矣。卑高以陈，贵贱位矣。动静有常，刚柔断矣。方以类聚，物以群分，吉凶生矣。在天成象，在地成形，变化见矣。是故刚柔相摩，八卦相荡，鼓之以雷霆，润之以风雨，日月运行，一寒一暑。乾道成男，坤道成女。乾知大始，坤作成物。乾以易知，坤以简能。易则易知，简则易从。易知则有亲，易从则有功。有亲则可久，有功则可大。可久则贤人之德，可大则贤人之业。易简，而天下之理得矣。天下之理得，而成位乎其中矣。"并说："一阴一阳之谓道。继之者善也，成之者性也。仁者见之谓之仁，知者见之谓之知。百姓日用而不知，故君子之道鲜矣。"我们留意到《大学》中也提到：

> 君子之道,费而隐。夫妇之愚,可以与知焉;及其至也,虽圣人
> 亦有所不知焉。夫妇之不肖,可以能行焉;及其至也,虽圣人亦有所
> 不能焉。天地之大也,人犹有所憾。故君子语大,天下莫能载焉;语
> 小,天下莫能破焉。诗云:"鸢飞戾天,鱼跃于渊。"言其上下察也。
> 君子之道,造端乎夫妇,及其至也,察乎天地。

此种由天地而生万物的模式,逐渐演化成"君子之道,造端乎夫妇",由"男女构精"而"万物化生",因此,夫妇进而父母作为"生"的角色被确定下来;从属性上天尊地卑,随而产生男尊女卑之关系。在《说卦》中我们看到"昔者圣人之作《易》也,将以顺性命之理,是以立天之道曰阴与阳,立地之道曰柔与刚,立人之道曰仁与义,兼三才而两之,故《易》六画而成卦;分阴分阳,迭用柔刚,故《易》六位而成章"。这里我们基本可以看出由"天地"、"阴阳"而仁义的大致思路。正是在这样的思路背景下,我们看到儒家仁爱的观念不可能产生像 Agape 那样,是来自神的;首先的爱是敬畏神、尽心尽性爱神;儒家认为人之产生,来自父母,这是再自然不过的事情;天地有阴阳,人类有男女,正是基于阴阳之道,男女进而夫妇进而父母来繁衍人类的,所以爱的首要次序是"亲亲"。

2. "立爱自亲始"所奠基的"仁爱"观

在第二章我们谈及中西因人的起源不同所造就不同爱的指向时说到,我们在《诗经》"生民"篇中看到"厥初生民,时维姜嫄。生民如何?克禋克祀,以弗无子",这里我们看到"生民"是为了"禋祀";自然在《圣经》中也涉及对上帝的"祭祀"问题,而且有专门的"祭司";但是,这里我们需要做出这种澄清,同样是"祭祀",一个是对"祖先"(其实是人),另一个则是针对"独一真神",这是不同的。就如同上面我们提到的中国语境中关于"不朽"的问题一样,这不是"灵"的问题,而是死在他国还是死在己邦的问题,叶落归根,魂归故土,有后人祭祀怀念这便是"不朽"了;同样,还有"民先神后"的问题,还有"民为神主"的问题,我们可以确切地说,中国文献里不是没有"人与神"的问题,不是没有"不朽"的问题,但是中国古人都给予了一种"人言"而非"圣言"的解读,都给予了一种"此岸"而非"彼岸"的解读;不是

没有爱，而是说，这爱不是来自上帝或者"神"、"造物主"，这爱来自人伦，来自父母，所以我们在《礼记》"祭义"篇中看到：

> 立爱自亲始，教民睦也；立敬自长始，教民顺也。教以慈睦，而民贵有亲；教以敬长，而民贵用命。孝以事亲，顺以听命，错诸天下，无所不行。

"立爱自亲始"似乎不仅仅是一个爱的次序的问题，或者说从爱的次序中恰恰可以反映出爱的起源；比如后来孟子所说的"亲亲仁民爱物"，也是从父母开始的，后世民俗所说"百善孝为先"，在下面一节，我们将会看到"孝"不仅仅是一种伦理观念，在中国人的思想世界里，这是一种"立己之学"是一种"人格完成"的问题，之所以这样，正是因为，在中国语境中，人不是来自上帝或者天帝，而是来自父母；所以"立爱自亲始"，人在最初气化生万物乃至初民产生时，是无所谓爱的，因为"天地不仁"；但是在人伦的形成与演化中，逐渐有了礼乐之生成，而这不是基于自然法则而是根据人伦孝悌观念，人与人的关系产生了爱的关联。而在西方语境中，却与此不同，是在神与人的关系中产生了爱；这也决定了各自的道德哲学中最大的诫命是爱人还是爱神的问题。

在《礼记·问丧》中我们看到这样的记载：

> 或问曰："杖者以何为也？"曰："孝子丧亲，哭泣无数，服勤三年，身病体羸，以杖扶病也。则父在不敢杖矣，尊者在故也。堂上不杖，辟尊者之处也。堂上不趋，示不遽也。此孝子之志也，人情之实也。礼义之经也；非从天降也，非从地出也，人情而已矣。"

儒家过于看重人情这是不争的事实，儒家所建构的社会被称为"人情社会"，这似乎也是毋庸置疑的；至于为何会产生的这样的建制形式，我们认为这与儒家对世界和人的生成方式理解有关，自然万物是阴阳化醇的结果，人类繁衍是"男女构精"的结果，父母抚养孩童"三年免于父母之怀"，因此父母过世当为其"守丧三年"，这些都是"礼义之经也，非从天降也，非从地出也，人情而已矣"。所以我们再看《礼记》"祭义"篇中所言："立爱自亲始，教民睦也；立敬自长始，教民顺也。教以慈睦,而民贵有亲;教以敬长,而民贵用命。孝以事亲,顺以听命,错诸天下,无所不行。"这似乎并不奇怪,而在下一节我们会看到孟子提出了更明确简洁的方式:亲亲—仁民—爱物,这基本构成了儒家仁爱观的基本演绎次序。也正是在这里,我们可以看出儒家仁爱观与基督教的 Agape 观念是何等的不同。下面我们就具体看一下仁爱的具体内容"孝悌"观的详细界定,文本上我们将以"四书"为依据。

二 先秦"孝悌"观的形成及其理论困境

考虑到儒家在中国大陆百年来遭遇重重叠叠的批判与割裂,我们在问题引入上将重启这一问题的讨论,并且介绍西方哲学界对"是否要孝顺父母"的一些观点,然后具体展开对"四书"中"孝悌"观的分析。

问题再提出:为何反传统?

自 1840 年以来,中国古文化与西方理性—信仰传统逐渐全面遭遇;1895 年以来中国传统文化逐渐遭受全面质疑,而学习西方(无论是通过日本还是直接留学欧美)成了当时知识分子的主流;1915 年陈独秀创立《青年杂志》以后,以决绝之态度反省重估传统、以虔诚之心理学习西方之民主科学大致成为思想界主潮。以儒家思想为主干的传统文化,因其纲常名教之说而被目为"吃人的礼教","打倒孔家店"之声不绝于耳。百年后的今天,或许我们有必要重新审视一下民国陈独秀、胡适、李大钊、蔡元培、鲁迅诸君为何对传统持那样决绝激烈之态度,他们当时之反省是深刻的,如陈独秀在《吾人最后之觉悟》(1916 年 2 月 15 日)中将中西文化之冲突视为中西之争的根本,将中西文化遭遇分为六期,最初的觉悟为"器物",而后是"政治",不过陈认为中国之问题并未在此六期中解决,所以提出"第七期吾人最后之觉悟"(包含"政治觉悟"和"伦理的觉悟",陈尤重后者),他说:"伦理的觉悟,为吾人之最后觉悟之最后觉悟。"① 并说:"此而不能觉悟,则前之所谓觉悟者,非彻底之觉悟,盖犹在惝恍迷离之境。"② 所以他"伦理的觉悟"便是"根本思想"的"变更",此种根本思想便是以孔子为代表的儒家学说。有学者称此为"彻底

① 《陈独秀著作选》第一卷,上海人民出版社 1984 年版,第 179 页。
② 同上。

的反传统"①。

梁漱溟先生在其代表作《东西文化及其哲学》中也谈到中西之"更根本的问题",便是陈独秀所说的"伦理觉悟",他说:"此种觉悟的时期是很难显明的划分出来,而稍微显著的一点,不能不算《新青年》陈独秀他们几位先生。他们的意思要想将种种枝叶抛开,直截了当去求最后的根本。所谓根本就是整个的西方文化——是整个文化不相同的问题。如果单采用此种政治制度是不成功的,须根本的通盘换过才可。而最根本的就是伦理思想——人生哲学——所以陈先生在他所作的《吾人最后之觉悟》一文中以为种种改革通用不着,现在觉得最根本的在伦理思想。对此种根本所在不能改革,则所有改革皆无效用。到了这时才发现了西方文化的根本的所在,中国不单火炮、铁甲、声、光、化、电、政治制度不及西方,乃至道德都不对的!"②

贺麟先生也谈道:

中国近百年来的危机,根本上是一个文化的危机。文化上有失调整,就不能应付新的文化局势。中国近代政治军事上的国耻,也许可以说是起于鸦片战争,中国学术文化上的国耻,却早在鸦片战争之前。儒家思想之正式被中国青年们猛烈地反对,虽说是起于新文化运动,但儒家思想的消沉、僵化、无生气,失掉孔孟的真精神和应付新文化需要的无能,却早腐蚀在五四运动以前。儒家思想在中国文化生活上失掉了自主权,丧失了新生命,才是中华民族的最大危机。③

老实说,中国百年来之受异族侵凌,国势不振,根本原因还是由于学术文化不如人。④

固然"吃人之礼教""打倒孔家店"者非针对"孝悌"伦理而言,但对于中国文化之特质而言,作为一种"伦理型文化"(梁漱溟语),"孝悌"观首当其冲;而为当时学人所极其反对之"纲常名教"中"父子"

---

① ［美］林毓生:《中国意识的危机》,穆善培译,贵州人民出版社1986年版。本书试图探讨"五四"时期全盘性反传统的根源,并列举陈独秀、胡适和鲁迅作为个案研究。
② 梁漱溟:《东西文化及其哲学》(修订版),商务印书馆1999年版,第14—15页。
③ 贺麟:《文化与人生》,商务印书馆1988年版,第4页。
④ 同上书,第20页。

之纲名列其中，五伦中家庭伦理具其三，即便如"君臣"一伦也只是"父子"观之放大，正如"朋友"为"兄弟"关系之放大一样。那么现在的问题是，为何作为"父子兄弟"关系的"孝悌"伦理在当时被目之为"吃人的礼教"？或礼教之一部分（重要之部分）？

问题再提出：为何要孝敬父兄？

人为何要孝顺父母？尊敬兄长？这在中国传统文化里面，似乎是一个不证自明的问题，正如同一个母亲爱护其子没有理由，孩子孝顺父母似乎也是天理之当然；但是就理论来讲，为何要孝？似乎难以说清，比如以美国当前哲学界为例，学者 Jane English 就明确反对孝道，她在《成人子女欠他们父母什么》中就认为成年子女与父母之关系只是以"友谊"为基础，所以不应承担朋友以外的更多义务；她的论证并非全无道理，但是在儒家学者看来，父子与朋友明显分属不同的伦次，而且父子要优先于重于"朋友"关系。自然支持孝道的学者也不乏其人，比如 Raymond Belliotti 提出"对于自我之贡献原则"（contribution to self principle），认为"孝"的理由在于父母有贡献自我之人格构成（personal identity），这里的问题是那种"负面构成"当如何看待？另有哲学家 Jan Narverson 在批评前者的基础上提出"投资"（investment），他在《论孝顺我们的父母》一文中提出"理智的投资理论"，"如果孩子认为父母的辛苦努力对自己有好处，他们就应该设法回报父母"①，很明显他的这种"孝道"理论的弱点是明显的，因为"如果孩子不那样认为"也完全可能；另外一个值得一提的支持孝道理论是 Christina H. Sommers 提出的"道德引力差等"（the thesis fo differential pull），认为是父母之间的特殊关系决定了子女对父母特殊的义务，但是我们很明显看出此种"道德引力差等"与儒家的"爱有差等"一说是完全不同的论域，而且此种对孝道的支持与论证也是很弱的。

那么我们不得不提出下一个问题：何为中国的孝道？为何"孝道"成为中国人浸入骨子里的德性（如俗谚称"百善孝为先"）？为何 2000 年来"孝道"成了中国文明系统的主流并支撑了千年之文化传承，到现在为止，"孝"依然是评价一个人价值观的主要标准之一。那么，如果说西方哲学家对"孝道"的反对不足为据，他们对"孝道"的支持犹如隔靴

---

① 此部分之详细评论见李晨阳《道与西方的相遇：中西比较哲学重要问题研究》，中国人民大学出版社 2005 年版，第 118—128 页。

搔痒，那么中国在"轴心文明"时期（雅斯贝尔斯语）他们是如何论述规定"孝悌"① 观念的？我们将以对中国传统影响甚大之《论语》《大学》《中庸》《孟子》以及出土之"郭店竹简"为文献依据，考察中国"孝悌"观之特质何在？如何形成？有何种演进？其理论困境何在？（为何遭到民国学人的激烈反对）。下面我们先看一下《论语》中的孝悌观。

（一）《论语》中的"孝悌"观："孝者仁之本欤"

在《论语》首篇我们便会看到"君子务本，本立而道生。孝悌也者，其为仁之本欤"（《学而第一》②），但是我们首先要问的是，人为何要孝？为何说"孝悌"是仁之本？

1. 孝出乎自然之情

在《阳货第十七》篇中，我们看到：

> 宰我问："三年之丧，期已久矣。君子三年不为礼，礼必坏；三年不为乐，乐必崩。旧谷既没，新谷既升，钻燧改火，期可已矣。"子曰："食夫稻，衣夫锦，于汝安乎？"曰："安。""汝安则为之。夫君子之居丧，食旨不甘，闻乐不乐，居处不安，故不为也。今汝安，则为之。"宰我出，子曰："予之不仁也。子生三年，然后免于父母之怀。夫三年之丧，天下之通丧也。予也有三年之爱于其父母乎？"

在这里我们可以看出，孔子并没有对"三年之丧"说什么大道理，只是说人之常情，"三年免于父母之怀"，"汝安则为之"，人对父母之爱（"生事之以礼，死事之以礼"）主要是发自内心、出乎人情，此种说法不像西方一些哲学家所考虑的那样是因为"道德上的亏欠"或"理性投资的回报"，正是此种"心安"、"人情自然"支撑着儒家的"孝悌"观念，生为人子理当孝顺父母，没有更多理由。

2. 孝贵在"敬"

关于孝，我们在《论语》中看到，他更强调的是内心的"敬"：

---

① 本书之"孝悌"观念主要侧重"孝德"之分析，"悌"相对于"孝"居于次位，但用语上依惯例"孝悌"连用。

② 对于"四书"章节之划分主要依据朱子《四书章句集注》，下同。

孟武伯问孝。子曰:"父母,唯其疾之忧。"

子游问孝。子曰:"今之孝者,是谓能养,至于犬马,皆能有养,不敬,何以别乎?"(《为政第二》)

子夏问孝。子曰:"色难。有事,弟子服其劳,有酒食,先生馔,曾是以为孝乎?"(《为政第二》)

子曰:"事父母几谏,见志不从,又敬不违,劳而不怨。"(《里仁第四》)

子曰:"父母在,不远游,游必有方。"(《里仁第四》)

子曰:"三年无改于父之道,可谓孝矣。"(《里仁第四》)

子曰:"父母之年,不可不知也。一则以喜,一则以惧。"(《里仁第四》)

这里我们明显看出《论语》中对"孝"的规定由"孝礼"而至于"孝义",更强调发自内心的敬重,外在物质供给只是属于"养口体"范围,孔子更看重的是"道"、"志"和"敬",他毫不客气地说,若没有"敬",养父母与养犬马有何区别?正如同对于"父母之年","一则以喜一则以惧",此种"喜惧之间"正体现了人子孝爱之用心,正如俗谚所云"百善孝为先,论心不论迹,论迹则寒门无孝子"。其实此种对内心"敬"、"志"的强调在孔子那里是全面强调的,他固然以恢复周礼为"志",但是他对礼的看法则是"人而不仁如礼何?人而不仁如乐何?"(《八佾第三》)"礼云礼云玉帛云乎哉?乐云乐云钟鼓云乎哉?"(《阳货第十七》)李泽厚先生所说孔子将周公之礼通过以"仁释礼"的方式内在化精神化了,[①] 诚哉斯言,可谓有见。

3. "孝乎唯孝,是以为政"

至于"孝"与"政"的关系,在《论语》里并不明显,关于"为政"之道,孔子更多强调的是"正名"之说,"名不正则言不顺",认为"君君臣臣父父子子"则天下定,但是对于"君臣父子"之关系似乎并没有过多的说明,自然以下说法我们应注意:

---

① 参阅李泽厚《中国古代思想史论》《论语今读》诸书。

　　季康子问："使民敬忠以劝，如之何？"子曰："临之以庄则敬，
孝慈则忠，举善而教不能则劝。"

　　或谓孔子曰："子奚不为政？"子曰："书云：'孝乎惟孝，友于
兄弟，施于有政'。是亦为政。奚其为为政！"（《为政第二》）

　　这里我们可以看出某种端倪"孝"与"忠"是贯通的，但如何贯通？
我们没有看到更多的说明；就孔子来讲，别人问他何不为政，他的回答很
巧妙，认为"孝乎唯孝友于兄弟施于有政"这便是"为政"了，这里我
们至少可以看到，第一，"孝悌"观与"忠君"是一致的；第二，"孝
悌"观便是某种形式的"政"。此种观念我们在《大学》《中庸》和《孟
子》里发现他被贯通和放大了。

（二）《大学》《中庸》之孝悌观：修齐治平模式之确立

　　依照朱子说法《大学》为"孔子之言而曾子述之"，《中庸》是"孔
门传授心法"由"子思笔之于书以授孟子"[①]，这些说法皆为待考而难以
考证清楚之事，但是就大致的年代确定《大学》《中庸》之文本思想当处
于孔孟之间应无大碍。就其文本来讲，其关于"孝悌"观念有了明显的
过渡，由孔子之"孝者仁之本"注重"敬"而到"诚"；由《论语》中
自然之情的论证而到"知性"、"知天"的论证；由《论语》中"孝乎唯
孝是亦为政"而到了"修齐治平"、"践位行志为大孝"，这些都基本上与
《孟子》书中的"孝悌"观衔接起来。具体而言，如下：

　　1. "君子之道造端乎夫妇"

　　　　君子之道，费而隐。夫妇之愚，可以与知焉；及其至也，虽圣人
　　亦有所不知焉。夫妇之不肖，可以能行焉；及其至也，虽圣人亦有所
　　不能焉。天地之大也，人犹有所憾。故君子语大，天下莫能载焉；语
　　小，天下莫能破焉。诗云："鸢飞戾天，鱼跃于渊。"言其上下察也。
　　君子之道，造端乎夫妇，及其至也，察乎天地。（《中庸》第十二章）

---

　　①　参见朱熹《四书章句集注》中《大学章句序》和《中庸章句序》。

这里我们可以看到如同《论语》中所述,君子之道并不高深玄妙,它就是天理之自然显现,就在人伦日用之中。但是,不同于孔子的是《中庸》中认为"及其至也,察乎天地",这已经有某种"天人合一"的迹象了,与孔子那种温情的"六合之外存而不论"的态度已有所不同,这演变为后来所称道的"极高明而道中庸,致广大而尽精微"。但是就"为何孝"来讲,在《中庸》里依然保留了这样的说法:

> 凡有血气者,莫不尊亲,故曰配天。(《中庸》第三十一章)

2. 孝贵在诚

与孔子注重"志""心""敬"思路一致,在《中庸》里则明确提出了"诚":

> 诚者,自成也;而道,自道也。诚者,物之终始;不诚,无物。是故,君子诚之为贵。诚者,非自成己而已也,所以成物也。成己,仁也;成物,知也。性之德也,合外内之道也,故时措之宜也。(《中庸》第二十五章)

此种对"诚"的强调前所未有,与"敬"相比,"诚"更强调内心"实"不可有丝毫的虚妄,就层次上讲,似乎只有"诚"才能敬,只有做到发自内心的"诚"才能保证"敬"的真诚,礼的真义,不得不说在"孝悌"观的演进上,与《论语》不同,作为孔孟之间的作品,《大学》《中庸》将孔子那种注重内心精神的思路"深化"了"具体"了,其表现便为"诚"的提出。与"诚"相关《大学》《中庸》不同于《论语》的地方更突出的表现在"孝的政治化",原先"孝—忠—政"那种潜在联系被"修齐治平"模式确定并凸显出来。

3. "修齐治平模式"的确立

我们很熟悉大学的"三纲领八条目",在这里修齐治平首次提出,家国天下首次以明显的语言突出出来,个人与家庭与国家成为一体;在天道观上的天人合一与孝道观上的家国一体终于结合起来:

> 古之欲明明德于天下者,先治其国;欲治其国者,先齐其家;欲

齐其家者，先修其身；欲修其身者，先正其心；欲正其心者，先诚其意；欲诚其意者，先致其知。致知在格物。物格而后知至，知至而后意诚，意诚而后心正，心正而后身修，身修而后家齐，家齐而后国治，国治而后天下平。自天子以至于庶人，壹是皆以修身为本。（《大学》第一章）

为人君，止于仁；为人臣，止于敬；为人子，止于孝；为人父，止于慈；与国人交，止于信。（《大学》第三章）

《诗》云："宜兄宜弟。"宜兄宜弟，而后可以教国人。

《诗》云："其仪不忒，正是四国。"其为父子兄弟足法，而后民法之也。此谓治国在齐其家。（《大学》第九章）

君子之道，辟如行远必自迩，辟如登高必自卑。诗曰："妻子好合，如鼓瑟琴；兄弟既翕，和乐且耽；宜尔室家，乐尔妻帑。"子曰："父母其顺矣乎！"（《中庸》第十五章）

仁者，人也，亲亲为大；义者，宜也，尊贤为大。亲亲之杀，尊贤之等，礼所生也。（在下位，不获乎上，民不可得而治矣。）故君子不可以不修身；思修身，不可以不事亲；思事亲，不可以不知人；思知人，不可以不知天。（《中庸》第二十章）

而且，与孔子不同，我们可以看到"孝"与"政"几乎被等同起来，为政方是"大孝"；"践其位"与"爱其亲"意思是相近的，都成了"至孝"的标准：

子曰："舜其大孝也与！德为圣人，尊为天子，富有四海之内；宗庙飨之，子孙保之。故大德，必得其位，必得其禄，必得其名，必得其寿。故天之生物，必因其材而笃焉，故栽者培之，倾者覆之。诗曰：'嘉乐君子，宪宪令德，宜民宜人，受禄于天；保佑命之，自天申之。'故大德者必受命。"（《中庸》第十七章）

子曰："武王、周公其达孝矣乎！夫孝者，善继人之志，善述人之事者也。春秋，修其祖庙，陈其宗器，设其裳衣，荐其时食。"

宗庙之礼，所以序昭穆也；序爵，所以辨贵贱也；序事，所以辨贤也；旅酬下为上，所以逮贱也；燕毛，所以序齿也。

践其位，行其礼，奏其乐；敬其所尊，爱其所亲；事死如事生，

事亡如事存,孝之至也。(《中庸》第十九章)

若说《论语》中的"敬"与学庸中的"诚"相比并无实质差别的话,那么《中庸》中的"践其位"被视为"至孝"与《论语》中"孝乎唯孝是以为政"则是一种飞跃。而正是在这一点上,《孟子》完全继承下来,并且给出了中国式的"形而上学"论证,通过"性善"说给巩固下来,孔子的"仁心"在孟子那里变成了"仁政";孔子的"仁爱"在孟子眼中便是"亲亲",而"亲亲"即是"仁政"之根基,也即是他所说的"以天下养为至孝"。

(三)《孟子》之"孝悌"观:仁政即为大孝
1. "仁义礼智根于心"
在《孟子》中"孝悌忠信"这一儒家的核心教义被保留下来,比如在孟子"王道之治"的理想状态中他提到:

> 王欲行之,则盍反其本矣:五亩之宅,树之以桑,五十者可以衣帛矣。鸡豚狗彘之畜,无失其时,七十者可以食肉矣。百亩之田,勿夺其时,八口之家可以无饥矣。谨详序之教,申之以孝悌之义,颁白者不负戴于道路矣。老者衣帛食肉,黎民不饥不寒,然而不王者,未之有也。(《梁惠王上》)

就"孝悌"观之演进来看,孟子异于孔子,并且经由《大学》《中庸》之心性学问过渡而来之"仁义"、"孝悌"已经不再是如同《论语》中那样"性相近习相远"的中性表达,也不再是"三年免于父母之怀"、"汝心安则为之"的人之常情。《孟子》文本里直接提出:

> 君子所性,仁义礼智根于心。(《尽心上》)
> 孟子曰:"人皆有不忍人之心。先王有不忍人之心,斯有不忍人之政矣。以不忍人之心,行不忍人之政,治天下可运之掌上。所以谓人皆有不忍人之心者,今人乍见孺子将入于井,皆有怵惕恻隐之心非所以内交于孺子之父母也,非所以要誉于乡党朋友也,非恶其声而然也。由是观之,无恻隐之心,非人也;无羞恶之心,非人也;无辞让

之心；非人也；无是非之心，非人也。恻隐之心，仁之端也；羞恶之
心，义之端也；辞让之心，礼之端也；是非之心，智之端也。人之有
是四端也，犹其有四体也。有是四端而自谓不能者，自贼者也；谓其
君不能者，贼其君者也。凡有四端于我者，知皆扩而充之矣，若火之
始然，泉之始达。苟能充之，足以保四海；苟不充之，不足以事父
母。"（《公孙丑上》）

在这里我们看到的是"道性善，言必称尧舜"的孟子，"仁义"是根
于"心"的；"无恻隐、羞恶、辞让、是非之心"则非人，在这里人就其
本性来说，是"善"的，至少具有"善端"。对"仁义"的"性"和
"心"的描述正是对"孝"的"先天性"依据的寻求，因为"亲亲，仁
也"（下面我们会看到这一点）；此种对"为何孝"的"心性"解答使人
子一来无比高贵"异于禽兽"；二来无可逃遁（因为仁义根于心）。这种
明确的论断在《论语》里是不可想象的。

2. "仁之实，事亲是也"、"家之本在身"

在对"仁"重新定位（通过"性"、"心"）的基础上，对于仁与孝
（亲亲）的关系，我们看到在《孟子》里则更加接近甚至重叠，在《论
语》里"孝为仁之本"，朱子注释还颇多区别，[①] 但是在《孟子》里直接
承渡《大学》《中庸》认为：

亲亲，仁也；敬长，义也。无他，达之天下也。（《尽心上》）

孟子曰："事，孰为大？事亲为大；守，孰为大？守身为大。不
失其身而能事其亲者，吾闻之矣；失其身而能事其亲者，吾未之闻
也。孰不为事？事亲，事之本也；孰不为守？守身，守之本也。"
（《离娄上》）

孟子曰："仁之实，事亲是也；义之实，从兄是也；智之实，知
斯二者弗去是也；礼之实，节文斯二者是也；乐之实，乐斯二者，乐
则生矣；生则恶可已也，恶可已，则不知足之蹈之手之舞之。"（《离
娄上》）

---

① 朱熹：《四书章句集注》，中华书局 2011 年版，第 50 页。

在这里我们看到"亲亲仁也"的直接陈述,认为"仁之实"便是"事亲";而且进而言之,继续承接《大学》中"修齐治平"模式,认为"家国天下"之所以成立在于:"人有恒言,皆曰,'天下国家'。天下之本在国,国之本在家,家之本在身。"(《离娄上》)而且认为只有仁者才适宜在高位,因为"是以惟仁者宜在高位。不仁而在高位,是播其恶于众也"(《离娄上》)。这里我们可以看出与柏拉图"哲学王"的理想是类似的,只是二者在德性架构、理路缘由上则完全不同。我们继续沿着《孟子》一书的思路向下分析,他不仅认为"亲亲为仁"、"仁者宜在高位",而且认为"尊亲之至莫大乎以天下养"。

3. "尊亲之至,莫大乎以天下养"

关于何为"孝",在《论语》里强调"敬"和发自内心,此种精神一贯被坚持着,在《大学》《中庸》里则提出"诚"予以强化,孟子在坚持这一思想的基础上,我们看到他将"孝"与"政"完全结合起来,是"修齐治平"模式有了"孝德伦理"的基础与确认,这一思想在《论语》里是没有的,在《大学》《中庸》里开始出现,在《孟子》里则被明确提出:

> 孟子曰:"天下大悦而将归己,视天下悦而归己,犹草芥也,惟舜为然。不得乎亲,不可以为人;不顺乎亲,不可以为子。舜尽事亲之道而瞽瞍厎豫,瞽瞍厎豫而天下化,瞽瞍厎豫而天下之为父子者定,此之谓大孝。"(《离娄上》)

而且我们可以看到对舜"大孝"的肯定不仅仅在于他的终身"慕父母"用心之"敬诚",而且主要在于他以"天下养"之:"孝子之至,莫大乎尊亲;尊亲之至,莫大乎以天下养。为天子父,尊之至也;以天下养,养之至也。"(《万章上》)对于"道性善,言必称尧舜"的孟子来讲"尧舜之道,孝悌而已"(《告子下》)。这里我们可以看出"亲亲—仁政—大孝"的结合,如果再考虑孟子的心性论,这一模式是这样的:"性善—仁—亲亲—仁政—大孝"。此种模式比起"修齐治平"来说更严谨,或者说为"修齐治平"模式提供了人性论基础,但与此同时,也存在着巨大的理论张力,此种理论的逻辑困境是昭然若揭的。

（四）"四书"中的"孝悌"观及其理论困境

首先，我们看一下"四书"中的"孝悌"观。其具体演进是这样的，第一，在"为何孝"的依据上，由《论语》奠基，经由《大学》《中庸》过渡，到《孟子》之完成，其论证理路"自然之情"的合理性说明过渡到"仁义根于心"的"心性论"论证；第二，在"何为孝"的界定上，由《论语》中的"敬"到《中庸》中的"诚"再到《孟子》中明确提出"亲亲仁也"、"仁之实，事亲是也"，"仁与孝"基本内涵吻合，这与《论语》中的说明是不同的；第三，在"孝"与"政"的关系上，由《论语》中的"孝乎唯孝，是以为政"到《大学》《中庸》"践其位"、"以天下养"是为"大孝"似乎有某种"反转"，"孝—政"关系完全重叠，这对于"修齐治平模式"是一种理论说明，个人终于成为不仅仅是"父之子"而且是"家国天下"的萌芽于承负者，孝亲即是为政，仁政即是大孝。①

其次，我们可以回答文首所提出的问题，何为中国的孝道？第一，"何为孝"其不在口体之物质赡养，关键在于内心的"敬诚"；不在于外在"礼仪"的遵守关键在于发自内心的父之"志"、"道"的遵循。第二，"为何孝"其根据不在于西方当代学者所辩护的"理智投资的回馈"，也不在于囿于特殊关系的"不得不"，而在于"孝爱"对于中国人来说是一种"实现自我"（成人立己）的必由之路，"礼智"根于心，人皆有善端，但是需要"养育"之，需要"推广之"，这是"成人""实现自己"的必由之路，其意义不仅仅是出乎血情的"感恩"，而是"人之成为人"的基本规定。如同李晨阳教授分析所说"孝是人的自我实现过程中的必要的一环。也就是说，人的自我实现要求孝这个环节。因为孝是自我实现的一环，孝道不仅仅是为了父母，也是为了自己"②。第三，"为何反传统"一问题固然不是仅仅针对"孝悌"伦理，但毋庸讳言在纲常名教中"孝"德具有核心地位；单就"孝"而言，子女对父母之孝顺敬重，即便是在民国诸君眼中也是颇为遵从的比如胡适、鲁迅，而陈独秀还对当时青

---

① 这里我们可以看出"郭店竹简"中"为父绝君，不为君绝父"这一"孝—忠"、"孝—政"之间的分别与张力没有被继承下来，而是被融合、被化解了。

② 李晨阳：《道与西方的相遇：中西比较哲学重要问题研究》，中国人民大学出版社 2005 年版，第 136 页。

年学生不敬重父母行为表示批评；但是，之所以他们以决绝的态度反对传统，似乎不在"孝德"本身，而在于"孝—政"的结合，由此"愚忠愚孝"便产生了，"孝德"被政治化了，伦理和政治融为一体，这正是家国天下体制遭人诟病的缘由，公私德不分，尤其是将私德"孝"与"为政"联系起来"以天下养为至孝"，这使"孝"德成为"反传统"的把柄之一，其表面反对父子纲常，实在于反对此种"孝—忠"之过渡与转移。就先秦"孝悌观"之演进历程来说，孟子对此应负主要责任，他将"仁—亲亲—仁政—大孝"结合起来，这样使传统"孝悌观"面临巨大的理论困境。

最后，我们可以看一下"先秦孝悌观"的理论困境。

第一，"仁义根于心"，"无恻隐则非人"。此种人性论是一种假设还是一种呈现？如何论证？孟子以"孝悌"、"仁政"为建基避开了更严重、更复杂的人性、政治问题，比如"恶"，比如"政治的公共性"（利益纷争非人性善可以解决）。第二，伦理政治化，与此同时，政治伦理化。公德与私德无法分开，舜可以为了父亲而不顾天下，这固然可以说是"至孝"，但是于责任于何顾？于天下于何顾？政治与伦理固然有重叠的问题域，但是二者毕竟分属不同的领域，有不同的问题方式与解决之道，如今政治伦理不分，使许多政治中更深层次的问题被掩蔽下来，这造成社会动荡王朝更迭频繁的深层原因，而且君权没有适当有效的约束机制（舜可以背着父亲跑走并怡然自乐）。第三，"仁政是为大孝"在逻辑上为历代士人提出了"不可能完成的任务"，人皆愿为"孝"（我自我实现之必由之路），但是人人怎么皆可以为政？"以天下养父母"？孔子所说"孝乎唯孝是以为政"这是任何人都可以做的，但是孟子将"大孝"之标准规定于"以天下养"上则隐藏了巨大的张力，要么甘于"不孝"，要么趁机"践位"，两者皆是"悖逆"之大不孝，但其名义却是为了"至孝"。第四，"孝"与"政"有着不同的理论规则，比如"易子而教"、"父子不责善"这在孔孟是皆认可的，但是"为政"时怎么可以"易"，怎么可以"不责善"？这里也存在着深层的理论困境，由此导致影响之一便是对"他者"的冷漠，对陌生人的"冷漠"，尤其是在现代社会"血缘社会"解体之后，没有基于"血缘"的"人情"重建，对"他者"的冷漠，对陌生人说"不"的现象便成为一种常见的普遍现象。

但是，若反观西方基督教传统，无论是中古时期，还是现代社会，尤其是新教传统对于无条件的"爱"、对超越血缘的"邻人之爱"更显得弥足珍贵，冷漠是现代社会的病症，但是"博爱"意识无疑是一剂解毒良药。基督教被称为爱的宗教，"博爱"的起源"圣爱"（Agape）几乎算是基督教一个不言自明的核心范畴。Agape 基于神人关系上，涵盖神对人的爱、人对神的爱以及人对人的爱三个方面。神对人的爱（Agape 的原始含义）包括爱选民、爱外邦人和"召罪人"、"爱仇敌"，人对神的爱包括人对神的守约、燔祭和遵行诫命。人对人的爱（Agape 的引申义）包括父母兄弟之爱、邻人之爱以及彼此相爱。基督教无论是在《旧约》还是在《新约》中都是主张孝敬父母（如十戒中的第五戒），都是主张敬爱兄弟的（如谈到约瑟的"爱弟之情"，创 43：30）。这种"爱父母与爱兄弟"表现在儒家思想里便是"孝悌"观。我们说，不可因为"爱"的名词就认为，只要谈"爱"都是一样的；这涉及"爱"的来源与神圣性的问题。在下一部分我们会看到儒家与基督教孝悌观之间的差别，基督教又是如何在爱的诫命下成就了父母兄弟之爱的。

三　儒家与基督教"孝爱"观之比较

本书将以郭店竹简中的儒家文献以及《马太福音》为文本依据对二者展开比较。我们知道 Agape 本义是圣爱或神爱，这是源自神的；而仁爱具体指向"孝爱"，这是源自人并指向人的，严格来说二者无法比较；因为"仁爱"没有"神圣"的维度和来源。所以，我们选取孝悌观为比较，这是人对人的爱，一来，是儒家仁爱观的具体内容；二来，上面我们已经分析过了，基于爱的来源与依据，人对人的爱（邻人之爱），我们也用 A-gape 来表示；所以正是在人爱层次上，我们选取"孝悌"观对二者展开比较，这是同一层面、有公度性的比较。但是，在下面我们会看到，同样注重"孝敬父母"，在来源、次序、依据、缘由上，儒家与基督教何等的不同。在文章最后我们会将 Agape、Eros 和仁爱放在同一表中，读者将会看到差异之明显是一目了然的。

（一）问题缘起：敬爱天主还是孝敬父母？

"孝悌"为儒家伦理思想之核心，那么在天主教视阈下人与父母兄弟的关系如何？爱上帝与爱父母之间又有着何种价值考虑？在四福音书尤其是在《马太福音》中，对于"孝敬父母"与"敬爱天主"作为人子耶稣，他是如何看待此两种关系的？尤其是与现有出土之最早中国古典文本郭店竹简相比，儒家又是如何定位"孝悌"观念的？这是本文的问题出发点所在。所以本书之结构为首先解读并建构《马太福音》中敬爱父母与第一诫命之张力关系；其次，郭店竹简中对孝悌观念的具体界定；最后，马太福音与郭店竹简对孝悌观念之不同界定意味着什么？

（二）上帝之爱与孝悌伦理——《马太福音》对"孝悌"的界定

1. 耶稣是否不主张敬爱父母兄弟？

对于有着儒家文化背景的人会非常关注天主教经典中对于父母兄弟家人的看法，但是在《马太福音》中，我们却看到耶稣传道时直接或间接地表达了如下说法：

> "不要以为我来是为给大地带来和平的。我来不是为带来和平，而是刀剑。因我的到来，儿子将反叛父亲，女儿将反叛母亲，媳妇要反对婆婆。自己的家人成了自己的仇敌。"（太 10：34—36）
>
> "兄弟会自相残杀，父亲会害死儿女；子女也会反叛双亲，置他们于死地。由于我的名，你们会被众人忌恨，但那能坚持到底的人必会得救。"（太 10：21—22）
>
> 另有一位门徒对耶稣说："主呀！请让我先回家一趟，好能安葬死去的父亲。"耶稣回答说："跟着我！让死人去埋葬他们的死人吧！"（太 8：21—22）

"自己的家人成了自己的仇敌"、"父母兄弟间之自相残杀"、"置父亲亡灵之不顾"这些在儒家信徒或者说对于传统之中国人来说是大不敬和不可思议之事，也正是天主教的"孝悌"观念造成了早期明清传教士在中国传播福音的最大障碍。但是，我们能否说天主教就是与家人为敌仇视父母的？仔细阅读《圣经》，尤其是在《马太福音》中我们会看到：

> 几个法利塞人和经师从耶路撒冷来见耶稣，问他："为什么你的门徒不守祖先的规范，他们饭前怎么不洗手呢？"耶稣说："你们为什么为了祖宗的规矩而违背天主的诫命呢！天主说过：'要孝敬父

母。'又说过：'咒骂双亲的人该处死。'你们却说，任何人对父母讲：我把供养你的，拿去圣殿献给天主了，从此他竟可以不再赡养父母了！你们用自己的传统，抵消了天主的话。"（太 15：1—6）

你们常听人说："'以眼还眼，以牙还牙。'但我告诉你们：不要向欺负你们的人报仇。有人打你的右脸，你把左脸也给他。有人想要你的内衣，那你把外套也给他！有人强迫你走上一千步，跟他走两千步！凡有求于你的，你就给他。也不要拒绝那想跟你借钱的人。""你们曾听过这句话：'爱你的近人，恨你的仇人'，但我告诉你们：要爱你们的仇人，还要为那迫害你们的人祈祷。这样你们才能成为天父的儿女，正如天父使太阳照着好人，也照着坏人一样；他降雨给正义的人，也给不义的人。""假如你们只爱那些爱你们的人，你们还值什么赏报呢？连税吏也会那样做的。假若你们只对朋友友善，算是什么了不起的事呢？连外邦人都会那样做的。所以，你们该求完善，正像你们的天父是完善的。"（太 5：40—48）

这里我们看到的是要"孝敬父母"的诫命，而且，更引人注目的是超乎血缘、亲情、友情的爱：爱仇敌，我们知道，在孔子那里是不主张以德报怨的，他认为应以直报怨，用耶稣的话说就是"以眼还眼，以牙还牙"，在儒家传统里孝敬父母似乎是无条件的，但对于仇敌不可能有爱，但是耶稣的新福音则告诫人们要"爱仇敌"，因为"天父使太阳照着好人，也照着坏人一样；他降雨给正义的人，也给不义的人"，这或许是另一种有别于儒家仁爱的形态，我们若认为天主教主张仇视父母与家人为敌则似乎有失武断了。很明显，对于有着"爱仇敌"主张的人，不可能不爱家人父母，但是我们也可以明显看出此种"爱仇敌"背景下的"孝敬父母"确实与儒家的"孝悌仁爱"观大有不同。现在的问题是，为何在同一部福音中会有"以家人为敌"、"父母兄弟自相残杀"与"爱仇敌"、"孝敬父母"这样看似冲突的表达？

2. 谁是我的父母？——新的父母观

首先我们可以从《马太福音》中看到，天主教经典对父母的界定不是儒家血缘伦理意义上"君子之道，造端乎夫妇"的父母，而是超越世俗血缘的另种界定。耶稣基督的诞生是这样的：他的母亲玛利亚已许配给了约瑟。可是在他们还没有同居之前，玛利亚因着圣神而怀了身孕。她丈夫约瑟本想休了她，但约瑟是个义人，不愿公开羞辱她，只想悄悄地这么做。约瑟正在思虑这事的时候，上主的天使出现在他的梦里，对他说：

> 约瑟，大卫的子孙，把你的妻子玛利亚迎娶回来，不要顾虑！她的身孕，是因为圣神而来的。她将生下一个男孩，你要给他取名叫耶稣；因为就是他，要把自己的民族从罪恶中拯救出来。上主借先知们传达的圣意，在这事上得到了应验：看呀！一位童贞女要怀孕生子，人们要叫他厄玛奴耳（以马内利），意思就是：天主与我们同在。（太 1：18—23）

从这里我们可以看出，一种新的"父—子"关系的确立，玛利亚因圣神而怀孕，耶稣作为天主子的代表而来到人间，具有神圣性，由此而来的"爱观"已经完全不同。谁是我的父母？谁是我的兄弟？有了新的界定：

> 耶稣与群众讲话时，他母亲和弟兄在外边，想跟他说话。有人告诉耶稣："你的母亲和弟兄在外边，要和你说话。"耶稣却对进来告诉他的人说："谁是我母亲？谁是我弟兄呢？"他指着门徒说："他们就是我的母亲和弟兄！不论谁承行了我天父的旨意，他就是我的弟兄、姐妹和母亲。"（太 12：46—50）

由此我们可以看出，天主教对"父母"关系的置换与重新建构，父母兄弟已不再是传统意义上基于血缘亲情的自然关系，而是具有神圣意义基于天主诫命之下的重新规定。这一点，正是天主教与儒家分歧的根源，也是明清期间传教士在中国传播福音遭遇冲突的原点（可参见谢和耐著作）。在儒家看来，最大的诫命是孝敬父母（尽管敬天在儒家传统中地位重要，而且不以诫命的形式表达敬天或孝敬父母，在他们看来这些都是天理之自然而不是因为诫命而敬爱），但是，对于天主教来说，最大的诫命则是敬爱天主。

3. 最大的诫命与孝敬父母张力之化解

我们知道在耶稣受人试探诘问时，他明确说最大的诫命是"爱天主"：

　　"老师，在律法上，最大的诫命是什么？"耶稣回答说："'你当全心、全灵、全意地爱天主，你的上主。'这是最大的也是最重要的诫命。还有第二条与此相同：你当爱你的近人，如同爱你自己。全部的律法和先知之言都以这两点为基础。"（太22：36—40）

　　在这里我们可以明确看出，对于天主教的新爱观来讲，其最大的爱是敬爱天主，这在次序上是最先的；但是需要说明的是，此种爱最终是来自天主的，天主是爱的起点与源泉，是先有圣爱也即天主对人的无条件的爱而后方有此种新的诫命才有人对天主的爱以及对近人的爱。在这里，是天主，而非人是爱的起点与根源，我们可以清楚地看到这与儒家仁爱是多么的不同，儒家始终是源自人并指向人的，没有此岸彼岸之区分，没有世俗与神圣之超越，他们始终生活在一个世界维度中。但是，在天主教中，通过对父母关系的新界定，尤其是对神圣层面天主意义的引入，那种源自血缘的亲情伦理被放在了第二位，天主才是爱之源泉。

　　这里的问题是，就天主教之最大诫命与第二诫命来说，都是主张爱的，那么为何会有家人为敌人、父母子女起刀剑自相残杀的说法？其理路或许是这样的，作为有限性的人来说，仅仅出于本能血缘去孝敬父母是远远不够的，甚至是有些狭隘的，就如同遵循传统的说法"以眼还眼，以牙还牙"得来的不是和平与幸福而是冤冤相报何时了的恶性循环，那不是真正的道义法则，而爱仇敌，才是真正的爱则；但是此种新的法则不是来自人自身，而是来自人之外之上的最高创造者天主，由此而来的爱才是真正的确实的，因此必须首先打破传统世俗伦理，包括对父母的爱，对兄弟的爱，就如同要修正原有的伦理法则"爱亲人朋友恨仇敌"一样，这是一种观念的革命，精神理路的置换，起刀剑正是在观念上的革新，与家人为敌正是与传统戒律道德法则的割裂，由此而接受新的爱观与道义法则，这一切都来自天主。所以，最大的诫命是爱天主，以此为源头爱父母、爱兄弟都处于爱近人的诫命之内，而且打破了原有狭义的只爱亲人朋友的传统伦理，形成了天主圣爱下的平等博爱精神。在经过观念革新之后，新的爱观就这样确立起来，敬爱天主与孝敬父母之间的冲突与张力也得到化解，而且在圣爱之下，对父母之爱才是真实的、确定的、有保证的。

（三）人情之爱与孝悌伦理——郭店竹简中对"孝悌"的界定

1. 目前有关郭店楚简"情"之研究与问题

1993 年冬，湖北荆门郭店一号楚墓出土简 804 枚，经过荆门博物馆组织整理成 18 篇短文于 1998 年 5 月由文物出版社以《郭店楚墓竹简》之名出版（含图文注释）①，其中"性自命出"篇多谈"情"字，共 20 见，而"缁衣"、"唐虞之道"、"语丛一"、"语丛三"、"语丛四"各一见，"语丛二"两见，共 27 见。② 对于"性自命出"之"情"引起学者的广泛讨论，典型看法有四：

其一，"情实"解（丁四新等多数学者）。以"情实"、"情形"或"情况"解先秦文献的学者甚多，而对郭店简的"情"字，一些学者仍延续了此一解释，丁四新对"情"的内涵有着详细的梳理和分析，然他的结论却出人意外的认为"情的最基本字意为实"而反对以"情感"意解"情"③。当然他并不排斥"情感"、"人情"等义，不过那是作为"情实"的外延而存在的。郭店竹简"性自命出"篇典型的情字表述为：

> 顺乎脂肤血气之情，养性命之正，安命而弗夭，养生而弗伤，知【天下】之正者，能以天下禅矣。（缁衣，简 2—3）
>
> 情生于性，礼生于情，严生于礼，敬生于严……（语丛二，简④1—4）
>
> 道始于情，情生于性。始者近情，终者近义。知情【者能】⑤ 出之，知义者能入之。（性自命出，简 3—4）

----

① 荆门博物馆编：《郭店楚墓竹简》，文物出版社 1998 年版。需注意者，竹简出土时已散乱，且该墓曾遭盗窃，所以《郭店楚墓竹简》一书只是劫余后之整理本，我们感谢整理者的努力，但我们还必须知道这是经今人之手而成之作，篇题、文序、篇序都是整理出来的，所以不可囿于该书，然而该书附有图文版可做详细参照，很是可贵。

② 此统计参见丁四新《论郭店楚简"情"的内涵》，载丁四新主编《楚地简帛思想研究（二）》，湖北教育出版社 2005 年版；请注意该文曾在《现代哲学》2003 年第 4 期发表，但应以书中为参考，因为杂志中文已有删减；我通读竹简全篇无发现别例故从丁"27 见"之说。

③ 丁四新：《论郭店楚简"情"的内涵》，载丁四新主编《楚地简帛思想研究（二）》，湖北教育出版社 2005 年版，第 165 页。

④ 此简号与荆门版本一致，但本文所引文字可能与原版编序不同，参见李零《郭店楚简校读记》，北京大学出版社 2002 年版。

⑤ 括号内文字为加入，非竹简所有，参见李零本。

凡声，其出于情也信，然后期入拨人之心也厚。（性自命出，简23）

凡人情可悦也。苟以其情，虽过不恶。不以其情，虽难不贵。苟有之情，虽未之为，斯人信之矣。未言而信，有美情者也。（性自命出，简50—51）

情字在竹简中27见，上仅举五例，尤其是为学者所特别关注的第五例，明显不可做"情实"解，另有做"真诚"解的同样不妥。

其二，"人情"、"情感"解（陈来等学者）。这样直接用"情感"或"人情"解"情"的学者不在少数，可以说后三种看法（陈来、李泽厚和郭齐勇、陈鼓应和韩东育）都是以"情感"解读的，只是陈鼓应[1]和韩东育[2]将文献本身向道或法家拉近，而李泽厚延续他一贯的看法"重视人性情感的培育"、"强调亲子之情（孝）作为最后实在的伦常关系以建立人——仁的根本"[3]，李的看法是值得深思的，然是否应归为他所说的"心理原则"还需推敲，郭齐勇针对李泽厚文，指出孟子并非"排情"，郭文仍是以解读"心性论"为主，认为竹简与孟及其后学是一贯的。[4] 而陈来先生则直接以"感情"解，他在"以德治民"的框架下理解为"一个治民者，如果与人民有感情上的沟通，虽有过失，人民也不会嫌恶他"[5]。

然结合竹简文本，上述说法均可进一步讨论，无论是其意还是方法都有问题。首先，"情实"义并非郭店简之唯一义或核心义。"情实"义于先秦文献中多见，然不可以此成见解读竹简，而且即便是先秦文献"情

---

① 陈鼓应：《太一生水与性自命出发微》，载陈鼓应主编《道家文化研究》第17辑，生活·读书·新知三联书店1999年版，第406页。

② 韩东育：《性自命出与法家的"人情论"》，载《史学集刊》2002年第2期，第9页。

③ 李泽厚：《初读郭店竹简印象记要》，载中国哲学编委会编《郭店简与儒学研究》，辽宁教育出版社1999年版，第4—5页。本文又载于《道家文化研究》第17辑、《世纪新梦》及李泽厚的其他再版著作中。

④ 郭齐勇：《郭店儒家简与孟子心性论》，载《武汉大学学报》1999年第5期，第24—28页。郭在文首指出本文是针对李泽厚文而发，认为孟子并不排情。

⑤ 陈来：《郭店楚简之性自命出篇初探》，《孔子研究》1998年第3期，第56页。本文还载于国际儒联学术委员会编《郭店楚简研究》，《中国哲学》第20辑，辽宁教育出版社1999年版。

实"义也只是"情"之一义，另有"情感"、"真诚"等义。① 是否能说"实"为其"本义"亦可探讨。其次，"人情"或"情感"解"情"实为自语反复。以"人情"解"情"，似是而非，实是自语重复，今我们要问者正是此种"情"为何物，若以"情"或"情感"解，语义含混，因为"人情"本身意义多种，仍需追问，而陈来先生以"感情沟通"解，问题是，是否应以"以德治民"作为框架。再次，李先生谈竹简处少而郭之见解是针对李文而发，对"孝"之解读亦是从略。李的看法是准确的，而且他的看法需置入他的思想系统方可了解，他论竹简之文颇简略，而郭齐勇之文仍从心性论、道德形而上学层次论述，名针对李文而发，实与李志趣不同。最后，郭店简之"情"近于法家或道家，前者不同趣，后者不同义。陈鼓应的看法是一贯的，他对道家哲学的推崇令人尊敬，然说"情"与庄子学派"任性命之情"相通，似不可解，另称"性自命出"为"仅见的一篇尚情之作"② 亦不准确（参见李天虹文）。韩东育则直接将"性自命出"篇视作"杂家之论"，而认为论情近于法家的"人情论"，此解不妥处在于法家之"人情"是为"法"，而儒之"情"是为"仁"，初衷与归属皆不同。

所以，笔者认为以上四者看法均有问题，而且于方法上似亦有不妥处。四种看法的方法论问题具体表现在：第一，多参竹简外之文献而证竹简之意，有越证之嫌疑；第二，多限于"性自命出"一章谈情（或仅以儒家文献为参照），而不知同出之所有他篇亦可做重要参照；第三，就"情"字本身谈"情"，结合文本以情之"意"谈"情"也许更合适。

2. 人情之初始含义为孝爱

本书认为"情"之核心义为"孝——父子亲情"，当然"情"以"孝"为核心并不排斥"情"的其他外延，另外，"情"以"孝"为核心却并不止于"孝"或"父子亲情"他是一个动态的孝——家、国、天下——反求诸己的演进过程，"孝"为情之本源而非终点。而在解读方法

① 李天虹：《性自命出与传世先秦文献"情"字解诂》，载《中国哲学史》2001 年第 3 期，第 55—63 页。李文对"情"之收集可谓多：诗、书、左传、国语、礼记等有些分析可能值得商榷，但是她对文献的整理，有参考价值，而且从中看出"情"义不限于"实"、"情感"、"真诚"，说先秦文献无谈"情"者可以休矣。

② 陈鼓应：《太一生水与性自命出发微》，载陈鼓应主编《道家文化研究》第 17 辑，生活·读书·新知三联书店 1999 年版，第 407 页。

上，本书试图通过"面向竹简本身"而避免或缓解上面的方法论困境①，具体做法为：第一，不参照、不引用竹简外文献以论证竹简内之含义；第二，就所有竹简篇章而不做道、儒、杂家之分类；第三，通观其意而解情。以下为"情"以"父子亲情——孝"为核心义的论证。

通观竹简全篇，可以看出其以"孝悌为本"，并以"孝"释仁，甚至可以"为父绝君"，且称"圣也者，父德也"，此种贵父轻君的思想便是对"孝"的弘扬，自然此种"孝"不限于父子之情，因为爱亲则可施爱人，"闻舜孝，知其能养天下之老也"（唐虞之道，简22—23②）。可见人情以"孝"始，并由内生发，以修己为方法。

其一，"孝，本也"——孝悌、家国、天下。"六德"篇称"是故先王之教民也，始于孝悌。君子于此一体者无所废。是故先王之教民也，不使此民也忧其身，失其体。孝，本也"③（简39—41），之所以视"孝"为"本"，是因为"孝之施，爱天下之民"（唐虞之道，简7），孝为子爱父母，然此种原始的爱是可以生发的，准确言之，唯有血亲之爱方有"爱天下人"之爱，所以"闻舜孝，知其能养天下之老也，闻舜弟，知其能事天下之长也"（唐虞之道，简22、23）。此种由对父母之爱而及天下之爱的思维方式正是竹简中所着重表达的一点，所以此孝只能从动态意义上讲，而若限于"父子之情"，则失之。

其二，"为父绝君，不为君绝父"——父贵于君，君异于父，不悦，可去也。对孝的着重表达也可由此看出"为父绝君，不可为君绝父"（六德，简29）因为"君臣、朋友，其择者也"（语丛一，简87），君不同于父"不悦，可去也"（语丛三，简4）。此种"贵父轻君"思想是极为明显的，而且"六德"篇竟以"圣"称父德"圣也者，父德也"（简21），对父德的高扬便是对"孝"——父子情的礼赞与肯定，或者说此种情感

---

① 本处指的"方法论困境"是说，面向竹简本身是很难的，即便不用竹简外文献论证、就竹简本身关照，亦难逃此困境：自己先有的成见、整理者对文本的加工、自己的思想倾向等必会影响对文本的解读，所以如上所说，尽力而为。

② 依照惯例，只以《郭店楚墓竹简》所列简号为准，引用文字，也只列篇名和简号，李零另有篇名但本文从荆门本之原始篇名。

③ 此简体字，为自己行文方便，参见李零本、刘钊《郭店楚简校释》，福建人民出版社2005年版，包括荆门本都是繁体字。

是不言自明的,不可选择,只能如此,有此方可有其他情感之生发。①

其三,"修身近仁"与"仁者,子德也"——以孝释仁,爱由亲始。与父德为"圣"相对,"仁者,子德也"(六德,简23),子德是"孝"然今却以"仁"名之,足见孝之意与"仁"同义,或者说"孝,仁之冕也。禅,义之至也"(唐虞之道,简6、7),那么何为"仁"呢?"颜色容貌温变也。以中心与人交,悦也。中心悦,播迁于兄弟,戚也。戚而信之,亲【也】,亲而笃之,爱也。爱父,其继爱人,仁也。"(五行,简32、33)"爱,仁也。"(语丛三,简35、36)由此可见,仁为"爱",发自内心,由爱父而及爱人,此种爱或"情"是"血气之亲"与君臣不同(六德,简16),所以最为本源,至真至切。那么如何"至仁"呢?

"闻道反己,修身者也。上交近事君,下交得众近从政,修身近至仁"(性自命出,简56、57),可见"修身"、仁、孝是一体的,仁孝始终是由"己"由"内"也即由最原始的情感而发,"仁行于内为之德之行,不行于内谓之行"(五行,简1),仁必行于内,"是故君子求诸己也深,不求诸其本而攻诸其末,弗得矣"(成之闻之,简10、11),求诸己便是要求诸本,其本在"孝"在"血气之亲","故君子所复之不多,所求之不远,穷反诸己而可以知人。是故欲人之爱己也,则必先爱人,欲人之敬己也,则必先敬人"(成之闻之,简19、20)。由己而知人,由爱亲而爱人。所以说"必正其身,然后正世,圣道备矣"(唐虞之道,简3)。可见,由爱亲而爱人、由正身而正世此是异名而同谓了,其义则一。

由以上分析可知,因"孝"为"血气"之情,最为原始,也最为根本,人须爱亲而后爱人,此种情感近乎"仁",而人所修身求诸己者仍是对此原发性情感的再认识,修身即是修"孝",正身即是爱亲,由正身而正世,即是由爱亲而爱人。

3. 情之核心义为"孝"。

若以上分析可以成立,那么我们再来看竹简之"情",也许更明了:

顺乎脂肤血气之情,养性命之正,安命而弗夭,养生而弗伤,知

---

① "为父绝君"一说似乎是在治"丧礼"的语境下所说,然即便如此,贵父轻君的思想也无法否认,如称圣为父德,不悦可以去君。

【天下】之正者，能以天下禅矣。(缁衣，简2—3)

情生于性，礼生于情，严生于礼，敬生于严……(语丛二，简1—4)

道始于情，情生于性。始者近情，终者近义。知情【者能】出之，知义者能入之。(性自命出，简3—4)

凡声，其出于情也信，然后期入拨人之心也厚。(性自命出，简23)

凡人情可悦也。苟以其情，虽过不恶。不以其情，虽难不贵。苟有之情，虽未之为，斯人信之矣。未言而信，有美情者也。(性自命出，简50—51)

礼，因人之情而为之节文者也。(语丛一，简31、79)

血气之情出自血气之性，礼乐教化正以此"血气之情"为依据，或礼或乐并不指空阔之仪礼或声音，在仪礼或声音之后皆有真情为据，因人之"情"方为真、方可信，此情正发自内，所以"虽过不恶"因为此情为"真"、为"善"、为"亲"、为"爱"。所以若我们不拘泥于"情"字本身，合竹简全篇而看，"情"之核心义当作"孝"解。由此也可以看出，中国传统经典文本中对情的界定主要是基于血缘伦理，而在此基础上"孝悌"自然而然成为首要的伦理法则或者说是最大的诫命。正是在此处我们可以看到儒家传统与天主教思想是何等的不同。

（四）爱天主与爱父母——基于"孝悌"观念之比较

1. 最大诫命之比较：爱天主与爱父母

如上分析，在天主教经典中很明确认为最大的诫命是："'你当全心、全灵、全意地爱天主，你的上主。'这是最大的也是最重要的诫命。"而在中国古典文本中，首要的德性是"孝"，在传世文本之孔孟论说中也坚持了此种传承："孝者，仁之本"，"亲亲，仁也"。这里需要说明的是，尽管天主教经典中认为最大的诫命是爱天主，但是他并不否认对父母之爱，同样坚持"孝敬父母"的诫命；同样，儒家经典思想认为首要的诫命是孝敬父母，但是并不限于敬爱父母，还有着家—国—天下之爱以及仁民爱物敬天之思想，严格来说二者之分歧不在于是否敬爱父母或者说敬天爱天。其最大的不同在于源头上，一个出于天主之神圣性,一个出自人情之自然;准确来说,天主教之孝爱来自天主,而儒家之孝爱来自人自身,并于天理之自然结合起来,这里的天与天主教之"天"、"天主"、"上帝"完全不同,固然从价值源头上讲,儒家之孝爱来自"天",但这更多是"人情自然"意义上的"天理",不具有人格神和神圣意义;而天主作为爱的源头则具有神圣规定性,他不是一种自然的演绎展现而是一种神圣建构。儒家的人与天是一体的,天道现于人道中,人道即是天道之展现,没有此岸与彼岸之划分,从某种意义上说,天道就是人道,人道就是天道。但是在天主教中,天主与人有着质的不同,这是有限与无限、创造者与受造物之区别,有着此岸与彼岸的神圣划分,这样的二分与割裂在儒家之天人关系中是不可想象的,天道只能流行于人道中。具体到孝敬父母上来说,孝悌为儒家之核心或者说首要的价值;而在天主教中,爱父母只是敬爱天主的表现,是处于从属地位的,而且位于"爱近人"的行列。

2. 人情与天理的追寻:天主之义与血缘人情

首先,我们可以看出在对父母的界定上有着人情与天理的不同。对于儒家来说,父母便是出于血缘亲情生身父亲母亲,这是一种自然的伦常关系,也正是儒家所坚持和认可的"君子之道,造端乎夫妇",这是自然的人情结合,由此因自然繁衍而产生父子关系,这一切都基于人情,并且在儒家看来是最自然的,也是天道流行之表现,此处人情即是自然,即是天理。这构成了儒家伦理法则的起点和基础,若说有某种神圣性,也只是此种天理自然的神圣性,而非此岸与彼岸、创造与被造的神圣性。但是,天主教对父母的界定,如同上面我们所看到的,从天主子之降生与他对父母的新规定都具有神圣性,甚至是观念上的革命性;因神圣有孕,这在儒家看来是神秘的,是不自然的,有反天道,悖乎天理,而且认为是根本不可能之事,属于怪力乱神范围;而对于耶稣所说:"不论谁承行了我天父的旨意,他就是我的弟兄、姐妹和母亲。"这在儒家看来,也是属于"无父无君"之言,因为天理必然体现于自然人情之人道中,不可因为遵循"天理"而置换"父母"血气之情,否则一定是"天理"错了,人情父母之事实不可能错。但是在天主教中,正有着此种由血缘而天理的革命性更新。我们还记得《马太福音》中有着这样的记载:

耶稣接着被圣神带到旷野，接受魔鬼的试探。他一连四十个昼夜没有吃什么，觉得很饿。试探者就前来对他说："如果你是天主子，就叫这些石头变成饼吧！"耶稣回答说："经上写着：'人不单靠饼过日子，更要靠天主说出的每一句话。'"（太4：1—4）

在这里，我们同样看到了人情自然之"食"在面对天主之"言"时是处于第二位的，"天理之言"具有神圣性，而且更能体现人性，而出于本能之温饱只是从属性的，对于儒家来说，我们知道他们的信条是"民以食为天"，食就是天理，不存在"食"与"言"神圣二分，天理就在食色中，处于同一方时空世界。

3. 契约与身份：基于天主与基于血缘。

若不限于《马太福音》与郭店竹简的文本范围，我们可以进一步看到二者的区别。在基督教经典中有多次"立约"，这与儒家身份之坚持又明显区别开来。"契约"是基于天主之圣言，具有神圣性，而且是对血缘伦理的一种打破、颠覆或者说是重构，对于人来说最重要的不是基于血缘亲情的身份关系，而是要遵守具有神圣性的"契约"。对于儒家来说，最重要的关系是造端乎夫妇的血缘身份关系，这就是天理自然之显现，不可能也不需要新的规定与契约建构，任何其他的价值原则只有在符合了此种血缘伦理准则后方具有意义和价值，否则都是有悖天理之表现。

若以上分析成立，我们可以得见正是此种区别奠定了中西传统迥异和走向不同路径的根源。爱天主之神圣超越性，方可有人性之谦卑与平等价值之建立；爱近人使人不囿于亲情之爱方可有博爱理想之产生，世界的创造与被造方有探索天主杰作之可能；在另一方，血缘伦理中父母子女不可能以平等之角色出现，仁民爱物更多只是囿于一己之家庭之爱，对于自然的天道流行之认定亦不可能有进一步之科学探究，由此，自由、民主、平等、科学之价值观亦无从建立。

（五）儒家孝爱观与社会共同体的理论相悖性

Agape、Eros与仁爱之比较。我们在前面微略谈到Agape与Eros的比较，如今我们可以将以"孝悌"为特质的仁爱观放入下表中共同比较：

Agape—仁爱—Eros 之比较		
Agape	仁爱	Eros
自我施予	立己立人	为自身利益打算的一种欲望
自上下降的	不是下降也非上升，一个社会中由身—家—国—天下推广开来	人上升的努力
神来就人的路	成人之路	人走向神的路
白白的礼物，是神爱所成功的救恩	人情使然，不是无缘无故也非要救恩摆脱肉欲	人的成就，人要完成救恩的企图
不自私的爱，不为自己求什么，并且白白消耗自己	不是白白的消耗，也不是自我中心，但是从立己开始，不限于自己	自我中心的爱，自诩为至高、至贵、无可伦比
以神的生命为生命，因此敢于"丢掉它"	天地之大德曰生，不语怪力乱神，生命的意义在人间世	寻求获得属神的不朽的生命
基于神本身丰满的白白的赐予与消耗	爱基于人情，爱不是消耗也不是占有，爱是成人之道	一个要占有的志愿，以需要为立足点
主要是神自身的爱，因为神即爱佳泊	人爱，与神爱无关，天道于人道中显现	主要的为人爱，而神为爱乐实的客体
表现在人身上时，是一种以神爱为榜样的爱	只表现在人身上，不是模仿神，人情之实然	应用于神时是一种以人爱为模型的爱
对于他的对象来讲是自主的，独立的，且给予"歹人及好人"；因此它是自发的"无缘由的"，且将自己赐给不配领受的人	是自然的，主动的；但不同于神的自发；以对象为条件，但对象不是自己成人的工具；自己在爱人中成全	以它的对象的本质、美好、与价值为转移；因此它不是自发的，而是"有原由"的，乃因它的对象的价值而产生
爱佳泊先爱，而后在它的对象中创造价值	爱是相互的，无法分出先后；又不同于 Eros，不是因为客体有价值才爱它	爱乐实承认它客体的价值，所以才爱它①

　　儒家仁爱观念无法形成社会共同体。如同上面分析 Agape 观念时我们

---

　　① 关于 Agape 与 Eros 之比较参见虞格仁《历代基督教爱观的研究——爱佳泊与爱乐实（Agape och Eros）》第一册，韩迪厚等译，香港中华信义会书报部 1950 年版，第 225—227 页。

提到：

就爱观自身上讲，这预示了爱的共同体的形成。第一，原有的血缘（父母兄弟）、地缘（外邦人）、地位（罪人、穷人）等原始的人际关系（状况）在"遵行父的旨意"、"赐福"、"召罪人""爱仇敌"得到了新的身份认同，最终的关系只有一个，人与神的关系；人与人的原有近缘关系不再是判断的依据，人与人成了"邻人"和兄弟，在神面前，平等成了可能。第二，价值观上，新的诫命只有一条"彼此相爱"（当然以敬畏神为前提），原有的价值观念在爱的价值观上得到成全，与此同时也变得从属和次要。第三，人类的不同族群在圣灵里达到统一，这使共同体成为可能。"我们不拘是犹太人、是希利尼人、是为奴的、是自主的、都从一位圣灵受洗、成了一个身体。**饮于一位圣灵**。"（林前12：13）这是因为"身体只有一个、圣灵只有一个、正如你们蒙召、同有一个指望、一主、一信、一洗、一神、就是众人的父、超乎众人之上、贯乎众人之中、也住在众人之内"（弗4：4—6）。这样，在同一圣灵的感召下，出于爱的诫命，我们可以看到通过原有人际关系的打破与更新，形成了新的共同的价值观，这预示了"社会共同体"之形成只是早晚的事。至于基督教与西方社会的现实交融建构关系，非本章主题，但是从 Agape 预示的理论可能性而言，我们可以看到它形成了成熟的"共同体"理论建构。而仁爱观念，尽管作为中国传统社会的主流形态，我们认为它没有形成"社会共同体"的理论可能性，那只能是"家国体制"，家族而非国家，宗法而非法律才是这种社会的典型特征。

之所以说儒家仁爱观无法形成社会共同体是因为：社会共同体的必要条件在于社会民众有共同的价值观，当且仅当此种共同价值观无悖于共同体的确立。并非说任何社会无论有何种价值观，只要是共同的，就能形成公民社会共同体；需要共同的价值观，但价值观的内容同等重要；比如一个社会的共同价值观认定人都是应该沽名钓誉、尔虞我诈的，那么无论此种价值观多么深入人心，社会共同体也无法确立，因为共同的价值观恰恰指向了社会的"解构"；再比如，一个社会共同的价值观认定当亲亲敬长，家事大于国事，或者说家事就是国事，那么无论此种价值观多么为人称道，此种共同价值观下的社会也无法走向社会共同体的建立。所以"当且仅当此种共同价值观无悖于共同体的确立"，这是个必要条件，所以社会共同体的确立至少需要两个条件：共同的价值观，价值观无悖于社会共同体。第二个条件实际意为，共同的价值观必须是支撑"社会共同体"的价值观。

如果此种分析不错，那么我们可以看出儒家的问题不是没有共同的价值观，而是不满足第二个条件，儒家的价值观是导向"家族"而非"社会"，是导向"宗族团体"而非"社会共同体"。我们认为这是儒家致命的所在，或者说这是儒家在晚清以来遭遇西方重创而无力应对的重要原因，以一族一派面对整个国家、城邦、联军，失败是必然的，这还仅仅是组织方面的原因，尚没有提及管理以及实力方面的对比；据说甲午中日海战时李鸿章是以一军对抗整个日本国家……我们再回到儒家价值观与社会共同体上来，儒家的仁爱观主要是"孝悌观"，这主要是家庭伦理，一个社会首要的价值便是影响最大的社会建构因素，所以儒家所形成的只能是以"家（族）"为单位的士绅社会，那种共同的律法至上的公民社会、城邦社会无法建立。自然这里的疑问是，比如儒家的有些礼法也不是一家一姓的，而是整个社会的底线，比如说影响深远的"三纲五常"，这确实可以看成民国以前整个中国传统社会的伦理准则，是共同肯定的；但是问题还在于第二个必要条件上，而不在于是否共同和多少人遵守，比如"三纲"尽管是共同的价值观，但是其内容指向上却是建立家族社会或者说家国一体的宗族体制，这依然无法摆脱在上者朝代更迭（一家一姓之变迁）以及在下者家族繁衍上的传宗接代与光宗耀祖的追求，这些，在我们看来恰恰是与社会共同体的公民社会背道而驰的。正是在这个层面上，我们说儒家仁爱观在理论上与共同体社会是相悖的。

再回到本节所讨论的"孝悌"观上，天主教经典通过对"父母"的新界定，尤其是对于无上之创造者天主之引入，对于人性开出一种新境界，价值源头不再是模糊的"天理自然"，孝爱不是来自有限之人情自身，在血缘父母之外，还有更神圣的价值源头，来自他并通过他，出于自然人情的孝爱是被扩大和神圣化了；传统之伦理准则，如爱亲人朋友恨仇敌等则以神圣性的爱代之，这在天主教之语境下是合乎理性的，天理自然——"食"、血缘亲情——"孝爱"之外还有神圣之"言"与"天理"之存在，不得不说这是一种更高明智慧形态之建构。

儒家观念百年来遭到本土学人前所未有的攻击与批判，儒门淡泊，无有甚于今日者，尤其是在现代进入"生人社会"之后，儒家基于血缘而培养"人情"的"仁爱"观显得力不从心，原有的"立己之学"如今失却了"修齐治平"的框架而变得漫无边际、自私自利，一切向钱看，对弱势群体、对他者漠不关心，由此带来的后果是对亲人的冷漠，这是一个不断"感染"的病症，没有对"他人"的爱便无法成就"亲情"之爱。对他者的冷漠必然扩及对亲人的狭隘，爱变成一种自闭和束缚，这是另一种形式的冷漠。西方经典的"圣爱"思想，或许是一种出路所在；超越血缘亲情伦理的世俗追求，有神圣之天理与圣言之追求，又不囿于一家之狭隘伦理，于中国本土社会来说或许是一场有益之观念革新与新价值观之确立。

四　爱与同感的现象体验

（一）同感现象学

现代社会中爱的缺失与对爱的错误理解和体验已经越来越值得关注，这引发了人们对爱的呼唤。然而，仅仅提倡爱对解决当下的问题是不够的。对爱的感受进行现象学的描述乃是必要的；在这项描述中，不仅仅爱之体验的盲点被指出，在可经验范围内的理想的爱之体验也得到阐发。这种分析不仅仅是一种经验的描述，它更是对实然与应然、经验和先天之领域的贯通。它既不赞成经验主义者否定先天和本质的主张，也不同于预设一个超验本体的柏拉图式趋向。马克斯·舍勒在《共感的本质与形式》（*Wesen und Formen der Sympathie*，英译为 *The Nature of Sympathy*）一书中出色地承担了这项工作，这对我们今天培养爱之心具有重要意义。

德国哲学家马克斯·舍勒是现象学的一个代表人物。不同于胡塞尔对于意识、海德格尔对于存在的关注，舍勒现象学的中心议题是价值和感受。如果说胡塞尔思想中首出的是意识活动与意识对象的意向性，海德格尔的特征是人在境遇中的存在之时间性和诗意性，那么舍勒的特色便是伦理性和宗教性。在价值现象学的框架下，舍勒对一些道德情感进行了深入的分析。在《共感》一书中，舍勒处理的主要问题乃是爱与同感。

舍勒现象学研究的一个方法是"以其所不是来澄清其所是"，即先探讨最容易与议题相混淆的议题，在此基础上再分析中心议题，这样一来对现象的描述与区分便清晰而容易理解。在此思路之下，为了澄清爱的体验，舍勒先探讨什么不是爱，而容易被人误认为、误体验为爱的体验，即同感（fellow-feeling）的体验。① 进一步地，为了澄清同感的体验，舍勒首先讨论什么不是同感，而容易被误认为、误体验为同感的体验。这些体验与同感同属于共通感受（shared feeling），但不是真正意义上的同感。

在《共感》一书中，舍勒论证了建立在同感之上的伦理学对于我们道德生活之事实，是有问题的，因为同感对于价值是盲目的，并且出于同感的伦理判断可能是错误的。举例来说，如果我看到另一人高兴，那么也为他感到高兴，这一举止便可能是不当的，因为他可能是为做坏事而感到高兴。相较于爱是一个主动的、创造性的行为，同感本质上是一个回应，因此它不能作为偏好的自明法则。这也是为什么舍勒对休谟的同情伦理学大加批判。为了阐释这一观点，舍勒区分了不同种类的共通感受。

第一种是共同感受（community of feeling）。在这种情形下，在两个或两个以上的人中，每个人都直接地、原初地、一起地感受着相同的情感。这并不是 A 感受到了一个悲伤，B 在 A 不知情的情况下也感受到它。这也不是 A 首先感受到一个悲伤，然后 B 参与此悲伤。舍勒给出一个例子用以说明此种共通感受：父母失去子女时，他们感受到相同的痛苦。② 他们在感受到此痛苦的时候，也意识到对方在感受相同的痛苦。"丧子之痛"仅仅对他们二人是相同的，第三个怜悯他们的人并不确切地、直接地感受到相同的痛苦。

第二种是同感，这即是真实意义上的共通感受。舍勒说：

> 所有的同感都包含喜悦与悲伤之感受的意向指涉，指向他人的体验。③

在这种情形下，一个人分担另一人的感受，为另一人感到喜悦或悲伤。但是，不同于共同感受，此种共通感受并不是相同的。在指明其他的共通感受之后，笔者会进一步分析此种感受。舍勒在讨论同感时，将其与另一种

---

① 笔者对感受领域相关语词的翻译，将中文的语境习惯作为重要参照标准。比如，中文中的"同感"，并不表示完全相同的感受，而是表示对对方的情感的参与。而中文中的"同情"，仅仅针对不幸遭遇，不包括对喜悦的分享。因此笔者不将"Mitgefühl"翻译为"同情"。

② Scheler, Max. *The Nature of Sympathy*, trans., Peter Heath. New Brunswick and London: Transaction Publishers, 2008, p. 13.

③ Ibid..

共通感受做出区分：追复感受（vicarious feeling）。在追复感受中，一个人可以设想到另一人的痛苦，但并不真正地为另一人感到痛苦。在一些体验中，人们甚至为别人的痛苦感到快乐。由于在追复感受中，并没有真实的感受之分担，舍勒将其排除出了他所划分的四种类型的共通感受。

第三种是情感感染（emotional infection）。在此体验中，人们被一个情感氛围所湮没。例如，一个人在一个葬礼上感到悲伤，而在一个酒吧里感到欢快。有时人们也为了寻求快乐，而特意地前往一个喜悦的环境。情感感染是感受状态（feeling states）的传递，在其中人们并不知晓此种感受的原因，即便一个悲伤的原因可以在事后被追踪出来。① 情感感染并不是意向性的。它不是真实的同感，因为在其中某人并不是为另一人而感到痛苦，他并不将此痛苦看作他人的痛苦。此外，情感感染也可以是危险的、可操纵的，如在群众运动之兴奋中所看到的。

第四种是情感同化（emotional identification），在其中一个人依附于他人到如此程度，以至于他丧失了他的个体性，而依照另一人或一个群体而生活。情感同化是情感感染的极致，它也不是真实的同感。在情感同化中，有两种对立种类的体验：原发异常的（idiopathic）和反应异常的（heteropathic）。② 在前一种情形下，一个人剥夺了另一人（或一个群体）的自我意识，使其同化于他自己。在后一种情形下，一个人被催眠和上枷锁，使其自己同化于另一人或一个群体。在偏差的爱之体验中，情感同化是很常见的。当人们从这种反常的爱解脱出来后，可能连带着也对爱本身不再信任，封闭其心，这就构成了另一个反常的体验模式。

舍勒随后指出了形而上的同化。形上一元论（metaphysical monism）将所有的人还原为一个基本的单位或本质，比如性驱动（弗洛伊德）、意志（叔本华和尼采等）。尽管这些理论在打破隔绝个体的狭隘边界方面，具有其积极意义，但是个体的独特性和尊严也被形上一元论消解了，因为它忽视了每个个体之间不可化约的区别。

在对共通感受做出分类后，舍勒接着描述了同感如何被给予。他的方法依旧是先描述不恰当的体验模式。第一，存在着通过比较的自我欺罔之

---

① 关于感受状态与感受功能的区分，参见 Scheler, Max. *Formalism in Ethics and Non-Formal Ethics and Values：A New Attempt toward the Foundation of an Ethical Personalism*, trans. , Manfred S. Frings and Roger L. Funk. Evanston：Northwestern University Press, 1973, p. 256。

② Scheler, Max. *The Nature of Sympathy*, pp. 18 – 19.

行为。当一个人看到他人正在受苦时,他想象如果此事发生在他身上,将会是如何。在这种自我欺罔的形式中,人们实际上关心他自己的幸福,而不是他人的。一些不幸的事情可以对另一人是灾难性的,而若发生在我身上,对我却是无所谓的。一些价值对他人意义重大,对我却没有多大影响。如某人失去了某机会,我反而可能会说:这有什么!我没有这种追求,不也活得好好的!第二,复制是另一种形式的自我欺罔。一个人看到另一人的受苦激发了他自己过去的经验,或相似的经验。然而,即使一个人从未有过相同或相似的经验,他仍然可以为另一个受苦的人感到悲伤。第三,另一种形式的自我欺罔是一个人经受不住看到恐怖的受苦情景而难受,而不是参与他人的悲伤。在这种情形下,如果一个人的承受能力非常强大,那么他将会冷漠对待他人的痛苦。一个人甚至可以厌恶、感到恶心或憎恨面对这种受苦。当一个人关注这种由受苦之丑陋所引发的不舒适感觉时,他将会试图避免见到这种受苦,而不是面对受苦并帮助缓解此人的痛苦。总之,这些类型的自我欺罔都预设了利己主义。根据这种理论,一个人最终关注他自己的幸福。这种对人的理解仅仅集中于"我自己",却忽略了其他的个体,以及人格的总体维度。

在舍勒对人的理解中,一方面,在精神的层次上,每个人都是绝对的、不可还原的、独特的个体。一个人不可被还原为另一个人或一个普遍的本质。一个个体的独特性在于他的不同本质行为的具体统一。就不可还原性而说,个体具有真实的边界。另一方面,在人们生活在共同的存在境遇的意义上,人们在一起;在团结一致、共担责任的意义上,人格是总体的;为了解释在生命进程中的非机械之物可被客观地研究,我们必须将生命层次的意识的力量设定为真实的,在此意义上,生命具有共通性。[1] 就生命的相通和责任的承担来说,人与人之间并不存在绝对边界。然而,一个人永远不能完全代表另一人,人与人之间的区别仍然存在。所以,舍勒既反对形上一元论,也反对个人主义。

在真实的同感中,一个人参与(participate)另一个人的感受。参与不是同化,它没有将个体还原为另一人、一个群体或一个普遍的本质。参与也不是自我欺罔,它并不将自我的幸福预设为终极的关注。相反,一个人感受到他人的喜悦与悲伤,作为真正的他人的,而不是自己的。

---

① 参见 Scheler, Max. *The Nature of Sympathy*, pp. 75 – 76。

　　为了清楚地阐释舍勒关于不同层次的共通感受之经验的思想，我们需要方便地区分"奠基"与"建构"。当我们说"A 奠基 B"时，这意味着知道 A 是知道 B 的引导线索，对 A 的体验是培养对 B 的体验的途径。而当我们说"B 建构 A"时，这意味着 A 的存在依赖于 B 的存在。若没有 B 的存在，真实的 A 的存在是不可能的。因此，"A 奠基 B"与"B 建构 A"这两个陈述之间并不存在矛盾。

　　在认识论的意义上，舍勒认可同化是同感的引导线索。同化发生在任何活的有机体中。当一个人体验同化时，他可以将其错误地理解为同感。通过仔细地反思此体验，他能够认识到同化与同感之间存在着区别。因此，同化奠基了同感。

　　在存在论的意义上，一旦我们认识到同感的含义——它预设了他者的被给予性，那么我们便认识到同感是同化之存在的建构。在同化的体验中，人们没有认识到他者的被给予，而事实上他者已经被给予，并且正是因此，同化才得以作为初级模式的同感发生。舍勒说：

> 　　我们应当看到最简单的追复情感，最初级的同感，以及心之间的理解能力，是如何建立在原初的"他者"的被给予性的基础之上的。在那时，对于特殊的另一生物的生命河流的动态模式，与之同化的专门能力将会看起来完全更不独特。[1]

　　对文明人而言，同化能力的衰退并超越其上进入同感的领域，是一个进步。然而，失去此本能导致了另一个危险：人们不再能够看到他们祖先所看到的。[2] 简而言之，同感建构了同化。没有同化的同感是可能的，但没有同感的同化是不可能的（即便在微弱的意义上）。

　　为了理解舍勒的情感现象学，我们必须区分广义感受领域的不同语词：感受状态、感受功能、作为价值感受的行为，以及作为爱和恨的行为。爱和恨是在积极或消极的价值被给予之前而先在地给予的，这在下文将谈到。价值感受具有意向性指涉，指向价值为其对象。感受状态和感受功能的区别可以在如下陈述中被看到："感受"一个"感受状态"，例如

---

① 　Scheler, Max. *The Nature of Sympathy*, p. 31.

② 　参见 Scheler, Max. *The Nature of Sympathy*, p. 32。

忍受一个痛苦。痛苦自身作为内容，是一个感受状态；而忍受的能力是感受功能。舍勒指出：

> 真正的同感完全地是功能的：这里没有对一个人自己感受状态的指涉。①

由于同感完全是功能的，在同感中，一个人可以在不感受另一人的感受状态的情形下，为另一人感到喜悦或悲伤。

以上是对共通感受及其真实表现形式，即同感的大致分析。然而，真实的同感是如何发生的？同感与爱的相互关系是怎样的？为了澄清这些问题，这就要求我们以同感作为引导线索，进入爱的现象学领域。

（二）爱的现象学

在舍勒看来，价值总是在一个价值级序中被给予。而价值在价值感受中得到确立，价值级序在偏好中得到确立。因此，价值感受总是在偏好中被给予。比如，当一个人偏好健康甚于享乐时，他确证了生命的价值高于快乐的价值。事实并不是价值单独地被给予，然后我将它们安排进一个级序中，而是我们在偏好这一行为中感受到价值。那么，爱与偏好的关系是如何的呢？

舍勒认为，爱为我们打开了价值领域，使我们看到更高更新的价值，而不只是已经存在的价值。它从一个低级价值向一个高级价值前行。② 舍勒说：

> 对对象或价值载体的爱仅仅始于这个活动的开端，这个活动潜在地朝向一个在被爱对象中的更高价值。然而，这个更高价值是否已经存在（比如，仅仅没有被感知或发现），或者它是否尚未存在并且仅仅"应当"存在（在一个理想、个体的意义上，而不是一般的责任），这个活动完全与这些无关。③

---

① Scheler, Max. *The Nature of Sympathy*, p. 41.
② 参见 Scheler, Max. *The Nature of Sympathy*, p. 152。
③ Scheler, Max. *The Nature of Sympathy*, p. 156.

这里有几点需要得到澄清。第一，爱并非仅仅定向于经验的存在，没有什么活动；仿佛经过爱，一切还是原来的样子。否则便没有"成为"（become）的需要。这就是说，爱打开了价值增进的可能性。"改变"是包含在爱之行为中的。

第二，爱并不是偏好。尽管根据自身的法则，爱事实上打开了被爱者增进价值的领域，爱者并不刻意地期望这种增进，甚至以此作为爱的条件。由于爱的鼓动，被爱者会朝向更高价值而努力。然而，将这种努力作为爱的条件是不当的。比如，一个父亲如果对儿子说："努力学习，我才会爱你。"那么，他其实将期望混杂在了真实的爱中。父母对子女的期望和要求也是合情合理的，但这本质上是另一种体验模式，这种期望并不是爱本身。此外，偏好一个已然存在的较高价值的行为并不是爱，比如，对拥有财富、权力、美貌之拥有者的偏好，并不是真实的爱。真实的爱，无分于贫穷与富有、丑陋与美丽。这也是为什么爱情可以是危险的，情欲可以是残酷的，一如兰陵笑笑生在《金瓶梅》里所展示的那样。偏好对价值具有意向性的指涉，而爱则是一个创造性的行为，不要求任何条件（如价值或某些方面的改进）。相反，爱是偏好的建构。舍勒说：

> 在爱中，价值闪现出来并因此而可被偏好。[1]

恨也是一个主动的行为，而不是仅仅对爱的反动，它打开了一个领域，在此领域中价值的降低被给予。正如人们常看到的，仇恨往往招致破坏。

第三，"我们永远不爱价值，而是爱拥有价值者"[2]。在爱中，有时人们幻想对方拥有较高的价值，而偏好那个价值，而不是爱对方本身。当意识到对方没有自己想象的那般美好，便产生幻灭感，甚至被欺骗之感。这便是由于在一开始，爱者并不是爱价值的拥有者，而是偏好一个完美的价值。

在爱与同感的奠基与建构关系方面，爱是同感的建构。舍勒说：

---

① Scheler, Max. *The Nature of Sympathy*, p. 153.

② Ibid., p. 148.

同感是建构于某些爱之上的。当爱不在场时，同感也便消失了。但反过来却不成立。①

有爱而无同感是可能的，有同感而无爱却是不可能的。当然，这并不意味着，当我们同情他人时，我们之前已经在爱我们同情的对象；我们常常同情我们之前不爱的人。但是，即便这里，同感也是建构在爱之上的。这种爱可以是人本爱，即对所有人的爱，或者对所有生灵之爱、对国家之爱，等等。② 正是由于这样，我们对于陌生人的心态也是开放的，在某种意义上也是爱的。

这里所阐释的是真实的爱与同感（love and fellow-feeling as such）。而在有所偏差的体验中，同感的意义便发生改变。如果同感是由爱所衍生的，同感已经预设了爱，那么同感也是精神性，同感作为伦理学的基础也未尝不可。但在偏差的理解中，如在将爱还原为同情的理解中（如尼采），在将同情看作"自我即基础"的趋向中，那么同感便不再是精神性的，而是对价值盲目的。此所以舍勒在书的一开始便明确反对将同感当作伦理学的基础。

在舍勒思想中，功能和行为的区别，并不是简单的前者是心理的，后者是精神的。同样存在着精神感受的功能，比如同感的功能。③ 尽管功能和行为同样可以是精神的，但功能并不是行为。严格地讲，行为是自发的、创造的，但是它并不是对某物的感受。相反，功能是被环境或身体所塑造的，或是由偏好、爱、恨这些行为所衍生的。在被环境或身体所塑造的情形下，它是感性的。在由行为所衍生的情形下，它也是精神的。如果人们误认为功能是行为，功能则不再是精神的。例如，尽管同感对价值是盲目的，是被环境所约束的，它同样也可以是由爱所引发的，那么也是精神的感受。如果人们认为同感自身可以作为爱和伦理学的基础，那么同感（并非真正意义上的）将会仅仅是感性感受的功能，而不是精神感受的

---

① Scheler, Max. *The Nature of Sympathy*, p. 142.

② 参见 Scheler, Max. *The Nature of Sympathy*, p. 142。

③ Scheler, Max. *Formalism in Ethics and Non-Formal Ethics and Values*, p. 107. Steinbock 教授以心理的和精神的来区分功能和行为，这一做法更多地加入了自己的创造，舍勒本人则没有明确表达这种区分。

功能。

一个犯罪的人，如果感受到被爱，而本人受到感动，便会得到激发，改过自新。而如果他感受到的只是唾弃和恨，世界上所有的美好和幸福都与自己无缘，那么他的好心便受到无情现实的摧毁，更加无可自拔地堕入沉沦之途。别人不爱我，我也不爱别人。生命没有意义，又何须奋斗。总而言之，能够有被爱的体验，人便不至于沉沦堕落，而会奋发向上。然而，世俗的爱往往是有限的，得到他人的爱并没有无条件的保障。虽然说，即便没有被任何人所爱，我仍然可以通过自爱，发现我自己的存在和自己的价值。但是，自爱的体验和被爱毕竟不能够等同。有限的自我的力量并不能强大到为道德践履、救赎解脱提供稳固的支撑。找寻无条件的绝对的爱，以给人们提灌精神，就成为有意义的追求。在舍勒看来，绝对的爱栖息于上帝中。从这一点上看，舍勒对于爱之体验的现象学描述是在亚伯拉罕一神论的传统之内进行的。

在舍勒看来，神圣的自我价值本质上是一个人格价值，爱的行为终极地指向神圣。爱指向一个具体的、不可还原的、个体的人格，在这个意义上，"爱上帝"的体验指示了上帝是一个绝对的人格。①

同时，上帝也是爱之活动。舍勒说：

> 事实上，上帝的爱的最高级形式不是拥有"对"上帝的爱，对一个全悲悯者的概念的爱；而是参与进他对世界的爱，参与进对他自身的爱……我们只能遵循圣约翰和圣奥古斯丁，将爱看作上帝自身作核心的本质，并将他认作无限的爱。②

在爱者参与上帝对世界的爱中，爱的无条件性、绝对性、神圣性得到保障，人们也超越了偏私的小范围的爱。自然，如果上帝只是爱，那么爱上帝的表达也成为无意义的。在舍勒看来，上帝既是爱之活动本身，也是爱的对象。

在存在的层次上，同感是同化的建构，爱是同感的建构。然而，从认

---

① 可资对照的是，儒家传统中有对天的"敬畏"体验，而没有"爱天"的体验和表达。这也说明了天并不具有强烈的人格性。

② Scheler, Max. *The Nature of Sympathy*, p. 164.

知和实践来看，同化和同感更易于被体验和认识到。因此，培养同感不失为通向培养爱的途径。一开始便要求人们进入深度的爱之领域，则有些好高骛远。虽然同情不能自身作为基础，但是在略显残酷的世间，保住底线的同情，而不是追求高尚的爱，是所有大众都易于实行的。回归爱的共同体有待于心灵的转变，而不能作为道德修养的起始点。① 但只有经历心灵的转变，爱之体验才是真实无偏的。

（三）爱的再探讨

以上是对舍勒爱与同感现象学的基本阐释。然而，有一些问题必须重新加以探讨。舍勒对爱的理解，是具有一定理想主义色彩的。我们必须重新反思，为何现实的不纯粹的爱往往难以上升到理想的、崇高的爱？如何对待世俗的、甚至是有危害的爱？爱究竟是否可以作为伦理学的基础？

1. 爱与偏好

爱是否没有任何原因，或动机？如果爱完全是无条件的，为何人们不爱危险之物（毒药）、肮脏之物（粪便）、无用之物（垃圾）等无价值或少价值之物？舍勒对爱的描述并不完全清晰，本文之前所述是其中一种解读。② 另一种对舍勒爱的现象学的解读是：虽然爱不是偏好，爱是自发的、主动的、创造的，但爱以看到所爱对象的潜在价值之增进为前提。Stikkers 教授便秉持此种解读。如果对象没有任何价值增进的可能，在现实中，爱便无法被激发。每个人都拥有在道德和知识等方面向上的可能，因此对人的爱便可以是无条件的。但对拥有负面价值之物，人们便很难去爱了。即便是爱，也是另一种意义上的爱，比如惊异、好奇，虽然也是心的敞开，但并不是心的主动关怀。

如果事实上爱总以看到对象的潜在价值为前提，那么这便存在这种可能：人在经历了一些负面的体验和伤害，将对方的人格"看透"，体会为有问题的，而看不到任何价值增进的可能，那么便可能停止对对方的爱。开放的心由封闭的心所刺激，而转为封闭。在这爱过、付出过，但经历了挫折的人身上会看到。要求爱无私、无条件付出、纯粹，而不管被爱者反

---

① 参见张任之《爱与同情感——舍勒思想中的奠基关系》，载《浙江学刊》2003 年第 3 期，第 33—34 页。

② Steinbock 教授即以这种方式解读爱，见 Moral Emotions，未出版手稿。

应如何，这种崇高的呼吁对爱者是不公平的。作为一个理想，无私的爱值得称颂，但要求他人无条件付出、指责从无条件付出的爱中退出的人却是不道德的。爱在起初可以是无私、无条件付出、纯粹的，但要求长久地维持这种纯粹，尤其在被爱者滥用爱的情形下，其实是将爱者去权力化，甚至去人格化了。爱者选择退出，仍然可以以另一种形式来爱被爱者，但已经不是主动关怀，而更多地表现在被动的同情。这里突出地显现了人的实存困境：作为心的开放的爱与作为自主强硬的权力的紧张。

此外，尽管爱并不是偏好，但在世态炎凉、人情冷暖的俗世生活中，较高价值的已然拥有者往往得到更多人的青睐，而贫寒、丑陋、无权、无名的人往往少人理会。"十年寒窗无人问，一举成名天下知。"这种青睐与爱掺杂在一起，尽管它不是理想的、纯粹的爱，也使人们不得不质疑将爱作为伦理学基础的合理性。伟大的人格，不区分被爱对象的现有价值。然而，并非每个人都具有伟大人格，它是努力的方向，却不是已然的存在。将理想的状态作为伦理学的基础，不能是没有问题的。

2. 回爱与爱的滥用

在正当的情况下，爱会引发一个回爱，尽管爱者未必有主观上的期望。虽然爱的程度可以是不同的（比较程度和大小也是不必要的），但是被爱者的心之开放便已经是一种回爱。不过，有时被爱者并不开放其心，而是滥用爱。这体现在被爱的人的骄傲、无礼，甚至是对爱者的轻蔑和利用上。得到爱的激励，如果被爱者被感动，会免于沉沦，朝向更高价值而努力，但如果并不被感动，而是生活在习以为常中，那么爱反而助长了被爱者的骄纵和道德败坏。父母对子女的溺爱、情人对伴侣的无限迁就，这些爱中的盲目都加剧了被爱者的自我中心观念，进而忽略他人的需求，而变得"目中无人"。所以，片面强调爱的付出的无条件性，如果缺乏对"无条件"的正确理解，甚至可以是有危险的。孔子曾经指出过，小人会滥用他人的亲近，变得更加骄横。如果得不到爱，又会怨恨他人（《论语·阳货》）。孔子承认与其难以相处。在笔者看来，解决爱的滥用问题，在于恰当地处理坚守原则与爱的付出之间的关系。

3. 爱与人格的独立性

在深爱中，如果处理不当，常常会出现同化的现象。爱者丧失人格的独立性与完整性，完全依照被爱者而生存，而甘愿奉献一切，甚至不顾及社会公义。这种无法自拔对于爱者是一种折磨，对被爱者则是骄纵；被爱者掌控了爱者。在保持自我独立性的前提下去爱对方，方是免于枷锁的爱。

在舍勒看来，丧失人格独立性的爱并不是真实的爱。当他引用泰戈尔的诗作《园丁》时，他对其表示认同：

> 让我从你的甜蜜束缚中解脱
> 爱！不要再有亲吻之酒
> 献媚的重重雾霾窒息了我的心房
> 打开门，让出空给晨曦
> 我迷失于你，被囚禁在你的温柔怀抱中
> 让我从你的魔力中解脱，给我勇气
> 为你献上我自由的心

4. 爱与预期、希望

根据 Steinbock 教授的解读，在感知的领域，预期可以被实现或失望①，但爱不可以被实现，也不可以被失望，因为爱本没有预期②。这与 Steinbock 教授对爱无动机、无条件的解读是一致的。但是，爱中虽没有预期，却也存在着某种希望。这在某些类型的爱，比如情爱中，更加明显。当爱者的希望总是遭到挫败时，失望和幻灭的情愫便占据人心。情爱的火焰熄灭之后，人生的无意义就呈现出来。情爱可以给人生以动力，但对情爱的执着也足以毁掉人生的积极意义。在曹雪芹的《红楼梦》中，爱的无常被描绘得淋漓尽致。贾宝玉所具有的文人浪漫性格，注定使他在所求不得后，走上另一个完全相反的道路。这也可以解释为什么能够作为伦理学基础的爱，必须是神圣的、无限的爱，而不能完全是世俗的、有限的爱。

5. 爱与差等、偏私

在深度上，爱总是有差等的。孟子曾批判墨家的兼爱，是无父也（《孟子·滕文公下》）。平等地爱所有的人，是违背人性的。在这种情形

---

① 参见 Husserl, Edmund. *Analyses Concerning Passive and Active Synthesis: Lecture on Transcendental Logic*, trans., Anthony J. Steinbock. Dordrecht: Kluwer Academic Publishers, 2001。

② 参见 *Moral Emotions*，未出版手稿。

下，爱者甚至可以不爱任何人，因为并没有什么在其心灵中占据一个重要位置。他所爱的可以只是一个抽象的"人"的概念。儒家并不必然反对博爱；爱更多的人，固然值得追求，然而若舍近求远，置家庭之爱于不顾，在儒家看来，则是对爱之根苗的摧毁。

在我们的情感生活中，爱的扩展是由近及远的。此所以儒家肯定差等之爱。爱的表现始于家庭，推广至朋友，然后至社会，以及整个世界。爱的修养要求人们首先去爱和关怀自己身边的人，舍近求远总是不恰当的。孟子说："君子之于物也，爱之而弗仁；于民也，仁之而不亲。亲亲而仁民，仁民而爱物。"（《孟子·尽心上》）在这里，"爱"是爱惜的意思，"亲"才是"爱"的意思。君子对于生物，爱惜而不仁慈；对于人民，仁慈而不深爱；对于亲人，才有深爱。

这样便产生了一个问题：由于爱的差等性，爱也就是偏私的。在告子与孟子的争辩中，告子指出："吾弟则爱之，秦人之弟则不爱也。"（《孟子·告子上》）爱的偏私性对正义构成严重威胁。爱中盲目的人，以一己喜好来处理公共领域与私人领域的事务，践踏社会公正。孔子描述这种偏差的爱道："爱之欲其生，恶之欲其死。"（《论语·颜渊》）在位者对他们情人的偏爱，以致妨碍到履行其职责，乃是对国民的大罪。这种无法则性的，偶然和纯经验的爱，在舍勒看来，并不是真实的爱。但这种爱被许多人所体验，造成了并正在造成不义。现实中，被偏私的爱所驱使的人往往只关心他的同学、亲友、师生、同乡，其他的人便不理会。圈外的人不理会自己，这更促使自己更加紧靠亲近自己圈内的人。一个人若与掌控权力的人无亲近关系，便难以办理许多程序，即便法则规定了人们所应承担的责任，但一些人并不履行他们的责任。于是，江湖和帮派就形成了。这不得不说，人性的腐败是对爱的错误体验所酿成的悲剧。

正是由于爱的差等性这一点，爱在儒家思想中也未能作为道德的基础。反而是克服了爱的差等性和偏私性的仁，才构成儒家核心的道德体验模式。

6. 与差等私爱对立的另一极端——抽象的爱

爱既需要一个具体的起始之处，也要求保有一个可以无限推广的空间。这两方面缺一不可。如前所述，在差等之爱中，对周围人的开放导致对陌生人的封闭。另一种形式的偏差则由出于对私爱的对治而走向了抽象的爱。公爱、大爱、对人民的爱可以指向一个集体或理念，而不是指向具体的人。在高谈对人的爱时，人们却对身边鲜活的人视而不见。这种根除人性腐败的企图，要求人们克服小爱的严苛态度，往往导致极权专制，一如在一些独裁者那里所看到的。越来越少的人成为墨家，是与其兼爱主张之断绝人情的严苛和组织戒律的严密不可分离的。抽象的爱推至极端，甚至形成周围的人都是潜在敌人的局面，使人为了保住自己便需要先伤害周围的人，造成亲人互相揭发，父母子女互相残害。抽象的爱成为对人性的摧残。

此外，制度的爱成为现代社会的一个特征。近代人本主义的兴起，便以"自由、平等、博爱"作为标榜。制度的完善，职责的分配，为在现实上关怀每一个人确立了强有力的保障。人本主义的爱，与基督教的人格爱有显著的不同。参与上帝对世界的爱，以爱来塑造人格和确立人的存在，不再为人本主义所重视。现代社会关怀现实的福祉胜过关怀精神的体验。为了有效地践履博爱，制度的爱其实将爱转化为了责任。然而在履行职责时，人们无须持有爱意，向另一个人格开放，反而机械地应对，在工作中感到痛苦。这造成了现代社会精神贫乏的困境。再者，由于每个人的基本生存在制度上得到保障，人们反而不需要更多地互动。人们可以在他人急需帮助的时候伸出援手，却没有意愿进行主动的关怀。这种心态形成了现代社会的冷漠。

根据本书之前的叙述，我们可以以一个表来表示不同形式的爱：

具体的爱	深爱、差等之爱
	具体的博爱、人格爱
制度的爱	人本主义的博爱
抽象的爱	无具体之根的爱

（四）一个结论

由于世俗的爱的种种不足，一些哲学家否定爱可以担当其道德基础，转而提倡理性、原则，如康德；或者将世俗的爱转化为对超越的美的理智之爱，如柏拉图。另一条道路则是，在亚伯拉罕传统中，依靠上帝来确保爱的绝对性、神圣性、理想性、超越偏私的普遍性。然而在非亚伯拉罕传统中，没有对上帝的爱的体验，也没有参与上帝对世界的爱的活动，因此，爱难以取得像在基督教传统中那样核心的地位。舍勒的爱的现象学是建立在对同情的负面理解之上的，然而，另一种趋向也是合于道德体验的：依据对爱的负面理解，发展一种情感现象学。舍勒曾论证，本质不同于普遍。[1] 因此，不同的文化可以有不同的被给予模式。比如，对佛教来说，爱是一种强烈的执着，是需要被破掉的迷执，只有空智下的慈悲才可以担当起道德实践的动力。在慈悲中，对象与自我都是缘起性空，双方乃是"不一亦不异"[2]。由于没有一个不可还原的、绝对的个体作为慈悲的对象，也就没有对对象的执着。如此便可以对治世俗的爱的缺陷。在儒家传统中，由于缺乏爱天的体验，爱（在其狭隘意义上，即私爱）也不能作为核心的道德动力。作为一个伟大的人文传统，儒家发展了"仁"这一道德动力来超越世俗的爱。宋明儒者，如王阳明，已指出一个方向：从"差等之爱"进至"一体之仁"[3]。仁这种体验模式是儒家传统内的具体的博爱，其基础并非在上帝中的爱，而是万物之中灵性的感通。从存在论来看，一体之仁是差等之爱的建构，差等之爱是认知和培养一体之仁的线索与途径。即便在最初始的差等之爱的表现中，已经有深层的一体之仁的端倪运作；没有一体之仁便没有差等之爱。尽管差等之爱是具体的起始处，一体之仁的才是道德来源和道德动力的根本。"虽有周亲，不如仁人。"（《论语·尧曰》）在差等之爱的体验中，人们未必能够体会到一体之仁，这就是儒家为什么坚持在工夫论的角度，一定要先由差等之爱出发。但只有在体验到一体之仁时，人们的心灵才打开了一个全新的视阈，道德的实践才是正当的。

问题在于，如果许多人都不在体验真实的爱，那么我们是否仍然要将爱作为伦理学的基础？与其费力让大众自我修养，进而体验到真实的爱，似乎不如直接秉持即使不爱也要履行责任的义务论更为直接和有强制力。但冷冰冰地对义务的遵从，对我们的道德体验是不公正的，已经受到舍勒的严厉批评。出于这个考虑，将康德与舍勒结合不失为一个好的方案。尽管我们仍然坚持将培养理想的爱作为目标，但在无法达到那一阶段之时（多数人都处在这个阶段），履行责任、尊重道德法则无疑是我们严于律己的要求。

---

[1] 参见 Scheler, Max. *Formalism in Ethics and Non-Formal Ethics and Values*, p. 76。
[2] 龙树：《中论·观因缘品第一》，台北佛光文化事业有限公司 1997 年版，第 26 页。
[3] 参见王阳明《大学问》。

在提倡人文关怀的今天，正确理解和体验爱与同感是不可或缺的。我们历史上犯过对爱的偏差理解与提倡的错误，甚至酿成过大的过错，在偏私的爱与抽象的爱之间转换。为了对治某种弊病（偏私的爱所导致的腐败），而走向另一个极端（抽象的爱所导致的严酷），譬如“文化大革命”中的“狠斗私字一闪念”。经过沉重的反思，我们需要在执行责任的理性精神之外，培养具体的博爱之精神，同时避免爱中的盲目，如偏好的爱、以私废公、溺爱、滥用爱、失去个体性的爱、抽象的爱。

第六章　柔:人文关怀的实践形式(上)

人文关怀是人对人自身的一种更具实践性的关注、关照和关心,它直接触及人的存在、人的本质、人的价值、人的发展、人的完善等,彰显了"人是目的"的人道理念。人文关怀实践具有感性意向性、情感性、主体间性等特性,充满了柔性(flexibility)特质。

一　人文关怀的柔性特质

"人文"是人认识和把握世界的一种方式或模式①,呈现于文学、史学、艺术、诗歌、音乐、美学、道德、哲学等有关人本身的知识领域。人文认识是人的一种基于主体性体验的自我意识,是人对自身的一种知情意一体化的自我认同,是人的一种面向自我身心感触和价值观念的自我教化。人文认识超越了纯粹概念逻辑的科学认识模式,更多诉诸人的情感与感知性。

(一) 作为感性与感性活动的人文关怀

人文关怀更多触及人的感性方面,人的感性方面呈现了人的柔性特质和情感维度。感性即人的欲望、情感、意志等及其对象化,它是人的存在的直接现实性,是人的最切身的具体性。肯定感性就是肯定人的自在性、

---

① 英国学者布洛克认为,西方思想分三种不同模式看待人和宇宙,第一种模式是超越自然的,即超越宇宙的模式,聚焦点于上帝,把人看成是神的创造的一部分;第二种模式是自然的,即科学的模式,聚焦点于自然,把人看成是自然秩序的一部分;第三种模式是人文主义模式,聚焦点于人,以人的经验作为人了解自己和自然的出发点。人文主义模式着重人的本性之中感情和主观的一面。参见 [英] 阿伦·布洛克《西方人文主义传统》,董乐山译,生活·读书·新知三联书店1997年版,第12、278—282页。

现实性、生活性和世俗性，就是肯定人对世界的直观性、感受性、情感性和丰富性。按照近现代哲学的观点，人是主体，具有主体性。这种主体性主要体现为"知"（认识能力）、"意"（欲求能力，即意志）、"情"（情感）三种能力。有关"知"的研究构成认识论或逻辑学，其指向"美"；有关"意"的研究构成伦理学，其指向"善"；有关"情"的研究构成美学，其指向"美"。作为"真"与"善"的统一的"美"，是人的主体性的最高境界。18 世纪的德国美学家鲍姆嘉通认为，在西方思想史上，分别研究理性问题和意志问题的逻辑学与伦理学很兴盛，而没有专门研究感性问题的学问。为此，鲍姆嘉通认为有必要创立一门专门研究感性问题的学科，即美学。他把感性作为美学的对象，并把美学称为"感性学"。可见，感性与美是内在契合的，感性即美，美即感性，美是感性的外化和实现。对美的感受，是人的生活的出发点，也是人的生活的归宿点。马克思说：

> 意识在任何时候都只能是被意识到了的存在，而人们的存在就是他们的现实生活过程。①

真切感受和关怀人的"现实生活"，是人文关怀的要义。人文关怀不是逻辑化、程式化的理性表演，也不是道德原则、道德规范的伦理推演，而是真与善的感性表达和外化。

在西方思想史上，"感性"概念出现的比较早，在近代认识论哲学中成为核心主题之一。在认识论哲学中，感性即感觉和经验，是知识和真理的唯一来源，人必须凭借感性能力即对感觉和经验进行综合和加工的能力，才能认识和把握真理。法国唯物主义者把感性从一种认识能力推展为人的根本规定性，试图用感性原则说明人本身及其一切。爱尔维修认为，"肉体的感受性乃是人的需要、感情、社会性、观念、判断、意志、行动的原则"。但他最终得出的结论是，"人是一台机器，为肉体的感受性所发动，必须做肉体的感受性所执行的一切事情"②。法国唯物主义者原本想用感性原则说明人的本性与特质，但由于把感性仅仅理解为肉体感受性

---

① 《马克思恩格斯文集》第 1 卷，人民出版社 2009 年版，第 525 页。
② 《西方哲学原著选读》下卷，商务印书馆 1982 年版，第 180—181 页。

等自然感性，最终把人视为由自然环境决定的纯粹自然物，把"人"变成了"物"，从而否定了人尊严、自由和自主性，表现出对人的漠视甚至否定。①

费尔巴哈把"感性"从认识论层面提升到本体论层面，通过感性本体论，建构了其"人本学"理论。费尔巴哈针对宗教人学和理性人学由于把人理念化、观念化而造成的"使人与自己异化"、"使人非人性化"的弊端，强调人是一个感性的存在，现实的人直接意味着感性的世界，人是感性存在本身。感性的存在即客观的、实在的、直接的、现实的、具体的、有限的、确定的、真实的存在，如自然、物质、肉体、经验等。费尔巴哈说：

> 生命、感觉、表象，就其本身说来，只能直接感知，是不能与生存着、感觉着、表象着的本质、主体或器官分开、游离的。②
>
> 感性不是别的，正是物质的东西和精神的东西的真实的、非臆造的、现实存在的统一；因此，在我看来，感性也就是现实。③

在费尔巴哈那里，感性有四个方面的意蕴，④ 一是感性意味着有痛苦的、能够感受到痛苦的。感性即受动性，受动意味着它需要在它之外的对象，从而认同、关注和关怀在它之外的对象。二是感性意味着时间和空间，是时间和空间内的存在。三是感性意味着生命及其不可分割性。感性是生命所固有的区别于思维和知识的本质，感性即生命，感性即完全性，感性的观点无非就是"生命直观"的观点。四是感性意味着爱，意味着在爱之中。感性直接就是生命，而生命直接就是爱。费尔巴哈说：

---

① 马克思揭示了近代形而上学唯物主义如何变得"漠视人"："唯物主义在它的第一个创始人培根那里，还以朴素的形式包含着全面发展的萌芽。物质带着诗意的感性光辉对整个人发出微笑……唯物主义在以后的发展中变得片面了。霍布斯把培根的唯物主义系统化了。感性失去了它的鲜明色彩，变成了几何学家的抽象的感性。物理运动成为机械运动或数学运动的牺牲品；几何学被宣布为主要的科学。唯物主义变得漠视人了。为了能够在漠视人的、毫无血肉的精神领域制服这种精神，唯物主义本身就不得不扼杀自己的肉欲，成为禁欲主义者。"（《马克思恩格斯文集》第1卷，人民出版社2009年版，第331页）

② 《费尔巴哈哲学著作选集》上卷，荣震华等译，商务印书馆1984年版，第194页。

③ 《费尔巴哈哲学著作选集》下卷，荣震华等译，商务印书馆1984年版，第515页。

④ 参见吴晓明《形而上学的没落》，人民出版社2006年版，第315—325页。

　　　　爱就是有一个对象在我们头脑之外存在的，真正的本体论证
　　明——除了爱，除了一般感觉之外，再没有别的对存在的证明了。①

感性就是人与人的爱，人的存在的秘密只在爱中显露，而不在抽象思维中
显露。从这个意义上说，真正的感性就是爱。爱是存在的标准，不被爱
的、不能被爱的东西，就是不存在的。只有通过爱，异于非存在的存在方
始呈现于我，异于我的对象方始呈现于我。爱不仅确认存在与非存在之间
的差别，而且确认我与对象之间的差别与联系。在这种差别和联系中，
"爱的痛苦"揭示出爱的"无限的深刻性"，亦即个别事物的绝对价值，
有限者（感性的人即现实的人，相对于无限者的上帝、绝对精神等，现
实的人是有限者）的无限力量和无限本质。②

　　马克思在传承和批判费尔巴哈感性—对象性原则的同时，进一步提出
了感性活动原则，把"感性"从本体论层面提升到实践论高度，通过感
性实践论，建构了实践人道主义思想。马克思认为，对感性不能只是从客
体的或直观的形式去理解，而要从主体方面去理解，把感性当作实践去理
解。在这样的意义上，所谓"感性"，就是由人的实践活动所创造的、凝
结着人的主体本质的属人性。"说一个东西是感性的即现实的，是说它是
感觉的对象，是感性的对象，也就是说在自身之外有感性的对象，有自己
的感性的对象。"③ 现实的人即感性的人，现实的人既是感性的主体，有
感性对象，又是感性的客体，是感性的对象。马克思强调受自然感性制约
的物质感性活动的优先地位。"全部人类历史的第一个前提无疑是有生命
的个人的存在。因此，第一个需要确认的事实就是这些个人的肉体组织以
及由此产生的个人对其他自然的关系"，人们"为了生活，首先就需要吃
喝住穿以及其他一些东西。因此第一个历史活动就是生产满足这些需要的
资料，即生产物质生活本身"④。在这里，"有生命的个人"既是作为自然
感性的人，更是从事感性活动的人。作为感性对象与感性活动的统一，人

---

① 《费尔巴哈哲学著作选集》上卷，荣震华等译，商务印书馆 1984 年版，第 168 页。
② 参见《费尔巴哈哲学著作选集》上卷，荣震华等译，商务印书馆 1984 年版，第 166—
170、232—234 页。
③ 《马克思恩格斯文集》第 1 卷，人民出版社 2009 年版，第 211 页。
④ 同上书，第 519、531 页。

既是主体又是客体，既是主动的又是受动的。"人作为对象性的、感性的存在物，是一个受动的存在物；因为他感到自己是受动的，所以是一个有激情的存在物。激情、热情是人强烈追求自己的对象的本质力量。"① 人是对象性的感性的存在物，故是受动的存在物，也因此是有激情的存在物，也因此最终成为强烈追求自己对象的本质力量的存在物。可以说，感性是人的本质力量对象化与对象人化的统一。"只是由于人的本质客观地展开的丰富性，主体的、人的感性的丰富性，如有音乐感的耳朵、能感受形式美的眼睛，总之，那些能成为人的享受的感觉，即确证自己是人的本质力量的感觉，才一部分发展起来，一部分产生出来。"因此，"五官感觉的形成是迄今为止全部世界历史的产物"②。

马克思认为，人的物质生活生产方式，既决定着人的感觉和感性系统的存在方式，也支配着人的感觉和感性系统的性质或特质。"忧心忡忡的、贫穷的人对最美丽的景色都没有什么感觉；经营矿物的商人只看到矿物的商业价值，而看不到矿物的美和独特性。"③ 马克思还说：

> 人不仅通过思维，而且以全部感觉在对象世界中肯定自己。④

"通过思维在对象世界中肯定自己"的方式更具科学性，毋宁说就是科学方式；"以全部感觉在对象世界中肯定自己"的方式则更具人文性，毋宁说就是人文方式。只有把这两种方式有机统一起来，人才能真正实现"在对象世界中肯定自己"。这正是在当今科学主义日益勃兴而人文主义不断萎缩的技术时代，我们强调和凸显人文精神和人文关怀的意义所在。在马克思看来，所谓"全部感觉"，就是克服了私有制为基础的社会把人的一切感觉异化为那种对物质财富的单一的占有感和拥有感，"具有丰富的、全面而深刻的感觉"⑤。在这种感觉中，"人对世界的任何一种人的关系——视觉、听觉、嗅觉、味觉、触觉、思维、直观、情感、愿望、活动、爱——总之，他的个体的一切器官，正像在形式上直接是社会的器官

---

① 《马克思恩格斯文集》第 1 卷，人民出版社 2009 年版，第 211 页。
② 同上书，第 191 页。
③ 同上书，第 192 页。
④ 同上书，第 191 页。
⑤ 同上书，第 192 页。

的那些器官一样，是通过自己的对象性关系，即通过自己同对象的关系而对对象的占有，对人的现实的占有；这些器官同对象的关系，是人的现实的实现"①。

具有"全面感觉"的人是"富有的人"，"富有的人"是既尊重和追求自我生命价值又关心和关怀他人的人。马克思说：

> 富有的人同时就是需要有人的生命表现的完整性的人，在这样的人的身上，他自己的实现作为内在的必然性、作为需要而存在……感觉到自己需要的最大财富是他人。②

只有这种基于"全面感觉"的"富有的人"，才能成为一个真正的"实践的人道主义"者。

（二）作为主体间性的人文关怀

关怀表现为一种投注或全身心投入的状态，即在精神上有某种责任感，对他人抱有牵挂和深爱。关怀不是"推己及人"的"我—它"投射式关怀，而是融人人己的"我—你"接受式关怀。关怀是一种关系，具有相互性。关怀的首要环节是接受被关怀者，而不是将自己的意志、意图或愿景投射到被关怀者，从而操纵和控制被关怀者。关怀行为完成于被关怀者的认同、理解和接受。③ 可见，人文关怀是柔性的，即情感的、相互的、平等的、融通的、互惠的。美国女性主义伦理学家诺丁斯认为，关怀既是一种美德，但更是一种关系，"关怀的关系性高于美德性"④。关系是关怀的本体性基础，关怀总是依赖于关怀者与被关怀者的关系。强调关怀的关系性，意味着对人与人的相伴相遇以及随之而来的情感回应这一人类存在的根本境遇的深刻体认和自觉认同。

关心、关爱和关怀，从来都不是一个人将自己的愿望强加给他人，从来不是也不应该是强迫他人接受，更不是控制、利用、束缚他人。关怀，

---

① 《马克思恩格斯文集》第 1 卷，人民出版社 2009 年版，第 189 页。
② 同上书，第 194—195 页。
③ 参见侯晶晶《关怀德育论》，人民教育出版社 2005 年版，第 65—75 页。
④ ［美］内尔·诺丁斯：《始于家庭：关怀与社会政策》，侯晶晶译，教育科学出版社 2006 年版，第 22 页。

是尊重他人独立的人格，让他更有力量获得自己的生命空间和健康成长。诺丁斯认为，关怀本质上是一种关系，是一种人与人之间彼此相待的平等关系。她说：

> 我着重强调关心是一种关系，而我们往往倾向于认为，关心是一种美德，一种个人品质……但是，过分强调关心作为一种个人美德则是不正确的。如果我们将关心置于一种不平等的关系之中，其中一个人是关心者，长期默默地奉献关心，而另一个人是被关心者，坐享其成地接受关心，那么，在这种情况下，关心者确实需要一种美德来支持他的关心行动。将关心置于关心的关系之中更为重要。不管一个人声称他多么乐于关心，重要的是看他是否创造了一种能够被感知到的关心关系。很多人声称"关心"别人，但是接受他们所谓"关心"的人却感受不到关心。①

诺丁斯强调：

> 如果我们把关怀看作是一种令人向往的关系属性，那么我们的出发点就可能会倾向于被关怀者、其需要以及关怀者对被关怀者的需要作出的回应。②

人文关怀体现人与人之间的一种主体间性关系。主体间性关系不是在主客二分基础上主体征服、形塑客体的主客对立关系，而是主体与主体之间基于交往活动的平等理解关系。哈贝马斯认为，在现代社会，人际关系可分为工具行为和交往行为，工具行为是主客体关系，而交往行为是主体间性关系。他提倡交往行为，通过建立互相理解、沟通的交往理性，达到人与人的和谐。从本质上说，主体间性是主体存在结构中的"他性"，是一种主体与主体之间的社会关系，彰显了主体间的相互承认、交往、沟通、对话与理解。人与人之间的这种主体间性关系一如德国现代宗教哲学

---

① ［美］内尔·诺丁斯：《学会关心——教育的另一种模式》，于天龙译，教育科学出版社2003年版，第26页。
② ［美］内尔·诺丁斯：《始于家庭：关怀与社会政策》，侯晶晶译，教育科学出版社2006年版，第12页。

家马丁·布伯所说的不同于"我—它"关系的"我—你"关系。"我—你"关系体现的是一种亲密无间、相互对等、彼此信任、开放自在的关系，在这种关系中，双方都是主体，来往是双向的。"我—你"关系涉及人的整个存在，要求人用自己的整个身心对别人的全部存在做出反应。

　2013 年，作家柏燕谊出版了一部名为《爱暴力：献给那些在爱中挣扎的孩子及其父母们》的书。他在书中提出"爱暴力"概念，并对这一概念做出了解释："我们大多数人都承受着父母最深重的爱成长起来，父母保护我们，不让我们受到任何伤害；不断鞭策我们，让我们做到最好；全心全意帮助我们，为我们安排好人生的每一步；将一切都无私奉献给我们。但是，我们没有感到幸福、快乐，反而会在这份爱中苦苦挣扎，迷失自我。这，就是爱的暴力。"她把"爱暴力"的种种表现比喻为"九重门"，即有因爱生恨报复家长的、有被爱捆绑的、被控制的、失去人生乐趣的、不能与人交往的、除了学习毫无其他技能的、婚姻不幸的、溺爱宠坏了的、迷失本性的。这种"爱暴力"就是诺丁斯所批评的"关怀的病理现象"，是一种"病理性关怀"和"病态关怀"。"从美德伦理看来，此时的关怀已达到无以复加的程度；从关系伦理看来，关怀不复存在了。"①

　爱即融入，是由自身向他人、世界的融入。柏拉图说："成为整体的希冀和追求就叫做爱。"② 黑格尔强调："所谓爱，一般说来，就是意识到我和别一个人的统一，使我不专为自己而孤立起来。"他认为，爱有两个环节，"爱的第一个环节，就是我不欲成为独立的、孤单的人，我如果是这样的人，就会觉得自己残缺不全。至于第二个环节是，我在别一个人身上找到了自己，即获得了他人对自己的承认，而别一个人反过来对我亦同"③。爱是一种发现并寻求共在的力量，是一种建构和创造的力量，是一种超越自我趋向无限的力量。所以，马丁·布伯说：

　　　　爱不会依附于"我"，以至于把"你"视作"内容"，"对象"。

---

　① 参见［美］内尔·诺丁斯《始于家庭：关怀与社会政策》，侯晶晶译，教育科学出版社2006 年版，第40—49 页。
　② 《柏拉图对话集》，王太庆译，商务印书馆2004 年版，第294 页。
　③ ［德］黑格尔：《法哲学原理》，范扬、张企泰译，商务印书馆1961 年版，第175 页。

爱伫立在"我"与"你"之间。①

现在，不少人是薄情的和无情的，他们只要求他人关怀和爱自己，或只愿意享受他人的关怀和爱，而想不到或不愿意去关怀和爱他人，由此，他们走向自私、冷漠甚至冷酷。弗洛姆认为，爱是一门艺术，要获得爱就必须具备一定的知识和做出一定的努力。他提出了爱的五大要素，首先是给予。"爱本质上是给予而非获取"，给予不是舍弃、牺牲某物，"给予即潜能的充分实现。正是在给予中，我领略到我的力量、我的财富、我的努力"，给予"敞开了我的活力"，我把自己的活力给予他人，激发了他人的活力，使"他人也成为给予者"，从而使双方分享他们所唤起的东西赋予他们的快乐。因此，"爱是造就爱的能力"。爱的其他四个因素是关切、责任、尊重、知识。"爱是我们对所爱者的生命与成长的主动关切"；责任是"对他人的要求所做出的积极'响应'"；如果缺乏尊重，责任便可能蜕变为对他人的支配或占有，"关怀他人，使其能发展自己，敞亮自己，这即是尊重"；"没有知识引导的关切与责任是盲目的，但不以关切为动机的知识则是空洞的"②。总之，在弗洛姆看来，"本真的爱乃是创造的表征，它集关切、尊重、责任、知识于一身，它不是因为被他人感动而萌生出的情感，而是主动去促进所爱者的成长，增益他的幸福。它必然发端于人自身施爱的能力"③。

人文关怀要求的"爱"，是一种本真的爱。在一般形式上人文关怀表现为与物质刺激相对的"精神激励"，与法纪约束相对的"心灵感召"，与他律意识相对的"自律意识"，与科学管理相对的"柔性管理"。

二　柔性价值观

美国实用主义哲学家威廉·詹姆斯把西方哲学思想中的世界观概括为

---

① ［美］马丁·布伯：《我与你》，陈维纲译，生活·读书·新知三联书店2002年版，第12—13页。

② 参见［美］弗洛姆《爱的艺术》，载冯川主编《弗洛姆文集》，改革出版社1997年版，第351—356页。

③ ［美］弗洛姆：《爱的艺术》，载冯川主编《弗洛姆文集》，改革出版社1997年版，第378页。

两种，一种是柔性的，如理性主义、理智主义、唯心主义、乐观主义、有宗教信仰、意志自由论、一元论等；一种是刚性的，如经验主义、感觉主义、唯物主义、悲观主义、无宗教信仰、宿命论、多元论等。① 我们可据此把现代价值观概括为两种，即刚性价值观与柔性价值观。

自由主义价值观是现代社会长期以来居主导地位的价值观，这种价值观可谓刚性价值观。自由主义价值观倡导个人、利益、权利、竞争、征服、改造等"刚性"价值理念。自由主义价值观基于两个人学假设，其一，自利是人的天性，利益是人的根本，人是唯利是图的，人与人之间的关系所需要的只是让步性或约束性的普遍价值规范。其二，权利是个人的护身符，权利是个人主体对自身利益或特定价值的自主要求，它往往表现为个人与他人、个人与社会之间的权利诉求与权利保障的关系，个人权利是一切价值规范的原点。自由主义价值观基于对人的主体性、自主性、权利等的认同，以保护个人权利为目的，通过自然法和社会契约论来建立价值体系，把价值体系视为一种权利、准则的等级制结构，把价值选择和价值判断看成是数学计算或逻辑推理，使价值观具有消极和防范的性质。同时，自由主义价值观是二元论的，它把人与自然、身与心、理性与情感、自我与他人、私与公、男与女等分割开，认为前者优于后者，把价值追求理解为是以前者压抑甚至取代后者，把后者视为前者的工具和手段；它对人的自主性和权利的强调，是以人与人之间的分离为前提和基础的，这种分离必然导致对他人的漠不关心和冷淡，以及责任心的衰微甚至丧失；它公开轻视妇女，在刚性价值观体系中，男性代表着人、理性、人性，女性代表着自然、动物性、情感等；女性的推理能力被设定为劣于男性，女性在道德上没有自主性，应奉行服从、沉默、忠诚等美德；女性被排斥于社会公共生活之外。

自由主义价值观阐释了个人主义、自由、理性、规则、多元化等现代性元素，具有学理上与实践上的合理性。但它带来的现代性精神问题也是不容忽视的。在现代化进程中，物质利益成为人们行动的最直接动力，个人欲望的满足成为人们普遍追求的目标，而情感在人们行动和生活中的作用不断下降；人们比以往更加重视自我，而对他人和社会的冷漠与日俱增；许多人信奉只关心自己不过问他人的所谓自由主义处世原则，这使得

---

① ［美］威廉·詹姆斯：《实用主义》，陈羽纶、孙瑞禾译，商务印书馆1979年版，第8—10页。

人们彼此间的心灵沟通变得越来越困难。文化传统中的许多美德日益淡化，无私奉献正在越来越广的范围被有偿服务所替代，被个人中心主义价值观所消解；人的道德感在下降，道德冷漠在社会生活中扩展和蔓延，很多丑恶行为已经达到了使人见怪不怪的地步。

控制、征服、改造等，是近现代以来人类价值观中居主导地位的一些词汇。在现代社会，控制、征服和改造，既成为人对待自然的根本原则之一，也成为人对人（民族对民族、国家对国家）的最重要规则之一。在人与自然的关系上，人们更多地从外在的有用性来理解自然界。在这种理解中，自然界"不过是有用物；它不再被认为是自为的力量；而对自然界的独立规律的理论认识本身不过表现为狡猾，其目的是使自然界服从于人的需要"①。人们只看到自然界对于人的"资源性关系"，遗忘了自然界对于人的"根源性关系"。"资源性关系"是一种纯粹实用性的、单向性的和技术性的关系；在这种关系中，人与自然是分立的，人类仅仅把自然界作为自己获取消费资料的仓库，人仅仅看到的是自然的工具性价值和消费性价值，并一味地试图控制、改造和征服自然。人把自己升格为自然的主宰，使自然沦为人的奴仆。在这种价值观的支配下，对自然资源的掠夺性开发和对生态系统的严重破坏行为四处泛滥，从而引发全面性的生态危机。在我国，"生态危机"、"生态灾难"近年来在一些地方频现，成了最受关注的热门话题之一。现在，不少地方以破坏生态、透支资源的方式来发展当地经济，结果是，"要了金山银山，毁了绿水青山"。有资料显示，在过去 20 多年里，中国 GDP 年均增长 9.5%，这其中至少有 18% 是靠资源和环境的"透支"来实现的。如果任其发展下去，势必会造成"资源难以支撑，环境难以容纳，发展难以持续"的状况。

历史地看，"控制、征服和改造自然"实际上和"控制、征服和改造人"是同一过程的两个方面。因为通过技术进步控制、征服和改造自然，必然会对自然资源进行分配，从而影响和支配人们的生活世界。在人类历史上尤其是近现代以来，围绕各种自然资源和社会资源，人与人、民族与民族、国家与国家等之间，出现了激烈的竞争、野蛮的暴力、残酷的战争，等等，"斗争"成为处理人与人（民族与民族、国家与国家）关系的一种基本价值准则。众所周知，"生存斗争"在达尔文的生物进化论中发挥了

---

① 《马克思恩格斯全集》第 46 卷上册，人民出版社 1979 年版，第 393 页。

巨大的作用,而这个词来源于马尔萨斯"人口理论"中的社会观。但是,由于这一用语逐渐成为达尔文进化论的主干,社会达尔文主义又再次将其引入社会观中,就像我们在纳粹思想中见到的那样,这个词给社会带来了巨大的负面影响。大致来说,从19世纪后半期到20世纪前半期,不只是在生物界,就是在人类社会,基本的声音是"生存斗争"。中华人民共和国成立后的较长一段时期,我们把"斗争"价值观推崇到极致。把"斗争"片面化、绝对化,形成"绝对斗争"的思维方式。我们崇尚,"与天奋斗,其乐无穷;与地奋斗,其乐无穷;与人奋斗,其乐无穷"。总之,控制、征服和改造之类的"斗争"价值观,导致人与人、民族与民族、国家与国家之间的猜疑、敌视和对立,阻碍了人类社会的健康发展。

20世纪中后期以来,由于社群主义、女性主义、德性论、生态主义等思潮的努力,可以说出现了一场声势浩大的"柔性价值观"运动,它主要针对以自由主义价值观为代表的刚性价值观,力图张扬共同体、人格、情感、美德、友爱、秩序、责任、合作、共生等柔性价值理念。在这场运动中,具有亚里士多德主义倾向的学者如麦金太尔等,强调善与共同体、道德价值与文化传统等的内在关联,凸显了美德、文化传统、共同体等在现代社会的价值;具有女性主义倾向的学者如吉里甘(Carol Gilligan)等,针对片面从利益、权利、规则等出发来考虑价值观问题的男权主义价值观的偏颇,提出一种着眼于女性视角的"关怀"价值观,强调关怀、教养、同情、交流、多样性和差异性等在价值观中的主导地位,凸显了爱、关怀、同情等在现代社会的的价值;具有斯多亚主义倾向的学者如努斯鲍姆(M. Nussbaum)等,强调幸福生活与个体德性的内在关联,凸显了人格、品质等在现代生活中的价值;具有道德情感主义倾向的学者如斯洛特(Michael Slot)等,强调情感在道德判断和道德活动中的主导地位,凸显了情感、良知等在现代道德生活中的价值;具有生态主义倾向的学者如施韦泽(A. schweitzer)等,提出"敬畏生命"的生态价值观,要求把爱、奉献、同情等价值观扩展于一切生命体,通过在更加宽广的生态层面来践履这些价值理念,使人不断提升自己的生命质量,完善自己的人生境界。

在柔性价值观视野中,人与自然的关系是一种"根源性关系"。"根源性关系"意味着人与自然的关系是一种全面的、双向性的和伦理性的关系;在这种关系中,人与自然是一体的,人力图亲近、关爱和认同自

然，人希望把自然变成"人的无机的身体"。美国环境伦理学家罗尔斯顿
（Esther Ralston）在《环境伦理学——大自然的价值以及人对大自然的义
务》一书中，把自然界的价值归纳为支撑生命的价值、经济价值、消遣
价值、科学价值、审美价值、使基因多样化的价值、历史价值、文化象征
的价值、塑造性格的价值、多样性与统一性的价值、稳定性与自发性的价
值、生命价值、宗教价值等。他认为，这些价值大体上可概括为两大类，
一类是工具价值，一类是内在价值。所谓工具价值是指自然界对人的有用
性，在这个意义上，自然界被当作实现人的目的的手段或工具；所谓内在
价值是指自然界及其存在物本身所固有的价值，在这个意义上，自然界无
须借助其他参照物就能显现自身的价值。① 科学的发展已经证明，包括人
在内的生命和精神现象，本质上是建立在自然物质、能量和信息有序流动
的基础上的，是自然界存在与演化的结果。而生态系统是自然存在物存活
和发展的基本单位，生态系统设计与保护、再造与变革着生态共同体中包
括人类在内的所有成员。

　　一切自然存在物都是生命本身，是生命进化阶梯中的一个环节，它们
相互依赖，生生不已，共同成就了人的生命。当人类意识到自己是这个生
态系统的产物并在这个系统中繁衍和发展时，人类就应该对生态系统的这
种魅力、完整和稳定产生一种敬仰感、敬畏感和道德感，承担起自己对生
态系统的道德关怀义务，努力把自然界建设成为马克思所说的"人的无
机的身体"。海德格尔强调，人类应该放弃对自然界的功利主义实用态
度，抛弃对自然界的理性主义思维方式，摈弃对自然界的技术主义统治方
式，要对自然界保持一种情感主义的感恩态度，在一种"思"的境界中
亲近自然、感谢自然，与自然融为一体。在英语中，"思"（think）和
"感谢"（thank）是同源的词根，德语中的"思"（an-denken）按字面意
义理解是"想念"。所以，在海德格尔看来，"思"、"感谢"和"想念"
是同一的概念。"思存在就是感谢存在，充满感激地记忆存在。"② 人应该
"诗意地栖息于大地"，保持对大地的敬畏。"栖息"不是仅仅居住下来，
而是要努力去营造一个空间，守护和关爱这个空间中的一切存在物，使这

---

① 参见［美］霍尔姆斯·罗尔斯顿《环境伦理学——大自然的价值以及人对大自然的义
务》，杨通进译，中国社会科学出版社2000年版，第3—35、253—257页。
② ［美］威廉·巴雷特：《非理性的人——存在主义哲学研究》，杨照明等译，商务印书馆
1995年版，第231页。

些存在物能够自己不断成长和展现自己，进而使这些存在物成为"人的无机的身体"。

在当今世界，"和平、发展、合作"成了时代主题，"和谐"越来越成为人类认同的一种普遍价值理念。借用德国思想家马克斯·舍勒的话，"适用于现时代的最普遍的公式，在我看来，似乎是各种势力的谐调，而这个时代是一个人类各种紧张关系将得到普遍缓和的时代"。这个时代，是一个"谐调的时代"①。这种谐调包括，"对种族间紧张关系的谐调；在心理状态、自我意识、尘世和神之间，在各个巨大的文化群落之间的谐调；在男性和女性对人类社会管理的思维方式方面的谐调；在资本主义和社会主义之间的谐调，以及在社会的上层和底层之间的阶级论争、阶级条件和权力之间的谐调；在所谓文明的、半文明的和原始的民族之间关于权力分享方面的谐调；还有在相对原始的文明与高级的文明的心智之间的谐调；在其心智态势的评估中青年与老年之间的相对谐调；在技术知识和文化成长之间的谐调；在体力劳动和精神劳动之间的谐调；在民族的经济利益和民族的精神与文化领域方面，对总体文化与人类文明所作出的贡献之间的谐调……这种谐调本身并不是我们'选择'得来的；它是不可逃避的命运"②。20 世纪末以来，"生存斗争"正逐渐让位于"共生"理念。现在，关于"人与自然的共生"、"人与人的共生"、"异民族的共生"、"异文化的共生"、"男女的共生"等成为一个切实的问题。现在，"共生"成为人们广泛言谈的重要价值理念之一。

柔性价值观强调情感、友爱、社群、共同善、秩序、美德等价值理念，但它并不拒斥刚性价值观，而只是想遏制刚性价值观的"霸权地位"和单边主义倾向，以便将刚性价值观所忽视的、但对人类的健康持续发展来说是必不可少的那些价值理念，有效地纳入和整合到人类整个价值体系中。柔性价值观基于人与人之间相互依赖的关系，以及由这种关系所产生的相互关爱的意识，它把价值追求视为是对他人的需要做出反应，把价值视为网络性的关系结构，把价值选择和判断看作是关系中的理解与对话，强调人与人之间的相互依赖。

---

① ［德］马克斯·舍勒：《资本主义的未来》，罗悌伦等译，生活·读书·新知三联书店 2003 年版，第217 页。

② 同上书，第215—216 页。

现代性的客观进程使个人、利益、权利、自由、理性、规则等刚性价值观深入人心，得到了长足发展，而与之对应的同情、友爱、美德、共同体、秩序、感性等柔性价值观被不断侵蚀，甚至消解。现代价值观发展过程中的这种单面性或不对称性，引发了 20 世纪中后期以来被人们广泛言谈的"现代性问题"。作为现代社会的主流价值观，刚性价值观强调个人、利益、权利、自由、理性、规则等价值理念，将事实与价值、经验与理性、道德与传统、个人与社群、权利与义务、规则与品质等加以二元分割，使价值理念与真实生活分离开来，共同体、感性、情感、内在善、美德、秩序等柔性价值理念被忽视，甚至被不断消解，使人类价值观陷入内在断裂之中。事实上，利益、权利、自由、理性、规则等只是现代性价值谱系的一个方面的内容，这一方面的内容总体上是可计量的、有价的。我们还应把不可计量的、无价的精神价值清楚地揭示出来，让这些价值在人类的价值谱系中居于醒目的位置，即应在人类的价值谱系中，凸显人格、友谊、情感、友爱、智慧、气节等无形的、不可计量的、无价的价值的位置。①

三　柔性管理

20 世纪中后期以来，知识经济的崛起使得人力资本成为推动经济发展的第一要素，也使得人性化管理理念不断凸显，文化和价值观念日益成为社会及其组织的黏合剂，数字化网络为越来越多的人参与社会管理提供了一个有效的便利通道。正是在这种背景下，20 世纪的管理思想经历了从以泰勒为代表的"科学管理"到以梅奥、马斯洛等为代表的"人际关系理论"，再到多种管理学派并存的柔性管理思想的演进，显示出对人的精神因素和精神资源开发的日益关注和重视。美国管理学大师德鲁克说：

> 管理将逐渐成为一种需要重新肯定"人性"、使"人性"发挥作用，以及为此而采取相应措施的学问和实践活动。②

---

① 卢风：《启蒙之后——近代以来西方人价值追求的得与失》，湖南大学出版社 2003 年版，第 399 页。

② ［美］彼得·德鲁克：《组织的管理》，王伯言、沈国华译，上海财经大学出版社 2003 年版，第 23 页。

可以说，当代管理正在经历从科学范式向人文范式的转向，① 这种转向的一个重要表现，就是柔性管理的崛起及其对刚性管理的匡正。

柔性管理于20世纪末通过两条途径被最先引入管理领域，一条是技术管理的途径，利用计算机智能技术进行敏捷制造、柔性制造，柔性在技术上代表弹性、可适应性、可扩展性、可兼容性等；另一条是企业文化的路径，强调人是管理的中心和主导，突出企业精神、价值观和员工的凝聚力等。②

1911年泰勒的《科学管理原理》问世，标志着企业科学管理模式的确立。这种科学管理模式对西方工业化进程起到了很大的促进作用。正是在泰勒制的基础上，逐步形成了刚性管理理念。刚性管理是一种"以规章制度为中心"，强调通过规章制度、法规约束、纪律监督、奖惩规则等手段对企业员工进行的管理，其基础是制度、权威和权力，强调命令、监督与控制在管理中的至上地位，要求整个管理必须照章办事，不讲情面。20世纪后期，刚性管理的局限性日益暴露。在刚性管理模式中，员工总体上处于消极被动状态，员工的积极性和创新能力受到限制，员工的个人兴趣和精神需求难以得到满足，员工在工作中不断滋生惰性。

正是针对刚性管理的局限性，人们开始关注企业管理中的柔性因素。美国学者理查德·帕斯卡尔和安东尼·阿索斯于1981年合著出版《日本企业管理艺术》一书，他们从日本与美国的企业管理比较中，提出和概括了在当时还未被管理学界认识的管理的"软性要素"，建构了著名的管理"7S"模型，也称"管理七要素"，即战略（strategy）、结构（structure）、制度（systems）、人员（staff）、技能（skills）、作风（style）、最高目标（super ordinate goals）。他们认为，"软性管理"（即柔性管理）优于"硬性管理"（即刚性管理），"软性管理"是日本企业管理胜于美国企业管理的关键所在。美国学者彼得·圣吉一直致力于将系统动力学与组织学习、创造原理、认知科学、群体深度对话与模拟演练游戏融合，建构一种"学习型组织"理论。在彼得·圣吉看来，在学习型组织中，人们能够在工作中体验生命的意义，实现共同愿望。在1990年出版的《第五项修炼》一书中，彼得·圣吉特别强调柔性因素在企业管理中的重要作

---

① 参见冯周卓《管理的人文之维》，江西教育出版社2005年版，第1—43页。
② 冯周卓：《走向柔性管理》，中国社会科学出版社2003年版，第13页。

用，他指出："美国一些全球知名的大企业 30 年来一直应用佛瑞斯特为他们建立的系统动力经营模式来辅助重大策略与政策的制定，其中 90% 是如领导风格、沟通态度、文化、士气等'软性'的变量。"为此，彼得·圣吉提出了自我超越、改善心智模式、建立共同愿景、团队学习、系统思考五项管理技巧。他认为，通过这些具体的修炼办法，能够提升人类组织整体运作的"群体智力"。其中，第五项修炼即系统思考是核心。《第五项修炼》涉及个人和组织心智模式的转变，强调以企业全员学习与创新精神为目标，在共同愿景下进行长期而终身的团队学习。彼得·圣吉提出的"五项修炼"触及柔性管理的内核。2004 年，美国学者约瑟夫·奈的《软实力》一书出版，他把一个国家的综合实力分为"硬实力"与"软实力"，硬实力通过有形的、强制性手段来影响他人（他国）的能力，包括国土扩张力、军事威慑力、科技支撑力、经济发展力等；软实力即通过非强制性手段来影响他人（他国）的能力，包括文化感召力、价值观吸引力、道德影响力、意识形态控制力等。软实力"通常与某些无形资产联系在一起，比如富有魅力的人格、文化、政治价值观和制度，以及那些在他人眼里具有合法性和道德权威的政策等等"①。约瑟夫·奈强调，经济、军事和软实力这三种力量相互关联，随着信息革命所引发的经济社会的进一步发展，软实力在这三者中的地位将越来越突出和重要。约瑟夫·奈的"软实力"观念，凸显了国家和社会管理体系及其现代化的重要方向和趋势。

柔性管理是一种"以人为中心"，注重情感投入、文化熏陶、精神感化、非强制性等的人格化管理模式，其基础是人对共同价值观、组织文化的认知、理解与内化，强调启发、引导与支持在管理中的至上地位，要求整个管理必须遵循人的心理和行为规律，注重情感。柔性管理涵盖了有关理性、激情、管理者魅力、无为而治等一系列思想，它可谓人本管理、价值观管理、情感管理、人格管理。柔性管理的基本理念是：重视与成员的沟通，引导成员自我管理，重视培养成员的学习能力，关心成员的生涯发展，以愿景激励和释放成员的积极性和创造力，提倡无边界管理，等等。柔性管理强调以人为本，认为人是管理活动的主体，是管理的核心与动力，提倡尊重人、理解人、关心人、帮助人。柔性管理凸显情感性，它不

---

① ［美］约瑟夫·奈：《软实力》，马娟娟译，中信出版社 2013 年版，第 9 页。

主张对人的行为强制控制，而是注重对被管理者内心世界的影响，通过诸如感情投入、关心体贴、心理沟通、激励尊重等方式进行情感沟通，关心、爱护、尊重被管理者，对员工动之以情，人性感化，在管理者和员工情感发生共鸣的过程中，通过发挥情感的凝聚功能，影响员工的行为方式，使他们从被动的接受者转变为主动的选择者。就人力资源管理而言，柔性管理重视组织成员的个人价值，致力于把组织发展的需要转化为个体成员的需要，以及成为成员自我发展的机会；重视成员的成长，致力于成员技能的拓展和能力的提升，使成员成为具有复合能力的专家；重视组织与成员之间的诚信与合作关系，保持组织内部合作与冲突的平衡；重视灵活多样的奖励方式，奖励的最重要原则是，奖励内容对获奖者要有价值，除传统的金钱和物质奖励，还可运用其他多种奖励方式，如认可、带薪休假、员工持股、享有自由、提供个人发展机会等；提倡分享权利和权力，信息资源大家共享，所有可能受一项决策影响的人都有机会参与这项决策。①

　　目前，人文关怀缺失是我国企业管理中存在的较为突出的问题之一。2010 年 7 月，针对"富士康跳楼"事件所暴露出来的企业管理中人文关怀缺失的问题，广东省人民政府出台了《关于加强人文关怀改善用工环境的指导意见》，《意见》充满了企业柔性管理和人文关怀理念。《意见》强调，企业要切实转变经营管理观念，把关怀职工、调动人的主观能动性作为生产经营和用工管理的重要内容；要切实履行社会责任，形成企业关爱职工，与职工共同发展的利益共同体。要加强基层管理人员培训，提高管理人员素质，实现人性化管理。企业要优化生产环境，结合生产特点和保护职工健康需要，配置和完善通风、降温、防尘、防毒、降噪等设施，改善生产环境；新建、扩建、改建生产车间和生产线，要合理设计和布局，符合人性化要求。企业要改进生产流程，加强生产技术改造，促进相关技术的深度应用，减轻职工工作强度；合理设置生产流程，科学定岗定额，鼓励多岗位轮换，减少重复机械操作，缓解职工生理和心理压力。企业要改善职工生活条件，根据企业自身条件和规模，通过自建或租用等方式，为职工提供集体宿舍、夫妻房，配置必要的生活设施，改善职工居住条件。企业要倡导友情关爱，建立形式多样的职工交流和互助平台，开展

———————

① 参见冯周卓《走向柔性管理》，中国社会科学出版社 2003 年版，第 16—17 页。

帮扶活动和各类志愿服务，关心帮助困难职工家庭，关爱职工未成年子女成长，弘扬友爱、互助精神，引导职工快乐工作、健康生活；积极开展职工心理健康咨询服务，让职工切实感受社会和企业的关心、关爱。

在政治和社会层面，柔性管理表现为一种治理和善治。"治理"是指多个社会主体对社会公共事务的共同参与和管理，治理的主体既包括政府和其他公共机构，还包括私人部门和公民社会组织。"治理"就是官民协同管理社会公共事务。"善治"即良好治理，其本质是"共建共享"。治理意味着社会管理不是少数人的事，而是众人之事。治理和善治意味着宽容和协商。宽容就是尊重差异，包容多样，和而不同；协商是宽容的具体体现，协商就是多个社会主体通过对话、谈判、妥协、让步，谋求社会共识和政治认同。

官僚制是现代国家典型的政府体制，它依据效率和公平原则，在技术化、专业化、科层制、规则化、非人格化的基础上，分配权力并运作权力，极大地提高了政府管理效能。现代官僚体制的首要原则是组织纪律。强调组织纪律，旨在使进入官僚体制的成员与组织保持高度的认同，消除个体成员的独立特性和内在良知，用纪律取代道德责任，把组织内的规则作为正当性的源泉和保证，对组织的极端的自我牺牲被描述为一种最高美德，否定个人良知的权威性。韦伯曾预言，官僚制一旦建立起来，它在带来规范管理的高效率的同时，也会使自身成为囚禁个体的"铁笼"，把管理变成一种没有人文意义的单纯技术操作，把个体湮没在庞大的科层结构中。可以说，"官僚体制的行政管理按其倾向总是一种排斥公众的行政管理。官僚体制只要有可能，就向批评界隐藏它的知识和行为"①。因此，官僚制是一种形式合理而价值非合理的管理模式。现代官僚制"并不要求动用情感和信仰，相反，伦理情操的缄默与冷淡是它的先决条件，是它令人震惊的有效性的最重要的条件。道德冲动及约束，由于被中立和失去意义而变得不起作用。人们已有可能犯下非人的行径而不会觉得自己是丧失人性的"②。

20 世纪中后期以来兴起的以"公众服务"为目标的"新公共管理"

---

① ［德］马克斯·韦伯：《经济与社会》上卷，林荣远译，商务印书馆 1998 年版，第314 页。

② ［英］齐格蒙特·鲍曼：《生活在碎片之中——论后现代道德》，郁建兴等译，学林出版社 2002 年版，第 225 页。

运动，凸显了"以人为中心"的"柔性管理"理念，这既是当代公共管理逐渐走向服务化、人性化的发展趋势，又是衡量一国政治清明的和谐管理之道。

当前，我国社会管理充满浓厚的官僚制色彩，甚至存在"类军事化"管理倾向。譬如，在我国群体性事件管理方式中存在"泛军事化"倾向，① 这主要表现在管理体制与运行机制两个层面上。在管理体制上，各类群体性事件的应对以公安、武警等部门为主要参与主体，由各级政府联席会议形成统一指挥。在群体性事件防控体系中，类似"多级管控网络"、"舆情观察哨"、"平战结合"等军事术语被大量使用，军事化管控思维使得对群体性事件的处理难以形成有效突破。在运行机制上，泛军事化管理倾向要求消除差异、突出大局、强化纪律等"规训—控制"方式。为了平息事态，利用以单位制为代表的高度组织化体制，确定群体性事件参与者的社会身份特征，再依据属地化与部门化原则，对参与者的利益诉求与责任进行协调与处置。泛军事化应对方式忽视了协商、疏导等柔性治理机制的构建。群体性事件的柔性管理是针对由人民内部矛盾而引发的群体性事件所采取的非对抗性解决方式，非对抗性解决方式即采取沟通、和解、疏导等，将谈判管理、冲突管理等作为解决问题的主要方法。

在全面深化改革和不断推进社会主义市场经济的进程中，我们应该也必须从传统的优先自上而下的"管理"，转型到上下互动、主体多元的"治理"。随着市场机制在资源配置中"决定性作用"的日益凸显和充分发挥，从"社会管理"到"社会治理"的转变也会愈益成为必然。2003年中共十六届三中全会在阐述科学发展观时，强调"社会建设和管理"是五个统筹之一。2004年，中共十六届四中全会第一次提出"加强社会建设和管理，推进社会管理体制创新"的任务。2007年，中共十七大报告提出"党委领导、政府负责、社会协同、公众参与"的社会管理理念。2011年，"加强和创新社会管理"成为整个国家发展战略的重要组成部分，并且第一次明确了加强和创新社会管理的八大重点任务。2013年，中共十八届三中全会通过的《中共中央关于全面深化改革若干重大问题的决定》提出"创新社会治理体制"的要求，用"社会治理"取代"社

① 林闽刚：《论我国群体性事件管理的柔性化》，中国人民大学书报复印资料《公共行政》2013 年第 6 期。

会管理"。从"社会管理"到"社会治理",旨在表明,执政治国将从强调自上而下的"管理模式",转变为上下互动、国家与社会相结合的"治理模式"。

治理是针对统治、管理等概念而提出的。"统治"带有明显的政治倾向性,"管理"带有自上而下的控制性特征,二者都具有明显的强制性色彩。治理则是中性的和柔性的,它强调国家权力是公共的,国家权力旨在增进国民的利益,而不是以权力转移利益,治理彰显人与人之间的合作的相互服务。

> 统治使人最终走向孤独,成为"寡人";管理使人变得寂寞,使他与他人之间的沟通在情感方面完全丧失,人与人之间除了例行的程序性的机械应答之外,被隔离的如此之远,人与人之间的距离达到了遥不可见、互不相识的极端。只有合作的相互服务才会使人们之间密切地联系起来,使人与人之间实现心灵的沟通和相互印证。①

治理旨在通过社会多主体的积极参与、沟通、协调、激励、规范和约束,形成一种遵循共同价值取向、实现共同目标的良好政治和社会秩序。在我国计划经济时代,政府是社会秩序形成和维护的单一中心,政府垄断社会管理权。治理则强调多中心,政府和社会是治理的两大基本主体,尽管政府在治理结构中的权威仍是最大的,但政府之外各种类型的社会组织,包括商业的、非商业的,全国的、地域的等也在治理中发挥着日益重要的作用。

---

① 张康之:《公共管理伦理学》,中国人民大学出版社 2003 年版,第 321 页。

第七章　柔:人文关怀的实践形式(中)

人文关怀的实践形式是多层面的和多样的。就宏观层面而言，人文关怀实践体现为内源发展、可持续发展、人文发展等新型发展观念，体现为善治、德治、自治等新型国家治理或社会治理方式，体现为心理驱动、情感介入、精神激励等企业柔性管理方式。就微观层面而言，人文关怀实践在临床医疗、学校教育、社会救助、道德建设、日常生活等领域更是持久开展并日益拓展。工作（劳动）和消费（休闲），是每一个人始终都要面对的两大最重要人生实践主题，理应给予更多人文关怀。

一　体面劳动、劳动失体与劳动伦理

马克思指出：

> 人们用以生产自己的生活资料的方式……不应当只从它是个人肉体存在的再生产这方面加以考察。更确切地说，它是这些个人的一定的活动方式，是他们表现自己生命的一定方式、他们的一定的生活方式。个人怎样表现自己的生命，他们自己就是怎样。因此，他们是什么样的，这同他们的生产是一致的——既和他们生产什么一致，又和他们怎样生产一致。①

劳动是人的生命活动的基本实践样态，是人存在和发展的基本形式。只有体面的劳动，才能"生产"出有尊严的体面的人；而不体面的劳动，则只能"生产"出没有尊严的、不体面的人。

---

① 《马克思恩格斯文集》第1卷，人民出版社2009年版，第520页。

（一）体面劳动：缘起、内涵与意义

1. "体面劳动"的缘起

"体面劳动"（Decent Work）是国际劳工组织（International Labour Organization, ILO）为应对经济全球化背景下严峻的劳工问题而提出的一个概念。1999年6月，国际劳工组织召开第87届国际劳工大会。在这次会议上，国际劳工组织新任主席胡安·索马维亚向大会提交了题为《体面劳动》的报告，首次提出"体面劳动"概念，并将"体面劳动"确定为国际劳工组织的主要目标。2000年，索马维亚发表了《"五一"劳动讲话》，呼吁全世界各国工人、雇主和企业家要团结起来，结成全球联盟，为争取体面劳动而共同努力，使男女平等成为现实，呼吁各国人民都能够履行劳动者个人与集体的相应责任，以使得每个人都能获得适当并体面的劳动以摆脱贫困，同时在逐步致富的道路上获得个人尊严。2001年，国际劳工局在《减少体面劳动的缺陷：全球性挑战》报告中提出了以国际劳工标准为手段促进体面劳动的具体标准框架、参考依据和监督程序。2004年，在第92届国际劳工大会上，胡安·索马维亚发表了题为《一个公平的全球化：国际劳工组织的作用》的报告，报告将体面劳动设定为每个国家和国际社会都应追求的主要目标。2006年，联合国千年发展目标也把体面劳动纳入其中，将"为所有人提供生产性就业和体面劳动"确定为新的千年发展目标之一。2008年，国际劳工大会通过《国际劳工组织关于促进社会正义和实现公平的全球化宣言》。这表明，体面劳动已经从一种理念倡导和倡议，上升为世界各国必须实施和实现的一个实践目标。

体面劳动观念与我国现阶段改善民生、完善社会保障、促进就业、发展和谐劳动关系等社会发展目标高度契合，因此，体面劳动观念一经提出，便受到我国政府和社会各界的认可、倡导和实践。2002年5月，中国劳动和社会保障部与国际劳工局共同在上海召开了体面劳动衡量标准研讨会。会上，中方代表与国际劳工局的专家就体面劳动的内涵、国际劳工组织在全球开展体面劳动相关活动的情况、中国实施体面劳动的意义，以及衡量中国的体面劳动状况应该采用的方法和标准等问题，展开了广泛、深入的研讨。2006年10月，中共十六届六中全会在提出"构建社会主义和谐社会"目标的同时，明确提出"发展和谐劳动关系"。2007年6月，

在第 96 届国际劳工大会全体会议上，中国代表团指出，国际劳工组织成员国政府、工会和雇主组织三方需要采取进一步切实的行动，通过对话与合作等方式，为实现公平的全球化和经济增长与变革中的体面劳动创造条件。2007 年 8 月，国际劳工组织与中国劳动和社会保障部在北京共同举办了以"增长、就业和体面劳动"为主题的"亚洲就业论坛"。2008 年 1 月 7 日，胡锦涛在"2008 经济全球化与工会"国际论坛开幕式致辞中指出："让各国广大劳动者实现体面劳动，是以人为本的要求，是时代精神的体现，也是尊重和保障人权的重要内容。让广大劳动者实现体面劳动，最根本的是要保障他们的权益。"2008 年 10 月 17 日，时任中华全国总工会主席王兆国在中国工会第十五次全国代表大会上的报告中多次谈到"体面劳动"，提出要把发展和谐劳动关系、维护职工合法权益、实现职工体面劳动作为贯彻落实科学发展观的重要切入点。2010 年 4 月 27 日，胡锦涛在全国劳模和先进工作者表彰大会上的讲话中强调："要切实发展和谐劳动关系，建立健全劳动关系协调机制，完善劳动保护机制，让广大劳动群众实现体面劳动。"2012 年，中共十八大报告提出"推动实现更高质量的就业"的要求。更高质量的就业即体面就业、体面劳动。2013 年 4 月 28 日，习近平在同全国劳动模范代表座谈时的讲话中指出："全社会都要贯彻尊重劳动、尊重知识、尊重人才、尊重创造的重大方针，维护和发展劳动者的利益，保障劳动者的权利。要坚持社会公平正义，排除阻碍劳动者参与发展、分享发展成果的障碍，努力让劳动者实现体面劳动、全面发展。"

2. 体面劳动的内涵

体面劳动是一个历史的、具体的概念，在人类社会发展的不同历史阶段，不同社会阶层或阶级对体面劳动的理解和界定是不同的。在阶级对立社会，统治阶级往往根据自己的阶级利益来界定体面劳动，将劳动划分为高低贵贱诸多等级，他们认为脑力劳动贵于体力劳动，同时又把体力劳动划分为不同等级，如农、工、商等，体力劳动往往被排除在体面劳动的范畴之外。孔子说："上好礼，则民莫敢不敬；上好义，则民莫敢不服；上好信，则民莫感不用情。夫如是，则四方之民襁负其子而至矣，焉用稼？"（《论语·子路》）在孔子看来，"稼"即农业劳动，是不体面劳动。孟子的"劳心者治人，劳力者治于人"，把"劳心者"的活动视为体面的，而把"劳力者"的活动视为不体面的。在以私有制为基础的社会，统治阶级认为脑力劳动是可尊敬的、体面的劳动，而物质生产则是卑贱的、不体面的劳动。马克思指出：

> 对任何种类劳动的同样看待，适合于这样一种社会形式，在这种社会形式中，个人很容易从一种劳动转到另一种劳动，一定种类的劳动对他们说来是偶然的，因而是无差别的。在这里，劳动不仅在范畴上，而且在现实中都成了创造财富一般的手段，它不再是同具有某种特殊性的个人结合在一起的规定了。①

马克思主义立足无产阶级和最广大劳动人民的立场，从劳动解放和人类解放的角度，强调一切创造物质财富和精神财富的劳动，都是（或应该是）体面劳动。

从价值应然层面来说，劳动是人作为人存在的方式，是人有目的的改造对象世界并改造人自身的活动。马克思指出："一个种的整体特性、种的类特性就在于生命活动的性质，而自由的有意识的活动恰恰就是人的类特性。"② 劳动不仅满足人的物质需要，而且还涉及人与人之间关系，关乎人的生命尊严和价值。

> 诚然，动物也生产。动物为自己营造巢穴或住所，如蜜蜂、海狸、蚂蚁等。但是，动物只生产它自己或它的幼仔所直接需要的东西；动物的生产是片面的，而人的生产是全面的；动物只是在直接的肉体需要的支配下生产，而人甚至不受肉体需要的影响也进行生产，并且只有不受这种需要的影响时才进行真正的生产；动物只生产自身，而人再生产整个自然界；动物的产品直接属于它的肉体，而人则自由地面对自己的产品。动物只是按照它所属的那个种地尺度和需要来构造，而人却懂得按照任何一个种地尺度来进行生产，并且懂得处处都把固有的尺度运用于对象；因此，人也按照美的规律来构造。③

---

① 《马克思恩格斯文集》第 8 卷，人民出版社 2009 年版，第 28—29 页。
② 《马克思恩格斯文集》第 1 卷，人民出版社 2009 年版，第 162 页。
③ 同上。

马克思认为,如果人在一种劳动中既能享用劳动成果,又能占有劳动本身,并能全面发挥自己的才能和潜力,最大限度表现自己的创造性,那么这种劳动本身就会使人获得尊严和幸福,成为人的一种自我享受。

> 劳动是自由的生命表现,因此是生活的乐趣。……我在劳动中肯定了自己的个人生命,从而也就肯定了我的个性的特点。劳动是我真正的、活动的财产。①

马克思认为,在未来理想社会,人们不再被迫屈从于分工和狭隘的职业,每个人都能根据社会的需要自由地选择劳动领域,发挥自己的特长和爱好,进行自由创造,在满足自身需要的同时,实现自我价值。对于人来说,"劳动已经不仅仅是谋生的手段,而且本身成了生活的第一需要"②。劳动是人的本质的体现,体面劳动应是体现人的生命自由的劳动。从人学意义上说,体面劳动是能够使人的本质力量得以展示和实现的劳动,是体现人的生命价值和自由本质的劳动,是以满足人的合理需要为本的劳动。

从现实实然层面来说,体面劳动具有现实针对性,它的出发点和立足点是改变现存劳动的不体面状况。所谓体面劳动,就是"促进男女在自由、公平、安定和尊重人格的条件下获得生产性体面工作的机会"③。自由、公正、安全和富有人道尊严,是体面劳动的核心内涵。自由即人们能够自由选择工作、自由加入各种劳动维权类社会组织、禁止各种强迫劳动等;公平即所有能够工作且需要工作的人都能找到比较满意的工作、就业机会均等、消除工作中的各种歧视、实现同工同酬等;安全即劳动者的生命和健康能够得到有效的保护、基本的福利和经济收入得到改善、整个社会能够提供各种劳动保障等。国际劳工组织确定了实现"体面劳动"的四大战略目标,即促进工作中的权利、就业、社会保护、社会对话。强调对非正规部门工人、家庭工人、非全日制工人等弱势群体的保护;帮助失业者与失业、不充分就业做斗争,为企业创造可持续发展的环境;关注并促进工人工作的安全保障问题;促进建立工人和顾主组织参与社会政策制

---

① 《马克思恩格斯全集》第42卷,人民出版社1979年版,第38页。
② 《马克思恩格斯文集》第3卷,人民出版社2009年版,第435页。
③ 林燕玲:《体面劳动——世界与中国》,中国工人出版社2012年版,第32页。

定的机制。在四大战略目标中，基本原则和权利是体面劳动的先决条件，符合某些质量的就业和达到某种安全标准的工作是体面劳动的内容，社会对话是实现体面劳动的手段。实现体面劳动，意味着劳动者不仅要有一份能够养家糊口的工作，而且要有稳定的就业机会、安全的工作条件、充分的社会保障以及工作中更为广泛的各种权利；意味着要尊重劳动者的人格尊严和各种权利，使每个劳动者都能通过体面的、有尊严的劳动来主宰自己的命运。劳动者有劳动才体面，劳动者的劳动是体面的劳动。体面劳动就是让劳动者拥有工作的机会和权利，在工作中得到安全保障和受到尊重，有合理的薪酬和福利以及可能的发展空间，在劳动中感受到快乐、光荣、成就。体面劳动最根本的是要保障劳动者的权益，特别是要致力于改善劳动者的劳动条件、劳动收入、劳动保障和生活质量，让劳动者更多分享经济社会发展的成果。总之，体面劳动就是通过促进就业、加强社会保障、维护劳动者基本权益，以及开展政府、企业组织和工会的协商对话，保证广大劳动者在自由、公正、安全和有尊严的条件下工作。

3. 体面劳动的意义

体面劳动是社会主义劳动的本质要求。恩格斯指出："资本和劳动的关系，是我们全部现代社会体系所围绕旋转的轴心。"[①] 在资本主义社会，资本居于支配地位，资本统治和剥削劳动，"劳者不获，获者不劳"是一种普遍现象。消除资本对劳动的统治和剥削，解放劳动，确立劳动的主导地位，维护和实现最广大劳动者的利益，实现体面劳动，是马克思主义的根本政治立场。马克思认为，劳动是解放人的基本途径，但就人类历史进程而言，特定历史阶段的劳动未必都能真正解放人，如奴役劳动、徭役劳动、雇佣劳动等都不能从根本上解放人。能实现彻底解放人的劳动，应是具有高度自主性的体面劳动。恩格斯指出，在社会主义社会，"一方面，任何个人都不能把自己在生产劳动这个人类生存的必要条件中所应承担的部分推给别人；另一方面，生产劳动给每一个人提供全面发展和表现自己的全部能力即体能和智能的机会，这样，生产劳动就不再是奴役人的手段，而成了解放人的手段，因此，生产劳动就从一种负担变成一种快乐"[②]。

---

① 《马克思恩格斯文集》第 3 卷，人民出版社 2009 年版，第 79 页。
② 《马克思恩格斯文集》第 9 卷，人民出版社 2009 年版，第 310—311 页。

列宁指出:

> 共产主义劳动,从比较狭窄和比较严格的意义上说,是一种为社会进行的无报酬的劳动,这种劳动不是为了履行一定的义务、不是为了享有取得某些产品的权利、不是按照事先规定的法定定额进行的劳动,而是自愿的劳动,是无定额的劳动,是不指望报酬、不讲报酬条件的劳动,是按照为公共利益劳动的习惯、按照必须为公共利益劳动的自觉要求(这已成为习惯)来进行的劳动,这种劳动是健康的身体的需要。①

我国将长期处于社会主义初级阶段,社会主义市场经济的确立和不断推进,使得资本在经济社会发展中仍发挥着巨大作用。同时,由于市场在资源配置中日益起决定性作用,劳动者与生产资料的结合主要通过"雇佣"形式来实现,劳动力流动主要通过市场来完成。这就意味着,在我国经济发展的相当一个历史时期,仍存在资本对劳动的剥削和控制。但是,作为社会主义国家,资本不能也不应该成为劳动的主导力量。以公有制为主体的社会主义基本经济制度,决定了劳动者不仅是生产资料和生产要素的所有者,而且也是自己劳动及劳动成果的支配者。让每一个劳动者从事体面劳动,是社会主义的本质要求和价值指向。2013 年 4 月,习近平在同全国劳动模范代表座谈时的讲话中指出:"必须牢固树立劳动最光荣、劳动最崇高、劳动最伟大、劳动最美丽的观念,崇尚劳动,造福劳动者,让全体人民进一步焕发劳动热情、释放创造潜能,通过劳动创造更加美好的生活。"

体面劳动是人的全面发展和自我价值实现的基本实践形式。古人曰:

> 夫民劳则思,思则善心生;逸则淫,淫则忘善,忘善则恶心生。沃土之民不材,逸也;瘠土之民莫不向义,劳也。(《国语·公父文伯之母论劳逸》)

劳动不仅是为了创造生活必需的物质财富,而且可以健全劳动者的人格。

---

① 《列宁选集》第 4 卷,人民出版社 2012 年版,第 130 页。

马克思指出：

> 劳动是劳动者的直接的生活来源，但同时也是他的个人存在的积极实现。[1]

马克思这里所说的劳动，指的是不同于强制劳动、异化劳动的自主劳动和体面劳动。在以私有制为基础的社会，生产资料占有者靠剥削他人的劳动为生，是不劳而获者，是社会的寄生虫；对无产者来说，劳动则仅仅以谋生活动的形式存在，成为异化劳动。马克思提出劳动解放，其根本宗旨是要通过劳动和劳动者的解放，最终实现人类的解放。所谓劳动解放，就是"人人自食其力"，就是使每一个人都"把劳动当做他自己体力和智力的活动来享受"[2]，从而让劳动"成为吸引人的劳动，成为个人的自我实现"[3]。人们在劳动中如果既能享用劳动成果，又能尽情发挥自己的才能和智慧，最大限度表现自我创造本性，那么，这种劳动本身就会给人带来尊严和幸福，成为人的一种自我"享受"。这样的劳动就是体面劳动，它既是人的生命活动的展开过程，又是人的生命意义的生成过程，它既创造人的物质生命，更塑造人的精神世界。一个人只有通过体面劳动，才能真正自立于社会，实现自己的自我价值和社会价值。

谋生性是劳动的一般特性，劳动的谋生性可以从总体和个体两个意义上来理解。[4] 从人类总体来看，一切劳动都必然具有谋生性，因为，劳动"是不以一切社会形式为转移的人类生存条件，是人和自然之间的物质变换即人类生活得以实现的永恒的自然必然性"[5]。

但从个体来看，个人劳动却并不永远具有谋生性。把劳动作为谋生手段，只是对劳动者而言，只是在存在着消费品个人所有制条件下劳动具有的某种性质。在社会主义初级阶段，对于个人而言，劳动的谋生性仍是主导性的，但其中孕育着越来越多的"作为生活第一需要"的意义。而且，随着社会主义社会的不断发展和完善，劳动"作为生活第一需要"的意

① 马克思：《1844 年经济学哲学手稿》，人民出版社 2000 年版，第 174 页。
② 《马克思恩格斯文集》第 5 卷，人民出版社 2009 年版，第 208 页。
③ 《马克思恩格斯文集》第 8 卷，人民出版社 2009 年版，第 174 页。
④ 巫继学：《自主劳动论要》，上海人民出版社 1987 年版，第 191 页。
⑤ 《马克思恩格斯文集》第 5 卷，人民出版社 2009 年版，第 56 页。

义将会不断地从可能性转变为现实性。保障和实现体面劳动,就是这一转变的具体表现。有调查显示,在今天的中国,许多人职业选择的动机主要有两方面:一是收入报酬;二是个人才能的实现和发展空间。随着物质生活水平的不断提高和精神需求的日益高涨,人们对劳动谋生性的认同在逐步下降。有调查显示,在被访谈者中,有61.6%的人把劳动视为自己的第一需要,有27.3%的人认为劳动只是一种谋生手段。[①] 体面劳动将大大改善劳动者的劳动条件、劳动收入、劳动保障和生活质量,提高劳动者的社会地位和主人翁意识。这有助于作为社会主体力量的广大劳动者在干事创业中追求和实现全面发展。

(二) 劳动失体:五个主要表现

在我国,不存在那种马克思所批判的以私有制为基础的全面性的异化劳动,但由于公有制实现形式的多样性以及多种所有制并存,由于社会主义市场经济的确立和不断推进,我国仍存在不同程度的劳动异化现象,存在不体面劳动或劳动失体现象,如就业歧视和就业强迫依然存在、劳动者职业安全健康状况堪忧、劳动保护与社会保护不健全、最低工资保障与集体协商不到位、农民工权益保障缺失,等等。具体来说,主要表现在五个方面。

1. 强制劳动

在我国,强制劳动现象仍不同程度存在,许多强制劳动现象以隐性方式存在。由于我国的产业结构在相当一段时期仍以劳动密集型为主,廉价劳动力不仅成为"中国制造"获得比较优势的主要支撑,而且也成为吸引外资的主要因素。改革开放以来,中国企业尤其是制造企业,主要是通过"低成本扩张"战略在国际市场取得一定竞争优势的。这种"低成本"竞争优势,首先来源于"低人工成本"。一方面,相对于资本回报率的迅速上升,劳动回报率增长缓慢;另一方面,许多企业通过损害和牺牲劳动者的身心健康和生命安全,换取资本的高回报率。中国企业的资本/劳动比大约只是国际平均水平的1/5,是美国的1/10。[②] 资本利润与劳动强度

---

① 樊浩等:《中国伦理道德报告》,中国社会科学出版社2012年版,第341页。

② 李宝元等:《走出低成本陷阱:2014中国人本发展报告》,经济科学出版社2014年版,第66—67页。

之间的矛盾仍较为突出。由于劳动力严重过剩、资本处于绝对强势地位、就业竞争的激烈以及各种生活压力的加大，许多人害怕失去工作而主动加班。加班已成为中国职场的普遍现象，超时工作人群从事职业的覆盖面，已经从教师、警察、医生等"助人职业"发展到普通人群。2013 年 12 月 15 日，中山大学、社会科学文献出版社、中山大学社会科学调查中心联合发布《中国劳动力动态调查：2013 年报告》。《报告》显示，中国劳动力加班较多，普遍存在工作时间较长现象。从加班及加班的时间、工资来看，有超过三分之一（38.42%）的雇员在被调查时点的上个月加过班；但是，加班雇员中只有不到一半（45.57%）领取了加班工资，加班时间弥补请假时间、领取加班工资且弥补请假时间的比例非常低（分别为 5.44%、2.03%），尤其值得注意的是，接近一半（45.44%）的加班雇员无任何补偿。① 在北京、上海、深圳、广州等大城市中"过劳（模）族"② 现象较为突出。"过劳（模）族"付出了大量的时间和精力，身体健康被严重透支。现在，越来越多的上班族出现的焦虑、失眠、记忆力衰退等症状，过劳导致诸多负效应，如心理亚健康、过劳死等。一段时间以来，以强迫劳动、劳动剥削为目的的人口拐卖案件呈上升趋势，这些案件以拐卖儿童强迫行乞、行窃，拐卖妇女强迫卖淫为普遍形式，也有一些农村男性被黑中介拐卖成为"包身工"。2007 年媒体曝光后引起全社会哗然的山西"黑砖窑"事件就是一个典型案例。那些没有被纳入劳动法、劳动合同法规范的农村义务工、家庭雇工中，也存在强迫劳动行为。借用马克思的话来说，在这种强制劳动中，"劳动对工人来说是外在的东西，也就是说，不属于他的本质；因此，他在自己的劳动中不是肯定自己，而是否定自己，不是感到幸福，而是感到不幸，不是自由地发挥自己的体力和智力，而是使自己的肉体受折磨、精神遭摧残"③。

2. 就业难与就业歧视

我国就业形势严峻，劳动力供大于求，就业总量压力大，高校毕业

---

① 《中国劳动力调查：近半数加班雇员无任何补偿》，http://big5.xinhuanet.com/gate/big5/news.xinhuanet.com/fortune/2013 - 12/16/c_ 125862608.htm。

② 指超时工作的人，这些人以牺牲节假日和个人休息时间为代价，没日没夜地工作，他们的工作强度大大超出了常规的"敬业"标准，比传统意义的"劳模"有过之而无不及，故被戏称为"过劳模"。

③ 《马克思恩格斯文集》第 1 卷，人民出版社 2009 年版，第 159 页。

生、农民工和就业困难人员等群体"就业难"成为社会问题。就业的结构性矛盾不断加剧,"招工难"与"就业难"并存,随着经济结构的战略性调整,结构性失业问题会进一步加剧。就业歧视现象也较为严重。就业歧视的表现形式多种多样,如户籍歧视、职业歧视、性别歧视、年龄歧视、外貌歧视、疾病歧视、民族种族歧视、学历和经验歧视、背景歧视,等等。由于我国劳动力供给相对过剩、可替代性强而资本相对稀缺,劳动力供求关系的不平衡造成资强劳弱。在招工易、求职难的环境下,不少劳动者"自愿"与雇主签订仅仅有利于雇主的"霸王合同",在明知受到歧视的情况下也只能忍气吞声。在我国,"弱势群体"已然存在。"弱势群体"即由于某些障碍和缺乏经济、政治和社会机会,而在社会竞争中处在不利地位,并缺乏相应发展潜能的人群。弱势群体包括生理性弱势群体,如老人、天灾人祸中的困难者等,但更指社会性弱势群体,如城乡贫困人口、农民工、失业和下岗职工等。当前,在我国劳动力市场中,对于弱势群体存在着大量以就业歧视为表现的就业机会不公平现象,如针对农民工的身份歧视、针对残疾人群的生理歧视,等等。我国有超过 2 亿的农民工,占城镇就业人口的四成以上。农民工大多处在收入低、环境差、安全系数不高的低端劳动领域。他们为我国经济社会发展和城市化进程做出了很大贡献。但由于城乡二元结构的影响,使得农民工被"屏蔽"在分享城市公共资源之外,他们的劳动条件、社会保险和福利待遇等得不到有效保障。农民工与城镇职工相比,普遍存在同工不同酬、同工不同时、同工不同权等现象。农民工的职业和生活很多时候得不到充分保障,在失去农村土地的同时也无法得到城市的接纳、认可和尊重,他们生活在农村和城市的边缘状态,形成一种"不城不乡"的社会地位,遭遇身份歧视、职业歧视等。他们大多从事那些脏、累、苦、差的职业,如建筑业、制造业、低端服务业等。在职业领域,性别歧视现象也不容忽视。相对于男性来说,女性的职业生涯较短,工作的连续性较差,特别是由于人为的歧视因素,女性获取高层次职位的机会远远少于男性。同时,劳动者的性别工资差距也有不断扩大的趋势。

3. 劳动安全堪忧

安全是人的生存和发展的最基本要求,是劳动者生命与健康的基本保障。保障劳动者的生命安全健康,这既是体面劳动的内在要求,也是实现体面劳动的基础和前提。在我国,不少劳动者的工作条件恶劣,劳动者职业健康和安全状况不容乐观。现在仍有相当一部分企业缺乏完善的安全卫生管理制度，没有完善的安全操作规程以及对劳动者的保护制度，不按期进行安全维护检查，也不组织特殊工种的安全技术培训，使劳动者处在危险恶劣的环境中工作。有些企业甚至为了追求高额利润，不顾及劳动者的生死。2009 年，青年农民工张海超"开胸验肺"的悲怆之举，暴露了我国职业病的严峻形势以及劳动者维权之路的艰辛。2013 年 12 月，国家卫计委等 4 部门颁布《职业病分类和目录》，确定的职业病种类达 130 余种。目前，我国职业病患者累计数量、死亡数量及新发病人数量，均居世界首位。我国生产安全问题突出，仅 2013 年上半年，全国共发生各类生产安全事故 22 万多起，死亡和下落不明的有 2.7 万多人。长期以来，我国社会保障等公共服务资源分配很不均衡，公务员、事业单位职工、国企职工相对较好，其余群体尤其是弱势群体，享受的社会保障资源相对较低。以农民工为例，一些用人单位不愿为其提供社会保障，"截至 2012 年 9 月，全国农民工参加城镇职工基本养老、基本医疗、事业、工伤保险者占农民工总人数的比重，分别仅为 17.8%、19.7%、10.4% 和 28.0%"①。

4. 劳动收入悬殊和倒挂

长期以来，我国收入分配领域一直存在着"屁股决定腰包"的怪现象，收入高低靠的不是聪明才智和勤奋劳动，而是靠"抢身份"和"抢行业"。如果能"抢"到电力、电信、石油、金融、烟草等垄断行业，或是"抢"到公务员和事业单位身份，就等于"抢"到了高收入、高福利、高阶层。目前，我国社会服务业和农林牧渔业职工平均工资最低，而电力、通信、金融、保险等垄断行业的收入最高，且不同行业职工收入差距仍在继续扩大。有调查数据显示，中国行业收入最高和最低的差距达 15 倍，居世界首位。行业之间的收入差距主要不是由于劳动或个人综合素质高低造成的，垄断行业的高收入更多的是依赖垄断经营权形成的。近年来，大学毕业生争抢"吃皇粮"，甚至出现千余人竞争一个公务员岗位的现象。2014 年中央机关及其直属机构招录公务员考试中，全国共有 152 万人报名参加，平均每个岗位 77 人竞争，其中 37 个招录岗位的报名比例超过 1000:1，最热岗位竞争比达 7192:1。"干得多，挣得少"是许多工薪

---

① 陆学艺等：《2013 年中国社会形势分析与预测》，社会科学文献出版社 2012 年版，第 16 页。

阶层的共同感受，以致许多人自称"穷忙族"。① 2010 年，全国总工会进行的一项调查显示，我国居民劳动报酬占 GDP 的比重，在 1983 年达到 56.5% 的峰值后，就持续下降，2005 年已经下降到 36.7%，22 年间下降了近 20 个百分点。而从 1978 年到 2005 年，与劳动报酬比重的持续下降形成鲜明对比的是，资本报酬占 GDP 的比重上升了 20 个百分点。2011 年 3 月 24 日《人民日报》刊文指出，近几年劳动报酬占 GDP 比重连年下滑。中国社会科学院 2013 年发布的《社会蓝皮书》显示，劳动者报酬占 GDP 的比重由 2004 年的 50.7% 下降到 2011 年的 44.9%。劳动者经济收入一般低于资本所有者，即使用人单位提供较差的劳动条件，劳动者也往往只能被动接受。恶性拖欠农民工工资现象依然存在，一些雇主通过扣留或过度削减工资限制劳动者人身自由和择业自由，任意强迫劳动者劳动。许多劳动者在讨薪、工伤索赔时要付出较高的财力、时间、精力成本。由于劳动者劳动报酬分配不公，差距较大，使得劳资纠纷日益增多，劳资矛盾不断激化，引发各种社会不安定因素，影响经济社会持续稳定发展。

5. 职业倦怠

目前，大多数劳动者是为了谋生而劳动，为了工资而工作。借用马克思的话，对一个人来说，"如果弯腰驼背，四肢畸形，某些肌肉的片面发展和加强等，使你更有生产能力（更有劳动能力），那么你的弯腰驼背，你的四肢畸形，你的片面的肌肉运动，就是一种生产力。如果你精神空虚比你充沛的精神活动更富有生产能力，那么你的精神空虚就是一种生产力，等等，等等。如果一种职业的单调使你更有能力从事这项职业，那么单调就是一种生产力"②。

如今，快节奏的生活方式使许多劳动者在盲目急促的工作中失去了自己的人生目标与方向，在疲惫不堪中产生了消极倦怠的情绪，从而产生诸多问题。丧失对工作的热情，就会缺乏职业道德和敬业精神，敷衍了事。在人际关系方面，无论是对同事还是工作对象都会产生不同程度的冷漠和疏远，在无止境的竞争中产生烦躁感和矛盾，逐渐把自己封闭和孤立起来，大大降低了工作水准和效率。2012 年，有关部委提出"弹性延迟退

---

① "穷忙族"一词最早出现于 20 世纪 90 年代的美国，指拼命工作仍然无法摆脱最低水准生活的人们。日本知名经济学家门仓贵史著有《穷忙族》一书，他对"穷忙族"下的定义是：每天繁忙地工作却依然不能过上富裕生活的人。

② 《马克思恩格斯全集》第 42 卷，人民出版社 1979 年版，第 261—262 页。

休年龄"，引发各种热议。有调查显示，不仅矿工等一线体力劳动者希望提前退休并享受养老金待遇，而且事业单位和政府工作人员也希望提前退休并享受养老金待遇。

（三）劳动伦理：本体、职业与原则

1. 劳动作为历史本体的伦理意义

劳动是具有历史本体意义的活动。恩格斯说：

> 人是唯一能够挣脱纯粹动物状态的动物——他的正常状态是一种同他的意识相适应的状态，是需要他自己来创造的状态。①

这个创造的过程，集中表现为劳动的过程。劳动奠基人的物质生命，劳动提升人的精神境界。劳动是人的生命价值的实现形式，人是在劳动中生成和发展的。劳动是人的本质力量的对象化，是人的主体能动性的表现和实现。人通过劳动既创造了属人的对象世界，又创造了主体的自我世界。正是在这个意义上，马克思说：

> 工业的历史和工业的已经生成的对象性的存在，是一本打开了的关于人的本质力量的书，是感性地摆在我们面前的人的心理学。②

马克思通过创立历史唯物主义，凸显了劳动的历史本体意义。哈贝马斯认为，马克思对传统哲学的批判集中表现为，以"生产"概念取代传统的"反思"概念，以"劳动"概念取代传统的"自我意识"概念。③马克思主义创始人并不一般地谈论劳动，而是在扬弃古典政治经济学劳动价值理论和黑格尔劳动思想的基础上，坚定地立足劳动者的立场，凸显劳动的历史本体论意义，他们"在劳动发展史中找到了理解全部社会史的锁钥"④，确认"历史不外是人通过人的劳动而诞生的过程"⑤。劳动观点

---

① 《马克思恩格斯文集》第9卷，人民出版社2009年版，第408页。
② 《马克思恩格斯文集》第1卷，人民出版社2009年版，第192页。
③ ［德］哈贝马斯：《现代性的哲学话语》，曹卫东等译，译林出版社2004年版，第68页。
④ 《马克思恩格斯文集》第4卷，人民出版社2009年版，第313页。
⑤ 《马克思恩格斯文集》第1卷，人民出版社2009年版，第196页。

以及基于其上的群众观点，是历史唯物主义首要的和基本的观点。马克思通过剩余价值论，揭示了资本主义雇佣劳动剥削的秘密及其非正义性和非道德性。雇佣劳动"对人漠不关心"，甚至"敌视人"。在雇佣劳动中，工人在劳动时感到自己是动物，而只是在吃、喝、生殖等动物性功能活动中才感到自己是人。为此，马克思提出劳动的解放。阿伦特说："马克思是19世纪唯一的使用哲学用语真挚地叙说了19世纪的重要事件——劳动的解放的思想家。今天马克思的思想影响极大，也是因为这个事实。"①马克思认为，在共产主义社会高级阶段，劳动将从作为人的谋生手段转向作为人的生活的第一需要，人的能力本身的发展将成为劳动的根本目的。

马克思说：

> 对社会主义的人来说，整个所谓世界历史不外是人通过人的劳动而诞生的过程，是自然界对人来说的生成过程，所以关于他通过自身而诞生、关于他的形成过程，他有直观的、无可辩驳的证明。②

在社会主义社会，劳动理应成为全体社会成员的一种美德。列宁指出："'不劳动者不得食'，——这就是社会主义实践的训条。"③新中国成立初始，在《共同纲领》中就把"爱劳动"作为"五爱"的内容之一，把"爱劳动"教育视为反对剥削阶级不劳而获人生观和培养热爱劳动人民思想情感的基本途径。1982年修改的《中华人民共和国宪法》更是把"爱劳动"提升到国家根本法的高度。从1986年《中共中央关于社会主义精神文明建设指导方针的决议》，到1996年《中共中央关于加强社会主义精神文明建设若干重要问题的决议》，再到2001年《公民道德建设实施纲要》，都把"爱劳动"视为为社会主义新人的主导性品德。中国特色社会主义事业的主导力量，是最广大劳动者的辛勤劳动和艰苦奋斗。邓小平指出：

> 在我们的时代里，一切光荣都是劳动的产物，不劳动而剥削他人

---

① 〔美〕汉娜·阿伦特：《马克思与西方政治思想传统》，孙传钊译，江苏人民出版社2007年版，第12页。
② 《马克思恩格斯文集》第1卷，人民出版社2009年版，第196页。
③ 《列宁专题文集·论社会主义》，人民出版社2009年版，第61页。

的劳动，对于人民群众说来，乃是最大的耻辱。①

　　但是，在我国，随着市场经济的发展，随着虚拟经济的崛起，随着物质生活水平的提高，随着消费主义的兴盛，再加上因体制和政策等缺陷而产生的"勤劳不致富"、普通劳动者收入滞后等现象的不良影响，一些人滋生了好逸恶劳的倾向，梦想一夜暴富，一夕成名。为此，他们或热衷于炒股和购彩票，或嗜好赌博，甚或坑蒙拐骗，极端的走向偷盗抢劫。有网友戏言：彩票的实质就是，虚构一个不劳而获的人，去忽悠一群想不劳而获的人，最终养活一批真正不劳而获的人。在一些人眼里，劳动成了"没本事"、"愚蠢"，甚至"下贱"的代名词，而不劳而获，坐享其成，甘当"啃老族"，投机取巧，甚至巧取豪夺，反被视为"有能耐"、"聪明"。歧视劳动、厌恶劳动、排斥劳动、躲避劳动的现象，仍不同程度存在。树立正确的劳动观，是当代中国道德建设的最重要议题之一。

　　对于人类来说，劳动是最高尚、最道德的实践活动，人类社会中一切美好的事物都源自创造性的劳动。劳动作为一种伦理原则，是社会主义价值观的基座和支撑点。富强、民主、自由、公正等，都是社会主义核心价值观的基本要素。历史地看，这些要素大多在不同社会历史时期都曾被反复谈论，并且不同阶级对这些要素都做出了各自的解释。现实地看，这些要素也已经成为社会主义核心价值观的基本内容。但是，本质地看，这些要素只有以劳动为根据，并只有根基于劳动，才能得到正确阐释，获得社会主义性质的规定。比如，在社会主义社会，民主的实质是劳动者当家做主，自由和公正在根本上是以劳动者为主体的全体社会成员的自由全面发展、富强，最终体现为劳动者的共同富裕，等等。

　　2. 劳动作为一种职业的伦理意义

　　劳动在其现实性上是分门别类的，有物质劳动、脑力劳动、生产劳动、非生产劳动等；劳动在其具体存在形式上，呈现为各种各样的职业活动。这种作为职业的劳动，充满深厚的伦理意义。

　　职业生活是个人生活领域的重要组成部分，它既是社会发展的要求，更是个人立身的基础。任何一种正当的职业都有着超出自身服务社会与他人的意义指向，诚如杜威（John Dewey，1859—1952）所说：

────────

　　① 《邓小平文选》第一卷，人民出版社1994年版，第242页。

　　职业的对立面既不是闲暇,也不是文化修养。它的对立面,在个人方面,是盲目性,反复无常和缺乏经验的积累;在社会方面,是无根据的炫耀和倚赖他人而寄生。①

韦伯认为,资本主义精神起源的一个重要特点是劳动的组织方式,资本主义精神以其自由劳动的理性组织方式为特征,是一种生产劳动依靠契约、法制、制度来实现的职业精神。在韦伯看来,任何一种职业都具有双重意义,一方面它具有特殊的实用技术性或经济理性,蕴含特定的职业责任伦理;另一方面它又具有普遍意义的道义力量,蕴含宗教意义的道德神圣感。

　　职业分化日趋加快和发达是现代社会的重要标志,现代职业为人的潜能的发展和人格的塑造提供了非常重要的社会条件。在现代社会,随着劳动分工的日益发达和日趋细化,对每个人来说,职业的"谋生"性质固然非常重要,但职业所承担的社会道义价值却越来越凸显出其重要意义。迪尔凯姆认为,重建道德规范的主体力量不是政治社会和国家,而只能是职业群体,即"从事同一种工业生产,单独聚集和组织起来的人们",亦即法人团体。"在职业群体里,我们尤其能够看到一种道德力量,它遏止了个人利己主义的膨胀,培植了劳动者对团结互助的极大热情,防止了工业和商业关系中强权法则的肆意横行";"确认互助双方之间的团结感,确认精神和道德之间的同质性,这正是职业相同的人们最容易做到的";加入法人团体的人,"主要为的是集体生活的乐趣";法人团体"为其成员创造了一个道德环境";"法人团体将会变成一种基础,一种政治组织的本质基础……它将来注定要在社会中占据更中心、更显著的位置……将变成公共生活的主要机构"②。法人社团是个人自由结合的产物,同时又超出了个人,提供了一致共享的道德秩序和道德力量,在个人自由与道德共契之间实现了一种平衡。各种职业都有自己崇尚的人格品性,在我国,政治家自喻是"人民公仆",教师自喻是"人类灵魂的工程师",医生自

---

　　①　赵祥麟、王承绪编译:《杜威教育论著选》,华东师范大学出版社1981年版,第213页。
　　②　参见［法］迪尔凯姆《社会分工论》,渠东译,生活·读书·新知三联书店2000年版,第二版序言,第17—39页。

喻是"白衣天使",律师自喻是"正义的化身",等等。一个人必须承担自己的职业使命及其所蕴含的道德承诺。人们不应该实际上也不可能把自己所从事的职业简约为一种纯粹的"经济行为"。只有充分理解职业的道德属性,一个人才会拥有高度的职业责任感,才会对自己所从事的职业秉持一种崇高的使命感。

现代职业的开放性和流动性,有助于人的精神境界的整体性提升。在现实生活中,许多人更多地是从工具层面体认自己的职业,职业仅仅是挣钱糊口的工具。事实上,职业在很大程度上决定着一个人的生活范围和道德视野,一个人的价值观念和生活态度在相当大程度上是由自己的职业活动所塑造的。随着现代社会分工的发展和专业化程度的增强,市场竞争日趋激烈,整个社会对每个从业人员职业观念、职业态度、职业技能、职业纪律和职业作风的要求越来越高。一个人必须承担自己的职业责任和这一职责所蕴含的神圣的道德承诺。人们不应该实际上也不可能把自己所从事的职业简约为一种纯粹的"理性的经济行为"。只有充分理解职业的神圣性,一个人才会具有深厚的职业责任感,才会对自己所从事的职业有一种坚定的道德信念。人不能仅仅把职业看作单纯的谋生手段,而是要通过从事职业来与他人和社会建立精神联系,通过职业来彰显自己生命的整体意义。

但是,从现实来看,我国道德问题发生最多、影响最大、后果最严重的领域,往往是组织化的职场。目前,我国职业道德建设面临诸多问题,主要表现为三个方面,一是"爱岗"对"天职"的"遮蔽"。"爱岗敬业"是我国职业道德中一直被着力强调的最重要内容。2001 年 9 月,中共中央颁布《公民道德建设实施纲要》,提出了"爱岗敬业、诚实守信、办事公道、服务群众、奉献社会"的职业道德规范,"爱岗敬业"被放在首位。"爱岗敬业"把爱岗作为敬业的基础,把敬业视作爱岗的具体表现。但由于"岗"更多源自单位组织内部的分工,"业"更多出自社会整体职业的分化,将"岗"作为基础置于优先地位,就有可能使人们过于附着于组织结构,对组织行为缺少伦理反思和道德问责,最终有可能助长组织的不道德行为。二是"职场"对"职业"的"侵占"。职业者的职业地位、职业生涯、职业活动等,会直接影响他们道德操守的坚持,使社会道德建设受到负面影响。三是"工具"对"价值"的"颠覆"。齐一化、形式化的职业道德建设实践,影响了职业人对职业价值意义的深切体认和理性把握。① 所以，必须大力加强职业道德建设，把职业道德建设作为整个道德建设的基础性工程。

3. 劳动伦理的基本原则

其一，主体原则。

主体原则主要包含三方面内涵：（1）劳动是劳动者的一项基本人权。在以私有制为基础的社会中，"一些人靠另一些人来满足自己的需要，因而一些人（少数）得到了发展的垄断权；而另一些人（多数）经常地为满足最迫切的需要而进行斗争，因而暂时（即在新的革命的生产力产生以前）失去了任何发展的可能性"②。

马克思指出，在资本主义社会，生产在创造丰硕物质财富的同时也使工人自身成为相对过剩人口，而过剩人口又是迫使工人从事过度劳动的根本条件。马克思描述了相对过剩人口作为失业者的几个出路，他们或者成为难民，或者通过打短工得到微薄收入来维持生计，或者通过举债度日，或者从事一些不体面的活动如偷盗、卖淫等。在社会主义社会，生活资料按劳分配，劳动是每一个人谋取生活资料的手段，而且是最主要的手段。因此，就业是劳动者体面劳动的前提，就业对一个人来说，是基本的生活保障，是人格独立、身心正常发展的基础，是创造美好生活、享受人生快乐、完善和升华人性的前提。劳动权是人的一项基本权利。劳动上升为权利，是人类社会发展和进步的结果。1948 年 12 月，联合国大会通过的《世界人权宣言》第 23 条指出：每个人都拥有工作、自由择业权；每个人都不应受到歧视，应享有同工同酬；每个在职劳动者都有公正和体面收入的权利，如有必要，可以由其他社会保障措施给予资助。1979 年，联合国《关于发展权的决议》进一步指出："发展权利是一项人权，平等的发展机会既是各个国家的特权，也是各国国内个人的特权。"1986 年，联合国《发展权利宣言》强调："发展权利是一项不可剥夺的人权，由于这种权利，每个人和所有各国人民均有权参与、促进、享受经济、社会、文化和政治发展，在这种发展中，所有人权和基本自由都获得充分实现。"在当代国际社会中，发展权被视为人权新阶段（也即第三代人权）的最重要内容，从而与分别以政治权和社会权为核心内容的第一代（19 世纪）

① 樊浩等：《中国伦理道德报告》，中国社会科学出版社 2012 年版，第 266—268 页。
② 《马克思恩格斯全集》第 3 卷，人民出版社 1960 年版，第 507 页。

人权和第二代（20 世纪）人权相区别。发展权是把人与社会联系在一起的纽带之一，它集中体现着人参与社会经济政治文化生活的广度和深度，对人的独特性和自主性、对人的价值和尊严、对人的生存和发展等具有决定性的意义。劳动权、就业权是发展权的最重要内容之一。《世界人权公约》第 23 条指出，每个人都拥有工作、自由择业权；每个人都不应受到歧视，应享有同工同酬；每个在职劳动者都有公正和体面收入的权利，如有必要，可以由其他社会保障措施给予资助。中共十七大报告强调"就业是民生之本"的思想。2009 年 2 月 28 日，时任国务院总理温家宝与网民在线交流时说："就业不仅关系一个人的生计，而且关系一个人的尊严。"而失业除了收入损失之外，还会导致身体、心理、精神等多方面的严重影响。由于劳动力供求关系失衡造成的就业矛盾，在我国仍将长期存在。

（2）劳动是劳动者的主体性活动。在现代社会，对更多人来说，劳动更多是谋生性的。谋生性的劳动具有自然必然性，具有外在性、被迫性乃至强制性。"劳动尺度本身在这里是由外面提供的，是由必须达到的目的和为达到这个目的而必须由劳动来克服的那些障碍所提供的。但是克服这种障碍本身，就是自由的实现，而且进一步说，外在目的失掉了单纯外在自然必然性的外观，被看做个人自己提出的目的，因而被看做自我实现，主体的对象化，也就是实在的自由——而这种自由见之于活动恰恰就是劳动"，这种劳动显然指自由的、自主的劳动。自由自主的劳动并不意味着，"劳动不过是一种娱乐，一种消遣，就像博立叶完全以一个浪漫女郎的方式极其天真地理解的那样。真正自由的劳动，例如作曲，同时也是非常严肃，极其紧张的事情"。自由自主的劳动意味着，"劳动不是作为用一定方式刻板训练出来的自然力的人的紧张活动，而是作为一个主体的人的紧张活动，这个主体不是以单纯自然的，自然形成的形式出现在生产过程中，而是作为支配一切自然力的活动出现在生产过程中"①。马克思认为，现代无产者是体面劳动的主体。"只有完全失去了整个自主活动的现代无产者，才能够实现自己的充分的、不再受限制的自主活动，这种自主活动就是对生产力总和的占有以及由此而来的才能总合的发挥。"②

---

① 《马克思恩格斯文集》第 8 卷，人民出版社 2009 年版，第 174 页。
② 《马克思恩格斯文集》第 1 卷，人民出版社 2009 年版，第 581 页。

（3）劳动者作为劳动的主体，应该得到体面对待。劳动者是劳动的主体，是生产力发展的决定因素。离开了劳动者，劳动活动无法进行，社会生产力也不能发展。劳动是人的自由和意识的集中体现，只有体现劳动者自由意志、实践其愿望、实现其人格的自主性劳动，才是体现人之本质的劳动。也只有这样的劳动，才能够使劳动者真正成为自己的主人，意识到自己的主体地位。但是，在人类历史上，奴隶社会的奴隶劳动、封建社会的徭役劳动、资本主义社会的雇佣劳动等，都是被迫的、强制性的劳动。在这些劳动中，劳动者不被当作人看待，而是或者被视为一种会说话的"工具"、一种"牲畜"，或者被视为一种"商品"、一种"资本"。在这种剥削阶级统治的社会，"人的通过自身的存在，对人民意识来说是不能理解的，因为这种存在是同实际生活的一切明显的事实相矛盾的"[1]。在资本主义社会，资本家只把工人视为与生产设备等"死机器"相并列的"活机器"[2]。马克思把"死劳动"、"产品"、"物"与"活劳动"、"生产者"、"人"并列，他说："资本家对工人的统治，就是物对人的统治，死劳动对活劳动的统治，产品对生产者的统治。"在资本主义社会，"生产与生产者相对立，生产对生产者漠不关心。实际的生产者表现为单纯的生产手段，物质财富表现为目的本身。因此，这种物质财富的发展是与个人相对立的，是以牺牲个人为代价的"。因此，"在奴隶劳动、徭役劳动、雇佣劳动这样一些劳动的历史形式下，劳动始终是令人厌恶的事情，始终表现为外在的强制劳动，而与此相反，不劳动却是'自由和幸福'"[3]。劳动者没有被当作人，劳动者没有得到其劳动所得，无法体面地生活。在我国社会主义市场经济条件下，由于市场在资源配置中起决定性作用，这就决定了我国社会主义初级阶段的劳动仍具有交换劳动的特性，劳动价值仍然表现为商品价值，劳动者需要交换劳动。因此，在我国现阶段，资强劳弱、无视劳动者尊严等现象仍不同程度存在。比如，农民工的劳动没有获得应有的体面对待。农民工的劳动是基础的和光荣的，理应得到全社会的尊重，农民工也特别渴望享有"体面"与"尊严"。但是，就现实而言，农民工依然没有得到应有的体面对待。我们应进一步确立劳动者的主体地

---

① 《马克思恩格斯文集》第1卷，人民出版社2009年版，第195页。
② 《马克思恩格斯文集》第5卷，人民出版社2009年版，第664页。
③ 《马克思恩格斯文集》第8卷，人民出版社2009年版，第469、519、页。

位，切实贯彻按劳分配原则，确保劳动者因劳动而得福，因劳动而体面。

其二，尊严原则。

马克思说："人的根本就是人本身……人是人的最高本质。"① 人的尊严关涉"人本身"和"人的最高本质"。康德认为存在着一些不可用价值界定而只能赋予尊严意义的事物。因为，事物的价值依赖于主体对事物所做的判断，主体观察事物的角度不同，所做的判断也就各异，从而在此基础上形成的价值判断自然千差万别，因而价值（伦理意义上的）是相对的。只有那些超越一切价值之上的事物才称得上是绝对的和有尊严的，它们寓目的于自身之内。

> 一个有价值的东西能被其他东西所代替，这是等价；与此相反，超越于一切价值之上，没有等价物可替代，才是尊严②。

康德认为，只有道德以及与道德相适应的人性，才可被冠以尊严之名。人的尊严体现在人是一个行动者，并凭借自身的行动来进行选择的能力。尊严原则蕴含亚里士多德所说的人的自足性和康德所说的人是目的等理念。亚里士多德强调人的自足性，他说："自足是指一事物自身便使得生活值得欲求且无所缺乏"，自足即自身完备。在希腊语中，自足常常与幸福概念联系在一起，幸福就是"因其自身而不是因某种其他事物而值得欲求的实现活动。因为，幸福是不缺乏任何东西的、自足的"，"幸福是一种合于完满德性的实现活动"③。人的幸福就是人对其特有功能和能力的自我积极运用的状态和结果。约翰·密尔指出：

> 真正重要之点不仅在于人们做了什么，还在于做了这事的是什么样子的人。在人的工作当中，在人类正当地使用其生命以求其完善化和美化的工作当中，居于第一重要地位的无疑是人本身。④

---

① 《马克思恩格斯文集》第 1 卷，人民出版社 2009 年版，第 11 页。
② ［德］康德：《道德形而上学原理》，苗力田译，上海人民出版社 2002 年版，第 53 页。
③ ［古希腊］亚里士多德：《尼各马可伦理学》，廖申白译注，商务印书馆 2003 年版，第 19、303、32 页。
④ ［英］约翰·密尔：《论自由》，程崇华译，商务印书馆 1996 年版，第 63 页。

人的存在具有自反性和为我性，人必须、应该而且也能够在他的一切生存活动所止的地方返回"人本身"，这种返回是"通过人并且为了人而对人的本质的真正占有"。通过这种返回，"人以一种全面的方式，就是说，作为一个完整的人，占有自己的全面的本质"①。

尊严表征着一个人的社会地位和受他人及社会尊重的程度。在资本主义异化劳动中，工人"是不会感到幸福的；处于这种境况，无论是个人还是整个阶级都不可能像人一样地思想、感觉和生活。因此，工人必须设法摆脱这种非人的状况，必须争取良好的比较合乎人的身份的地位"②。资本主义雇佣劳动"把人的尊严变成了交换价值"，它"抹去了一切向来受人尊崇和令人敬畏的职业的神圣光环。它把医生、律师、教士、诗人和学者变成了它出钱招雇的雇佣劳动者"③。在异化劳动中，"那些不感到自己是人的人，就像饲养的奴隶或马匹一样，都归他们主人所有"。"必须重新唤醒这些人心中的人的自尊心，即自由。这种自信心已经和希腊人一同离开了世界，并同基督教一起消失在天国的苍茫云雾之中。只有这种自信心才能使社会重新成为一个人们为了达到自己的崇高目的而结成的共同体。"④ 这种共同体也就是马克思、恩格斯所说的"新世界"。这种"新世界"就是社会主义社会和共产主义社会。只有在这个新世界里，"社会全体成员的平等的、合乎人的尊严的发展，才有可能"⑤。2010 年 3 月，时任国务院总理温家宝在《政府工作报告》中指出："我们所做的一切，都是为了让人民生活得更加幸福、更有尊严。"尊严与人的生命和生活是同一的。人的生命，只有活出尊严，才能活出自己的内在品质。

体面劳动的核心是尊重劳动者的尊严。马克思说：

> 能给人以尊严的只有这样的职业，在从事这种职业时我们不是作为奴隶般的工具，而是在自己的领域内独立地进行创造；这种职业不需要有不体面的行动（哪怕只是表面上不体面的行动）。甚至最优秀的人物也会怀着崇高的自豪感去从事它。最合乎这些要求的职业，并

---

① 《马克思恩格斯文集》第 1 卷，人民出版社 2009 年版，第 185、189 页。
② 同上书，第 448 页。
③ 《马克思恩格斯文集》第 2 卷，人民出版社 2009 年版，第 34 页。
④ 《马克思恩格斯全集》第 47 卷，人民出版社 2004 年版，第 57 页。
⑤ 《马克思恩格斯文集》第 3 卷，人民出版社 2009 年版，第 87 页。

不总是最高的职业，但往往是最可取的职业。①

对于人来说，有尊严的职业，是一个马克思所说的"自由王国"。马克思在《资本论》中区分了两个王国，即"必然王国"和"自由王国"。必然王国即受制于自然必然性的物质生活资料生产领域，自由王国即作为目的本身的人的能力不断得以发展和发挥的生活领域。必然王国是前提和手段，自由王国是归宿和目的。"事实上，自由王国只是在必要性和外在目的规定要做的劳动终止的地方才开始；因而按照事物的本性来说，它存在于真正物质生产领域的彼岸……在这个必然王国的彼岸，作为目的本身的人类能力的发挥，真正的自由王国，就开始了。"② 自由王国是一个"作为目的本身的人类能力的发挥"的目的王国。在这个王国里，"我有可能随自己的兴趣今天干这事，明天干那事，上午打猎，下午捕鱼，傍晚从事畜牧，晚饭后从事批判，这样就不会使我老是一个猎人、渔夫、牧人或批判者"③。这并不是说，一个人可以做、能够做或应该做所有的事情。而是意味着，一个人可以把自己能力的自由发展"作为目的本身"，不受阻碍地按照自己的兴趣和愿望，自由地发展和发挥他的全部才能和力量，努力做到"各尽所能"。按照自己的兴趣和心愿从事各种活动，充分发挥自己的潜力和才能，实现自我价值，体现了人在劳动中的尊严。这样的自由王国是人类的一种终极性理想，但它不是乌托邦，而是内蕴于"必然王国"的无限延展。所以，马克思又强调，"自由王国只有建立在必然王国的基础上，才能繁荣起来"④。从人类历史演进来看，社会主义劳动既是一个必然王国即作为谋生活动的领域，更是一个目的王国即作为人的需要和价值实现的领域，是必然王国与目的王国的统一。只有这种高度的统一，才能使劳动成为有尊严的、体面的劳动。

其三，公正原则。

在现代社会，人的尊严不仅仅是个人的自我认可和自我维护，更是一个社会体制制度的建构和培育。人的尊严的维护和保障，既需要个人品德的不断修养和提升，更需要公平、正义、公正等社会伦理的奠基和支撑。

---

① 《马克思恩格斯全集》第 1 卷，人民出版社 1995 年版，第 458 页。
② 《马克思恩格斯文集》第 7 卷，人民出版社 2009 年版，第 928—929 页。
③ 《马克思恩格斯全集》第 1 卷，人民出版社 1956 年版，第 537 页。
④ 《马克思恩格斯文集》第 7 卷，人民出版社 2009 年版，第 929 页。

在以私有制为基础的阶级对立社会，公正原则不可能获得真正实现。废除私有制，消灭阶级和阶级剥削，实现人人平等，是马克思主义创始人关于社会主义社会的基本规定。恩格斯表述了包括社会主义社会在内的未来理想社会的总体特征："把生产发展到足够满足所有人的需要的规模；结束牺牲一些人的利益来满足另一些人的需要的状况；彻底消灭阶级和阶级对立；通过消除旧的分工，通过产业教育、变换工种、所有人共同享受大家创造出来的福利，通过城乡融合，使社会全体成员的才能得到全面发展。"①

合理收入是体面劳动的起点和基础，体面劳动离不开合理收入。从这个意义上说，按劳分配是社会主义劳动公正原则的根本要求。追逐剩余价值，是资本主义生产的根本目的。在这种生产中，劳动者的劳动成为一种"无酬劳动"。这是一种最大的社会不公正。这种不公正根源于生产资料私有制以及以此为基础的资本主义社会制度。马克思指出：

> 劳动者在经济上受劳动资料即生活源泉的垄断者的支配，是一切形式的奴役的基础，是一切社会贫困、精神沉沦和政治依附的基础。②
>
> 我们的伟大目标应当是消灭那些使某些人生前具有攫取许多人的劳动果实的经济权力的制度。③

在《哥达纲领批判》中，马克思划分了共产主义社会的"第一阶段"和"高级阶段"。他强调，在共产主义社会第一阶段（即社会主义社会），由于生产力发展的有限性，只能按照同一尺度即劳动来分配劳动者的个人收入，即实行按劳分配。我国处于社会主义初级阶段，实行按劳分配原则，体现了社会主义公有制主体地位的要求，体现了有限生产力发展条件下劳动的谋生性特点，体现了劳动者在才能、劳动数量和质量等方面的差别，体现了不发达或欠发达社会的公正原则，有利于调动全体劳动者的劳动积极性。按劳分配所体现的公正原则就是，"在人人都必须劳动的条件下，

---

① 《马克思恩格斯文集》第 1 卷，人民出版社 2009 年版，第 689 页。
② 《马克思恩格斯文集》第 3 卷，人民出版社 2009 年版，第 226 页。
③ 同上书，第 88 页。

人人也都将同等地、愈益丰富地得到生活资料、享受资料、发展和表现一切体力和智力所需的资料"①。目前，不断提高劳动者工资收入在国民收入初次分配中的比重，逐步改变劳动收入与资本收入、劳动收入与政府收入不平衡的分配格局，已成为我国劳动分配制度面临的重大问题。中共十八大报告强调，努力实现居民收入增长和经济发展同步、劳动报酬增长和劳动生产率提高同步，提高居民收入在国民收入分配中的比重，提高劳动报酬在初次分配中的比重。

但是，从实质内容来看，按劳分配仍然是一种"不平等的权利"。按劳分配"不承认任何阶级差别，因为每个人都像其他人一样只是劳动者；但是它默认，劳动者的不同等的个人天赋，从而不同等的工作能力，是天然特权"。按劳分配把每一个人"只当做劳动者，再不把他们看做别的什么，把其他一切都撇开了"②。所以，马克思认为，按劳分配有其弊端，这些弊端在共产主义社会第一阶段是不可避免的。为此，我们需进一步贯彻包容普惠原则。包容普惠是社会主义劳动公正的应有之义。包容即尊重差异和容纳多样；普惠意味着将一切文明成果惠及全体社会成员，特别是惠及社会弱势群体。包容普惠原则与20世纪晚期勃兴的"包容性增长"、"包容性发展"等观念相契合。"包容性发展"强调发展机会平等、发展成果共享，它在根本上涉及的是发展中的平等和公平问题。包容普惠就是尊重和保障全体社会成员的生存权和发展权，消除人们在参与发展进程和分享发展成果方面的障碍，保护弱势群体，要让最大多数人公平合理地参与发展进程，分享发展成果，实现人人参与、人人共享、人人受益。这其中，机会公平尤为重要。机会公平就是对于每个具有相似动机和禀赋的人来说，不论其出身、地位、才能、天赋如何，社会应当提供大致平等的参与经济、政治、文化和公共事务的机会，使他们获得相对平等的社会身份、就业、教育等机会，拥有同等取得各种资源的可能性，具有同样成功的前景。

实现全体社会成员的共同富裕，是社会主义的本质特征和根本要求。改革开放以来，在"一部分人先富"政策的驱动下，我国的生产力和社会财富急剧增长，但并不是所有人都能从这种高速增长中获得相应

---

① 《马克思恩格斯文集》第1卷，人民出版社2009年版，第710页。
② 《马克思恩格斯文集》第3卷，人民出版社2009年版，第435页。

的受益。社会各阶层有的人受益多，有的人受益少，尤其是贫困人口受益更少。失地农民、农民工、下岗职工、残疾人群体等弱势群体或特殊人群，普遍会遭遇不同程度的社会排斥。城乡二元结构没有根本破除，城乡发展差距不断拉大的局面也没有根本扭转，社会上出现了一定程度的社会分层"凝固化"和社会流动"缓慢化"现象，导致底层群体向上流动乏力。当前，在我国社会发展实践进程中，阶层歧视主义、部门本位主义、地方保护主义等现象仍比较突出。阶层歧视主义就是因某些不正确的文化传统、价值观念、风俗习惯，或者因某些不健全的制度体制、政策措施等，而产生的不公正限制乃至排斥某些人群或阶层生存发展的不当观念和行为。阶层歧视主义表现在许多方面，如地域歧视、城乡歧视、性别歧视、户口歧视、身份歧视、学历歧视、身高歧视、年龄歧视、相貌歧视、疾病歧视等。阶层歧视主义的实质是剥夺或损害某些人群或阶层应有的发展权，剥夺或损害某些人群或阶层在就业机会、职场待遇、身份变更等方面的机会平等或待遇平等。部门本位主义、地方保护主义就是一些党政部门、地方政府机关、企事业单位等，为了保护自己既得的或不当的部门利益、地方利益或单位利益，超越法律、法规、政策等权限，滥用权力或资源，损害社会整体利益，影响社会整体发展的不当观念和行为，如个人利益部门化、部门利益法规（制）化、行业垄断、地区封锁、市场分割、资源垄断、以邻为壑等。在全面深化改革的进程中，我们必须进一步落实社会主义按劳分配原则，着力保护劳动所得，努力实现劳动报酬和劳动生产率同步提高，提高劳动报酬在初次分配中的比重。同时，健全由资本、知识、技术、管理等要素来决定市场走向的报酬机制，让一切劳动、知识、技术、管理、资本的活力竞相迸发，让一切创造社会财富的源泉充分涌流，使人们通过辛勤劳动实现幸福生活。

二　消费、消费主义与合理的消费价值观

消费是人类社会特有的永恒的主题，人从个体到家庭、到社会的生产和生活都离不开消费。马克思指出，

人从出现在地球舞台上的第一天起，每天都要消费，不管在他开

始生产以前和在生产期间都是一样。①

从生产和消费的关系来看，生产的结果是消费，消费是社会再生产过程中的一个重要环节，也是最终环节，消费刺激生产，有助于社会的经济发展。如果说劳动是生产和创造的过程，那么消费就是消耗和再生产的过程。消费的出现和发展离不开劳动的生产和创造，消费的过程也就是人们通过对劳动生产制造出来的社会产品的使用和消耗、从而满足生活各种需要的过程。市场操纵人怎样生产劳动，也操纵人怎样休息休闲。原本一切劳动占用着人的时间和生命、生产活动填满了人的生活空间，空闲或休闲成了有钱人才能享受的奢侈事。现代社会的休闲主要表现为人的被市场引导和塑造的消费活动。基于市场的导向，人积极投身于餐饮、购物、健身、旅游、娱乐和社交，精力、时间被各种事情占用和毫不在意地挥霍。看上去人因技术的升级获得了极大的自由，但又失去了部分独立思考的意识和能力。真正自由的人应该是既会劳动，能够胜任忙碌；也会休闲，能够安享闲暇。

（一）从消费到消费主义

消费（Consumption）本身意味着花费、耗尽，也意味着不断的补充。在消费活动中，消费主体和消费对象都是消费活动的基本组成要素。消费者并不是彼此之间毫无联系的单一的原子，而是能动的、社会性的主体。依靠劳动生产制造出来的物作为目标对象被占有、被消耗，人因此得到需求和欲望上的满足和享受。同时，消费主体作为消费环节的不可或缺的组成元素之一，会根据各种需要来构建自身形象、打造社会身份。任何消费行为和活动都是人的活动，消费的发展规律就是人的活动的发展规律。人的创造能力、超越能力在都得到证明的同时，人也越来越依赖生产、消费。随着现代经济社会的飞速发展，消费模式经历了种种变革，作为消费主体的个人在消费时所受的限制明显减少，他们面对的是多样化的社会空间，甚至是一个全球性的空间，人们在更为广阔的活动空间内面临着更多的选择。

---

① 《马克思恩格斯文集》第 5 卷，人民出版社 2009 年版，第 196 页。

　　今天，在我们的周围，存在着一种由不断增长的物、服务和物质财富所构成的惊人的消费和丰盛现象。它构成了人类自然环境中的一种根本变化。恰当地说，富裕的人们不再像过去那样受到人的包围，而是受到物的包围。①

可以说，现代社会的一个突出特征就在于物的丰富和消费的增长，在这么一个"惊人"的"物"的包围中，消费不断延续着丰盛的神话，实现了对人类生存空间的整合和扩展。

1. 消费的发展变化

现代消费建立在丰富的想象力基础之上，为主体提供了多样性的选择；也建立在广泛的商业性原则之上，加深了主体与社会各类产业之间的联系。商业的发达使得"个人的或国家的一切交往，都被溶化在商业交往中"②。现代消费作为"商业交往"中重要的一个环节，有效地激活了人的主体意识、增加了人的自由选择，是主体实践活动中不可或缺的一部分。人们的公共注意力都转向经济活动，全民消费就等于全民娱乐、全民休闲。消费的生活方式带给人新的意义和存在感，消费成了人们自我表达的主要方式和意义来源。这种消费观念深深影响了人们的生存状态和生活方式，改变人们的心理体验和价值理念，进而改变人们对其社会身份的认同和建构以及自我价值的实现。

人的消费动机不完全是一种自发主动的理性选择，不可避免地受到外界各种宣传手段的影响，无孔不入、渗透性极强的大众媒介使得物的社会文化意义远远超出了物本身所具有的使用价值。消费的主要变迁就在于，物的丰盛逐步变为物的符号价值的生产和创造，人们的消费目的从关注物的使用价值到更加注重对物的符号价值的迷恋和占有。也就是说，作为消费对象的物和其本身所附加的社会文化意义，迎合了各种个性迥异的消费主体，满足了更多人的实际需求。在这样的语境下，物在很大程度上可以说是一种内涵丰富、指向分明的符号，而这些符号被冠以精心设计的标签和概念，就具有非凡的意义，因而可以堂而皇之地登堂入室，赢得人们的

①　[法]让·波德里亚：《消费社会》，刘成富译，南京大学出版社2006年版，第1页。
②　《马克思恩格斯文集》第1卷，人民出版社2009年版，第105页。

青睐和追捧。物的符号价值，即物被附加的社会文化意义，它不是从来就有的，而是"与社会实践紧密地联系在一起，它表征着潜在的社会分野，积极参与社会秩序的塑造，是社会关系的文化再生产的重要组成部分"①。社会为主体提供了诸多选择，"物"又总是以"标签化"、"符号化"等或明显、或隐喻的方式传递某种趣味、价值和意义，这种不断循环的"供求"就是物的意义的生产和传递过程。而且，这些经过重构、整合的社会文化意义，普遍又抽象，特殊又具体，它们一面鲜明地区分人，拉大人与人之间的距离；另一面则极尽其能，以不同层次的策略应对和调和矛盾。

符号价值为主体构建理想化的自我，唤起主体对自我、对他人、对社会的想象和渴望，还能够依据人们的需求不断改造升级、刺激主体并使之产生新的消费需求。这种方式使得消费主体尤其注重在符号价值中的审美愉悦和消费之后的心理满足，超越了早期物与物的基本交换模式、或者说升级了传统意义上的服从生存需要的消费水准。人们追捧物的符号价值，就是对紧随时尚潮流、迎合人们各种需求、经过一系列精雕细琢多方选择的美好象征的认可。现代社会对符号价值的追求远远超出了对物本身使用价值的期待，明显覆盖了人们的全部生活内容，在这个层面上来说，人们把占有符号价值看作自身的"一种再生产形式"②。

人在消费选择中不再仅仅看重物的使用价值，而是更加注重物的符号价值，消费主体在消费实践中表现出的对意义的迷恋、追捧，由此产生的新的意义，引发新的对意义的追逐和占有。通过这些符号价值表现个体的生活状态、表达自我期待，消费行为实际上更像是一种主动建立关系的互动模式，是人自身价值的再生产方式，已经逐渐演变为一种普遍的社会和文化现象。如同马克思形容资产阶级的那样，"它按照自己的面貌为自己创造出一个世界"③，现代消费也在引领人们去创造"自己的面貌"乃至"想象之中更美好的面貌"，从而创造出一个依靠符号价值构建自我、实现自我的"美好"世界。在那里，他们的整个人生状态基本围绕"有什么选择"和"什么意义能代表我"来进行。因此，物和物的符号价值已

---

① 罗岗：《消费文化读本》，中国社会科学出版社 2003 年版，第 36 页。
② 同上书，第 13 页。
③ 《马克思恩格斯文集》第 1 卷，人民出版社 2009 年版，第 36 页。

经成为主体构建自我的一个重要组成部分。符号价值所代表的社会关系，相对独立于主体在现实生活中所代表的社会关系。不同的符号价值，能够赋予个体不同的社会身份。通过对符号价值的整合和更换，主体建立了个体与个体、个体与群体之间的社会关系。可以说，物的符号价值往往迎合了个性迥异的消费主体的各种需求，在一定层面上决定了潜在的消费主体。这在一定程度上说明了人们"自我意识"的觉醒和成长，是人们有所选择和接受的评判尺度，也是人们通过占有符号价值实现"自我意识"的公共生活方式和共同选择行为。

2. 消费主义的出现

过去，消费的传统是"哪里有需要哪里就有供给"，到今天已经演变为"哪里有人，哪里就有消费，消费无处不在、无处不有"。消费作为观念，同爱情、理想等其他东西一样，都是不用怀疑也不用分析的。现代人在变消费观念为消费主义信念、变消费物为消费物的符号价值的过程中，往往体现出以下四个特性：主体的迷失，客体的多变，心理的渴望，行为的持续。一方面，作为消费主体的人的消费初衷是购己所需，通过消费获得认同和满足。在消费主义作用下，社会生产一方面让人沉迷于现实的快感，重数量而不重质量，生产的越多浪费的也就越多；况且很多时候，人都不认为这是自身的物欲，而是对美好生活的向往和期待，但这种美好生活往往有着"社会制造"的标签。非理性消费导致的一味追求物质利益，颓废主义和虚无主义，对除消费以外的事都漠不关心。另一方面，消费行为具有很大的随机性和冲动性，消费心理往往夹杂了渴望、兴奋、懊悔、怀疑等复杂多变的情感，消费的需要完全取代了物质和精神上的需要。

深陷消费价值观误区的人，没有意识到也无法意识到，消费让他们体会到极大的自由，但又使他们陷入循环消费的不自由怪圈中；消费营造出快感的满足和超真实的消费世界，但又使他们很难分清这种消费快感的真实和虚假；消费是欲望的始作俑者，但它又使欲望看上去很美、似乎能触手可及，在人们获得一定的满足后营造出新的欲望，使人们不断追求并满足新的欲望；消费力图消除人与人之间的差距，提供各种可能性，但又使人们之间差异变得更大、人际交往的感情变得更加模糊。

人无远虑，必有近忧。人们的情感需求与现阶段人的生存困惑和压力有关，自我怀疑、不安焦虑的负面情绪都会刺激到人的情感需求，人们需要有所认同、获得满足和依赖，需要通过情感关怀、心理补偿等方式去缓解负面情绪和各种压力。在多种情感补偿方式中，由于物质的满足是一种最为明显和直接的外在装饰，它很容易成为人们最简单和最直接的选择。现代人的迫切的情感需要不但不能得到充分的满足，还在很大程度上被商品化、成为可以消费的对象和内容。消费给人提供了转移注意力、缓解压力的方式，让人们在对符号价值的迷恋中获得虚拟的情感满足和支持。如果说人的生存意义是形而上的、不可到达的，那么符号价值则是具体的、能贴近现实的。现代消费可以被形容是一种新的整合力量，整合了人们所有的平淡、热情、焦虑，茫然。加之现阶段很多人更倾向于相信很多事情是自己所不能控制的，于是采取逃避、放任、压抑或转移矛盾的策略，要么干脆将困难、压力束之高阁，只沉浸在消费的生活方式中，以躲避现实；要么以消费作为外包装、越是没有什么就越是表现什么；而且只要能够在心理上获得满足，就是物有所值甚至物超所值。

现代消费与人的发展之间明显存在着一种令人不安的压力：人的发展要依赖于消费，而现代消费的负面作用使得人的精神世界、意义世界走向迷失。消费不仅是单纯的经济现象，也是一种社会文化现象，还存在着一定的意识形态趋势。主要表现为"消费至上"的消费主义价值观。可以说，消费主义本质上是一种意识形态，是"服务于资本逻辑的附属性意识，是对大众的思想观念和行为方式发生着实质性影响和建构作用的功能性文化形式"①。消费主义的这种"消费至上"实际上是一种"物质至上"，是制造出消费欲望、让人在对消费欲望的追逐和满足中实现自身价值。这些消费欲望是要"挖空商品的意义，藏匿真实的社会关系，通过人们的劳动将社会关系客体化于商品中，然后再使虚幻的、符号的社会关系乘虚而入，在间接的层面上建构意义"②。所以说，商品所具备的符号价值也是附加的社会文化意义，也是消费主义制造出来的象征意义。消费主义把想象幻化为一定程度上的真实，以制造物和符号价值的丰盛赢得众多拥护。

社会生产条件和大众媒介营造了亦真亦假的幻境，为人们提供了更多可选择性。正是这些被制造的消费欲望把更多人卷入消费主义的生活方式

① 鲍金：《揭开消费主义的意识形态面纱》，载《马克思主义研究》2013 年第 11 期。
② ［美］苏特·杰哈利德：《广告符码——消费社会中的政治经济学和拜物现象》，马姗姗译，中国人民大学出版社 2004 年版，第 61 页。

和价值观念之中,使人深陷"欲购情结"(buying mood)——即难以遏制、急不可耐的消费冲动之中。这种"欲购情结"更像心理上难以遏制的"瘾",是被刺激的欲望和无法控制的冲动。消费主义的普遍流行得益于电子媒介的铺天盖地式的宣传,这些宣传往往给人以感官上的冲击和震撼,情感上的诱导和共鸣,从而引发人的生理和心理上的购买欲望。通过主体的自由选择,个人行为合理的融入群体行为中、表现为群体力量的一部分,同时,个体借助群体的力量凸显自己、成就自己。群体的消费活动越剧烈、越频繁,对个体产生的影响和作用也就越明显,个体也就越容易表现出群体行为的特性。"他对物品的占有同时就表现为他的个性的一定的发展"①,与其说是对"物"的需求,不如说是对物所隐含的符号价值的需求,即对财富、权势、地位等成功典范的欲求。对人们来说,"需要"和"如何满足自己的需要"从来都是生存过程中的根本问题。这个大问题所隐含的困扰在于很多人并不知道自己需要什么或者想要什么,因为他们"想要的"实际上并不等于他们自己"真正的需要"。

> 消费者行为的深层意识就是一种想吞噬全世界的愿望。消费者就是一个永远嗷嗷待哺的婴儿。②

人们无法满足自己,越是没有得到满足,人们越是想要追逐、实现消费的生活方式,这本身也构成现代消费社会中社会关系再生产的条件。

(二)　消费主义的负面效应

消费活动作为一种经济活动有其自身的发展变化规律,并以制造社会需求、满足需求为主要目的。普遍来说,人的消费活动总是处于不断发展变化的过程中,这在一定程度上意味着他们有超越传统、紧随潮流的自由选择。然而,消费主义制造的人的需求不是单纯的人与物之间的关系,而往往与社会的需求有很大的联系。在马克思看来,"我们的需要和享受是由社会产生的;因此,我们在衡量需要和享受时是以社会为尺度,而不是

---

① 《马克思恩格斯全集》第30卷,人民出版社1995年版,第173页。

② [美]埃·弗罗姆:《占有或存在——一个新型社会的心灵基础》,杨慧译,国际文化出版公司1989年版,第24页。

以满足它们的物品为尺度的。因为我们的需要和享受具有社会性质，所以它们具有相对的性质"①。

这种"需要和享受"的相对也意味着自由的相对，满足感的相对。因为，物和符号价值的满足在一定程度上说是短暂的，物质上的财富永远都是"生不带来、死不带去"，符号价值是社会制造的象征意义的一种、是不断被更新替换的。而无数个短暂连接在一起，也是一个不断发展变化、循环不止的过程。在这里，消费主义就是精神需求和理想构建，消费主义就是生活理念、价值理念。也正是在这个基础上，消费主义完成了对人的引导和统率，侵蚀了人的思维能力和反思意识。不合理的生产方式与消费方式而引发的全球性经济危机、生态危机，早已超越了地域时空和意识形态的樊篱，成为全人类共同生存与发展的困境。

1. 消费对象的偏离

现代人面对消费的最大特征首先是自由选择的增加，拥有了更为广泛的对象和更多选择的权利，消费对象往往涉及各个领域，凡是你能想到的商品，几乎都可以通过各种途径买到。商品世界的极大丰富缓和了人的焦虑和不安，成功地转移了人们的关注点和视线，由此形成了难以遏制的、自我推进的消费动力和活力。消费层面的繁荣不能遮掩精神层面的空区和迷茫，现代社会的融合难度加大了，观念、阶层的差异，人习惯性害怕缺乏、害怕失去，故而死抓不放，人在消费中对物表现出的这种依赖，在心理层面折射出人的不安全感、焦虑感以及情感需求和终极关怀的缺失。这其中的消费意识表现为被操纵、被控制的大众意识，人的从众心理被放置最大；在消费中产生的快感则被"打包"后"批发零售"，人的需求和情感得到了满足。这样便完成了消费主义和情感主义的合体，这也是消费能弥补情感缺失的合理解释。问题在于再多的烦扰、困惑也不能将一个人同他的自由选择权利分隔开，人总会选择他们认可的自由之路，只是他们没有意识到或者不愿意识到他们获得的自由是消费主义制造的自由。

极具丰富性和吸引力的符号价值通过各种传统或新兴的传播媒介直接作用于人的生活，并通过现代媒体不断打造出"消费得越多越好"、"消费就是真实可信的人生"等"成功学"典范，从而赢得更多人的青睐和跟随。加之商业化催生的"假日经济"、"节日经济"，每一个节日都能带

---

① 《马克思恩格斯文集》第 1 卷，人民出版社 2009 年版，第 729 页。

动或者鼓舞众人前来消费，消费更像是一场全民参与的狂欢。消费主义的价值观逐渐对人的精神层面形成围攻和瓦解之势，对现代人的价值理念起到了很大的消解作用，直接造成了人的"人生观和价值观严重扭曲……使一些人理想迷茫，创造力匮乏，自主意识和个性丧失，批判精神泯灭，并最终导致青年人的精神整体溃败"①。不仅是青年人，身处消费主义浪潮下的每一个人都面临着这样的危险或已经被欲望化、物化、符号化。而被消费主义控制的人在自身的物化、符号化的过程中回避了对价值、意义的追寻，迎合消费需求制造非理性的美丑判断、却不是价值意义上的判断。

消费主义是资本运行到一定程度的产物，消费主义消解了人的崇高的价值理念，也简化了人的精神世界——消费主义的生活方式和生活理念堂而皇之的走向主导地位，金钱、货币以及无法遏制的欲望贯穿于人的整个社会生活，长期发展着的复杂情感被物化、符号化的社会关系取代。在消费主义氛围中，所谓的经典、崇高已经逐渐远离人的现实生活，英勇献身的革命先烈、可歌可泣的革命故事被任意抹黑和丑化，曾经激励万千中国人的"为中华之崛起而读书"成了书本中才有的故事。早些年中国过分强调人对集体、社会的义务，在政治激情减退后，随之而来的就是对政治的怀疑和不信任，现代人的热情和精力没有用在对社会的反思和对理性的追寻上，而是用在对虚幻符号价值的堆砌和对物质财富及权势的膜拜上。现在流行的是新奇、猎奇，依然是"玩的就是心跳"、"过把瘾就死"，怀疑和批判意识用在了对娱乐的嘲弄中，以戏谑的口吻完成对价值理念、人生信仰的另类解读。正如《人民日报》对电影《小时代》系列的评论所描述的那样，"物质主义和消费主义引导社会思潮，小时代、小世界、小格局遮蔽甚至替代大时代、大世界、大格局"②。

以消费主义的态度对待一切，任何一个事件都能被拿来消费，消费也由此成为唯一的目的。个体和群体需要依附于消费主义制造出的幻影，以作为支撑其前进的信念和动力，也只有在这样不用担心害怕的保护层下，个体和群体才得以生存，才能投入更多的时间和金钱继续消费、继续生

---

① 王永贵：《影响我国主流意识形态建设的西方主要意识形态透视》，载《社会科学研究》2007 年第 1 期。

② 刘琼：《小时代和大时代》，《人民日报》2013 年 7 月 15 日。

活。这种消费主义使得个体缺乏深刻反思能力，对社会问题没有深刻、创造性的思考，仅仅有流于表面的浮夸和喧嚣，对力所能及的小善漠不关心，对遍地可见的审丑兴趣盎然。人们习惯不以物本身的属性和特性，而是以其精致的包装、不菲的价格以及抽象的虚假的意义来衡量物的可占有性。因此，很多人生活的主要内容就是在消费中娱乐、在娱乐中消费，一味追捧消费主义衍生出的贪图享乐、不思进取、挥金如土、比阔斗富，以及效仿不断出现的炫耀性消费、奢侈性消费、超前消费等消费模式。

2. 消费目的的偏离

没有生产就没有消费，没有消费就没有生产，消费是生产的目的和归宿，消费只有在和生产相对时，才能作为目的，即为生产的目的。对现代人来说，选择消费本是为了过上好的生活，但却在消费主义作用下逐渐迷失方向，背离初衷，消费变成了生活的目的和人生价值实现的标准。然而，现代人的日常生活需求并不等同于消费主义作用下对物和物的符号价值的追逐。从现实意义上来说，"消费主义不仅仅是一种价值理念，也是一种强调占有的行为实践，其核心内涵在于过度的占有和消费。或者说，消费主义是一种融观念与行为于一体的生活方式，通过这种消费生活方式，人们获得社会身份与文化的认同"[1]。

现代人生活中的普遍存在的不确定性、不可靠性、不安全性，加上在快节奏、强竞争、高压力的生活状态下，人们所能唯一把握和相信的便只有自己的感受。与其感受压力倍增、四顾茫然，倒不如在消费主义的怀抱中获得认同和满足。不用追问消费主义带来的快感和满足能够持续多久，因为社会总是在不断制造新的需求和欲望，也唯有占有、拥有才能弥补内心的空虚。可以说，现代人对消费的依赖也是一种"宗教式"的倾向，这是心理学上说的一种产生于群体内的"共情"，也就是人彼此之间的感同身受，通过在消费领域内的合理宣泄，大家不约而同地找到了一个便利快捷的实现途径来宣泄自己的情感。

马克思在剖析"货币"的本质时指出：

货币作为现存的和起作用的价值概念把一切事物都混淆了、替换

---

① 莫少群：《当代中国的消费主义现象：消费革命抑或过度消费？》，载《南京师范大学学报》2012 年第 4 期。

了，所以它是一切事物的普遍的混淆和替换，从而是颠倒的世界，是一切自然的品质和人的品质的混淆和替换。①

在消费主义大肆流行的今天，消费主义的作用同马克思所说的"货币"一样，都"混淆"、"替换"了现代人的价值理念，价值理念让一切都可以被拿来交换、被用来消费，社会以及人的自然的品质被侵蚀。消费主义作用下物对人的控制表现为实际消费过程中人对人的控制，在与他人的比较中，似乎只有这样才能消除人基于满足欲望的非理性。所以说这是一个急功近利的社会和一大拨急功近利的人，消费主义主导下的人格比以前任何一个社会都需要个人能力的肯定和赞扬。对他们来说，曾经梦想并渴望的价值、理想太过遥远，倒不如把自由、信念寄托于消费主义，把个性化的需求作为最容易得到也最容易满足的东西，通过对物的依赖在自我选择和社会导向中实现社会角色、完成心理生理的快乐满足感和成就感。这可以形容为，起初信心满满的充满希望，最终寄托于有形的现实的消费主义；曾经闪烁着光芒的信仰，最后表现为外在的对物的追捧。

需要强调的是，消费主义表现在一部分人的生活中而不是全部人的生活中，不是每一个人都深陷消费主义的生活方式。现代人的消费主义倾向表现为一种共性，是在一定社会条件影响下表现出来的、根据人的经济水平呈现不同的特性。在现实的消费过程中，消费欲望的满足主要集中在追求消费、企图通过消费构建自身、成就价值的一部分人当中，而且他们的消费欲望往往是有共性的，这种欲求既是为了消除差异、向经济水平、社会地位更高的上一阶层看齐，又在划清界限、与各方面明显不如自己的下一阶层区分开。但由于各阶层占有资源和财富的不均衡，阶层与阶层之间的差异越来越明显、也越来越清晰。穷的更穷、富的更富，不平等、不公平的现象依然存在，社会价值判断的失衡使得个人主义意气风发、勇往直前，消费主义被奉为圭臬，所谓的价值、价值理念不得不依赖于物质、甚至被物化、符号化；拜金主义、享乐主义大肆流行，致使主流价值观的合法性地位遭到威胁甚至是替代。

3. 人的符号化

现在新的技术日新月异，新的商品琳琅满目，物以及物所涵盖的社会

---

① 《马克思恩格斯文集》第1卷，人民出版社2009年版，第247页。

文化意义明显具有一定的"独立性"和"个性",与此相悖的是,"活动着的个人却没有独立性和个性"①。

　　人们并不愿意做清一色的流水线上的产品,而是要求自我意识的觉醒和自我价值的实现、要求得到社会和自我的认同。此外,过分关注符号价值带来的"效果",势必会影响主体的生活态度和行为,使得主体将外在的成功看成是其心理诉求——归属感、安全感和自我认同感的直接来源,以符号价值的累积、堆砌作为他们衡量自身成功与否的标准,进而使得主体产生较低也较不稳定的认同感和满足感。对符号价值的盲目追捧削弱了主体的个人成本——存在感和幸福感,消耗了人们赖以生活、生存的社会成本,在一定程度上加速了人们自身的符号化进程。人们愿意相信奇迹、尤其是符号价值带来的奇迹,有了这些奇迹,人们就改头换面、焕然一新了。因此人们愿意积极参与到消费领域中去,通过消费的行为方式、生活方式扩大或缩小生活领域(虚拟网络空间的无限扩大和实际交往范围的不断缩小),来获取各种符号价值。可见,现代消费所鼓励的符号价值模式深入人心,极大地满足了人们的情感需求和消费欲望。他们消费的不是物,而是物的符号价值,符号价值从此成为他们填补内心情感缺失的灵丹妙药。

　　在对物的追逐过程中,人们不仅仅是对物的依赖,更是对物能表达的符号价值的依赖。于是,物的符号价值超出了它本身含义,成为超越感官的社会性存在,甚至直接代表了人的存在。从这个角度来看,消费和消费本身"不再是劳动和超越的过程,而是吸收符号和被符号吸收的过程"②。在人们制造符号和消费符号的过程中,不仅消费本身变为符号,消费者也变为符号,而且还是乐此不疲忙于消费的符号。于是造成了这样一个现象,人即是物、物即是人,人与物之间的界限越来越模糊。对现代消费者来说,他们就像是橱窗里待售的商品,必须以考究的外在包装、吸引他人的目光,才能有销路。在这里,商品的实用性不得不让位于感官、心理所能接受的冲击度。人们在消费符号的同时也被符号价值,人们情愿在寻找、堆砌种种符号价值的过程中流连忘返。正如马克思、恩格斯描述的那

---

　　① 《马克思恩格斯文集》第 1 卷,人民出版社 2009 年版,第 46 页。
　　② [法]让·波德里亚:《消费社会》,刘成富译,南京大学出版社 2006 年版,第 161 页。

样，"他们头脑的产物不受他们支配。他们这些创造者屈从于自己的创造物"①。

一方面，人们在物的社会附加意义之间流连忘返，不仅仅是满足物的符号价值，还力求以意义不断构建新的意义，以各种意义装备自我、完善自我，而且随着装备的不断升级，个体实际上又获得了新的自我，越是意识到自己的转变，就越不能停止对这种符号价值的追求。在这个程度上说，"消费本质上是人为刺激起来的幻想的满足，是一种与我们实真自我相异化的虚幻活动"②。

因为人们越来越难以区分，究竟是人创造了符号价值，还是符号价值成就了人们。现代社会的流动性和不确定性本身就意味着不断变化和非连续，在这个意义上实现的自我很大程度上表现为碎片化的和非连续性的。而且，这些经过重构、整合的符号价值把社会划分为各种区域，把人划分为各个不同层次，还在一定程度上加速了社会的不平等、不均衡发展，导致了人与人之间的疏离，甚至人与自身之间的疏离。

另一方面，对符号价值的盲目追捧会给人营造出一种亦真亦假的幻觉，即人们可以通过对符号价值的选择和占有来获取人生目的和意义，但实际上，这种看似自由的选择仍然是资本逻辑的产物，人在商品逻辑的作用下接受并认可商品的意义，人们依然没有走出对物的依赖。在这个过程中，人们不是建构意义使自己理性，而是找出理由让自己相信建构这些符号价值的正确性。所以说问题在于人们对符号价值的需求在一定程度上盖过了对精神境界的追求，与此同时，不断生产发展着的符号价值又以一种急功近利的状态迎合物质发展和人们的各种趣味。人们情感需求的饥不择食导致了情感满足方式的符号化、物化，而情感满足方式的符号化、物化反过来又加剧了人们情感的空虚、失落和疏离。人们自己很难断定自己的行为是否适宜，也很难确定自己所追求的符号价值是否真实持久。

现代人所能接触到的符号价值远远超出了人们的所有想象，而通过符号价值所塑造出来的个人形象，是根据商业需要和社会需要制造出来的种种脸谱，然后派发给各有所需、各有所求的人们。部分符号价值是乏味甚

---

① 《马克思恩格斯文集》第 1 卷，人民出版社 2009 年版，第 509 页。

② ［美］埃利希·弗洛姆：《健全的社会》，欧阳谦译，中国文联出版公司 1988 年版，第134 页。

至是无聊的，尤其适合全民围观或全民狂欢，人们消耗了大量的时间、金钱，去生产、制造、追逐、享受各种符号价值，外表风光、内心彷徨，被"套牢"在热闹喧嚣的消费社会中。人们所需要的精神层面的慰藉都能在物质世界中被仿造，似乎物质消费终究是有限的，对符号价值的追逐才值得耗费一生去追求。社会商品经济的发达，人们消费欲望的膨胀使得符号价值无所不在、无所不能，可以说，人们既是空洞的人，也是膨胀的人，"人已经不再是人的奴隶，而变成了物的奴隶"①。人们沉迷于对符号价值的依赖和追捧，他们并不觉得这是受压制和受奴役，相反，他们只看见无所不有、无所不能的物和符号价值，乐在其中。越是陷于"符号价值"的泥潭，人也越来越把自己看作是社会经济大潮中的随波逐流者。

4. 资源的浪费

在现代社会，"随着人类愈益控制自然，个人却似乎愈益成为别人的奴隶或自身的卑劣行为的奴隶"②。

同理，随着生产、消费的不断扩大和增长，消费对人们生活的影响越来越明显。就人们现在的消费现状来说，人所消费的物总是来自于自然界，过度的消费必然会导致自然资源的过度消耗，必然会导致环境的污染和资源的浪费。在世界经济阶梯的顶端，物品的消费量明显增加。传统消费方式以高消费为特征，认为更多地消费资源就是对经济发展的贡献。人类掌握了巨大的生产力，并获得了巨大的物质财富，人的欲望越是膨胀，就越是难以停下以消费获得满足的脚步，这在一定程度上导致了过度消费。过度消费表现为超越资源约束和生态承载的破坏性消费，盲目、冲动、炫耀的过度消费等。消费者生活在一个过度包装、一次性使用、迅速废弃、不可维修的商品和易变的时尚当中。

社会上普遍存在着不正确的消费观念，导致商品的过度包装还有很大的利润和一定的市场。当前普遍存在包装过度现象，尤其在烟酒、食品、茶叶、保健品、化妆品、书籍等领域极为盛行，这些包装材料来源于木材、石油等国家紧缺资源，耗用过多材料、体积过大、用料高档、装饰奢华，超出了包装的功能要求。而商品过度包装逐渐脱离其实质功能，明显造成了资源的极大浪费，产生严重的固体废物污染，增加了消费者的负

---

① 《马克思恩格斯文集》第 1 卷，人民出版社 2009 年版，第 94—95 页。
② 《马克思恩格斯文集》第 2 卷，人民出版社 2009 年版，第 580 页。

担，助长了不良社会风气。据相关数据显示，我国每年丢弃的过度包装产生的"美丽垃圾"，耗费的原材料价值高达4000亿元，而这些垃圾的处理费用更是一笔不小的开支。这逐渐成为发展中国家克服生态危机面临的自然难题和人性难题，人的需要具有不合理性，不合理的需要必将带来社会、环境的问题。

在现代消费中人们更喜欢的是"与时俱进"的消费，是在不断购买新物品、淘汰旧物品的过程中满足心理需求；同时，新的物的出现就意味着相对陈旧的物和物的符号价值的"出局"。在不断"扔掉旧物"的过程中难免会制造出大量的浪费。随着人们消费水平的提高，现代社会或多或少已经出现物质过剩的局面。生产过剩往往与过度消费如影随形，这里的过剩，既指餐桌上的剩饭剩菜，也指那些被不断生产、制造出来的食品和物品，还包括部分人口袋里无所适从的闲钱、大部分人无所事事的闲暇时间，这些不断累积、相对过剩的物若不被消耗掉就会被扔掉或被浪费掉。所以要有各种聪明的政策和游戏规则来吸引你将之两相抵消。于是，消费也就顺其自然变成一种全社会的狂欢，炫耀性消费、奢侈性消费在世界各地蔓延，不但污染了环境，甚至造成人力、物力的损耗。当然，由于社会发展还存在不均衡的状况，一些奢侈消费、个性消费仅仅是少数人所能享受的盛宴，这些拥有物质财富和社会资源的人们是践行符号价值的领跑者；大部分人只能在社会导向的作用下亦步亦趋、尾随社会制造出的各种符号价值，并以这些不断累积和变换的符号价值填充自己日益空洞的内心；还有少部分人没有追逐符号价值的能力，他们只能在满足基本需求的基础上完成对物的憧憬和向往。

传统消费方式以高消费为特征，认为更多地消费资源就是对经济发展的贡献。就人们现在的消费现状来说，消费者生活在一个过度包装、一次性使用、迅速废弃、不可维修的商品和易变的时尚当中，这也是发展中国家克服生态危机面临的人性难题。人的需要具有不合理性，不合理的需要必将带来社会、环境的问题。过度消费体现为对物的占有和依赖，人的需要变为手段、占有商品则变为目的。"我买故我在"，人们对物的欲望远远超出满足需要本身。人们从未停止对欲望的追求，人希望也愿意让自己的欲望能够得到满足。然而，欲望和欲望的实现，本身就存在着很大差距。人的生活就是从一个欲望走向另一个欲望，一个欲望满足的同时又是下一个欲望的起点，所以说人的欲望往往是没有止境的。生活意味着欲望可以被满足，又或者永远无法被满足。

在现代性语境下，欲望（appetite）完全成为消费社会的产物。消费欲望的膨胀就像一种近乎于催眠的洗脑方法，它诱使人们去购买本来既不需要也不想要的东西，越来越多的人把自己的全部身心献给了无聊的消费。这种消费"欲望"脱离了人的真实需要，是一种被外界事物作用和控制的消费"欲望"。消费欲望是无限的，生产者也在极力创造无限的消费世界，然而，人的精力、精神是有限的，自然与社会的承受能力也是有限的，因此，过度消费带来这样一个无法回避的矛盾，人被过度消费所累，人与自身、社会、自然之间的平衡被打破，由此陷入人消耗社会、自然资源来满足消费欲望、消费欲望裹挟人使之丧失主体性和能动性的困境。

（三）合理的消费价值观

几乎每一个宗教、每一种文化都有对消费的劝导，这些劝导不是让人放弃消费，也不是要压制人的需求和欲望，更不赞成为了经济增长的目的而刺激起人的虚假需要，而是希望人根据经济发展水平、合理选择适度的理性消费。我国现在的生态文明建设致力于构造一个以环境资源承载力为基础、以自然规律为准则、以可持续社会经济文化政策为手段的环境友好型社会。生态文明需要有一个与之相一致的新的消费方式，通过合理消费来实现可持续的经济发展。

目前，人们的消费活动已经不再是单一的个体行为，而是与整个生态系统的一个重要环节，因而生态环境对经济的发展具有特殊的意义。人是自然的一部分，自然的生态价值和消费价值在人类的生存质量中占有重要地位。人类有责任、有义务为生态和谐做出积极的努力，选择符合生态伦理的人类发展途径，做到经济和社会活动生态化，使消费恪守在有利于人和自然的良性循环格局之内。因此，生态文明的建设需要成熟健康的消费理念，这是现代文明社会的重要标志，是扩大消费需求的重要支撑。转变消费理念应提倡科学消费、强化消费者责任，提倡科学消费是贯彻落实科学发展观的必然要求，应大力倡导文明健康科学消费，倡导自主消费、适度消费、绿色消费。

消费的社会文化功能远远大于其流通交换功能，更倾向于是人们行为实践和价值理念的一种"双赢"结合。尽管在一些学者看来，所谓的有需有供、有买有卖是消费者与商家在某种意义上的"合谋",因而不能忽视消费主体在实践中对符号差异的体验和审美愉悦的满足。需要指出的是,一个人不能将其体验能力、想象能力陷入萎缩,应该学会在精神上估计自己的价值,然后据此在谈话中提供自己的商品,以听到的东西引发自己的思考过程,并从中产生新的观点、新的思绪。由内在震动而引发质变,所以人的清晰的思考能力、批判思考能力以及情感上的独立性是难能可贵的。社会的发展让人逐步意识到:

> 人的本质,人的需要、意识、能力并不是一成不变的,而是伴随着他创造的对象化世界的发展而不断发展,随着人创造的"自然"变得越来越丰富,人的自身的主体性也就变得越来越丰富。[①]

人们需要的不是一种形而上的安慰,而是有选择的生活,以及生活的过程。

> 消费的必要性和适度性应当从人的生产和社会生产方式发展的性质和状况来决定,而人们消费观念与消费行为的合理性和正当性,则应当看其是否真正符合人的本性和人的发展,是否体现了相应的价值理性和人文关怀。[②]

要消除消费主义价值观所引发的各种问题和困境,我们就必须正确认识消费主义,树立合理的消费理念。

1. 自主消费

现代人与人之间的交往和联系,都有消费主义贯穿始终。相比传统消费价值观,现代人在消费过程中更加重视个性消费,重视物所涵盖的象征意义。个性消费是人追求时尚潮流、彰显个人品位的心理和行为写照,在这里,消费不仅仅是一种经济活动,更是一种基于心理诉求的自我表达方式和实现途径。消费主义在一定程度上迎合了现代人的自由、文化心理和价值理念的需求,满足了其展现自我、追求自由个性的欲望。但是,消费

---

① 罗岗:《消费文化读本》,中国社会科学出版社 2003 年版,第 14 页。
② 唐凯麟:《对消费的伦理追问》,载《伦理学研究》2002 年第 1 期。

主义夸大了商品的符号意义，虚构了拥有商品后的人的存在价值和意义，反映了现代人对传统价值观、社会主流价值观的漠视和怀疑，但消费主义价值观会使意志薄弱、没有自主思考能力的人，陷入盲目效仿、简单尾随的消费陷阱。

消费主义大行其道，可以说是人的主体性的暂时的放松与娱乐性的回避。消费本身具备了一定的现代性理论所言及的积极建构功能，但消费主义的普遍流行是人们不愿审视自我、缺乏批判精神的一种情绪体验，是回避生存焦虑的缓和策略。无论是群体还是个体，彼此之间都存在着巨大的差异。群体差异在于群体之间水平减小，彼此间贫富差距拉大；个体差异则表现为人与人之间的区分在加强。现在对个性的追求，自我意识的张扬，区别于他人，塑造全新自我，在消费方式中更加明显。弗洛姆指出：

> 人对于自我意识的需要起源于人类的生存状况，这种需要派生了人的那些最强烈的追求和竞争。我一旦缺乏"自我"的意识就无法保持精神的健全，所以我就尽一切努力来获取这种意识。这一需要推动着人们去追求地位和一致性，它有时比肉体生存的需要还强烈一些。为了成为划一的群体中的一员，以求得到一种自我意识，即使得到的是一种虚假的自我意识，人也宁愿冒生命的危险，宁愿放弃爱、抛弃自由和牺牲自己的思想。①

消费主体通过消费实践将自己归属为一类群体，追寻一种生活方式，构建一种社会身份，或属于一类，或不属于任何一类。属于一类是保持同一性，好不至于脱离社会；不属于任何一类是追求独立个性，好让自己看起来与众不同。最好的莫过于既不落伍，又颇具个性，最大程度地满足自我感、自我价值的实现。

用斯密的话来说，"每个人不但生来就渴望受到别人的热爱而且也希望能真的成为可爱的人，或者说，他总希望成为自然而又合宜的热爱对象"②。

---

① ［美］埃利希·弗洛姆：《健全的社会》，欧阳谦译，中国文联出版公司 1988 年版，第 61 页。

② ［英］亚当·斯密：《道德情操论》，王秀莉译，上海三联书店 2011 年版，第 129 页。

　　主体在自我实现的同时又在自我消解，消费所创造的美好命题可能是一个虚假的命题，这个虚假命题使人忘了，除了购买和消费物品以外，还存在着其他自我实现的途径。

　　现代人重视彰显自我个性，渴望得到理解和尊重，得到认同和肯定，以及自我价值的实现。消费也是人自身的再生产方式之一，它能够满足现代人的个性需求。但人不能也不应该让消费成为奴役人、钳制人的统治者，一个人的个人价值和社会价值的实现，不可能仅仅通过消费就可获得。现代人应认识到，消费可以是人的一种生活方式和生活态度，生产和消费服务、影响、塑造人的生活，是人通往更好生活的工具和手段，却不是唯一目的。好的生活必然要伴随着消费的实践活动，消费的生活也是一种好的生活。消费的目的是为了更好地生活，通过消费享受科技带来的便利，正确合理的消费理念是在确保"人的本质"的前提下，以人的自由全面发的最终目的。有价值、有意义的消费，应体现人的本质与人的需求的统一，应体现生产、劳动、消费以及人的本质的结合和统一。马克思说："而人的根本就是人本身。"[①]

　　在消费活动中，人要回到"人本身"，就必须充分发挥人的主观能动性和无限创造性，在使用、占有"物"的同时不丧失其主体性地位，不能沦为物的附属品。

　　现代社会中的高度个性化和个体追求的认同，获得认同就是一个建构意义（meaning）的过程，身份认同的核心就是价值观认同问题。消费甚至和语言一样，建立了一种新秩序。消费主义所张扬的现代性和流动性狠狠冲击了人们原有的生活方式，动摇了人们先前具备的生活意义和身份感。无论如何，现代性的出现终究是人的活动，是人主观能动性的表现，是人合规律性和富含创造性的成果，最终具体到现代工业生产、生活资料的产生和流通中。面对着日新月异的技术以及技术带来的种种新鲜事物，人们需要自知自制，正视自我，克制消费的冲动。这不同于古老的禁欲主义，而是对人自身的反思和询问。强调理性意义上的自我实现，不能只依赖对自我的感觉。因为理性从来都不是孤立的，它原本就建立在人的情感和欲望之上。消费活动需要一定的价值理性的规范，当然不是设定，只是不至于让其偏离日常轨道太远。自我克制意味着个体对自我认识的进步，

────────────

① 《马克思恩格斯文集》第 1 卷，人民出版社 2009 年版，第 11 页。

是一个自由思考的人能够采取的基本和明智的选择。

2. 适度消费

"人无俭不立，家无俭不旺，党无俭必败，国无俭必亡"，大肆铺张浪费是经济健康发展所不能承受之重。社会现存的过度包装是"包装上的浪费"，大吃大喝是"舌尖上的浪费"。两种浪费都是过度消费，造成的浪费都让人触目惊心，不仅导致社会资源的极大浪费，助长了社会不良风气的普及流行，还会压制人们正常的消费需求。为了控制商品销售过程中的过度包装，我国已经陆续出台了一些规定，如《月饼强制性国家标准》《限制商品过度包装要求——食品和化妆品》等，但从具体实施情况看，效果并不理想。尽管当前经济的重任依然是"扩大内需、刺激消费"，但"扩大内需"的"需"不是毫无节制的铺张浪费，而是提倡广大人民群众的理性合理消费。

适度消费与过度消费正好相反，适度合理的消费是经济发展的助推器和减震器，是有效资源配置下的最优化消费，追求消费必须与国情及个体家庭收入相适应，其精髓是量入为出，把握限度。"度"虽然是一种约束，也是一种保障。有度则安，无度则乱；有度则成，无度则败。适度消费并不是要降低生活标准，它要求追求中道，避免"过"犹"不及"，既满足人们合理需求，又不损害自然生态的平衡；这样既有利于节约自然资源，也有利于约束贪欲和培育高尚情操。"遏制浪费、适度消费"的选择权和主动权就掌握在消费者手中，整个社会要树立正确的消费理念，就必须要加强宣传力度，大力倡导合理消费、适度消费的消费观念和消费行为，大力提倡节约风尚，逐步形成与国情相适应的节约消费模式。人应该清醒认知自己的生活目标和消费目的，既能积极接受新事物，提高自己的生活品位，又能自觉抵制背离自己生活目标的种种诱惑，自觉把握消费的"度"，在自己收入水平允许范围内敢于消费，不断提升自己的生活水平和生活质量。因此，我们需要在思想观念和生活方式上进行变革，秉承节俭美德，立足当前生产力发展水平，把消费控制在合理、恰当的范围内，在衣食住行中追求有利于人与自然和谐共处的生态消费。

勤俭节约一向是中华民族的传统美德。《朱子家训》有云："一粥一饭，当思来处不易；半丝半缕，恒念物力维艰。"适度消费、拒绝浪费，选择健康、理性的生活，也就是低碳生活，既是顺应时代发展的潮流，也应当成为每个人人生过程中的必修功课。目前，我国倡导的杜绝铺张浪费、厉行节俭节约之风，从中央到地方，从官员到民众，从单位到家庭，"厉行节约、杜绝浪费"逐步落实到餐桌上、生活中，广泛掀起了一场拒绝"剩宴"的"'光盘'行动"，倡议大家珍惜粮食，杜绝身边的浪费。这实际上就是在倡导一种消费伦理，一种生态的消费方式。

适度消费是一种行为方式、一种生活态度，也是一种价值取向。适度消费要求通过理性规范、约束人类自身的行为，同时，无论是生产者还是消费者，都应该明确自己的主体责任，正视人的存在价值，加强道德自我的建设，从而正确处理人与自身、人与人、人与自然、人与社会的关系。适度消费不是要完全抛弃消费，而是要求在消费过程中多一些生态理性原则和绿色文化原则。铺张浪费之风的扭转，固然需要加强制度约束，但更需要从观念上铲除浪费产生的文化土壤，营造适度、健康、科学、文明的理性消费氛围。要按照习近平总书记要求的那样，"要大力弘扬中华民族勤俭节约的优秀传统，大力宣传节约光荣、浪费可耻的思想观念，努力使厉行节约、反对浪费在全社会蔚然成风"。

3. 绿色消费

作为一种新型的消费理念，绿色消费也称生态消费，主张以尽可能少的索取和尽可能大的回报来维持自然生态的平衡。绿色消费是对人与自然和谐关系的深刻把握，是对消费主义的批判性反思、扬弃与超越。它主张尊重自然，科学发展，限制人的过度欲望，追求真正意义上高质量的生活。绿色消费看中的不是数量而是质量，其根本目的在于实现资源节约和环境友好。地球能够满足人类的需要，但不能满足人类的贪婪。只是一味"刺激消费、拉动内需"，但如果拉动的是资源的耗费浪费，生产的是垃圾 GDP，那这个社会依然不能实现真正的发展。

在马克思看来，"自然界是人的无机的身体，自然界，就它自身不是人的身体而言，是人的无机的身体。人靠自然界生活。这就是说，自然界是人为了不致死亡而必须与之处于持续不断的交互作用过程的、人的身体。所谓人的肉体生活和精神生活同自然界相联系，不外是说自然界同自身相联系，因为人是自然界的一部分"①。

人是自然界的一部分，自然环境的好坏与人的生存息息相关。马克思的这种思想尽管引起了一定的注意，却在巨大的经济利益面前被排挤至角

---

① 《马克思恩格斯文集》第 1 卷，人民出版社 2009 年版，第 161 页。

落。而人对自然界的每一处损害和破坏，就是在损害、破坏人的无机身体。

恩格斯在《自然辩证法》中深刻地指出：

> 我们不要过分陶醉于我们人类对自然界的胜利。对于每一次这样的胜利，自然界都对我们进行报复。每一次胜利，起初确实取得了我们预期的结果，但是往后和再往后却发生完全不同的、出乎预料的影响，常常把最初的结果又消除了。[①]

人类若只顾眼前、不求长远，杀鸡取卵、竭泽而渔，就必然导致人与自然环境的关系紧张，必然会遭到大自然无情的惩罚。

所以，全社会必须在对传统消费观进行深刻反思的基础上，真正树立绿色消费理念，广泛开展生态文明宣传教育，增强全民生态意识、环保意识、节约意识，形成合理消费的社会风尚。人们的消费选择应更多趋向于选购绿色食品、绿色家电，循环利用生态环保材料，广泛利用新能源交通工具和可再生能源产品，秉承科学发展和可持续消费的观念，形成绿色消费理念。2012 年 11 月 8 日，胡锦涛在中国共产党第十八次全国代表大会上的报告中指出，要把大力推进生态文明建设融入经济建设、政治建设、文化建设、社会建设的各方面和全过程。

> 建设生态文明，是关系人民福祉、关乎民族未来的长远大计。面对资源约束趋紧、环境污染严重、生态系统退化的严峻形势，必须树立尊重自然、顺应自然、保护自然的生态文明理念，把生态文明建设放在突出地位，融入经济建设、政治建设、文化建设、社会建设各方面和全过程，努力建设美丽中国，实现中华民族永续发展。
>
> 坚持节约资源和保护环境的基本国策，坚持节约优先、保护优先、自然恢复为主的方针，着力推进绿色发展、循环发展、低碳发展，形成节约资源和保护环境的空间格局、产业结构、生产方式、生活方式，从源头上扭转生态环境恶化趋势，为人民创造良好生产生活

---

① 《马克思恩格斯文集》第 9 卷，人民出版社 2009 年版，第 559 页。

环境，为全球生态安全作出贡献。①

　　生态文明建设是中国梦不可或缺的一个重要内容，绿色消费、生态消费是生态文明建设的重要内容。因此，生态文明建设不仅要求文明生产，更要求文明消费，特别是合理消费、生态消费。需要指出的是，生态消费的建设不是要抛弃现有产业的已有成就，也不是要回归前工业时代矛盾并不那么突出的传统文化社会，它需要抛弃的是高生产、高消费的所谓的理想生活方式，减少过度消费、抑制日益膨胀的消费欲望，反对把对消费的迷恋和追捧当作人们实现自身价值的最终目的，充分利用文化产业现有的成就，帮助人们从对消费主义的盲目追捧和迷恋中解脱出来，主张在适合自身发展的生活方式中，履行环境道德责任，调整人类社会的关系，在富含创造性和科学性的现实消费中获得精神的满足和充实，恢复对人类价值理念的尊重和敬畏，最终实现文化的进步和人的自由全面发展的相互融合。所以说，适度、绿色的生态消费是要寻求消费行为中的一种平衡，是力图给经济发展加上理性的道德色彩。经济的发展是为了人的全面自由发展，人的发展才是评价消费是否合理的终极的价值尺度。

---

① 胡锦涛：《坚定不移沿着中国特色社会主义道路前进　为全面建成小康社会而奋斗——在中国共产党第十八次全国代表大会上的报告》，人民出版社2012年版，第39页。

第八章　柔:人文关怀的实践形式(下)

人的生命是身体（肉体）与精神（心灵）的统一。身体是人的生命的物质承担，精神是人的生命的意义寄托。身体与精神及其关系，是每一个人都会遇到而且必须予以回答的根本性的人生哲学问题。人们常常难以很好地平衡自己的身心关系，二者在很多时候处于一种失衡状态，从而引发人生的许多困惑甚至误区。人的生命、生活和人生的完整意义体现在"身体"与"精神"相互找寻的过程中，体现在"身体"与"精神"的和解与和谐之中。追求和实现身心和谐，是人文关怀的主旨所在。

一　身体生态、身体异化与身体关怀

每个人都不可避免地生活在自己的身体当中。身体是个体的生物基础，是个体唯一的、不可替代的、最珍贵的私有物。现代人对自己的身体给予了前所未有的关注和利用。身体是自我的象征，"在寻找自我真实性的直接和基本具象中，身体，我的身体是决定性成分"；"它同时又是现实（人本身就是血肉之躯，是身体感觉的对象）和个人身份的最确实的证明"①。我们只有了解身体的意义，才能更完整地把握自我及世界。

(一)"身体生态"释义

在汉语原始语境中，身体指称三方面含义，一是无规定性的肉体、身躯；二是受内驱力如情感、潜意识等作用的躯体；三是受外驱力如社会道德、政治等作用的身份。身体即肉体、躯体和身份的统一，但后世汉语言

---

① ［法］让－克鲁德·考夫曼：《女人的身体，男人的目光》，谢强、马月译，社会科学文献出版社 2001 年版，第 14—15 页。

思想更多地在"身份"意义上使用"身（体）"概念，把"身（体）"等同于"身份"，从而遮蔽和遗忘了作为本源的"身躯"或"躯体"①。这一倾向在西方传统思想中也很明显。20 世纪日益勃兴的"身体"思潮，旨在纠正人类思想史上长期居主导地位的"扬心抑身"观念。身体思潮从多义的、多形态的角度阐释身体概念，如美国技术哲学家伊德提出"三个身体"理论，即物质身体、文化身体、技术身体；美国学者约翰·奥尼尔区分了五种身体，即世界身体、社会身体、政治身体、消费身体、医学身体；等等。"身躯"或"躯体"意义的身体，即作为肉体的身体、作为欲望的身体、作为情意的身体等，是身体思潮着力强调和彰显的身体概念的始源意义和本体内涵。这个意义的身体，是个体真实性存在的物质基础，是个体自我的一个最切身的具象和象征。但是，在其现实性上，身体不是一个单纯的物质性肉体，而是肉与灵、感性与理性、主观与客观、意识与无意识等的统一体，身体处于一种生态状态。

生态指一切生物的生理特性、生活习性和生存状态，以及生物物种、生物与其环境等之间相互依存的关系。生态概念蕴含多样性、生成性、有机性、整体性、秩序性等意义，意味着平衡、和谐、美好、健全等。对于人来说，生态观念更具身体意蕴，生态与身体是耦合的，二者之间存在着根本性关联。一方面，"身体在其周围投射某种'环境'"，"身体有一种'环境意向性'"②，环境是被身体体验、创造和建构着的环境。只有肯定人是一个身体性存在，环境的生态意义方可获得存在的价值和显现的机缘。另一方面，身体是被环境塑造着的身体，身体是生态环境的恩典，生态环境是身体的"家"。正是在生态环境中，身体才足以彰显其存在的价值和意义。

在空间意义上，身体生态有两方面的内涵。一是从外部环境及其演化来看，身体生态指人的身体与外部环境的生态匹配和人的身体对所处环境的生态适应。人与自然环境的关系在本体论意义上是身体性的，"在实践上，人的普遍性正是表现为这样的普遍性，它把整个自然界变成人的无机的身体"③。二是从身体内环境及其价值指向来看，身体生态指身体内部

---

① 葛红兵、宋耕：《身体政治》，上海三联书店 2005 年版，第 16—17 页。

② ［法］莫里斯·梅洛-庞蒂：《知觉现象学》，姜志辉译，商务印书馆 2001 年版，第 297 页及其注释①。

③ 《马克思恩格斯文集》第 1 卷，人民出版社 2009 年版，第 161 页。

环境的有机整体性和健全性，它将肉体与欲望、本能、情感、意志、直觉、思维、精神等诸多内在要素融为一体。

如果说 18 世纪的关键词是幸福，19 世纪的关键词是自由，那么 20 世纪的关键词就是健康。①

在 20 世纪，健康权成为一项新的人权，人们像以前审视自己的灵魂那样精心呵护和仔细盘点着自己的身体。健康更具"身体生态"意蕴，它不仅指身体的外部形态、内部结构、生理生化过程的和谐平衡与健全康泰，而且必然关涉人的心理、情感、认知、思维和精神状态，包括主观与客观、自我与他者、个体与环境等的有机统一。通过外环境与内环境的动态平衡和协调统一，身体呈现出有序、和谐、健康、优美、高度自组织的存在状态，这即"身体生态"。身体生态凸显了身体是一个场所，是一种将躯体与环境、肢体与器官、肉体与心灵、主体与对象等都包容和整合为一体的"身体场"，它好像是一棵"身体树"，既包含着它的肉体触觉、灵魂触觉和思维触觉，也与外部环境形成一个不可分割的连续统。②

在时间意义上，身体生态指身体不断超越"自在"状态而进入"自为"状态。"自在的身体"即未被任何知觉、观念和理性因素所渗透的自然生成的、由纯生物性的血肉、本能、情感等要素共同建构的一个自然性、生物性、生理性的肉体，这是一种可以通过解剖学方法来进行研究的身体。"自为的身体"即经理性谋划、科学嵌入、文化塑造和社会建构而形成的有机性、智慧性和能动性的身体。自为的身体是随着自然科学和人文社会科学对人自身的认识的不断深化而生成的。现代高科技正在日益把肉体和物体、人体和机器、人脑和电脑、生命和技术、生物和文化等相互融合，构成新的人体，使人成为自然和科技的共同产品，人的身体成为一种由人造器官、人造物件与人的自然肉体有机融合的人—机系统，而不再是一种纯粹的自然肉体。③ 自为的身体也就是一些思想家所说的文化身体、技术身体、政治身体等。自为的身体凸显了身体的自然性、社会性和

① ［法］让－雅克·库尔第纳主编：《身体的历史》卷三，孙圣英等译，华东师范大学出版社 2013 年版，第 4 页。

② 张之沧等：《身体认知论》，人民出版社 2014 年版，第 75 页。

③ 参阅张之沧等《身体认知论》，人民出版社 2014 年版，第 19—43 页。

历史性及其高度统一，表明人的身体不是纯粹的物质或肉体，而是自然与文化、肉体与精神、情感与理性相互作用的有机统一体，是整体化的结构与功能的整合。身体是自然与文化交织生产的产物。自在的身体是基础，自为的身体是根本。自在的身体是给予的，是生物性、自然性、肉体性的，自为的身体是人为地加之于自在的身体之上的社会建构。身体不是一个既定的或已经完成了的要素集合体，而是一个开放的、可变的、不断趋于成熟的过程集合体。所以，马克思说："'特殊的人格'的本质不是它的胡子、它的血液、它的抽象的肉体，而是它的社会特质。"① "五官感觉的形成是迄今为止全部世界历史的产物。"②

(二)"身体生态"问题的凸显

意识哲学在人类思想史上源远流长，并长时期居主导地位。蒙昧时代的"万物有灵"论、对"梦"的解释等，产生对人的灵魂的信仰。柏拉图用"洞穴隐喻"传递了灵魂对身体的敌意，由于身体的欲望和需求会搅乱灵魂的纯粹探究，身体是灵魂的坟墓，灵魂必须撇开身体，摆脱视觉、听觉以及其他一切身体感觉。基督教禁欲主义旨在把灵魂从身体设置的诱惑中解救出来，维护免受身体奴役的灵魂或精神的自由。笛卡尔把这种抑身扬心的传统发展到极致。笛卡尔从解剖学角度理解身体，把自我与身体看作两种不同的实体。人的肉身存在于空间，服从物体的机械法则，是物质性、广延性的东西。身体是精神、思维的铁镣，人的精神、思维可以而且必须离开肉体，截肢割腿对人的思想并无害处，因而，"我思故我在"。"我"就是"我思"，是无经验内容的纯粹的自我。只有这种纯粹的自我，才具有真实性和确定性。笛卡尔提出的身心二元论思想，直接影响了康德等后世许多思想家。康德的"自我"也是没有"肉身"的自我，因为，肉身涉及外部直观。在黑格尔那里，理性已经成为超脱肉体之外，能够自主运动、自主发展和自我实现的"绝对精神"，绝对精神体系中是没有身体的地位的。老子曰："吾所以有大患者，为吾有身；及吾无身，吾有何患?"(《老子》第十三章)中国古代的阉割(男)、裹脚(女)、酷刑，"文化大革命"时代的统一服饰、统一发型以及肉体批斗、劳动改

---

① 《马克思恩格斯全集》第3卷，人民出版社2002年版，第29页。
② 《马克思恩格斯文集》第1卷，人民出版社2009年版，第191页。

造等，都或多或少表现出一种企图通过蔑视、压制乃至摧残身体的方式来成就和提升心灵的思想倾向。

西方传统意识哲学将意识与身体二分，认为意识是本体或本质，是可以脱离身体的实体，身体被高度抽象化和象征化。在意识哲学看来，心灵代表理性、必然性、真理、确定性、无限性、普遍性，身体则代表感性、偶然性、易变性、不确定性、暂时性、有限性、错觉、虚幻性，是卑鄙、肮脏、丑恶的象征物，是一个"臭皮囊"，因而是该诅咒和惩罚的"恶魔"。

> 身体在道德领域中是罪恶，在真理领域中是错觉，在生产领域中是机器。①

为了实现自我意识的本质，人必须肢解和消解自己的身体。可见，西方近代以来关于人的理论的主导范式是建立在人与自然、灵魂与肉体、心与身不仅分离而且对立的基础上的，由此所建构的"人学"理论，既割裂了人与外部自然的一体性关系，也肢解了人自身自然的有机整体性，使人成为一个脱离自然的"孤岛"。当代法国学者埃德加·莫兰（Edgar Morin）称这种关于人的理论是一种"岛屿似的人类学"②。

马克思在质疑和批判传统意识哲学和人学观念以及现代社会"身体异化"现象的过程中，较早提出了一种极具开拓意义的"身体生态"思想。马克思的身体思想以"自然"和"需要"为生存论维度。在马克思那里，身体的在场是以"需要"和"自然"为标志的。马克思认为，现实的个人是社会历史的前提和基础，全部人类历史中"第一个需要确认的事实就是这些个人的肉体组织以及由此产生的个人对其他自然的关系"③。在马克思看来，个人的存在是一种身体性存在。人有两个身体，一个是内在的"有机的身体"，即血肉之躯或肉体组织；一个是外在的"无机的身体"，即外部自然界。就外在的"无机的身体"而言，"自然界，就它自身不是人的身体而言，是人的无机的身体"。自然界不仅仅是

---

① 汪民安主编：《身体的文化政治学》，河南大学出版社2004年版，第1页。
② ［法］埃德加·莫兰：《迷失的范式：人性研究》，陈一壮译，北京大学出版社1999年版，第6页。
③ 《马克思恩格斯文集》第1卷，人民出版社2009年版，第519页。

人生命活动及生产活动所必需的生产对象和材料,是人无法离开的对象世界,而且还是人类精神资料的来源。马克思说:

> 从理论领域来说,植物、动物、石头、空气、光等等,一方面作为自然科学的对象,一方面作为艺术的对象,都是人的意识的一部分,是人的精神的无机界,是人必须事先进行加工以便享用和消化的精神食粮;同样,从实践领域来说,这些东西也是人的生活和人的活动的一部分。①

马克思揭示了人与自然界之间的根源性和一体性关系。"说人是肉体的、有自然力的、有生命的、现实的、感性的、对象性的存在物,这就等于说,人有现实的、感性的对象作为自己本质的即自己生命表现的对象;或者说,人只有凭借现实的、感性的对象才能表现自己的生命。"② 自然界是人的第一个"现实的、感性的对象"。"自然界是人为了不致死亡而必须与之处于持续不断的交互作用过程的、人的身体。所谓人的肉体生活和精神生活同自然界相联系,不外是说自然界同自身相联系。"③ 就内在的"有机的身体"而言,人的身体感觉在始源意义上决定着人的对象化的方式和文明成果的形式及其程度。

> 马克思指出:"人不仅通过思维,而且以全部感觉在对象世界中肯定自己。"④

我们对世界的把握在相当程度上依赖于我们的视觉。"人对世界的任何一种人的关系——视觉、听觉、嗅觉、味觉、触觉、思维、直观、情感、愿望、活动、爱,——总之,他的个体的一切器官,正像在形式上直接是社会的器官的那些器官一样,是通过自己的对象性关系,即通过自己同对象的关系而对对象的占有,对人的现实的占有;这些器官同对象的关系,是人的现实的实现。"因此,人必须把自己塑造成为"具有丰富的、

---

① 《马克思恩格斯文集》第 1 卷,人民出版社 2009 年版,第 161 页。
② 同上书,第 209—210 页。
③ 同上书,第 161 页。
④ 同上书,第 191 页。

全面而深刻的感觉的人"①。这样的人才可能呈现出身体的生态性。身体的生态性，是马克思所说的全面发展的人的重要特征。

20 世纪以来，身体成为众多学科日益关注和深入探讨的主题，产生了身体社会学、身体政治学、身体哲学等新兴学科。身体哲学努力把身体拖出西方传统意识哲学的深渊。尼采、弗洛伊德、福柯等力图用"身体"来反抗意识哲学的独断性，明确提出"以身体为准绳"，从身体的角度重新审视人类历史和社会文明。尼采认为，身体是"本能与冲动的集合，是力的集合"。身体不仅是美德的起源，也是一切知识和真理的起源，思想只不过是内驱力的一种功能，人类追求知识，是因为有"征服欲"。这样，对知识的追求就从理性活动转变成人的生命活动。弗洛伊德强调"欲望的身体"，认为"欲望的身体"是一种基于生理感觉的肉身体验，把生物性（性欲）本能视为人的本质规定，以此对抗文化理性对感性的一贯压抑。福柯凸显了身体经验与自我关怀的意义，揭示了人在现代化进程中作为大我（理性主体）的工具性地位，确立自我关怀的小我（身体经验）的审美生存形象。

胡塞尔、梅洛－庞蒂等更进一步将身体置于知识的起源和演进，旨在消解意识在这个领域的独断地位。梅洛－庞蒂提出"知觉现象学"，把知觉置于首要地位，认为知觉不是"在作为人们可以用因果关系范畴来解释的世界中的一个事件"，而是前意识的，是在世界未加区分之前对世界的一种整体观照。当我作为"主体"看某物时，身体不是"接受"某物，也不是"表象"某物，而是使某物"形成"。知觉不是通常意义上的"意识"，它是一种"非思"或"前思"。知觉是认识的起点，而身体是知觉的基础。这表明，身体是先于反思的，身体通过介入到世界之中的方式已经原发地生成了意义。梅洛－庞蒂说：

> 我们通过我们的身体在世界上存在，因为我们用我们的身体感知世界。
>
> 如果我们用我们的身体感知，那么身体就是一个自然的我和知觉

---

① 《马克思恩格斯文集》第 1 卷，人民出版社 2009 年版，第 189、192 页。

的主体。①

梅洛－庞蒂强调身体诸官能的统一，他从现象学意义上丰富和完善了
"身体图式"概念。他认为，"'身体图式'是一种表示我的身体在世界上
存在的方式"，表示"身体的'各个部分'在动力方面相互认识"，它是
一系列相互作用的知觉—运动的系统及其能力，它通过对身体姿势和身体
运动的无意识调适，使得世界中许多有意义的部分被身体整合到人的经验
中。通过"身体图式"，"身体的感受器随时准备通过协同作用使关于物
体的知觉成为可能"②。梅洛－庞蒂借助"身体图式"这个颇具身体生态
意义的概念，阐释身体的知觉性及其综合性和稳定性。在他看来，"身体
图式"是稳定的，自我对世界的理解和把握是依靠知觉的身体和"身体
图式"来完成的。涂尔干、莫斯和布尔迪厄等重视个人的身体实践和训
练，意图克服意识在认知和实践中对身体的压制。

勃兴于20世纪80年代的具身认知理论认为，人的身体的整体结构决
定人类特有的感官和大脑，身体是各种生理、心理、行为、认知的主体和
根据。身体经验（如身体洁净）能够影响内在的、抽象的心理过程，如
身体感到温暖会促使个体对人际关系做出积极评价、人们认为洗手可以使
霉运转变为好运等。身体并非心智的容器，环境也非心智的活动场所，而
是心智嵌入大脑，大脑嵌入身体，身体嵌入环境之中。人的认知不是大脑
内部的抽象符号加工过程，而是大脑、身体和环境交互作用的结果。认知
不是感觉器官在其行为活动中建立的各种感觉相互联合的单纯结果，"而
是在感觉间的世界中对我的身体姿态的整体觉悟，是格式塔心理学意义上
的一种'完形'"③。认知在本质上是身体的一种系统活动，是脑、眼、
手、足及整个躯体的综合性实践。认知不仅仅是一种内部过程，也同呈现
的背景环境紧密联系，体现着大脑、身体与环境的交互作用。身体美学以
具身认知理论为依据，认为整全性的身体是审美活动的主体，强调人体诸
感官在审美活动中的持续在场和全方位参与，凸显了身体生态在审美活动
中的地位和重要性。当代女性主义思潮关注女性身体的被分类、规训、侵

---

① ［法］莫里斯·梅洛－庞蒂：《知觉现象学》，姜志辉译，商务印书馆2001年版，第
265页。

② 同上书，第138、297页。

③ 同上书，第137页。

犯、破坏、修饰、愉悦等问题，将生物、性别、性征及其关系作为主题，探究女性身体、父权压迫、性别歧视、物化、酷儿等问题。

针对传统"岛屿似的人类学"概念，埃德加·莫兰提出"半岛似的人"的概念，这个概念凸显了一种"身体生态"理念。"半岛似的人"的概念既表明人在自然中的特异性，又使人不孤立于他的自然起源，不隔绝于他的自然特性。人是一个复合系统，构成"人"这个复合系统的子系统至少有四个，即遗传系统、脑系统、社会—文化系统和环境系统。这四个子系统相互关联、相互作用，共同构成人的存在状态，推动人的进化和发展，每个子系统都是整体的共同组织者、创作者和控制者。环境系统控制遗传密码，共同组织和控制脑和社会。遗传系统产生和控制脑，而脑制约着社会—文化系统的发展。社会—文化系统实现脑的智能和天分，改变环境系统，甚至还在遗传的选择和进化中发挥它的作用，人类的任何行为都受遗传—大脑—社会—文化—环境系统的决定。[①]

在新近的生态环境史研究中，与老一辈生态环境史学者较多关注自然环境不同，新生代研究者将人与动物体内的环境也纳入生态环境史的研究范围。[②] 例如，苏珊·琼斯在《珍视动物：现代美国的兽医及其患者》中，将"牲畜的身体与外部环境"区分开来加以研究。南希·兰斯顿所著《有毒的身体：荷尔蒙干扰素和 DES 的遗产》把人、牲畜、野生动物的身体与自然环境加以区别，并把它们视为同一个生态系统的组成部分而加以并列。《美国环境史百科全书》则将抗生素的环境影响分为"宏观环境"与"个体环境"，指出畜牧业滥用抗生素已对宏观环境和人体内部环境造成了双重危害。有学者则侧重于对人与动物的关系以及生态伦理的阐发，杰里米·里夫金在《超越牛肉：牛文化的兴衰》、瓦茨拉夫·斯米尔在《食肉：进化、模式与后果》、迈克尔·波伦在《杂食动物的两难处境：四种饮食的自然史》等文章中指出，关于人的身体健康隐患的讨论应该始于动物本身，人们首先应当关注和尊重动物的身体生态及其权利，由此才有可能克服人的身体健康隐患问题。但是，现代养殖业则以注射抗生素、断角、阉割等方式对待动物，最终危害到人体健康。这些研究使

---

① ［法］埃德加·莫兰：《迷失的范式：人性研究》，陈一壮译，北京大学出版社 1999 年版，第 171—181 页。

② 施雱：《抗生素引发的新环境史研究》，《中国社会科学报》2013 年 7 月 24 日。

"环境"一词的内涵得到了延展,拓展了生态环境史研究的领域。

有关基因与环境及其相互作用的问题,是现代科学研究的一个热点。人类基因组图谱揭示了人类与其他物种之间存在的基因联系,借助基因技术,人类可以弥补人体自身的缺陷。人们相信多数疾病与基因相关,对疾病的基因基础的探索,成为现代医学的焦点。现代遗传学发展的目的就是绘制出一幅决定身体发展的隐秘结构的图谱,遗传学的发展前景不再只是治疗疾病,"不再只是保护身体不受疾病的伤害,还意味着使身体更强壮、更美丽、更聪明"①。

在大数据时代,人体数据也是大数据的一个组成要素,是未来大数据市场的重要组成部分。就像互联网 IP 地址一样,人体也是一个 IP 终端,承载着各类人体生理指标数据,包括脂肪含量、BMI 值(用以衡量人体胖瘦程度以及是否健康)、心率、血糖、肺活量等成百上千种数值,最终生成了巨大的人体数据源。人类可以将采样的数据信息进行计算机三维重建,构建包含人体形态结构的三维数字模型,从而形成"数字化可视人"。数字化可视人构成人体形态学信息研究的实验平台,能够为医学、生命科学等的研究和应用提供技术支撑。在数字化可视人的基础上,结合人体内组织结构的物理特性,构建具有组织结构物理参数的数字模型,形成"数字化物理人"。数字化物理人在航天航空、体育竞技、影视虚拟、国防建设、舞蹈编排、服装设计、家具设计、驾驶室设计、医学教育和科研等领域中具有广阔的发展空间。随着网络和传感技术的发展,人类可以利用人体数据,进行人体联网,开展大数据疾病治疗、健康管理、商业营销等。来自人体生理和行为参数监护的数据经日积月累而构成的个人大数据,含有个人的健康状况和疾病风险的重要信息。分析这些数据能够得到个人较为完整的健康状态以及疾病预警信息,再结合个人基因谱和完整病史数据,能够更准确地跟踪病程进展,判断短期风险和长期后果,进行更有效、更个人化的临床干预和健康指导。随着能够感知身体机能的智能手腕、智能手机、智能手表、智能眼镜等可穿戴设备,以及智能血压计、智能心电监测等设备的发展和普及,人们将可以按照自己的喜好来定制自己的"身体机能"。所以,有人断言,手机现在不仅仅是一个通信工具,它

① 〔法〕让－雅克·库尔第纳主编:《身体的历史》卷三,孙圣英等译,华东师范大学出版社 2013 年版,第 51 页。

在一定程度上已经变成人的身体的一个数字器官。21 世纪初，产生了一种具有革命性前景的新技术——会聚技术。它集合了四个分支技术领域，即纳米技术、生物技术（包括生物制药和基因工程）、信息技术（包括计算机和通信）和认知科学（包括认知神经科学）。以往的技术主要通过扩展人类某些器官的能力来改造世界，会聚技术则将使人类在纳米的物质层面上重新认识和改造世界以及人类本身，它把提升人类自身能力作为其根本目标。在会聚技术的应用中，机器人和软件将实现个性化，所有器具将由智能新型材料构成，智能系统将普遍应用于工厂、家庭和个人。会聚技术的本质在于人机合一，它体现了一种大一统、大科学、以人为核心的整体性的科技发展趋势。

20 世纪 50 年代迅速发展的人类工效学，也凸显了身体生态的意义。人类工效学根据人的心理、生理和身体结构等因素，研究人、机、环境相互间的合理关系，为产品和环境的人性化设计提供技术和数据支持，以营造安全、健康、舒适、高效的工作生活环境。人类工效学的基础参数主要由人体形态、人体力学和人体感知（视、听、触）等各类与消费品、服装、工具、设备和环境设计相关的人体特性参数组成，是从工业设计的角度对特定人群生理、心理特征整体状况的科学描述。人类工效学基础参数与工业设计和社会生产生活息息相关，它的应用几乎涉及人类活动的大部分领域。如座椅要多高，大多数人坐着才舒服？服装型号中身高和腰围的比例是多少，才能适体？药盒上的字体多大，老人才能看清楚？这些与日常生活息息相关的设计，都有赖于人类工效学基础数据的采集分析。汽车座椅设计需要坐高、腿长、脊柱弯曲等人体尺寸数据，冰箱把手设计需要手指长短、粗细等数据，地铁刷票机设计需要人群的身高、臂长等数据，等等。目前，我国工效学基础参数数据缺失严重，成年人人体尺寸数据已严重滞后，力量、视觉、听觉等工效学基础参数数据基本空白，已严重影响我国工效学研究和应用，以及工业设计水平的发展和人们生活质量的提高。2013 年，"中国成年人工效学基础参数调查"工作正式启动，计划于2018 年完成。标志着人性化产品和环境设计所需要的中国人体数据调查开始实施。只有用中国人的人体数据，才能设计和生产出适合中国人的产品。[①]

---

① 赵朝义：《人体数据调查测国人"尺寸"》，《北京日报》2013 年 12 月 11 日。

(三)"身体生态"危机

"生态危机"是现代社会面临的最严重问题之一。"身体生态"危机是现代生态危机的重要表现形式。"身体生态"危机本质上是"身体的异化",它既表现为身体与外部环境的失衡与错位,也表现为身体内环境的失序与错乱,还表现为自在身体到自为身体的阻隔和断裂。

1. 生产的身体

在现代社会,身体日益被商业或资本逻辑所操纵。资本的逻辑是生产的逻辑,身体被当作劳动能力的载体。在马克思看来,身体异化是现代生产的伴生物。身体异化的根源在于,资本对生命的优先性,资本逻辑对生命逻辑的统治,资本对生命的赤裸裸的占有和利用。马克思最为关注被资本所统治和异化的工人的身体。在《1844 年经济学哲学书稿》《资本论》等论著中,马克思深入分析了工人及其身体被资本循环和持续积累的外部力量所异化和塑造,认为工人的身体成为承担特定经济角色(劳动力)的被动实体。资本家"把工人只当做劳动的动物,当做仅仅有最必要的肉体需要的牲畜","工人在精神上和肉体上被贬低为机器",工人只配得到与其"牲畜般的存在状态相适应的最低工资"①。工人作为劳动者,他的身体只是一种工具性和技能性的身体。马克思指出,在资本主义异化劳动中,工人"不是自由地发挥自己的体力和智力,而是使自己的肉体受折磨、精神遭摧残"。异化劳动"使人本身,使他自己的活动机能,使他的生命活动同人相异化","使人自己的身体同人相异化",它"不仅把人当做商品、当做商品人、当做具有商品的规定的人生产出来;它依照这个规定把人当做既在精神上又在肉体上非人化的存在物生产出来"②。

生产的身体是受机器限制和管理驯服的,它常常违背身体的自然性,违背作为自然身体的结构和限度。在极端的科学主义管理中,劳动或工作程序可以概括为身体姿势的分解,人作为有机体整体被分解,头、四肢、肌体都分开动作,强制其所为,使其进入一种严密的程序化状态。由此,身体的工具性突出,身体被严重损害。在我国,劳动者职业健康和安全状

---

① 《马克思恩格斯文集》第 1 卷,人民出版社 2009 年版,第 115—125 页。
② 同上书,第 158—171 页。

况不容乐观。2013 年 12 月，国家卫计委等 4 部门颁布《职业病分类和目录》，确定的职业病种类达 130 余种。目前，我国职业病患者累计数量、死亡数量及新发病人数量，均居世界首位。我国生产安全问题突出，仅 2013 年上半年，全国共发生各类生产安全事故 22 万多起，死亡和下落不明的有 2.7 万多人。近年来，以强迫劳动、劳动剥削为目的的人口拐卖案件一度呈上升趋势，这些案件以拐卖儿童强迫行乞盗窃、拐卖妇女强迫卖淫等为普遍形式，一些领域甚至出现奴工、黑工、包身工等。同时，市场交换原则和资本逻辑"使我们变得如此愚蠢而片面，以致一个对象，只有当它为我们所拥有的时候，就是说，当它对我们来说作为资本而存在，或者它被我们直接占有，被我们吃、喝、穿、住等等的时候，简言之，在它被我们使用的时候，才是我们的"。由此，"一切肉体的和精神的感觉都被这一切感觉的单纯异化即拥有的感觉所代替"①。

在"拥有感"的宰制下，人的五官感觉不过是徒有生理形式的分殊，在内容上则指向同一个方向，即把自己的身体变成赚钱的机器。目前，在我国，由于劳动力严重过剩、资本处于绝对强势地位、就业竞争的激烈以及各种生活压力的加大，不少人往往通过透支生命来追求工作和生活中的种种愿景。"加班"成为一种普遍现象，"加班"使人们付出了大量的时间和精力，身体健康被严重透支。现在，越来越多的上班族出现了焦虑、失眠、记忆力衰退等症状，过劳导致诸如亚健康、过劳死等负效应。随着器官移植等技术的开展，活体器官的非道德的、非法的商品交易以及盗窃人体器官等现象也滋生蔓延。"在第三世界，贩卖穷人和难民器官的现象造就了现代社会的奴隶制。"②

2. 消费的身体

当今时代，消费宰制一切的消费主义成为社会的主流风尚，"劳动的身体"业已转化为"欲望的身体"。身体日益以感官享受或欲望化为指向，强调对身体表面即肉体的操控，成为性与欲望的代名词，成为一种消费品，成为欲望的身体。"我消费故我在。"随着消费时代的到来，铺天盖地的广告、流行出版物和影视传媒充斥着各种各样的身体意象。波德里

---

① 《马克思恩格斯文集》第 1 卷，人民出版社 2009 年版，第 189—190 页。
② ［法］让－雅克·库尔第纳主编：《身体的历史》卷三，孙圣英等译，华东师范大学出版社 2013 年版，第 30 页。

亚认为,生产/消费的社会结构促成了人的与自身身体不和谐的双重实践:作为资本的身体的实践,作为偶像(或消费物品)的身体的实践。两者都需要经济投入和心理投入。生产身体唯"创造资本"的目的马首是瞻,而消费身体则力图把身体本身变成获取资本的资本。现代人对自己的身体给予了前所未有的关注和利用,围绕身体的消费行为与人的自我认同直接相关,身体消费成为现代人自我认同的一种重要途径之一。

"身体转向"是消费文化的表征,消费文化突出了身体的在场性,"身体是快乐和表现自我的载体。体态美好、性感逼人而且被认为与享乐、悠闲、表现紧密相连的种种形象所强调的是外表和'样子'"①。身体"美学化",是消费社会中人的日常生活"美学化"的重要标志。所谓身体"美学化",就是人们对于身体的外观、身体的视觉效果、观赏价值以及消费价值的突出强调,追求身体的时尚性和炫耀性。当今流行的一个基本理念是,身体美是可以人为加工和创造的。这促使人们注重通过各种技术手段来塑造自身的美,由此,身体部位的整饰性消费不断增多。于是,塑身美容业成为当今的朝阳产业。塑身美容业充斥着各种技术主义的数字崇拜,它运用现代科技测量与量化的概念,为人们量身制定所谓的标准躯体,然后借助玩弄或发明各种花样翻新的有关塑身美容的"科技"术语,动员和利用各种似是而非的有关塑身美容的"科学"权威和"科学"理论,通过强大的和极富夸张的塑身美容广告,不断激发和诱导人们对于标准躯体的盲目认同和执着追求。在自称"高科技"产业的塑身美容业看来,身体美与不美不以人的身体舒服和快乐为目的,而以符不符合"标准躯体"为目的。在这种技术主义理念的引导下,许多(女)人刻意按照塑身美容业有关身体美的规范,通过种种技术手段重塑自己的身体,心甘情愿地接受各种各样针对身体的"暴力":隆胸、抽脂、去毛、种毛、拉皮、染发等。很多时候,塑身美容常常会不顾人体生长规律,忽视人体生理机能,无视人体生态平衡,危害甚至牺牲人的身体健康。

3. 驯服的身体

技术本来只是人的身体器官的延伸,但技术的迅猛发展,不断挑战和超越人的身体,甚至改变和控制人的身体,如器官移植、生殖技术、人体

---

① 汪民安、陈永国编:《后身体文化、权力和生命政治学》,吉林人民出版社2003年版,第323—324页。

实验、人类基因组研究等。过度依赖高科技的生活方式使现代人身体运动不足，导致文明病、亚健康等，竞技运动领域出现"虐身体化"、"肉欲化"等现象。吉登斯认为，在现代社会，把身体视为自然的"给定特征"的观点越来越不合时宜了，因为，主宰身体的那些过程只在些微程度上受制于人自身的干预，技术进展和专家知识已经侵入了人的身体，打磨和重构了人的身体。现代性的一个悖论是，我们所获得的有关自己身体以及如何控制身体的知识越多，我们有关何谓身体以及应当如何控制身体的确定性就越是遭到侵蚀。①

现代社会发明了诸多规训身体的技术，人们通过种种技术"规训"自己的身体。身体的技术有两个基本层面，一是塑造身体的技术，包括现代身体工业和现代医学的种种发明，如化妆技巧、形象设计、美容等；二是运用身体的技术，即在特定时候文化背景中使用自己的身体进行社会交往和传达意义的种种技术，如身体语言、舞蹈、体育运动、演艺动作等。这些身体技术一方面给身体的展示和交往带来了新的自由，但另一方面又导致对身体的压制、暴力和伤害。② 福柯在《规训与惩罚》一书中从现代规训技术的角度揭示了身体的被动性及其异化，发现了有关身体的"权力技术学"和"政治经济学"。他指出，古典时代的人已经发现身体是权力的对象和目标，并对身体进行操纵、塑造和规训，形成了一种规训身体的"政治解剖学"或"权力力学"，"它规定了人们如何控制其他人的肉体，通过所选择的技术，按照预定的速度和效果，使后者不仅在'做什么'方面，而且在'怎么做'方面都符合前者的愿望"③。这种规训身体的技术，其目的在于使人的身体变得既有用又顺从，或者因顺从而更有用。

在福柯看来，现代社会是一个规训的社会，监狱、军营、学校、工厂、疯人院等，都是现代社会驯服个人身体的工具。这种规训主要是通过身体的空间定位、行为的节奏控制、训练的有效开展、力量的合理配置等技巧来进行的。福柯提出"规训权力"概念，用来描述权力对于身体的

---

① ［英］克里斯·希林：《身体与社会理论》，李康译，北京大学出版社 2010 年版，第173—174 页。

② 周宪：《读图、身体、意识形态》，载汪民安主编《身体的文化政治学》，河南大学出版社2004 年版，第141 页。

③ ［法］米歇尔·福柯：《规训与惩罚》，刘北成、杨远婴译，生活·读书·新知三联书店2003 年版，第156 页。

管理、控制和改造。现代体育运动充斥着一种对技术的迷恋,锻炼项目、动作姿势、极限挑战等日益繁多,服用兴奋剂等成为普遍现象。所谓锻炼,就是呈现身体在自然状态下无法出现的方式。人们"坚信人可以无限支配自己的身体,坚信能够逃避任何体质上根深蒂固的问题,而且能够自我创建一种其可能性不可限量的身体机制"①。

身体经过"技术化"和"碎片化",成为"驯服的身体"。在数据安全日益严峻的当今时代,人体 IP 技术的运用,无疑增加了个人隐私暴露的风险。人体数据的泄露,不仅仅会侵犯个人的隐私,甚至可能危及个人的生命安全。

现代教育充斥着一种唯智主义的教学理念和实践,在其中,心智活动以获得普遍、确定的知识为旨趣,在获得知识的途径上,只要大脑参与即可,并不依赖身体及其感官经验,身体的地位被贬低。这是一种"成人本位"的教育,它按照成人的观念预设和规训被教育者尤其是儿童和青少年。儿童和青少年本应得到最精心的呵护、最可靠的保护,得到最健康的体质和最好的教育。但是,现在有关"留守"、"拐卖"、"流浪"、"童工"、"性侵"、"非正常死亡"以及"学习压力大"、"健康问题堪忧"、"厌世"甚至犯罪、自杀等新闻,都与儿童和青少年联系在一起,使人生中这个最快乐的阶段承受了太大的压力和痛苦。儿童和青少年长期充当了成年人及现有教育体制实现自己目的的工具。家长要望子成龙,校长和地方官员要高考状元,他们联合在一起给学生加压,摧残儿童和青少年的身体和心灵。有学者指出,中国目前儿童教育的危机最根本的症结是童年生态的被破坏。其中的一个重要表现就是,在功利主义的儿童教育中,童年的身体生活被挤压甚至被剥夺,从而造成儿童生活中的身体不在场。②

4. 有毒的身体

在现代社会,人的身体被现代生产、科技、商业等不断重塑,这种重塑使人的身体成为一个"有毒的身体"。

---

① [法]让-雅克·库尔第纳主编:《身体的历史》卷三,孙圣英等译,华东师范大学出版社 2013 年版,第 141 页。

② 朱自强:《童年的诺亚方舟谁来负责打造——对童年生态危机的思考》,载方卫平主编《中国儿童文化》第一辑,浙江少年儿童出版社 2004 年版,第 1—10 页;《童年的身体生态哲学初探——对童年生态危机的思考之二》,载方卫平主编《中国儿童文化》第二辑,浙江少年儿童出版社 2005 年版,第 8—20 页。

其一，空气、水等污染。2011 年，我国废气中二氧化硫（SO_2）排放量为 2217.9 万吨，氮氧化物（NO_x）排放量为 2404.3 万吨。雾霾严重威胁人的健康。细颗粒物（PM 2.5）是我国雾霾形成的罪魁祸首。细颗粒物的化学成分众多，除影响空气能见度外，可经呼吸道进入肺部、血液，对人体的呼吸系统、心血管系统等造成严重伤害，婴幼儿、儿童、老年人、心血管疾病和慢性肺病患者对其更为敏感。国土资源部发布的《2012 中国国土资源公报》显示，全国 198 个地市级行政区的 4929 个地下水水质监测点中，综合评价结果为水质呈较差级的为 1999 个，占 40.6%；水质呈极差级的为 826 个，占 16.8%。

其二，食品安全。我国食品安全问题频发，食品安全质量令人堪忧。在我国的食品安全问题中，有些是由于自然环境或客观条件的影响而造成的食品污染或变质，但更多的是由于利益相关者出于私利或营利目的而人为造成的食品质量问题，比如，反季节果蔬生产加剧了农产品中的药物残留，动物"速成班"将鸡、鸭、鹅等禽类生长周期缩短至 28—45 天，猪出栏时间缩短至 2.5—4 个月；地沟油、瘦肉精、毒奶粉、毒豆芽、漂白大米、苏丹红鸭蛋、染色花椒、染色馒头、激素蔬菜、死猪肉、人造鱼翅等更是日益泛滥。

其三，过度医疗。"过度医疗"已成为我国公共卫生领域的一个普遍现象。自 20 世纪 90 年代以来，由于静脉输液具有给药直接、见效快、不过敏等口服药不具备的优势，加之医院、医生和医药代表之间的利益驱动，静脉输液在我国迅速被病患者和医生所普遍认同和接受，获得快速推广。2011 年，我国医疗输液 100 多亿瓶，平均每人输液 8 瓶，远远高于国际上 2.5—3.3 瓶的水平，成为世界首屈一指的"输液大国"，是全球抗生素滥用最严重的国家。滥用抗生素，已经成为我国一个重大的公共卫生问题。世界卫生组织多次警告：如果中国不控制抗生素滥用问题，将不仅是中国的灾难，可能引发全人类的灾难。因为，抗生素滥用，会造成细菌的耐药性[1]，而细菌是不分国界的。一旦人类面临普遍性传染病的时

---

[1]　20 世纪中期科学家已开始注意到抗生素滥用与耐药菌出现之关联性问题。1945 年，青霉素的发明者弗莱明就曾在《纽约时报》的访谈中警告世人，细菌可以产生针对青霉素的耐药性。20 世纪 60 年代，美国科研人员发现耐药性不仅能够在同种细菌之间垂直传播，还可在不同种类的细菌之间实现水平传播。2004 年，美国总审计局（GAO）在一份调查报告中承认，在美国和世界范围内，抗生素耐药性是一个正在增长的公共健康问题，抗生素耐药性可以从动物向人类传播。美国科学界普遍承认，耐药性具有易传播的特性。参见施雱《抗生素引发的新环境史研究》，《中国社会科学报》2013 年 7 月 24 日。

候，可能会出现"无药可用"的危险。在我国，每年能监测收集到几十万份药品不良反应，2011年高达84万例，其中化学药品即"西药"的不良反应占86%，其中，抗生素类药品不良反应占53%。不少人把板蓝根、感冒清热冲剂等当作预防感冒的饮料喝，滥用补益类、排毒养颜类等中成药，也极为普遍。一些幼儿园为逐利甚至长期给幼儿集体服用抗病毒药物"病毒灵"，导致许多幼儿头晕、腿疼、肚痛等。医学成像检查利弊并存，比如放射性检查，对人体有较大危害，主要是电离辐射，它有可能造成人体DNA损伤甚至断裂。DNA损伤累积可能引发基因突变、基因置换、基因融合等，最终形成肿瘤。目前，成人CT检查除用于有症状病患者，还大量被用于无症状人群，如结肠CT检查、吸烟者肺部CT检查、全身CT扫描等。在现代社会，医学专制甚至成为比政治专制更为严重的专制，几乎没有人有能力反抗这种医学专制。医学渗透到现代生活的每一个领域，不仅在医院的问诊治疗和住院治疗之中，而且在人们四处求助的健康建议中，在事故鉴定、残疾裁定、求职体检中，医学制造出各种所谓合格或不合格的"政治身体"。为了适应现代社会对身体素质的高要求和出于对生命质量及寿命延长的需要，现代人越来越臣服于医学专制。医生对病人的专制已经不仅仅是一种技术权力，而且还是一种政治权力。①

（四）身体关怀

技术在本质上是人类利用、控制与改造自然界和社会的一种实践方式，是人的一种存在方式，是人的主体能动性的一种表现。在本源意义上，技术是人的身体的延伸，身体是理解技术的基点。因而，消解"身体生态"危机，首先需要不断彰显技术的身体维度和身体意蕴，对于技术的发展以及通过技术介入而控制和改造身体的行为，进行合理规制和正当控制。

技术是人与自然界的感性中介，它承载着人与自然界之间的能动关系，体现着人对自然界的自由。科学和技术只有沿着马克思所提出的把自然界变成"人的无机的身体"的价值方向发展，才能真正实现和体现自己的人学本质。现代技术不仅仅是人的身体的延伸，而且更从根本上改造和重塑着人的身体。也因此，美国技术哲学家伊德提出与物质身体、文化

---

① 葛红兵、宋耕：《身体政治》，上海三联书店2005年版，第145—154页。

身体不同的"技术身体"概念。技术身体即技术所建构起来的身体，它凸显了技术与人的身体的一体性关系，显示了现代技术发展的身体意蕴。技术是人的生活的一部分。技术不仅仅指机器、工具，还包括它的使用者和操作者的技能、技艺等诸多因素。因此，技术必须适应人的行为方式和生活模式。

在本体意义上，人的身体感觉决定着人的对象化的方式和文明成果的形式及其程度。马克思指出："人不仅通过思维，而且以全部感觉在对象世界中肯定自己。"①

我们对世界的把握在相当程度上依赖于我们的视觉。

> 人对世界的任何一种人的关系——视觉、听觉、嗅觉、味觉、触觉、思维、直观、情感、愿望、活动、爱，——总之，他的个体的一切器官，正像在形式上直接是社会的器官的那些器官一样，是通过自己的对象性关系，即通过自己同对象的关系而对对象的占有，对人的现实的占有；这些器官同对象的关系，是人的现实的实现。②

从这个意义上说，消解"身体生态"危机，更需要人类不断把自己塑造成为"具有丰富的、全面而深刻的感觉的人"③。

道德感是这种"丰富的、全面而深刻的感觉"的核心因素之一。在西方人看来，身体洁净与道德之间有一定的关联性。④弗洛伊德在医学临床观察中发现，有负罪感的心理患者往往会有强迫性洗手行为。2006 年，钟晨波等在美国《科学》杂志上发表的心理学实验报告称，个体被唤起不道德情绪体验之后，有身体洁净（如洗手）的心理和行为倾向，而当身体洁净之后，不道德情绪体验便会降低。可见，个体做过不道德行为的情绪体验可以经由身体洁净来排除。2010 年，钟晨波等人以更为缜密的实验揭示出，身体洁净会导致个体对某些社会现象（诸如婚前性行为、随意的性行为等）进行道德判断时更为苛刻，这是因为当一个人身体洁

---

① 《马克思恩格斯文集》第 1 卷，人民出版社 2009 年版，第 191 页。
② 同上书，第 189 页。
③ 同上书，第 192 页。
④ 阎书昌：《"洗掉罪恶感"：身体洁净与道德的关联性》，《中国社会科学报》2012 年 5 月 2 日。

净之后，会觉得自己身体"一尘不染"，道德上也"无瑕疵"，这种得以提升了的道德自我意象致使个体判断他人行为道德与否时更为严厉。在一个强调洁净的社会里，其成员容易将不同于自己的人看得更为不道德，并将他们隔离、孤立起来，这可能是某些社会种姓制度、社会歧视制度背后的部分机制。

杜维明提出"体知"概念。他认为，"体知"在知识论上的含义是要彻底转化以个人为中心的主客对待的困境。"体知"不能成就一般所谓的科学知识，但却与道德等人文知识有不可分割的关系，是关乎修身的活动。在这里，"体"是一个关键词。"体"是动词，即身体力行的体，"身体"即体之于身，表示人的自我道德实践转化过程。① 儒家修身的根体是"体仁"与"成仁"，生命的痛感体验，一直是儒家体仁的一个重要内涵。孟子把"恻隐之心"视为"仁心"最重要的表征，是人禽之别的关键。恻隐即痛感，即伤痛之极。朱熹曰："恻，伤之切也；隐，痛之深也。"谢良佐说："仁是四肢不仁之仁，不仁是不识痛痒，仁是识痛痒。"王阳明认为，良知是"真诚恻"，恻即伤痛、哀痛。痛感体验是儒家仁爱学说的核心要素之一，表达了儒家对人的关怀之情。人何以会"识痛痒"？因为人与天地万物是一体的。张载在《西铭》中表达了这种人与天地万物的"一体感"："天地之塞，吾其体；天地之率，吾其性。民，吾同胞；物，吾与也。"一个人一旦达到这一境界，他便把自己塑造成为一个如深层生态学所说的"生态自我"。

西方传统思想中的"自我"（self）是一种分离的自我，它把自我看成是特定的、单个的人，而不是各种因素紧密联系的个人；同时，它又把自我割裂成"主体的自我"与"客体的自我"两个部分。这种自我概念常常与"本我"（ego）概念相联系，强调个人的欲望和"为己"的倾向，追求享乐主义的满足感，或一种狭隘的对个人的此生或来世的拯救感。深层生态学用大写的"自我"（Self）替代传统的小写的"自我"（self）。阿伦·奈斯认为，自我的成熟需要经历三个阶段，从"本我"（ego）到社会的"自我"（self），从社会的自我到形而上的"自我"（self）。他用"生态自我"（Ecological Self）来表达这种形而上的自我，以表明这种自我是与人类共同体、与生态共同体关联中的自我，是一种"关系中的自

---

① 张兵：《身体观研究视野下的"体知"述议》，载《哲学动态》2010 年第 11 期。

我"（Self-in-relationship）或"扩展的自我"（Expanded Self）。这种自我是在人与生态环境的交互关系中实现的。阿伦·奈斯指出："所谓人性就是这样一种东西，随着它在各方面都变得成熟起来，我们就将不可避免地把自己认同于所有有生命的存在物，不管是美的丑的，大的小的，是有感觉的无感觉的。"① 生态主义的自我实现的过程，就是人不断扩大其自然认同的范围的过程。随着自然认同范围的扩大和加深，人不断把其他自然存在物纳入自己的生命链条和生命进化的序列之中，人与自然之间的疏离感便会不断减少。当达到"生态自我"的阶段时，个体既能在与之认同的所有存在物中看到自己，又能在自我之中看到所有存在物。通过扩大认同范围，个体在自己的生存与他人的生存、自我的存在与自然的存在之间建立起某种有意义的联系，个体在对"大我"的自我实现的追求过程中，不断履行着自己对自然存在物的关爱。如果人的自我是属于一个包含了人生存于其中的整个生态共同体的大写的自我，那么，对植物、动物及山河大地的破坏就成了对人自己的破坏，保护生态环境就会成为人的一种"自卫"。所以，阿伦·奈斯指出：

> 如果你的自我在广义上包含了另一个存在物，那么，无须劝告，你也会从道德上关心它。你在关心自己时不会感到有任何道德压力——除非你患上了某种倾向于自我毁灭或自恨的神经官能症。②

生态主义的"自我实现"原则把人视为生态系统的一部分，在它看来，人的自我实现同时也就意味着所有生命的潜能的实现，人的自我实现有赖于其他自然存在物的"自我实现"。因而，生态主义自我实现原则要求人应该通过对自然的深切理解和道德关怀，在尊重其他自然存在物的生命进化的基础上，发现、发展和提升自己的本性，实现人的潜能。人是自然界的道德主体，能够从道德的角度来考虑问题，并用道德来约束自己的行为。具有道德意识，能够设身处地地为其他存在物着想，是人的优越性的表现。这意味着，人可以道德地对待其他存在物，但人不可能要求其他存在物也对人做出道德行为。人应当意识到并努力地把自己作为自然之子

---

① 转引自雷毅《深层生态学思想研究》，清华大学出版社2001年版，第46页。
② 同上书，第155页。

的功能体现出来,站在生态系统的角度,"为天地立心",成为大自然的神经和良知,成为大自然的守护者,关爱一切自然存在物,维护生态系统的完美和健康。阿伦·奈斯指出:"从系统而非个体的观点看,最大化的自我实现意味着所有生命最大的展现。由此引申出的第二个术语是'最大化的(长远的、普遍的)多样性'!一种必然结果是:一个人达到的自我实现的层次越高,就越是增加了对其他生命自我实现的依赖。自我认同的增加即是与他人自我认同的扩大。'利他主义'是这种认同的自然结果。……由此我们得出'一切存在的自我实现'这一原则。从原则'最大化的多样性'和最大多样性包含着最大的共在这一假定,我们能得到原则'最大化的共在'!进而,我们为其他生命受到最小的压制创造条件。"[1]

"生态自我"根基于人的需要的多样性、和谐性和整体性。从最一般意义上说,人的一切需要都具有身体性特征,人的一切需要都可称之为身体需要。恩格斯指出:

> 我们必须从我,从经验的、有血有肉的个人出发,不是为了像施蒂纳那样陷在里面,而是为了从那里上升到"人"。只要"人"不是以经验的人为基础,那么他始终是一个虚幻的形象。简言之,如果要使我们的思想,尤其要使我们的"人"成为某种真实的东西,我们就必须从经验主义和唯物主义出发。[2]

同时,我们也应清醒地认识到:"人来源于动物界这一事实已经决定人永远不能完全摆脱兽性,所以问题永远只能在于摆脱得多些或少些,在于兽性或人性的程度上的差异。"[3]

人的需要是一个系统,具有整体性和生态性。马斯洛认为,生存需要、安全需要、友爱需要、尊重需要、自我实现需要等是人的需要的基本元素,但这些元素不是彼此分开的,而是一个完整的生态体系。只有保持需要的多样性,并使各种需要同时呈现和被要求,人才能不断产生超越的

---

① 转引自雷毅《深层生态学思想研究》,清华大学出版社2001年版,第41页。
② 《马克思恩格斯文集》第10卷,人民出版社2009年版,第25页。
③ 《马克思恩格斯文集》第2卷,人民出版社2009年版,第106页。

冲动和动机，进行创造性活动，实现自己的潜能，达到完美境界，产生一种对于人生的"高峰体验"。人必须不断平衡自己的各种需要，使其保持一种有机生态状态。只有这样，一个人才能从这种需要的平衡与和谐中，把身体从自然性或动物性的"自在的身体"不断提升为社会性或文化性的"自为的身体"，遏制和消解身体的沉沦或异化。

二　心灵鸡汤、心性自由与精神家园

人既是一种物质的生命存在，因为，"人们首先必须吃、喝、住、穿，然后才能从事政治、科学、艺术、宗教等等"①。但人更是一种精神的生命存在，因为，"吃、喝、生殖等等，固然也是真正的人的机能。但是，如果加以抽象，使这些机能脱离人的其他活动领域并成为最后的和唯一的终极目的，那它们就是动物的机能"②。人必须而且应该为自己的生存和发展，不断营造一个丰富的、健康的精神家园。

（一）心灵鸡汤、精神空虚与犬儒心态

1. 心灵鸡汤

"心灵鸡汤"一词，源自20世纪90年代美国演员兼作家杰克·坎菲尔等人策划的一系列畅销书《心灵鸡汤》的书名，它呈现在一系列有关人生哲理、生活感悟的小文章、小故事以及禅学佛经教义等中，以"陶冶身心、激励精神、启迪心灵"为己任，充满一种浓厚的人文情怀和人文关怀。对于时常感受到失落、迷惘、脆弱、绝望和无助感等情绪的现代人来说，"心灵鸡汤"如同饥寒交迫时喝下了一碗鸡汤，让人通体舒泰，看到世间的一些美好希望和温情。近年来，一些社会名流的心灵鸡汤式作品流传于坊间，学佛信教灵修的人日渐增多。在这个讲究快阅读、浅阅读的互联网时代，心灵鸡汤式的东西，已成为微博、微信等公众平台甚至自媒体的主打内容之一，成为人们不断转发的最热门内容之一。显而易见，在外在奴役不可避免的世界里，内在精神世界可以构筑起抵御外在奴役的堡垒，在这个堡垒里，人也可以培植自己最初的尊严，人的自由的感受和

---

① 《马克思恩格斯文集》第3卷，人民出版社2009年版，第601页。
② 《马克思恩格斯文集》第1卷，人民出版社2009年版，第160页。

欲求最初也是在这里形成的。所以，充满正能量的"心灵鸡汤"让人有所感、有所思、有所悟，让人们间或忘却个人境况的不如意，激发人们对美好未来的希望，使人不愤世嫉俗，心态平和，获得一定的心灵慰藉和身心健康。

　　但是，"心灵鸡汤"遵循的基本逻辑是从意识到意识、从精神到精神，当面对现实问题时，"心灵鸡汤"不是教人勇敢地直面问题和解决问题，而是教人改变心境，在"心灵的自我转换"中换个角度来看问题，使人在"心灵的自娱自乐"中回避或逃避问题，最终获得一种所谓的"心灵自由"或自我安慰。一个有关富翁与渔夫的故事，典型地反映了"心灵鸡汤"的这种价值取向。一个富翁在海滨度假，遇到一个垂钓的渔夫。富翁说："我告诉你成为富翁和享受生活的秘诀。"渔夫欣然恭听。富翁说："你首先应借钱买条船出海打鱼，赚了钱雇几个帮手增加产量，这样才能增加利润。"渔夫问："那之后呢？"富翁说："之后你可以买条大船，打更多的鱼，赚更多的钱。"渔夫接着问："再之后呢？"富翁说："再买几条船，搞一个捕捞公司，再投资一家水产品加工厂。""然后呢？""然后让公司上市，用赚来的钱再去投资房地产。如此一来，你就会和我一样，成为亿万富翁。"渔夫问："成为亿万富翁之后呢？"富翁说："成为亿万富翁，你就可以像我一样到海滨度假，晒晒太阳，钓钓鱼，享受生活了。"渔夫似有不屑地说："噢，原来如此。那你不认为我现在的生活就是你说的那些过程的结果吗！"在这个故事中，渔夫是一个隐喻，指称现实社会中的大多数人，他们为了生计，都像渔夫一样，不得不每天工作在自己的岗位上，辛勤工作，就此了却一生。这个心灵鸡汤，让不少或处境落魄、或生活艰难、或人生失意、或绝望无奈的人得以释怀。

　　但是，细细捉摸，渔夫为生计而捕鱼与富翁的休闲垂钓二者在根本性质上是不同的。渔夫的逻辑是阿Q的逻辑，是精神胜利法。渔夫的释怀，其实不过是自己为自己建造了一个如殷海光先生所说的"心灵的牢房"，它要么是不经审视和批判地接纳一些所谓的人生导师的人生智慧和生活格言，要么是被"时代的虐政"即特定意识形态和聒噪的无根之谈所迷惑。① 一味追求这种"心灵自由"，会滋生和助长一种"精神性奴役"，使人抱持一种"不求改变外部世界，只求改善自我心性"的内敛式的自

---

① 张斌峰、何卓恩编：《殷海光文集》第一卷，湖北人民出版社2009年版，第260页。

我压抑型的人生信条，以至于把"自觉奴性"等同于自由。"心灵鸡汤"仅仅诉诸人的意识的改变，力图通过"解释世界"来化解客观矛盾和问题，这与马克思当年所批判的青年黑格尔派如出一辙。马克思说：

> 这种改变意识的要求，就是要求用另一种方式来解释存在的东西，也就是说，借助于另外的解释来承认它。①

"心灵鸡汤"往往忽视或无视社会不合理现象，客观上甚至不自觉地纵容了社会不合理现象的滋生蔓延。"心灵鸡汤"常常压制人的阳刚、进取、努力、创新等品性，倡导保守、忍让、逆来顺受等品性，让人做现代版的"阿Q"。近年来，雾霾肆虐我国，对人们的身心健康造成很大影响。雾霾的成因以及治理雾霾的路径，根本上说是一个社会建制问题。但面对雾霾，有人却为公众烹调了一道"心灵鸡汤"："大家能做的就是尽量不出门，不和它较劲。关上门窗，尽量不让雾霾进到家里；打开空气净化器，尽量不让雾霾进到肺里；如果这都没用了，就只有凭自己的精神防护，不让雾霾进到心里。"与此类似的警句有很多，譬如，你不可能改变社会，只能适应；不要抱怨，少抱怨，多感恩；凡事多从自己身上找原因；与别人相比，你够幸福了；等等。对于这些心怀善意的劝诫或警句，我们只能用殷海光先生半个世纪前的忠告来回应：

> 当一个时代的人为"外部自由"而奋斗但情势不利时，唯心的哲学家板起面孔责备大家浮动，劝人要追求"内心自由"，这是一种冷血的逃避主义……充其量只能算是自全的行为。②

2. 精神空虚

恩格斯指出："人来源于动物界这一事实已经决定人永远不能完全摆脱兽性，所以问题永远只能在于摆脱得多些或少些，在于兽性或人性的程度上的差异。"③ 对一个人来说，兽性摆脱得多一些还是少一些，兽性和

---

① 《马克思恩格斯文集》第1卷，人民出版社2009年版，第516页。
② 张斌峰、何卓恩编：《殷海光文集》第一卷，湖北人民出版社2009年版，第261页。
③ 《马克思恩格斯文集》第9卷，人民出版社2009年版，第106页。

人性的差异是大一点还是小一点，这取决于他的心灵对于身体的介入和提升程度。

人生充满了困惑，尤其在转型时代和转型社会，这种困惑就会更加突出。生活于改革开放时代的中国人，对此有更深切的体验。80 年代，面对思想解放和改革开放启动所导致的"左"倾理想主义人生观的破灭，不少人发出了"人生的路啊怎么越走越窄？"的感叹。在这种感叹中，许多人嘲讽一切理想、崇高和道德。90 年代中期前后，市场经济勃兴，"浮躁"成为一种普遍性的社会情绪，不少人感叹："人生的路啊怎么越走越乱？"既然乱了，那就各行其是。许多人欣赏"走自己的路，让别人去说吧！"的口号，以此遮掩自己的"媚俗"和"自我中心主义"。进入 21 世纪，市场扩展，网络崛起，后现代思潮泛滥。这时，又有很多人感叹："人生的路啊怎么越走越没劲？"既然没劲，那就"制黄、贩黄、观黄"（人称"黄潮"），"制毒、贩毒、吸毒"（人称"白潮"），"行贿、受贿、索贿"（人称"黑潮"）。

人生"没劲"的感觉，可能是一种普遍性的"现代性症状"，它弥漫于现代人的生活之中。英国当代著名思想家吉登斯不无忧虑地指出："在晚期现代性的背景下，个人的无意义感，即那种觉得生活没有提供任何有价值的东西的感受，成为根本性的心理问题。"[1] 改革开放以来，人们的物质生活一天比一天丰富和滋润。但是，很多人享受物质生活的趣味与能力却在大幅度地下降。究其根源，在于不少人放弃了对"心灵"的自觉修炼。心灵修炼的缺失，使人的精神世界处于一种无序状态。这种无序意味着，一个人经营自己生活和人生的能力的丧失。随着市场化进程不断加快，财富、利益、商品、金钱等"物质因素"日趋强势，由此滋生的各种"拜物教"观念日益凸显。在当今中国，物质受热捧，精神遭冷遇，物质主义"占领"中国。最近，法国市场调查公司益普索发布了一个名为"全球物质主义、理财和家庭态度"的调查，在 20 个受调查国家中，中国人对物质的热衷远高于其他国家，位居榜首。有 71% 的中国人表示，自己拥有的物质的多少，是衡量个人成功与否的标准。而从全球看，仅有

---

① ［英］安东尼·吉登斯：《现代性与自我认同》，赵旭东等译，生活·读书·新知三联书店 1998 年版，第 9 页。

34%的人同意这一观点。① 中国人感受到最大的赚钱压力，男人把对金钱的追求置于家庭幸福之上，女性把房子视为婚姻的首要标准。不少人倾向于让身体限制、挤压和虚化心灵，扬言"我是流氓我怕谁"，高喊"玩的就是心跳，活的就是下半身"。于是，放纵本能欲望，嘲讽一切理想，躲避任何崇高，渴望精神堕落，成为很多人对待生活和人生的一种时尚。缺乏心灵关照的生活和人生，充满了"物"性，丧失了"灵"性，毋宁说是一种"行尸走肉"。在这种生活中，人们受尽了生活的物质之累，却很难感受到生活的真实意义。人们满眼是商品、货币、资本、利润等，"人本身"已"不在场"了。许多人把"我"与"我的"相混淆，把"我的"误认为"我"，遗忘了"我"，形成一种"重占有"的生存理念，即我所占有的和所消费的东西即是我的生存或存在。人们认为幸福生活就是无止境地追求和占有物质性的东西。但是，一味追求和占有这些东西，会使人无视人生的精神维度和精神内容，使人成为一个物质膨胀的精神侏儒。正如美国思想家范伯格所说：

> 一个人如果既没有愿望、目的和理想的层次结构，也不清楚自己在其所属的主观世界中在何处安身立命，那他将成为本身所有构成因素冲突的战场，被这些因素拖来拖去，最后毫无希望地土崩瓦解。这样的人丧失了自主性，并非因为他是一个因袭他人价值的墨守成规者，而是因为他的欲望、理想、思虑缺乏内在的秩序和结构，尽管它们本身可能是真实的并为他自己所固有的……一个放纵散漫的人会不断陷入内在的冲突、无出路的困境和反复无常中，他虽然并不受外界或内在支配力量的约束，却始终是不自由的。换句话说，他是一个没有外在束缚的人，但却被他自身的欲望之绳束缚着。②

没劲、无聊、单调等是意义的空虚感，它表明人的生命活动已经囿于某种既定的模式或格局，陷入简单的循环或单调的重复，失去了生机、活力和创造性，从而感到生命的虚无，最终走向虚无主义。在虚无主义者看

---

① 张鸣等：《中国人"最物质"，"成功学"害死人！》，《广州日报》2013年12月25日。
② ［美］范伯格：《自由、权利与社会正义》，王守昌等译，贵州人民出版社1998年版，第16—17页。

来，"所谓理想不过是哄哄孩子的肥皂泡，或由聪明人发明出来欺骗傻瓜的。善在于大胆地实行我们每时每刻的欲望……我什么都不相信，我什么都不害怕，我什么都不热爱。或者，什么也不能束缚我，无论是道德还是义务、畏惧还是希望、爱情还是理想，自由的至高无上的个人仅在这一刻生存而无视过去和将来"①。中共十八大报告在谈到党内存在的"四大危险"时，把"精神懈怠的危险"放在首位，既说明这是一个突出危险，在某些地方有滋长蔓延之势，也说明这是危害最大的危险，值得格外注意。"精神懈怠"是由于理想信念动摇而引发的世界观、人生观和价值观扭曲，进而出现的一种信仰缺失、理想淡化、不思进取、意志消沉、迷茫沉沦乃至腐化堕落的精神状态。贪图安逸、丧失奋斗，故步自封、不思进取，萎靡不振、随波逐流，是精神懈怠的一些典型表现。现在许多人都或多或少患有"空虚病"，表现为无兴趣、无追求、无斗志、无爱心、无敬畏等。无敬畏，意味着无信仰，无信仰就会无底线，由此导致心灵的荒芜乃至扭曲。自杀、抑郁、焦虑等，成为现代人的高发性精神病症。

3. 犬儒心态

作为一个概念，犬儒或犬儒主义具有多义性，其内涵和外延在思想史上经历了不断演化、变形和重构的过程。起源于古希腊的犬儒主义，最初是褒义词，指称一种远离世俗、回归自然、追求真善的人生态度和生活方式。后来具有了更为积极的意义，指称一种鄙视虚伪、愤世嫉俗、针砭时弊的批判精神和反抗意识。到了现代，犬儒主义具贬义化色彩，指称一种因愤世嫉俗而怀疑一切、绝对否定、玩世不恭的心理习性和游戏心态。犬儒主义的含义发生了较大变化，但贯穿其中的一个根本理念却没有变，即对于世界的不信任和拒绝。"不相信"是现代犬儒主义社会心态和行为理念的集中体现。有学者认为，现代犬儒主义是一种"以不相信来获得合理性"的社会文化心态，它的彻底不相信表现在它甚至不相信还能有什么办法改变它所不相信的那个世界。这种"不相信"心态的普遍蔓延，会造就一个"犬儒社会"②。在这种社会，人们总是疑心重重，对很多事和人都不相信或不信任，包括对一些本来值得信任的事和人也持普遍怀疑

---

① ［德］包尔生：《伦理学体系》，何怀宏、廖申白译，中国社会科学出版社1997年版，第318—319页。

② 参阅徐贲《当今社会的现代犬儒主义》，载《时代潮》2001年第17期；《从不相信到犬儒社会》，《南方周末》2011年9月15日。

态度。

现代社会的陌生化进程，强化了这种"不相信"犬儒心态，而这种"不相信"犬儒心态又成为社会信任危机产生的重要原因之一。2011 年 9 月 1 日，《人民日报》发表题为《我们的信任哪儿去了》的文章。文章开篇便指出，不信、不信、还是不信——"不相信"的情绪正在越来越多人的生活中蔓延。2013 年 1 月，中国社会科学院发布的《中国社会心态研究报告 2012—2013》显示："目前，中国社会的总体信任进一步下降，已经跌破 60 分的信任底线。人际不信任进一步扩大，只有不到一半的调查者认为社会上大多数人可信，只有两到三成信任陌生人。"今天，每一个中国人都直观而深切地感受到了信任危机及其所引发的负面效应。法国学者阿兰·佩雷菲特提出"信任社会"与"疑忌社会"。他认为，疑忌社会是畏首畏尾、赢输不共的社会：这种社会是一种"零和博弈"，甚至"负和博弈"；这种社会倾向忌妒和自我封闭，盛行侵犯他人权利的相互监视。信任社会则是一种扩张的、共赢社会，是一种团结互助、共同计划、开放、交换和交流的社会。① 也许我们正生活在一个"疑忌社会"。

我们目前所遭遇的信任危机，根本上是"陌生人信任危机"。人们基于血缘、姻缘、地缘、业缘或因机缘熟悉而形成的信任，是一种有限的"特殊信任"。这种信任是与传统农业社会或相对固化的社会结构相适应的，它无法满足现代社会公共生活的需要，尤其无法适应现代社会的陌生化进程。美国学者埃里克·尤斯拉纳认为，对熟人的信任，是一种"策略性信任"，它取决于个人的经验和他人是否可信的假定。"策略性信任"只能使人与已经认识的人合作。而信任问题的真正内容，是信任我们不认识的人。"对陌生人的信任是一个公民社会的最关键的基础。"但是，"由于陌生人是否值得信任这个问题是没有证据作为基础的，因此必须有其他的基础，我认为就是道德基础。信任他人是基于一种基础性的伦理假设，即他人与你共有一些基本价值"②。埃里克·尤斯拉纳把这种对陌生人的信任称为"道德主义信任"。这种信任基于一种乐观主义世界观，这种世界观以"相信"为核心理念，它相信世界是美好的，相信人是善良的，

① ［法］阿兰·佩雷菲特：《信任社会——论发展之缘起》，邱海婴译，商务印书馆 2005 年版，前言，第 5 页。

② ［英］埃里克·尤斯拉纳：《信任的道德基础》，张敦敏译，中国社会科学出版社 2006 年版，第 18、2 页。

相信人与人之间必然会共有一些基本的道德价值。

目前在中国，面对严峻的信任危机，在遭遇陌生人、必须与陌生人打交道时，人们总是更多采用传统"熟人"策略。所谓"熟人"策略，就是通过调动血缘、地缘、姻缘、学缘、职缘等各种"关系"，把"陌生人"转换为家族宗法式"熟人"，变为"自己人"。"熟人"策略是中国社会转型期间传统文化与当下不够完善制度体制交互作用的产物。中国传统道德思想主要围绕基于血缘宗法的"五伦"关系展开，强调"爱有差等"、"内外有别"和"防人之心"，讲究"逢人且说三分话，不可全抛一片心"，处处流露出对"陌生人"的戒心和排斥。当下中国社会总体上仍存在浓厚的人治色彩、泛滥的宗法式"关系"，使得人们常常必须借助传统"熟人"策略，才能回避公共生活中存在的诸如"门难进、脸难看、事难办"之类的"陌生人困境"。同时，近年来，"彭宇案"、"小悦悦被碾压"等屡屡发生的公共道德事件，多指向"陌生人"或"路人"，使人们对关怀他人、助人为乐、奉献爱心等心存疑虑，对"陌生人"心存戒备心理甚至恐惧心理。

"熟人"策略在局部意义上化解了某些"陌生人"的信任危机，建立了一些"策略性信任"。但是，就根本而言，这种基于"熟人"策略的"策略性信任"非但不能从根本上化解道德信任危机，反而加剧了道德信任危机。因为，"熟人"策略只能使人治、"情大于法和理"、"潜规则"等现象在更大范围的滋长和蔓延。"熟人"策略使亲情、交情、友情等被大量渗透或移植到国家管理、社会管理、企业管理等领域，弱化甚至消解了现代社会组织和社会权力的公共性、有序性和高效性；"熟人"策略致使私与公、情与理、情与法的界限被模糊甚至混淆，"熟人"的"情感"代替了制度程序和法律章程，导致社会生活中潜规则猖獗，使社会正义和公平的天平在熟人的"情"中发生倾斜和偏差。"熟人"策略的泛滥，使任人唯亲、任人唯熟、官官相护、包庇纵容、保护伞、拉帮结派等成为官场的顽症，使攀亲戚、认老乡、找同学、拉关系等成为不少人办事的不二法门。总之，"熟人"策略阻碍社会信任的制度化、法治化建构，遏制普遍主义信任或道德主义信任的发展。

当代中国社会中"心灵鸡汤"以及犬儒心态等的形成、发展和演变，根本上源于当代中国社会变革期和转型期的冲突和矛盾。但在这里，我们想追溯其中的文化思想成因。就其思想传承脉络而言，当代中国社会中

"心灵鸡汤"以及犬儒心态等的形成、发展和演变，与中国传统心性自由思想有内在关联。在一定意义上，"心灵鸡汤"和犬儒心态等，可以说是传统心性自由观念的现代变体。

（二）心性自由的传统意蕴及其缺憾

在中国古代文献中，"自"与"由"出现较早，而"自由"作为一个词汇，大约最早出现于《史记》："言贫富自由，无予夺。"这里的自由即由自己的行为所致。在汉语原初语境中，自由是一个中性词，指一种与社会习俗、礼仪规范或正式制度无关的个人自在自得的存在状态或随情任性的行为方式。严复说："自繇……初义但云不为外物拘牵而已，无胜义亦无劣义也。"① 具体说，自由的初义主要有：一是自由即自在、自得、自适、自乐等个人的内心感受和心态。如杜甫诗云："出门无所待，徒步觉自由。"白居易诗曰："行止辄自由，甚觉身潇洒。"二是自由即特立独行、不徇流俗等独立人格。严复说："吾观韩退之《伯夷颂》，美其特立独行，虽天下非之不顾。王介甫亦谓圣贤必不徇流俗，此亦可谓自繇之至者矣。"② 三是自由即自给自足、悠闲自乐的生活状态。孙中山把"日出而作，日入而息，凿井而饮，耕田而食，帝力于我何有哉"的《日出而作》歌，称作"先民的自由歌"③。总之，在原初语境中，自由体现为一种"游"的态度，如孔子的"游于艺"、庄子的"逍遥游"，等等；自由体现为一种"乐"的境界，如孔子的"饭疏食饮水，曲肱而枕之，乐亦在其中矣"（《论语·述而》）、荀子的"心平愉……故无万物之美而可以养乐"（《荀子·正名》）、庄子的"得至美而游乎至乐"（《庄子·田子方》），等等。

但是，就总体而言，在正统思想中，"自由"一词主要被从否定意义上来理解和定位，指称一种与正统思想和正式制度相反对的个体态度或行为。《东周列国志》中宣王斥责臣下曰："怠弃朕命，行止自繇，如此不忠之臣，要他何用！"晋武帝司马炎下诏指责王浚"忽弃明制，专擅自由"（《晋书·王浚传》）。在这两个例子中，"自由"（自繇）都具贬义色

---

① 《严复集》第1册，中华书局1986年版，第132页。
② 同上书，第134页。
③ 《孙中山全集》第九卷，中华书局2006年版，第280页。

彩。秦汉以后，"自由"概念的贬义化日益凸显，"劣义"的自由概念逐渐成为一种主导范式。自由常常被视为散漫放纵、为所欲为、扰乱秩序，等等。所以，严复说："自繇之义，始不过自主无碍者，乃今为放肆、为淫佚、为不法、为无礼"，"常含放诞、恣睢、无忌惮诸劣义"①。也因此，严复把穆勒"On Liberty"翻译为《群己权界论》，并用"自繇"取代"自由"②，力图以此克服中国传统语境中自由的"劣义"。

中国传统自由概念具有双重内涵，一方面在"私"的层面即个体生存层面，自由即个人安然自在、恬静自得、悠闲自乐的内心感受、生活态度、人生理想或日常生活状态；另一方面，在"公"的层面即正统思想与正式制度层面，自由即随情放纵、任意散漫、自私自用等态度或行为。

在古代社会，由于正统思想和正式制度把自由主要视为一种私人任情随意的态度或行为，这便使得在传统社会语境中自由成为一个更具修辞色彩的边缘化词汇，进而导致传统自由思想的内向化发展，即如有学者所认为的，中国传统语境中的自由更多的是一种"无关系的自由"，即一个人在人际之外、规矩之外、制度之外的自在自得。③这种"无关系的自由"与中国传统心性之学相伴生、相融通、相契合，形成中国传统文化中独特的心性自由思想。

在中国古代思想中，"心"表示情感、意志、意识、智慧等人的心灵和精神世界，心的概念蕴含着人之为人的根据和道理。《素问·灵兰秘典论》曰："心者，生之本，神之变也。"《尚书·大禹谟》曰："人心惟危，道心惟微；惟精惟一，允执厥中。"孟子曰："仁义礼智根于心。"（《孟子·告子上》）"大人者，不失其赤子之心者也。"（《孟子·离娄下》）管子曰："心也者，灵之舍也。"（《管子·心术》）"心"既是个体的，与"身"一体；又超越个体，与"天"合一，成为"道之本原"。"性"即生，作为名词，"性"指天生，即自然属性，如《中庸》所言

① 《严复集》第1册，中华书局1986年版，第132页。

② 从19世纪50年代至80年代，国人更喜欢用"自主"一词对译"Freedom/Liberty"，表示人民不受压制之意，或表示一种民族国家的独立自主状态。当时出使国外的一些官员甚至对"Freedom/Liberty"采取音译方法，比如把"Liberty"译为"立布拉拉"或"类布拉尔"等。甲午战争以后，"自由"一词才真正成为一个核心概念得以在士大夫中流传和谈论。参阅胡其柱《晚清"自由"语词的生成考略：1820—1900年代》，载郑大华、邹小站主编《中国近代史上的自由主义》，社会科学文献出版社2008年版，第127—145页。

③ 陈静：《自由的含义：中文背景下的古今差别》，载《哲学研究》2012年第11期。

"天命之谓性"、告子所说"食色性也"等；作为动词，性指后生，即后天造就的属性，如《易》所言"一阴一阳之谓道，继之者善也，成之者性也"（《易·系辞上》）。"心"与"性"合而为一即"心性"，不仅仅指心的构成及本质，而主要指心之理，即人之所以为人的本质和根据。

儒、道、释是中国古代思想的三大主干，它们虽各有特色，但"三教归一"，都把"心"视为自己的内核和精髓。儒有"人心"、"道心"、"良心"、"养心"，道有"心斋"、"灵台心"，佛有"三界唯心"、"万法一心"。孔子的"从心所欲不逾矩"，孟子的"尽心知性而事天"，老子的"虚心无为"，庄子的"无听之以耳而听之以心"的"心斋"，禅的"自心即佛"的"心法"，都典型地呈现着一种心性自由理念。

传统心性自由思想蕴含一种关于人的自我发展辩证法。一方面，人的自我有善性，趋于一种终极性的真善美相统一的境界；另一方面，人的自我又受欲望、激情、情感等的奴役。与人的善性相比，人自身的欲望以及世间的诱惑是对人的更大考验。白居易诗曰："不得身自由，皆为心所使。"自由就是解脱，解脱各种内心的枷锁。心性之学把"内在超越"作为解脱枷锁的根本之路，通过"内在超越"，人回到自己的"内心"，不断发现、塑造和完善自己的人性，最终成为精神自由的人。心性自由思想主要涉及的是人性的存在、人的个体性与个体自身及其超越性和道德完善等问题，因而它在总体上是德性主义的。

心性自由包含"自"、"独"、"志"等基本元素。"自"即作为生命个体的我、吾、己的存在及其自觉性。儒家阐明了人在向善过程中所应具有的自觉、自主和自为的力量。孔子提出"由己"的思想，"为仁由己"（《论语·颜渊》）；"我欲仁，斯仁至矣"（《论语·述而》）；"见贤思齐焉，见不贤而内自省也"（《论语·里仁》）。正是这种对"我"、"吾"、"己"的坚守，使得颜回虽"一箪食，一瓢饮，在陋巷，人不堪其忧"，但"也不改其乐"。荀子对人的"自由心"更有系统说明："心者，形之君也，而神明之主也，出令而无所受令。自禁也，自使也，自夺也，自取也，自行也，自止也。"（《荀子·解蔽》）王守仁创立"心学"，提出"良知论"："尔那一点良知，是尔自家的准则，尔意念着，他是便知是，非便知非。"（《传习录·下》）陆九渊说："收拾精神，自作主宰，万物皆备于我，有何欠缺？当恻隐时自然恻隐，当羞恶时自然羞恶，当宽裕温柔时自然宽裕温柔，当发强刚毅时自然发强刚毅。""自得，自我，自道，不倚师友载籍。"（《陆九渊集·语录下》）在道家看来，"自由"即"自然"。"自然"就是"自己然也"，即"自己如此"。老子把"虚其心"（《老子·第三章》）视为心性自由的关键。所谓"虚其心"，就是让心回到原始的"虚极"、"精笃"，清心寡欲，做到"归根"，"复归于婴儿"（《老子·第二十八章》）。李贽对老子的这一思想是这样解释的："夫童心者，绝假纯真，最初一念之本心也。若失去童心，便失却真心；若失却真心，便失却真人。"（《焚书·童心说》）

儒家提出一种道德自由意义上的"独"。《中庸》曰："道也者，不可须臾离也，可离非道也。是故君子戒慎乎其所不睹，恐惧乎其所不闻。莫见乎隐，莫显乎微，故君子慎其独也。"朱熹说："独者，人所不知而己独知之地也。言幽暗之中，细微之事，迹虽未形而几则已动，人虽不知而己独知之，则是天下之事无有著见明显而过于此者。是以君子既常戒惧，而于此尤加谨焉，所以遏人欲于将萌，而不使其滋长于隐微之中，以至离道之远也。"（《四书章句集注》）道家提出一种精神自由意义上的"独"。庄子认为，人的不幸源于"蓬之心"（《庄子·齐物论》），即被各种成见或偏见像蓬草一样遮蔽和阻塞了的心。摆脱人生不幸，关键在于能否去"心之蓬"。庄子说："虚者，心斋也。"（《庄子·人世间》）如何做到这一点呢？庄子把老子所形容的"独立而不改"的"道"从客观自然引向人的主观精神，提出精神的"逍遥"。在庄子那里，精神是对人心的规定，指人的心的本然状态及其所具有的自由属性。庄子以"游"指称"独"。在庄子那里，所谓"独"，就是与"有待"相对的"无待"，即人的精神的绝对自由状态。"出入六合，游乎九州，独来独往，是谓独有"（《庄子·在宥》）；"明乎人，明乎鬼，然后能独行"（《庄子·庚桑楚》）；"朝彻而后能见独"（庄子·大宗师）。庄子提出"乘天地之正，而御六气之辩，以游无穷者"（《庄子·逍遥游》），呈现了一种"乘物以游心"的自由生存境界。

"志"即意志，指一种具有坚定性、持久性的意向、目的和理想。孔子说："三军可夺帅也，匹夫不可夺志也。"（《论语·子罕》）他强调"志于道"（《论语·述而》）、"博学而笃志"（《论语·子张》），这里的"志"即意志，指独立的愿望、目的和理想等。孟子"尚志"，他说："夫志，气之帅也；气，体之充也。夫志至焉，气次焉。故曰：持其志，无暴其气。"（《孟子·公孙丑上》）他强调，没有个体的坚定的意志和自主抉择，先验的"善"就会被遮蔽。他提出"养浩然之气"，意在强调个体基于自由意志的道德信念的养成。荀子说："志意修则骄富贵，道义重则轻王公，内省而外物轻矣。"（《荀子·修身》）朱子说："意者，心之所发也。"（《四书章句集注》）"心"发起一念，又趋向这个念，而且一定要实现心中的想法。王阳明提出"四句教"："无善无恶是心之体，有善有恶是意之动，知善知恶是良知，为善去恶是格物。"（《传习录下》）在传统语境中，意志即一种持之以恒、坚韧不拔的自由精神。

近现代思想家力图用西方自由主义理念对中国传统自由思想进行重新阐释和赋义，但他们仍秉持一种强烈的心性自由理念。严复说："夫自由，心德之事也。"① 他把自由总体上归结为教育问题，强调以教育培养爱国、合群的国民，并说：

> 夫所谓富强云者，质而言之，不外利民云尔。然政欲利民，必自民各能自利始；民各能自利，又必自皆得自由始；欲听其皆得自由，尤必自其各能自治始；反是且乱。顾彼民之能自治而自由者，皆其力、其智、其德诚优者也。是以今日要政，统于三端：一曰鼓民力，二曰开民智，三曰新民德。②

在严复看来，这"三端"是强国的治本之策。通过"三端"教育，提高国民的自治能力，从而实现自由。梁启超认为，自由的要义在于解除精神的束缚。他指出："人之奴隶我不足畏也，而莫痛于自奴隶于人；自奴隶于人犹不足畏也，而莫惨于我奴隶于我。庄子曰：'哀莫大于心死，而身死次之。'吾亦曰：辱莫大于心奴，而身奴斯为末矣。"因此，"若有欲求真自由者乎，其必自除心中之奴隶始"③。近现代国民性批判思潮中，奴性被视为国民劣根性之首。这种奴性表现为依附性、屈从性、谄媚性等，缺乏独立人格、自主意识、自治能力等。事实上，中国近现代自由主义的发展，经历了一个从早期的关注现实政治转向后来的倾心政治哲学再到最后走向人生态度的发展轨迹，也呈现出一种内向化发展趋势。

---

① 《严复集》第4册，中华书局1986年版，第986页。
② 《严复集》第1册，中华书局1986年版，第27页。
③ 梁启超：《新民论》，中州古籍出版社1998年版，第104—105页。

现代新儒家认为，心性之学是中国思想的核心，是中国文化的神髓。现代新儒学把重新确立心性之学的意义结构和价值信念作为自己的首要任务，并认为，这是中国文化摆脱危机的前提，也是"开出新外王"的基础。现代新儒家"内圣开出新外王"的实质是，"要使中国人不仅由其心性之学，以自觉其自我之为一'道德实践的主体'，同时当求在政治上，能自觉为一'政治的主体'，在自然界、知识界成为'认识的主体'及'实用技术的活动之主体'"①。唐君毅把自由划分为八个层次，即满足欲望的自由、立异的自由、保持选择的自由、人权的自由、群体的自由、个人从事文化活动以实现其人生理想或文化价值的自由、胸襟度量的自由、仁心呈露的自由，等等。但他认为这八个层次的自由，有着价值高低之别。前三种自由是纯粹个人主观的和消极的自由，追求这三种自由并不能对社会文化有真实贡献，因而不值得重视。人权的自由和群体的自由不过是为实现社会性和文化性的生活价值，它们是外在的自由。而最后三种自由是个人人格内部之内在自由，这三种自由的实现，有待于个人的努力。在唐君毅的自由观中，西方近代意义上的个人自由权利只是自由实现的基点、始点，而不是终点，个人的自由权利只在于促进社会性和文化性的活动，以成就人文价值之实现。自由的最高目标乃在于人文精神的实现，这种人文精神是指"对于人性、人伦、人道、人格、人之文化及其在历史之存在与其价值，愿意全幅加以肯定尊重……以免人同于人以外、人以下之自然物"。这种核心自由或最高自由就是唐君毅所说的"仁心呈露之自由"，这是人类追求的最高层次的自由，这种自由"能涵盖一切现实的与可能的人生文化之价值，而加以肯定、赞叹、生发、成就"。这种"仁心呈露之自由"也就是孔子所说的"为仁由己"的自由。唐君毅认为，就孔子首倡为仁由己而言，他可被视为中国自由之父。②

传统心性自由思想彰显了人的道德自觉、道德自主、道德自律等道德自由精神，成就了一大批传统社会所需要的圣贤君子，推动了传统社会道德的发展。其历史积极作用和现实借鉴意义，都是毋庸置疑的。但是，由于缺乏外在制度法规等的保障，传统自由思想尤其是心性自由思想在其现

---

① 牟宗三等:《为中国文化敬告世界人士宣言》，载封祖盛编《当代新儒家》，生活·读书·新知三联书店 1989 年版，第 27 页。

② 参见何信全《儒学与现代民主——当代新儒家政治哲学研究》，中国社会科学出版社 2001 年版，第 87—93 页。

实性上，发生了某些变异，产生了一些负面效应。这种心性自由或者变异为自我作践的"心奴"，或者变异为随波逐流的"任性"，或者变异为玩世不恭的"放纵"。用黑格尔的话说，这种自由"是没有必然性的抽象自由。这种假自由就是任性，因而它就是真自由的反面，是不自觉地被束缚的、主观空想的自由——仅仅是形式的自由"①。

儒家提出"内圣外王"，但它更为强调"内圣"。"内圣"即内在的"圣"，"圣人，人伦之至也"（《孟子·离娄上》）。"内圣"就是一个人通过道德实践努力而成为一个有至善德性的圣人。"内圣"的过程实际上就是一个人塑造自己道德品格、成就道德人格的过程。心性自由思想旨在唤醒人的道德自觉和道德努力，使人达致"内圣"。但是，儒家心性自由思想存在内在悖论，它一方面强调"为仁由己"的德性自由；另一方面又以"五伦"为坐标，要求个体"安分守己"，从而产生了德性理想主义与伦理中心主义的矛盾。伦理中心主义的取向，无视个人德性表现的条件性和差异性，消解了个体的自由理念，把个人德性的表现变异为一种对个人生活的严格约束。

何以如此呢？历史地看，由于封建专制社会结构的实际影响，儒家的伦理设计在现实运行中使个体人格依附并统摄于人伦之中，人伦观念取代了独立人格观念，个体行为处于过多的伦理原则和伦理规范的制约之下而失去了应有的自由。同时，由于儒家学说成为专制社会的意识形态，它从整体上走向为专制社会进行辩护的义务论方向。因此，传统儒家虽然也讲人的意志自由，但需要"注意的是意志的'专一'的品格；而对意志的'自愿'的品格，并没有作深入的考察。孔子哲学的最高原理是'天命'，他以为要'知天命'、'顺天命'，而后才能'从心所欲不逾矩'。这样讲人的自由，实际上已陷入宿命论了。后代的儒家正统派为了替封建专制主义辩护，更加忽视了自由是意志的自愿选择这一点，更加发展了宿命论"②。这种宿命论催生和推进了一种"精神性奴役"，人们抱持一种"不求改变外部世界，只求改善自我心性"的内敛式的自我压抑的人生信条，以至于把"自觉奴性"等同于自由意志，从而忽视、无视甚至纵容

① ［德］黑格尔：《哲学史讲演录》第一卷，贺麟、王太庆译，商务印书馆 1959 年版，第31 页。

② 冯契：《中国古代哲学的逻辑发展》上册，上海人民出版社 1983 年版，第 50—51 页。

社会不合理现象的滋生蔓延。在近现代"新民"思潮中,"奴性"常常被视为国民劣根性之首而受到严厉批判。

儒家心性自由思想中有一个关键概念,即"真实的或高级的自我"。这个自我即"圣人",他体现了作为精神自由的道德自律和自觉。但这个概念常常也包含着某种任意而武断的内容。不管什么人,一旦在社会地位上处于某种优势,就可以把自己所喜欢的价值称作是真实的或高级的,而把与自己秉持的价值不同或相反的价值说成是虚假的或低级的。这种自由概念在现实生活中很容易演变为一种所谓真实的、理性的自我对虚假的、感性的自我的征服。儒家的自由是一种自居的自由、先知的自由,而不是一般人的自由。儒家的"内圣"要求,因其具有极强的道德理想主义和精英主义色彩而在其现实性上走向"道德专制",这种"道德专制"要求"满街皆圣人,人人尽舜尧"。这种"内圣"要求落实到现实层面,往往导致人格扭曲,虚伪盛行。

道家的自由观在总体上看也是一种心性论,但在具体证成和主旨取向上又与儒家有所不同。道家崇尚"自然",在道家看来,"自由"即"自然"。"自然"就是"自己然也",即"自己如此"。"自由"就是按照自然本性,由着自己的性情去做事。在中国思想史上,庄子首次把原来分开使用的"精"与"神"两个词合并为"精神"一词,提出了一种精神自由意义上的"逍遥"。在庄子那里,精神是对人心的规定,指人心的本然状态及其所具有的自由属性。庄子把老子所形容的"独立而不改"的"道"从客观自然引向人的主观精神,并以"游"指称"独"。在庄子那里,所谓"独",就是与"有待"相对的"无待",即"无己"、"无功"、"无名"的精神的绝对自由状态。"出入六合,游乎九州,独来独往,是谓独有"(《庄子·在宥》);"明乎人,明乎鬼,然后能独行"(《庄子·庚桑楚》);"朝彻而后能见独"(庄子·大宗师)。庄子提出"乘天地之正,而御六气之辩,以游无穷者"(《庄子·逍遥游》),呈现了一种"乘物以游心"的自由生存境界。

在道家那里,自由表现为"游心"与"游世"的统一。一方面,要在精神上达到超脱尘世的绝对自由;另一方面,在现实生活中往往又"身不由己",因而玩世不恭。它以身心二元分离为逻辑前提,在保身中追求精神的逍遥与超脱,"形随俗而志清高,身处世而心逍遥"。老庄的所谓精神自由无非是要取消人的意志自由乃至任何意志,是一种

"无意志的自由"，这种自由只能使人麻木和无所谓，"有人之形，无人之情。有人之形故群于人。无人之情，故是非不得于身"（《庄子·德充符》）。庄子的自由，既包括"精神自由"或"意志自由"，也包括摆脱束缚、不受约束、从正统价值和秩序中获得解放的"社会自由"。有学者总结道：

> 道家伦理精神，以愤世为逻辑起点，由愤世而厌世，由厌世而隐世，由隐世而顺世，最后形成的人生态度就是玩世。愤世—厌世—隐世—顺世—玩世，就是道家伦理精神的生长逻辑。①

所以，有人认为，庄子的"无君论"开创了中国无政府主义传统。"道家式无政府主义"崇尚无秩序、无规则、无法度，只求自我解脱和自我自在，使人成为老于世故、玩世不恭之徒，形成一种"流氓化"意识，把自由等同于任性或放纵。殷海光说："很少东方人有过真正自觉的自由生活经验。'一盘散沙'式的生活不能算是自由。因此，大家对于'自由'一词底确切所指也就茫然，充其量不过是模模糊糊的向往爱好而已。既然如此，那厌恶自由但又不敢从正面反对自由的人，就造设种种辞令来把自由解释成很坏的东西。近年来若干人对自由的许多误解，例如以为自由就是散漫、自由就是不守秩序等等，主要是由此而生。"②

潘光旦说：

> 任何社会里，总有一部分人在行为上很放纵，很私心自用；但这种人决不自承为放纵，为私心自用；他们一定有许多掩饰自己的设词或饰词，其中很普通的一个，特别是晚近二三百年来最流行的一个，就是"自由"。③

道家式的自由，用黑格尔的话说，"是没有必然性的抽象自由。这种假自由就是任性，因而它就是真自由的反面，是不自觉地被束缚的、主观空想

---

① 樊浩：《中国伦理精神的现代建构》，江苏人民出版社 1997 年版，第 42 页。
② 张斌峰、何卓恩编：《殷海光文集》第一卷，湖北人民出版社 2001 年版，第 61 页。
③ 潘光旦：《自由之路》，上海三联书店 2008 年版，第 8 页。

的自由——仅仅是形式的自由"①。殷海光说，如果"所谓的'自由'意指'有制度保证的自由及被正式建构化了的诸基本人权'，那么中国人自有史以来根本不曾有过自由。但是在另外两种意义之下，中国人享有不少的自由。第一，因着统治观念尚自然、重风俗习惯、有时尚无为，加之统治技术不发达而官府管不到的空隙颇多，于是小百姓的'自由'颇多。第二，权力结构松弛，甚至解体，在前一统治机构失去控制力而后一统治机构尚未形成之交，出现了统治的空隙。在这种时际，中国人有'自由'"②。也因此，孙中山才会把"日出而作，日入而息，凿井而饮，耕田而食，帝力于我何有哉"的《日出而作》歌，称作"先民的自由歌"③。但这样的自由，呈现的是一种"鸡犬之声相闻，老死不相往来"的自然生活景象，难说是现代意义的自由。孙中山认为，中国近代以来之所以被列强欺凌，源于中国人的一片散沙。"一片散沙的意思是什么呢？就是个个有自由和人人有自由。人人把自己的自由扩充到很大，所以成了一片散沙。""中国自古以来，虽无自由之名，而确有自由之实，且极其充分。"④孙中山这里所说的自由，显然更多指的是传统道家式的任性随意的自由。

同样，毛泽东在革命年代所批评的"自由主义"，也更多的是中国传统"道家式自由主义"在革命队伍中的具体表现。1929 年，毛泽东在《关于纠正党内的错误思想》中指出了当时党内存在的诸多错误思想，如"极端民主化"、"非组织观点"、"个人主义"、"流寇思想"等，并认为"极端民主化的来源，在于小资产阶级的自由散漫性"⑤。1937 年，在《反对自由主义》中，毛泽东把"自由放任"、"事不关己，高高挂起"、"个人意见第一"、"闹意气、泄私愤、图报复"、"工作随便、学习松懈"等观念和行为都概括在自由主义名下。中国近现代历史中的一盘散沙、军阀割据、宗派主义、山头主义、本位主义等，都与毛泽东所批评地"中国式自由主义"有关联性。毛泽东所批评的"自由主义"，不是近现代西方思想史上的自由主义，而是中国封建社会中各种无组织的散漫与任意的

① ［德］黑格尔：《哲学史讲演录》第一卷，贺麟、王太庆译，商务印书馆1959年版，第31页。
② 张斌峰、何卓恩编：《殷海光文集》第四卷，湖北人民出版社2001年版，第280页。
③ 《孙中山全集》第九卷，中华书局2006年版，第280页。
④ 同上书，第272、281页。
⑤ 《毛泽东选集》第一卷，人民出版社1991年版，第88—89页。

习性。这些习性在我国建设和改革开放时期，仍不同程度存在。1975 年，邓小平反复谈到各行各业领导班子存在的诸多问题，其中之一就是"散"，"散，就是争权夺利，搞不团结，捏不到一起"，"主要表现在有派性和组织纪律性差这两个方面"；闹派性是宗派主义，就是"树山头、垒山头，或者站到这个山头、那个山头"；"喜欢垒点山头，喜欢搞那么一个小圈子，喜欢那些吹捧自己的人、听自己话的人，任人唯亲"①。1979年 10 月 15 日，在会见英国记者格林等人时，邓小平曾坦率地谈到了他对个人自由问题的看法。他说：

> 如果说个人自由与国家的自由和大多数人民的自由相矛盾，这种自由不能提倡。就是到了共产主义的时候，人们也还要服从交通警察的指挥，这与自由是不矛盾的。现在的问题是，对人权问题、自由问题，在青年中有一种误解，实际上把这些变成无政府主义，甚至变成极端个人主义。②

现存的部门本位主义、地方保护主义、行业垄断、市场壁垒等，是我国经济社会发展中一直存在的一些突出问题。

中国近现代思想家在用西方自由主义理念对中国传统自由思想进行重新阐释和赋义的同时，也坚执一种心性自由理念。严复说："夫自由，心德之事也。"③ 梁启超认为，自由的要义在于解除精神的束缚。在《论自由》一文中，梁启超提出要区分"真自由"与"假自由"，真自由即心灵的自由，假自由即身体自主而心灵不自主。他指出："人之奴隶我不足畏也，而莫痛于自奴隶于人；自奴隶于人犹不足畏也，而莫惨于我奴隶于我。庄子曰：'哀莫大于心死，而身死次之。'吾亦曰：辱莫大于心奴，而身奴斯为末矣。"因此，"若有欲求真自由者乎，其必自除心中之奴隶始"④。近现代国民性批判思潮中，奴性被视为国民劣根性之首。这种奴性表现为依附性、屈从性、谄媚性等，缺乏独立人格、自主意识、自治能力等。现代新儒学把重新确立心性之学的意义结构和价值信念作为自己的

---

① 《邓小平文选》第二卷，人民出版社 1994 年版，第 75、16、13、16 页。
② 《邓小平年谱 1975—1997》（上），中央文献出版社 2004 年版，第 568 页。
③ 《严复集》第 4 册，中华书局 1986 年版，第 986 页。
④ 梁启超：《新民论》，中州古籍出版社 1998 年版，第 104—105 页。

首要任务,并认为,这是中国文化摆脱危机的前提,也是"开出新外王"的基础。现代新儒家"内圣开出新外王"的实质是,"要使中国人不仅由其心性之学,以自觉其自我之为一'道德实践的主体',同时当求在政治上,能自觉为一'政治的主体',在自然界、知识界成为'认识的主体'及'实用技术的活动之主体'"①。在现代新儒学看来,由"内圣"到"新外王"必须经过一个"主体的转化之创造"过程,这种创造必须从儒家的"内圣之学"出发,以儒家道德精神作为形上根据。于是,民主与科学的根本便是主体的建构,而主体建构的本质又是道德主体的自我转化。因而,心性之学必然会成为现代新儒学的起点。现代新儒学以弘扬中国传统儒家文化为志向,力图由心性内圣之学,开出自由、民主、科学的现代外王事功,使之适应现代社会。事实上,中国近现代自由主义的发展,经历了一个从早期的关注现实政治转向后来的倾心政治哲学再到最后走向人生态度的发展轨迹,从中也可看出自由理念的一种内向化发展趋势。

从某种意义上说,心性自由可归结为现代自由理论所说的积极自由。积极自由指自我引导与自我主宰,以做自己的主人为要旨的自由,即"可自由地去做……(free to)"的自由,表达的是人自己所期望、所立志要实现的价值目标和权利。就人类终极价值取向而言,积极自由具有根本意义。马克思说:

> 人不是由于有逃避某种事物的消极力量,而是由于有表现本身的真正个性的积极力量才得到自由。②

但是,从人类社会生活的现实逻辑来看,消极自由较之积极自由具有更大的价值。因为,如上所述,积极自由中预设有一个前提性和关键性的概念,即"真实的或高级的自我"。但这个概念往往包含着非常任意而武断的内容。不管什么人,都可以通过这个概念来表达自己的自由理念,从而使自由概念具有歧异性、模糊性。问题的严重性还在于,对于一些人来

---

① 牟宗三等:《为中国文化敬告世界人士宣言》,载封祖盛编《当代新儒家》,生活·读书·新知三联书店1989年版,第27页。
② 《马克思恩格斯文集》第1卷,人民出版社2009年版,第335页。

说，他一旦处于某种优势，便可以把自己所喜欢的价值称作是真实的或高级的，而把与自己秉持的价值不同或相反的价值说成是虚假的或低级的，从而在现实生活中实行"精神专制"，推行一些在鲁迅看来是"吃人"的礼教。这一点也造成中国传统道德以义务为本位的特征。义务本位一方面消解了"个人"观念。"到处弥漫着义务观念之中国，其个人便几乎没有地位。此时个人没于伦理之中，殆将永不被发现。自由之主体且不立，自由其如何得立？""中国文化最大之偏失，就在个人永不被发现这一点上。一个人简直没有站在自己立场说话机会，多少感情要求被压抑，被抹杀。"① 另一方面，义务本位也消解了所谓的主观自由。黑格尔说："当中国人如此重视的义务得到实践时，这种义务的实践只是形式的，不是自由的内心的情感，不是主观的自由。"②

（三）精神家园与定在中的精神自由

1. 精神家园

精神家园指一个人的精神支柱、情感寄托和心灵归宿，精神家园反映的是人在价值层面上的主体自我意识和整体性的精神归属。有了精神家园的支撑，人才会有心理安全感和精神归宿感，人的生活方可呈现丰富意义。

黑格尔在其《精神哲学》文首便写道：

> 关于精神的知识是最具体的，因而是最高和最难的。认识你自己这个绝对诫命的含义，无论从它本身来看，或就其在历史上被宣告出来时的情况来看，都不只是一种对于个人的特殊的能力、性格、倾向和弱点的自我知识，而是对于人的真实方面——自在自为的真实方面，即对于人作为精神的本质自身的知识。③

在黑格尔看来，"认识你自己"中的"你"，并不是指作为认识主体的个

---

① 《梁漱溟全集》第三卷，山东人民出版社 2005 年版，第 250—251 页。
② ［德］黑格尔：《哲学史讲演录》第一卷，贺麟、王太庆译，商务印书馆 1959 年版，第125 页。
③ ［德］黑格尔：《精神哲学——哲学全书·第三部分》，杨祖陶译，人民出版社 2006 年版，第 1 页。

人，而是指个人身上的精神；"认识你自己"中的"你自己"，也不是指作为认识对象的自我，而是指自我身上显现出来的精神。

德国伦理学家包尔生说：

> 人的灵魂是世界上所有事物中最复杂最难驾驭的，因而驾驭灵魂的技艺也是最难的技艺。而且，由于它是我们的幸福最为重要的一种技艺，它需要人们以更大的注意力加以研究。[①]

精神首先是个体化的和切己的，是个人存在的深层本质。"精神的最初的和最简单的规定就是：精神是自我。"[②] 一个人有了一种精神，他才真正拥有了一个"自我"，他才会成为一个主体，从而产生自己的愿望、意图和梦想，并借助这种"精神"去实现自己的愿望、意图和梦想。人生是最为切己的生活实践，是最为个性化的个人历程。谁也不可能为他人的人生意义和精神世界谱写一曲唯一正确的乐章。但是，个人精神总是有一定的归属，个人总是根据一定的团体价值理念，将自己的精神信念与特定的社会集团联结起来。黑格尔认为，个人精神必须超越其自身而进入自身以外的他物，进入人与人的关系，方可实现其现实性和自由。黑格尔指出："精神起初只不过是自在地精神；它成为自为的过程就是它实现的过程。"[③] 这就是说，当精神停留在主观性范围内时，作为单纯的主观精神，它是自在的；当精神自觉地外化自己，使自己成为客观精神时，它才是自为的。在《精神现象学》中，黑格尔描述了精神演进的历程，即从意识、自我意识和理性等主观精神，走向作为客观精神的社会意识形态，最后达致宗教、绝对知识等绝对精神。黑格尔力图说明，个体精神是在外化与内化的双向运动中与"类"（人类或社会等团体）精神达到一体化的。只有达到这种一体化，个体精神才可能真正得以健全发展和提升。个体精神与"类"精神的这种一体化，源于精神的辩证本性："精神既是无限的，又是有限的，同时它既不仅仅是这一个，也不仅仅是那一个；精神在它的有

---

① ［德］包尔生：《伦理学体系》，何怀宏、廖申白译，中国社会科学出版社1988年版，第429—430页。

② ［德］黑格尔：《精神哲学——哲学全书·第三部分》，杨祖陶译，人民出版社2006年版，第14页。

③ 同上书，第28页。

限化里始终是无限的；因为它在自身中扬弃着有限性。"因此，对个人来说，"精神的整个发展过程无非是它自己本身提高为真理的过程"①。

"精神"有两个基本规定。第一，精神既不是"多"，也不是"一"，而是"一"与"多"、单一性与普遍性的统一。第二，精神追求"多"与"一"、单一性与普遍性的统一的前提是：坚持对于"普遍物"或作为多样性与普遍性的统一体的"实体"的信念与信仰，并以此为出发点，达到"多"与"一"的统一，这种统一即"精神"。这样，在多样性与普遍性、"一"与"多"之间，便存在一个"世界"，这是一个以信念和信仰为支撑、超越于个别性与多样性的事实世界之上、达到多样性与普遍性或"多"与"一"统一的"意义世界"。这种透过同一性或共同体的信念与信仰建构的"多"与"一"统一的意义世界，便是"精神世界"②。这个"精神世界"是人们通过对话和切磋，在交流各自的人生经验和人生体悟的过程中所达成的一些共识，这些共识有助于每个人经营自己的人生进程和体验自己的人生意义。目前，"每个社会都设法建立一个意义系统，人们通过它们来显示自己与世界的联系。这些意义规定了一套目的，它们或像神话和仪式那样，解释了共同经验的特点，或通过人的魔法或技术力量来改造自然。这些意义体现在宗教、文化和工作中。在这些领域里丧失意义就造成一种茫然困惑的局面。这种局面令人无法忍受，因而也就迫使人们尽快地去追求新的意义，以免剩下的一切都变成一种虚无主义或空虚感"③。

所以，在现代社会，人的物质需求很容易得到满足，经济的小康和政治的相对公正都不是难以实现的。随着物质生活水平的提高和闲暇时间的增多，精神世界及其意义对人来说越来越重要，寻求"精神家园"越来越成为一种大众需求。

2. 定在中的精神自由

黑格尔认为，精神的规定性是"显示"，精神"在他物里保持着自己和实现着自己，把自己的内在本质在他物里明显地显示出来，使他物成为

---

① ［德］黑格尔：《精神哲学——哲学全书·第三部分》，杨祖陶译，人民出版社 2006 年版，第 32、8 页。

② 樊浩等：《中国大众意识形态报告》，中国社会科学出版社 2012 年版，第 9 页。

③ ［美］丹尼尔·贝尔：《资本主义文化矛盾》，赵一凡等译，生活·读书·新知三联书店 1989 年版，第 197 页。

一个与它相符合的定在,因而通过这种对他物,即对确定的、现实的区别的扬弃就达到了具体的自为存在,就明确地对自己显示出来……精神本身只有就它显示自己本事而言才存在。因此,现实性——它正在于精神的显示——是属于精神的概念的"[①]。黑格尔强调,精神必须从主观性状态如灵魂、意识、思维等,进入客观性状态如法、道德、伦理等,最后达到主客观统一的绝对性状态如艺术、宗教、哲学等,如此,精神才会具有现实性和真理性。黑格尔在唯心论形式中凸显了精神的现实规定性。马克思在赞赏伊壁鸠鲁原子偏斜说所包含的自由思想的同时,也批评他把自由仅仅看成是人脱离外界的自我意识的宁静的观点。马克思认为,孤立主体的内心自由"是脱离定在的自由,而不是在定在中的自由。它不能在定在之中发亮"。事实上,"自由不仅包括我靠什么生活,而且也包括我怎样生活,不仅包括我做自由的事,而且也包括我自由地做这些事"[②]。

"定在的自由"即"关系中的自由"。自由的主体只能是现实的人,现实的人的本质是一切社会关系的总和。自由是人的本质规定,在其现实性即"定在"意义上,自由必然体现一种社会关系。严复认为,一个人独居世外,不存在限制或禁止,一切皆可自我作主,任意行事。

> 自繇者,凡所欲为,理无不可。此如有人独居世外,其自繇界域,岂有限制?为善为恶,一切皆自本身起义,谁复禁之?但自入群而后,我自繇者人亦自繇,使无限制约束,便入强权世界,而相冲突。故曰人得自繇,而必以他人之自繇为界。[③]

这就是说,自由并不是为所欲为,更不是恣意妄为,而是在"存我"的基础上对人与人及其权利关系的规范。也因此,严复把穆勒的《On Liberty》翻译为《群己权界论》。人的本质是一切社会关系的总和,人生的意义孕育于人与人、人与社会等的各种"关系"中。正是在对种种"关系"的主动适应、自觉调整和有效建构中,每一个人形塑了自己的意义世界和精神家园。

---

① [德]黑格尔:《精神哲学——哲学全书·第三部分》,杨祖陶译,人民出版社2006年版,第22—23页。

② 《马克思恩格斯全集》第1卷,人民出版社1995年版,第50、181页。

③ 《严复集》第1册,中华书局1986年版,第132页。

自由是指作为主体的人在对象性关系和对象化活动中追求和表现出来的一种自觉、自为、自主的存在状态。自由是人的一种自觉的存在状态，这种自觉性相对于盲目性而言，它以目的形式表现出来，人的行为的目的性和围绕这种目的性的自我决定、自我创造和自我实现，是人的自由的一种确证和表征。自由是人的一种自为的存在状态，这种自为性相对于自在性或自发性而言，是人的一种行为能力，即"借助于对事物的认识来作出决定的那种能力"。自由是人的一种自主的存在状态，这种自主性相对于强制性或被迫性，它表现为人凭借自己拥有的各种权利而成为自主的人。这种自觉、自为、自主的状态体现于人与自然、人与人、人与自我等关系中，具体呈现为经济自由、政治自由、社会自由、个性自由，等等。所以，马克思说："主体的对象化，也就是实在的自由——而这种自由见之于活动恰恰就是劳动。"① 恩格斯说："文化上的每一个进步，都是迈向自由的一步。"② 正是在这个意义上，恩格斯在谈到"幸福"时说："追求幸福的欲望只有极微小的一部分可以靠观念上的权利来满足，绝大部分却要靠物质的手段来实现。"③ 恩格斯把人与自然、人与社会、人与自我等"关系中的自由"描述为，人"成为自然界的主人"，"成为自己的社会结合的主人"，"成为自身的主人"，并认为，只有这三方面的高度统一，人才能成为"自由的人"④。

自由观念在人类思想史中的正式确立，源于因公共权力与个人权利之间的张力而产生的从个人权利角度对公共权力的限制和反抗。康德认为，在现代社会，首要的问题是权利问题，人"通过权利的概念，他应该是他自己的主人"⑤。也因此，康德认为，大自然迫使人类加以解决的最大问题是建立一个普遍法治的公民社会。在这种社会中，自由、平等与独立，是公民的基本权利，同时也是社会正义的准绳。伯林认为，"自由是行动的机会，而不是行动本身"⑥，是行动的"可能性"而非行动的"动态实现"。人的自由最根本的是指人的某种权利，即他能够做什么的资

---

① 《马克思恩格斯文集》第 8 卷，人民出版社 2009 年版，第 174 页。
② 《马克思恩格斯文集》第 9 卷，人民出版社 2009 年版，第 120 页。
③ 《马克思恩格斯文集》第 4 卷，人民出版社 2009 年版，第 293 页。
④ 《马克思恩格斯文集》第 3 卷，人民出版社 2009 年版，第 566 页。
⑤ ［德］康德：《法的形而上学原理——权利的科学》，沈叔平等译，商务印书馆 1991 年版，第 50 页。
⑥ ［英］以赛亚·伯林：《自由论》，胡传胜译，译林出版社 2003 年版，第 39 页。

格，资格涉及人自身的与外在环境的各种因素。伯林把权利视为自由的核心要素，他指出：

　　除非受两个多少相互关联的原则统治，没有一个社会能是自由的。一个原则是，只有权利，而非权力，才能被视为绝对的，从而使得所有人，不管什么样的权力统治着他们，都有绝对的权利拒绝非人性的举动。第二个原则是，存在着并非人为划定的疆界，在其中人必须是不可侵犯的；这些疆界之划定，依据的是这样一些规则：它们被如此长久与广泛地接受，以至于对它们的遵守，已经进入所谓正常人的概念之中，因此也进入什么样的行动是非人性与不健康的概念之中。①

严复把穆勒的《On Liberty》翻译为《群己权界论》，意指群体权力与个人权利的界限。梁启超在《十种德性相反相成》一文中，直接用"权利"定义"自由"，他说："自由者，权利之表征也。"② 作为权利的自由，表征的是人的独立人格和自主表达思想、发表言论以及从事各种活动的资格、机会和能力等。

　　可见，自由是权利、机会与能力的统一。作为一种权利，自由体现为人是他自己的主人，有自己独立的人格，是自由自觉的行动者；作为一种机会，自由体现为人获得权利和实现自己目的的可能性和现实性；作为一种能力，自由体现为人的认识世界与改造世界的能力。诺贝尔经济学奖获得者阿马蒂亚·森把自由与能力联系起来，将自由定义为"享有人们有理由珍视的那种生活的可行能力"③。也就是，一个人可以实现的功能性活动的范围构成他的"实质"意义的自由。

　　马克思这样阐释"自由"：

　　人不是由于有逃避某种事物的消极力量，而是由于有表现本身的

---

　　① ［英］以赛亚·伯林：《自由论》，胡传胜译，译林出版社 2003 年版，第 238 页。
　　② 《梁启超全集》第一册，北京出版社 1999 年版，第 429 页。
　　③ ［印］阿马蒂亚·森：《以自由看待发展》，任赜、于真译，中国人民大学出版社 2002 年版，第 62 页。

真正个性的积极力量才得到自由。①

由此，马克思提出自由的三个基本方面，即每个人的自由发展是一切人自由发展的条件的自由人联合体②、建立在个人全面发展和他们共同的社会生产能力成为从属于他们的社会财富这一基础上的自由个性③、建立在必然王国基础上的作为目的本身的人类能力的发挥的自由王国。④ 在其现实性上，信仰自由、思想自由、体面劳动、政治参与、自愿结社、个性发展，等等，都是自由的具体形式。

自由是人在"受动"中所体现出来的一种主体能动性。马克思认为，能动的创造性是人的本质，但人的能动性是一种"受动"的能动性。因为，人是环境的产物，自然界是人存在和发展的永恒前提，社会活动是人存在和发展的基本形式。自然界和社会有其内在必然性和规律，这些必然性和规律既是人的自由的边界和限度，又是人的自由的前提和根据。作为一个关系范畴，自由体现的是人与必然性、主体与客体的关系。

自由不在于幻想中摆脱自然规律而独立，而在于认识这些规律，从而能够有计划地使自然规律为一定的目的服务。⑤

自由是对必然和规律的认识与改造，昭示的是在主体与客体的辩证统一中人的本质力量的自我实现以及人的能力的全面发挥。人的本质力量的实现和人的能力的发挥，既需要特定的感性对象，也需要一定的物质条件。正是在这个意义上，马克思说："按人的方式来理解的受动，是人的一种自我享受。"⑥ 也因此，马克思在《资本论》中区分了两个王国，即"必然王国"和"自由王国"。必然王国即受制于自然必然性的物质生活资料生产领域，自由王国即作为目的本身的人的能力不断得以发展和发挥的生活领域。必然王国是前提和手段，自由王国是归宿和目的。

---

① 《马克思恩格斯文集》第 1 卷，人民出版社 2009 年版，第 335 页。
② 《马克思恩格斯文集》第 2 卷，人民出版社 2009 年版，第 53 页。
③ 《马克思恩格斯文集》第 8 卷，人民出版社 2009 年版，第 52 页。
④ 《马克思恩格斯文集》第 7 卷，人民出版社 2009 年版，第 929 页。
⑤ 《马克思恩格斯文集》第 9 卷，人民出版社 2009 年版，第 120 页。
⑥ 《马克思恩格斯文集》第 1 卷，人民出版社 2009 年版，第 189 页。

自由王国只是建立在必然王国的基础上，才能繁荣起来。①

通过发挥自己的能力和潜力来满足自己的各种需要，这是人生意义的真正体现。马克思认为，人的本质在于自由自觉的创造活动。马斯洛也指出，一个人越是意识到自己的能力，并生产性地运用这种能力去满足他的各种需要，他与自身异化的可能性就越小。因为，能力的充分发挥使人为自己的生活创造了一种"善循环"：生产性创造活动带来快乐和幸福，这种快乐和幸福又强化着人的生产性创造活动。生产性意味着建设性和创新性，抵制着破坏性和重复性。人的能力的创造性运用，表现为对生活的无限可能性的发现、开掘和实现，因而表现为生活的创造性。有创造性才能使人的生活具有不可还原的意义，才能表明人的存在身份。因而，对一个人来说，即使是"休闲"这样的活动，也并不仅仅是单纯的购物、旅游，更不是游手好闲，而是要把它升华为一种能够满足人的多方面需要的文化创造、文化欣赏、文化建构的生命状态和生活方式。

自由是人的意愿、意志和行为方式的自律。自由是作为主体的人对自身的反思与要求。自由观念的产生与发展以人的自我意识为前提，人的自我意识实质上是人对自我的行为和思想的一种"范围"意识。这种"范围"意识，一方面是肯定性的，是对主体行为和思想范围的确认，在这种范围内架构起了人的尊严与价值；另一方面又是否定性的，是对主体思想观念和行为的限制。人们既要保持已有的范围，又要冲破这范围。正是在这种肯定与否定、保持与冲破之间，产生了自由观念。可见，在始源意义上，人最初的自由观念本身就是一种道德观念和道德意识，它包含道德自觉和道德自律。自律即人自己为自己所定的规律。自律本身首先是一种具有一贯性的自由意志，它是对自由意志的任意性和自发性的一种克制，是对自由意志的任意选择的预先选择，因而可以说是一种高出于单纯任意性之上的更高级的意志自由。意志自由的自发性和任意性选择还只是自由的一个初步规定，真正的自由意志乃是自律。自律是一种更高层次的自由，它体现的是一种自由的必然性：人为自己的行为立法。当这个自己所定的法畅行无阻时，人便达到了自由的境界。

————————

① 《马克思恩格斯文集》第 7 卷，人民出版社 2009 年版，第 929 页。

　　自由意味着秩序与法治。在行为方式层面，自由体现个人行动与环境、私人领域与公共领域、个人权利与公共权力等之间的关系，这种关系以秩序和法治的形式表现出来即社会的或政治的自由，这种自由指人们在制度、法律许可的范围内不受约束地行使自己的权利。自由概念包含着必然、规律、可能、条件、目的、现实、客体等一系列范畴，与民主、公正、平等、秩序等理念密切关联。法治的基本精神在于维护和保障自由。法治保护人们的自利欲望和利益追求，它把个人的欲望和利益转化为权利。对人而言，权利意味着可以自由地做某事，权利就是自由；对物而言，权利就是财产权。个人的利益、权利、自由、财产等是相同的。但个人权利相互之间、个人权利与政治组织之间存在着矛盾和冲突。法治确定了权利享有者之间的相互义务，为协调权利与权利、权力与权力、权利与权力等之间的关系提供了一种理性的社会框架，这种社会框架体现了一种秩序中的自由，即在法律与秩序的范围内不受他人干涉而行动的可能性。也是在这个意义上，黑格尔认为，法律是自由的具体表现。现代法律体系对于人的人格尊严、名誉荣誉、思想自由、言论自由等，都有愈来愈完备的规定。

　　在我国，1987 年 1 月 1 日实施的《中华人民共和国民法通则》和 2001 年 3 月 1 日施行的最高人民法院《关于确定民事侵权精神损害赔偿责任若干问题的解释》，确立了精神损害赔偿制度，2009 年 12 月通过的《中华人民共和国侵权责任法》将精神损害赔偿纳入民事基本法，规定侵害他人人身权益，造成他人严重精神损害的，被侵权人可以请求精神损害赔偿。但上述法律基本上停留于对民事领域精神侵害的一种控制。2010 年 12 月 1 日实施的新修订的《国家赔偿法》，其最大亮点之一，就是将精神损害纳入国家赔偿范围，对公权力造成的精神侵害做出了明确的法律规定，要求国家机关及其工作人员行使职权致人精神损害，造成严重后果的，应当依法支付相应的精神损害抚慰金。这体现法律对公民人格价值和精神世界的尊重与保护。目前，我国各类精神疾病患者达 1 亿人以上，精神障碍患者的权益保护日益重要。1985 年，卫生部着手起草《中华人民共和国精神卫生法（草案）》，成立了精神病学专家组成的精神卫生法草案起草小组，从而拉开了我国精神卫生立法的序幕。2005 年 9 月，完成《中华人民共和国精神卫生法（草案）》。2012 年 10 月 26 日，酝酿 20 余年的《中华人民共和国精神卫生法》经全国人大常委会表决通过，并于

2013 年 5 月 1 日起正式实施。《精神卫生法》用"精神障碍患者"取代"精神病"这个大众日常用语，强调精神障碍患者的人格尊严、人身和财产安全不受侵犯，要求全社会应当尊重、理解、关爱精神障碍患者，任何组织或者个人不得歧视、侮辱、虐待精神障碍患者，不得非法限制精神障碍患者的人身自由。

参考文献

《马克思恩格斯文集》第1—10卷，人民出版社2009年版。

《列宁选集》第1—4卷，人民出版社2012年版。

《毛泽东选集》第1—4卷，人民出版社1991年版。

《邓小平文选》第1—3卷，人民出版社1993年版、1994年版。

《江泽民文选》第1—3卷，人民出版社2006年版。

中共中央文献研究室编：《十六大以来重要文献选编》上、中、下，中央文献出版社2005年版、2006年版、2008年版。

中共中央文献研究室编：《十七大以来重要文献选编》上、中、下，中央文献出版社2009年版、2011年版、2013年版。

中共中央文献研究室编：《社会主义精神文明建设文献选编》，中央文献出版社1996年版。

刘大椿：《社会和谐与人文关怀》，中国人民大学出版社2006年版。

郭学文：《生命意识、人文关怀与人权保护》，吉林人民出版社2008年版。

沈晓阳：《关怀伦理研究》，人民出版社2010年版。

侯晶晶：《关怀德育论》，人民教育出版社2005年版。

伍揆祁：《思想政治教育人文关怀论》，中国社会出版社2007年版。

陈杰等：《人文关怀：当代中国社区发展新坐标》，华南理工大学出版社2012年版。

马惠娣：《走向人文关怀的休闲经济》，中国经济出版社2004年版。

张德昭：《深度的人文关怀——环境伦理学的内在价值范畴研究》，中国社会科学出版社2006年版。

张岱年、敏泽主编：《回读百年——20世纪中国社会人文论争》第五卷，大象出版社1999年版。

胡乔木：《关于人道主义和异化问题》，人民出版社 1984 年版。

北京大学哲学系编：《人道主义和异化问题研究》，北京大学出版社 1985 年版。

刁世存：《新时期中国社会人道主义思潮研究》，人民出版社 2012 年版。

周树智主编：《人道主义和社会主义——马克思恩格斯〈神圣家族〉研究文集》，社会科学文献出版社 2012 年版。

王晓明编：《人文精神寻思录》，文汇出版社 1996 年版。

郭齐勇：《中华人文精神的重建》，北京师范大学出版社 2011 年版。

李德顺：《我们时代的人文精神》，北京师范大学出版社 2013 年版。

尤西林：《阐释并守护世界意义的人——人文知识分子的起源与使命》，河南人民出版社 1996 年版。

阎光才：《大学的人文之旅——大学本科教育中人文社会科学的价值重估》，教育科学出版社 2005 年版。

徐复观：《中国人性论史》，华东师范大学出版社 2005 年版。

贺麟：《文化与人生》，商务印书馆 1988 年版。

袁贵仁：《马克思主义人学理论研究》，北京师范大出版社 2012 年版。

李志：《马克思的个人概念》，人民出版社 2014 年版。

辛世俊等：《马克思主义人学中国化新探》，人民出版社 2013 年版。

孙力：《人的解放主题的中国化进程》，东方出版中心 2011 年版。

李宝元等：《中国人本发展报告》年度丛书，经济科学出版社 2011—2014 年版。

蒙培元：《情感与理性》，中国人民大学出版社 2009 年版。

朱小蔓：《情感教育论纲》，人民出版社 2008 年版。

樊浩等：《中国伦理道德报告》，中国社会科学出版社 2012 年版。

朱汉民：《儒家人文教育的审思》，湖北教育出版社 2000 年版。

查昌国：《先秦"孝""友"观念研究——兼汉宋儒学探索》，安徽大学出版社 2006 年版。

李幼蒸：《仁学解释学：孔孟伦理学结构分析》，中国人民大学出版社 2004 年版。

李承贵：《德性源流——中国传统道德转型研究》，江西教育出版社 2004 年版。

张继军：《先秦道德生活研究》，人民出版社 2011 年版。

王长坤：《先秦儒家孝道研究》，巴蜀书社 2007 年版。

邓晓芒：《儒家伦理新批判》，重庆大学出版社 2010 年版。

张岱年：《中国古典哲学概念范畴要论》，中国社会科学出版社 1989
　　年版。

石敏敏：《希腊人文主义》，上海人民出版社 2003 年版。

廖申白：《亚里斯多德友爱论研究》，河南人民出版社 2000 年版。

姚新中：《儒教与基督教——仁与爱的比较研究》，中国社会科学出版社
　　2002 年版。

吴雷川：《基督教与中国文化》，上海古籍出版社 2008 年版。

刘小枫主编：《道与言——华夏文化与基督教文化相遇》，上海三联书店
　　1995 年版。

杨克勤：《圣经文明导论：希伯来与基督教文化》，宗教文化出版社 2011
　　年版。

樊浩：《道德形而上学体系的精神哲学基础》，中国社会科学出版社 2006
　　年版。

肖巍：《女性主义伦理学》，四川人民出版社 2000 年版。

寇鹏程：《古典、浪漫与现代——西方审美范式的演变》，上海三联书店
　　2005 年版。

寇东亮：《公民荣辱观教育——基于德性论的分析》，人民出版社 2011
　　年版。

寇东亮：《德性重建的自由根基——现代道德困境的人学解读》，河南人
　　民出版社 2006 年版。

寇东亮：《发展伦理学与科学发展观的伦理意蕴》，河南人民出版社 2009
　　年版。

冯周卓：《走向柔性管理》，中国社会科学出版社 2003 年版。

张之沧等：《身体认知论》，人民出版社 2014 年版。

汪民安主编：《身体的文化政治学》，河南大学出版社 2004 年版。

葛红兵、宋耕：《身体政治》，上海三联书店 2005 年版。

汪民安、陈永国编：《后身体文化、权力和生命政治学》，吉林人民出版
　　社 2003 年版。

陆学艺：《当代中国社会阶层研究报告》，社会科学文献出版社 2002
　　年版。

孙立平：《失衡：断裂社会的运作逻辑》，社会科学文献出版社 2004
　　年版。

王海明：《公正、平等、人道——社会治理的道德原则体系》，北京大学
　　出版社 2000 年版。

万俊人：《义利之间——现代经济伦理十一讲》，团结出版社 2003 年版。

万俊人、梁晓杰：《正义二十讲》，天津人民出版社 2008 年版。

姚大志：《何谓正义：当代西方政治哲学研究》，人民出版社 2007 年版。

韩水法：《正义的视野——政治哲学与中国社会》，商务印书馆 2009
　　年版。

李梅：《权利与正义：康德政治哲学研究》，社会科学文献出版社 2002
　　年版。

夏文斌：《走向正义之路——社会公平研究》，黑龙江教育出版社 2000
　　年版。

李义天主编：《共同体与政治团结》，社会科学文献出版社 2011 年版。

罗岗：《消费文化读本》，中国社会科学出版社 2003 年版。

雷毅：《深层生态学思想研究》，清华大学出版社 2001 年版。

刘小枫选编：《舍勒选集》（上），上海三联书店 1999 年版。

［美］孟旦：《早期中国“人”的观念》，丁栋、张兴东译，北京大学出
　　版社 2009 年版。

［美］阎云翔：《中国社会的个体化》，陆洋等译，上海译文出版社 2012
　　年版。

［美］林毓生：《中国意识的危机》，穆善培译，贵州人民出版社 1986
　　年版。

［南］米哈依洛·马尔科维奇：《当代的马克思——论人道主义共产主
　　义》，曲跃厚译，黑龙江大学出版社 2011 年版。

［英］阿伦·布洛克：《西方人文主义传统》，董乐山译，生活·读书·新
　　知三联书店 1997 年版。

［美］保罗·库尔茨：《保卫世俗人道主义》，余灵灵等译，东方出版社
　　1996 年版。

［英］凯蒂·索珀：《人道主义与反人道主义》，廖申白、杨清荣译，华夏
　　出版社 1999 年版。

［英］R. W. 费夫尔：《西方文化的终结》，于万江等译，江苏人民出版社

2004 年版。

［美］内尔·诺丁斯：《学会关心——教育的另一种模式》，于天龙译，教
　　育科学出版社 2003 年版。

［美］内尔·诺丁斯：《始于家庭：关怀与社会政策》，侯晶晶译，教育科
　　学出版社 2006 年版。

［美］内尔·诺丁斯：《关心——伦理和道德教育的女性路径》，武云斐
　　译，北京大学出版社 2014 年版。

［美］吉利根：《不同的声音：心理学理论与妇女发展》，肖巍译，中央编
　　译出版社 1999 年版。

［西］加赛特：《关于爱》，姬健梅译，电子工业出版社 2013 年版。

［加］霍尔卡：《生命中最好的事物》，胡晓阳译，北京编译出版社 2012
　　年版。

［英］西蒙·梅：《爱的历史》，孙海玉译，中国人民大学出版社 2013
　　年版。

［瑞］虞格仁：《历代基督教爱观的研究——爱佳泊与爱乐实（Agape and
　　Eros）》第一册，韩迪厚等译，中华信义会书报部 1950 年版。

［美］罗思文、安乐哲：《生民之本：〈孝经〉的哲学诠释及英译》，何金
　　俐译，北京大学出版社 2010 年版。

［美］约瑟夫·奈：《软实力》，马娟娟译，中信出版社 2013 年版。

［法］爱弥儿·涂尔干：《道德教育》，陈金光等译，上海人民出版社
　　2001 年版。

［法］米歇尔·福柯：《规训与惩罚》，刘北成、杨远婴译，生活·读书·
　　新知三联书店 2003 年版。

［德］弗里德里希·席勒：《审美教育书简》，冯至、范大灿译，上海人民
　　出版社 2003 年版。

［德］黑格尔：《精神哲学——哲学全书·第三部分》，杨祖陶译，人民出
　　版社 2006 年版。

［德］黑格尔：《精神现象学》上、下，贺麟、王玖兴译，商务印书馆
　　1979 年版。

［法］莫里斯·梅洛-庞蒂：《知觉现象学》，姜志辉译，商务印书馆
　　2001 年版。

［德］鲍吾刚：《中国人的幸福观》，施忠连、徐志跃译，江苏人民出版社

2004 年版。

［美］麦马翁:《幸福的历史》,严蓓雯等译,上海三联书店 2011 年版。

［德］卡尔·雅斯贝尔斯:《时代的精神状况》,王德峰译,上海译文出版社 1997 年版。

［法］让·波德里亚:《消费社会》,刘成富译,南京大学出版社 2006 年版。

［英］迈克·费瑟斯通:《消费文化与后现代主义》,刘精明译,译林出版社 2002 年版。

［法］埃德加·莫兰:《迷失的范式:人性研究》,陈一壮译,北京大学出版社 1999 年版。

［美］马丁·布伯:《我与你》,陈维纲译,生活·读书·新知三联书店 2002 年版。

［美］约翰·罗尔斯:《正义论》,何怀宏等译,中国社会科学出版社 1988 年版。

［美］霍尔姆斯·罗尔斯顿:《环境伦理学——大自然的价值以及人对大自然的义务》,杨勇进译,中国社会科学出版社 2000 年版。

Scheler, Max. *Formalism in Ethics and Non-Formal Ethics and Values*: *A New Attempt toward the Foundation of an Ethical Personalism*, trans. , Manfred S. Frings and Roger L. Funk. Evanston: Northwestern University Press, 1973.

Scheler, Max. *The Nature of Sympathy*, trans. , Peter Heath. New Brunswick and London: Transaction Publishers, 2008.

Husserl, Edmund. *Analyses Concerning Passive and Active Synthesis*: *Lecture on Transcendental Logic*, trans. , Anthony J. Steinbock. Dordrecht: Kluwer Academic Publishers, 2001.

Steinbock, Anthony. *Moral Emotion*s. Evanston: Northwestern University Press, forthcoming, 2014.

后 记

2011 年 9 月，我获批主持教育部人文社会科学项目"中国特色社会主义人文关怀的理论与实践问题研究"（11YJA710019）。2014 年 9 月，这个项目如期完成。呈献给读者的这部著作就是这个项目的最终研究成果。

参与项目研究的成员有：郑州大学寇东亮教授、张永超博士、张晓芳、王耀东，美国南伊利诺伊大学哲学系博士生卢盈华，河南牧业经济学院张静博士。项目最终成果和本著作由主持人寇东亮教授提出总体思路和基本框架，书稿主要由寇东亮、张永超、张晓芳撰写。其中，寇东亮撰写绪言、第一章、第三章、第六章、第八章，张永超撰写第二章、第五章第一、二、三部分，张晓芳撰写第四章、第七章第二部分。美国南伊利诺伊大学哲学系博士生卢盈华撰写了第五章第四部分。王耀东撰写第七章第一部分。最后由寇东亮教授审稿、通稿。

本项目的申请和本书的出版，得到河南省高校人文社科重点研究基地郑州大学马克思主义哲学研究中心主任郑永扣教授、《郑州大学学报》主编辛世俊教授和郑州大学哲学系各位同人的关心和帮助，得到郑州大学社科办、郑州大学公共管理学院、郑州大学马克思主义学院的关心和支持，在此表达由衷感谢。我的博士生张晓芳除承担研究任务和撰写部分书稿，还与燕丹、赵玉玲、李源等硕士研究生一起，在书稿校对中付出了辛勤劳动，谢谢同学们。

本书是教育部人文社会科学项目"中国特色社会主义人文关怀的理论与实践问题研究"（11YJA710019）的最终成果，本书的出版还获得郑州大学重点学科（马克思主义理论一级学科博士点）振兴行动计划项目、郑州大学基础与新兴学科方向（中国精神与文化哲学）建设项目的资助。

本书部分内容曾在《自然辩证法研究》《学术月刊》《哲学与文化》

《伦理学研究》《中国社会科学报》《中国特色社会主义研究》《山东社会科学》《中州学刊》《郑州大学学报》等刊物发表，在此向这些刊物及责任编辑表示诚挚谢意。

本书在写作过程中，参考和吸收了国内外专家学者的诸多研究成果和观点，在此谨表谢忱。

本书的出版得到中国社会科学出版社的大力支持，冯斌主任为本书的不断完善贡献了睿智，为本书的出版付出了大量心血，在此向中国社会科学出版社和冯斌主任表示诚挚感谢。

寇东亮

2014 年 9 月于郑州